汉盛律师
HANSHENG LAW OFFICES

资本与证券法律实务

LEGAL PRACTICE OF CAPITAL AND SECURITIES

上海汉盛律师事务所资本与证券委员会　编著

法律出版社
LAW PRESS·CHINA
北京

图书在版编目(CIP)数据

资本与证券法律实务 / 上海汉盛律师事务所资本与证券委员会编著. -- 北京 : 法律出版社, 2023
ISBN 978-7-5197-7253-6

Ⅰ. ①资… Ⅱ. ①上… Ⅲ. ①证券法-研究-中国 Ⅳ. ①D922.287.4

中国版本图书馆 CIP 数据核字(2022)第 200900 号

资本与证券法律实务
ZIBEN YU ZHENGQUAN FALÜ SHIWU

上海汉盛律师事务所资本与证券委员会 编著

责任编辑 慕雪丹 章 雯
装帧设计 汪奇峰

出版发行 法律出版社
编辑统筹 法商出版分社
责任校对 赵明霞
责任印制 胡晓雅
经　　销 新华书店

开本 710 毫米×1000 毫米 1/16
印张 23.5 **字数** 420 千
版本 2023 年 2 月第 1 版
印次 2023 年 2 月第 1 次印刷
印刷 唐山玺诚印务有限公司

地址:北京市丰台区莲花池西里 7 号(100073)
网址:www.lawpress.com.cn
投稿邮箱:info@lawpress.com.cn
举报盗版邮箱:jbwq@lawpress.com.cn

销售电话:010-83938349
客服电话:010-83938350
咨询电话:010-63939796

书号:ISBN 978-7-5197-7253-6
定价:99.00 元
凡购买本社图书,如有印装错误,我社负责退换。电话:010-83938349

汉盛律师事务所简介

一、汉盛概况

汉盛律师事务所成立于1996年，总部位于上海。作为一家覆盖全球法律服务的大型综合性律师事务所，长期为世界五百强企业和国内大中型公司、政府部门提供全方位的优质法律服务。目前，汉盛在上海、北京、深圳、杭州、苏州、成都、天津、长沙、南宁、海口、济南、郑州、沈阳、乌鲁木齐、宁波、无锡、大连、石河子、临港新片区、香港、新加坡、吉隆坡、新西兰、卢森堡均有分所或办公室。

汉盛现有1000多名执业律师、全国总计1300多名员工。汉盛律师均来自国内外知名大学法学院，众多律师拥有硕士和博士学位，具有丰富的法律服务经验。一直以来，汉盛律师用勤勉的工作态度、国际化的视野、一流的专业水准，即时响应全球客户的多元法律及商业需求，为各类重大、复杂项目和案件提供专业解决方案，获得了行业和客户的广泛认可和关注。

专业、专注、勤勉、尽职是汉盛对每一位律师的基本要求。同时，汉盛鼓励在专业化发展的同时注重复合型知识结构和多样化技能的提升，以满足客户综合性立体交叉法律服务的需求。汉盛律师以一贯勤勉尽责的工作态度、严谨细致的工作作风、广博的信息资源和先进的管理系统，为各类重大复杂项目和案件提供专业解决方案，赢得了行业和客户的广泛认可和高度评价。

二十六年的专业和历史沉淀，汉盛已在知识产权、金融与证券、建筑与房地产、刑事辩护、国际业务、互联网法律、兼并收购、公司治理与合规经营、境外投资、基金、税务、文化传媒、能源与环保、争议解决、破产与清算等诸多业务领域取得行业领先优势，拥有极其丰富的法律服务经验。未来，汉盛将始终秉承"承中融西、至信至臻"的宗旨，不断朝着专业化、品牌化、国际化的方向稳步迈进，为客户的成功保驾护航。

二、汉盛近年主要荣誉：

荣获“ALB 2022中国最大30家律所”（2022）
荣获“上海区域卓越综合实力律所”（2022）
荣登“2022 ALB China 区域市场排名：长三角地区律所”榜单（2022）
荣获《商法》“卓越律所大奖”（2022）
荣获“ALB China 十五佳成长律所”（2022）
荣登《商法》“2021年度杰出交易”榜单（2022）
荣登《钱伯斯大中华区法律指南》BAND3（2022）
荣登《钱伯斯大中华区法律指南》潜质律师（2022）
荣获2021年“上海市巾帼文明岗”（2022）
荣获ALB年度上海律师事务所大奖提名（2022）
荣获ALB年度项目融资交易大奖提名（2022）
荣获“ALB 2021中国最大30家律所”（2021）
荣获“ALB China 十五佳成长律所”（2021）
荣获《商法》“卓越律所大奖”（2021）
荣登《商法》“2020年度杰出交易”榜单（2021）
中国服务贸易协会专家委员会副理事长单位（2021）
荣获ALB年度东部沿海地区律师事务所大奖提名（2021）
荣获ALB年度沿海地区资本市场律师事务所大奖提名（2021）
荣获2019-2020年度“上海市文明单位”称号（2021）
荣获“2020年上海知识产权金融创新奖”（2021）
荣登《钱伯斯亚太法律指南》潜质律师（2021）
荣获“西湖论坛杯”优秀合作奖（2021）
荣获“ALB 2020中国最大30家律所”（2020）
荣获“ALB China 十佳成长律所”（2020）
荣获司法部“全国公共法律服务工作先进集体”称号（2020）
荣获《商法》“卓越律所大奖”（2020）
Rising Stars 2020 Top 30（2020）
中国REITs50人论坛专家律所（2020）
中国资产证券化百人会论坛法律专委会律所（2020）
2020年度中国市场“The A-List 法律精英”（2020）
中国保险资产管理业协会联席会员（2020）

中国保险资产管理业协会联席会员（2020）
浦东新区十大杰出青年律师（2020）
荣获《上海知识产权》编辑推荐奖——“创新之星”（2020）
界面新闻2020年度新锐律师 （2020）
荣获“ALB 2019亚洲50强律所”，排名第17位（2019）
荣获“ALB 2019中国最大30家律所”，排名第16位（2019）
荣获2015-2018年度“上海市优秀律师事务所”称号（2019）
荣获《商法》“卓越律所大奖”（2019）
荣获2017-2018年度“上海市文明单位”称号（2019）
荣获“上海市律师行业先进党组织”（2019）
荣获“2019浦东电商跨境服务推荐机构”（2019）
荣获浦东新区知识产权局“优秀知识产权服务机构”（2019）
荣获“浦东新区法律援助优秀示范点”（2019）
第十六届“长三角法学论坛”二等奖（2019）
ENR／建筑时报最值得推荐的中国工程法律60位专业律师（2019）
荣获“上海市律师行业先进党组织”（2018）
荣获2017年度“上海律师行业贡献奖”（2018）
荣获2017年度“上海市司法行政工作先进集体”（2018）
荣获“上海市浦东新区律师行业党建工作示范点”（2017）
荣获首届中国律界公益榜“最佳公益行动奖”（2017）
荣获2015-2016年度浦东新区“文明单位”称号（2017）
东盟经济文化研究院指定法律服务机构（2017）
上海市工商业联合会、上海市总商会会员（2017）
荣获2014-2015年度上海浦东新区“优秀法律援助组织”（2016）
荣获2015年度“最具成长潜力专业服务机构”（2016）

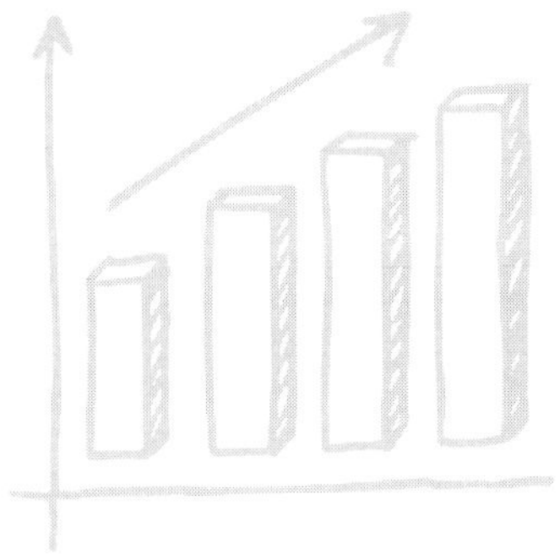

目　录

第一篇　公司合规

第三篇　金融资管

第五篇　证券业务

Part

01

第一篇

公司合规

专题一

非上市公司股权激励需关注问题简析

殷　豪

笔者承办的项目，无论是拟上市公司、拟挂牌新三板公司，还是其他类型的公司，大部分公司均对员工有股权激励。股权激励是指为了调动公司中高层管理人员及核心员工的积极性，吸引与保留优秀的管理人才和业务骨干，有条件地授予公司中高层管理人员及核心员工部分股东权益，建立公司与员工个人共同持续发展的理念，提高公司可持续发展的能力。

在上市公司的股权激励方面，中国证券监督管理委员会（以下简称证监会）制定有《上市公司股权激励管理办法》等相关股权激励规则，国务院国有资产监督管理委员会（以下简称国务院国资委）和财政部制定有《国有控股上市公司（境内）实施股权激励试行办法》和《国有控股上市公司（境外）实施股权激励试行办法》等相关股权激励规则，而非上市公司（包括新三板公司）的股权激励规则相对不是很完善，实务中，非上市公司的股权激励相对于上市公司更加灵活、多样。

一、非上市公司常见的股权激励方式简要介绍

非上市公司常见的股权激励方式包括股权期权、限制性股权、股票增值权、虚拟股权和业绩股权等，现将非上市公司常见股权激励方式简要介绍如下。

（一）股权期权

股权期权是指公司授予激励对象在未来一定期限内以事先约定的价格购买本公司一定数量股权的权利。公司在授予激励对象期权时，确定行权价格或者行权价格的确定方法。在满足公司确定的行权条件时，激励对象可以通过行权获得激

励股权,如果在行权期股权市场价格低于行权价,则激励对象有权放弃行权。

(二)限制性股权

限制性股权是指激励对象按照股权激励计划规定的条件,获得的转让等部分权利受到限制的公司股权。限制性股权一般规定有锁定期,锁定期指激励对象根据股权激励计划获授的限制性股权被禁止转让的期限,该期限为自激励对象获授限制性股权之日起至该限制性股权解锁之日止。

(三)股票增值权

股权增值权是指公司授予激励对象在一定的时期和条件下,获得规定数量的股票价格上升所带来的收益的权利。股票增值权不实际买卖股票,仅通过模拟股票市场价格变化的方式,在规定时段内,由公司向激励对象支付行权日公司股票收盘价格与行权价格之间的差额。

(四)虚拟股权

虚拟股权是指公司授予激励对象一定数量的虚拟股权及其对应的分红权,激励对象不需要出资即可以享有公司价值的增长,虚拟股权仅享有分红权,不享有表决权、转让权、增值权和继承权等其他权利,也不办理工商登记。

(五)业绩股权

业绩股权是指公司确定一个较为合理的业绩目标和一个科学的绩效评估体系,激励对象的薪酬分为基本薪酬和业绩激励基金,如果预定业绩目标实现,则公司授予激励对象一定数量的股权或者以业绩奖励基金购买公司股权。

公司实施何种股权激励,需要根据公司所处发展阶段和公司所处行业等多个因素综合考虑,且可以多个股权激励方式综合运用,来达到更好的激励效果。

二、非上市公司股权激励需关注的问题

(一)股权激励税务主管部门备案问题

根据财政部、国家税务总局《关于完善股权激励和技术入股有关所得税政策的通知》(财税〔2016〕101 号)的规定,对股权激励选择适用递延纳税政策的,企业应在规定期限内到主管税务机关办理备案手续,未办理备案手续的,不得享受本通知

规定的递延纳税优惠政策；个人从任职受雇企业以低于公平市场价格取得股票（权）的，凡不符合递延纳税条件，应在获得股票（权）时，对实际出资额低于公平市场价格的差额，按照“工资、薪金所得”项目，参照财政部、国家税务总局《关于个人股票期权所得征收个人所得税问题的通知》（财税〔2005〕35 号）有关规定计算缴纳个人所得税。公司根据财税〔2016〕101 号文的规定办理股权激励备案时，需注意以下事项。

1. 激励对象人数累计不得超过公司最近 6 个月在职职工平均人数的 30%

需要说明的是，非上市公司实施符合条件的股权激励，公司最近 6 个月在职职工平均人数，按照股票（权）期权行权、限制性股票解禁、股权奖励获得之上月起前 6 个月“工资薪金所得”项目全员全额扣缴明细申报的平均人数确定，而不是按照公司实施股权激励时最近 6 个月在职职工平均人数确定。另外，我们不建议公司实施全员持股，我们建议公司确定能获授激励股权的激励对象标准，并公开公平地实施股权激励，促使暂时不符合股权激励条件的员工努力工作，早日符合公司的股权激励条件，并获授公司激励股权。

2. 激励对象持有获授激励股权的期限需符合要求

根据财税〔2016〕101 号文的规定，股票（权）期权自授予日起应持有满 3 年，且自行权日起持有满 1 年；限制性股票自授予日起应持有满 3 年，且解禁后持有满 1 年；股权奖励自获得奖励之日起应持有满 3 年。

3. 股权激励计划的有效期限需符合要求

根据财税〔2016〕101 号文的规定，股票（权）期权自授予日至行权日的时间不得超过 10 年。

4. 实施股权激励的公司所属行业需符合要求

实施股权激励的公司所属行业需不属于《股权奖励税收优惠政策限制性行业目录》（见表 1-1-1）范围，公司所属行业按公司上一纳税年度主营业务收入占比最高的行业确定。

表 1-1-1　股权奖励税收优惠政策限制性行业目录

门类代码	类别名称
A（农、林、牧、渔业）	（1）畜牧业（科学研究、籽种繁育性质项目除外） （2）渔业（科学研究、籽种繁育性质项目除外）
B（采矿业）	（3）采矿业（除第 11 类开采辅助活动）

续表

门类代码	类别名称
C(制造业)	(4)烟草制品业 (5)纺织业(除第178类非家用纺织制成品制造) (6)皮革、毛皮、羽毛及其制品和制鞋业 (7)木材加工和木、竹、藤、棕、草制品业 (8)造纸和纸制品业(除第223类纸制品制造) (9)黑色金属冶炼和压延加工业(除第314类钢压延加工)
F(批发和零售业)	(10)批发和零售业
G(交通运输、仓储和邮政业)	(11)交通运输、仓储和邮政业
H(住宿和餐饮业)	(12)住宿和餐饮业
J(金融业)	(13)货币金融服务 (14)保险业
K(房地产业)	(15)房地产业
L(租赁和商务服务业)	(16)租赁和商务服务业
O(居民服务、修理和其他服务业)	(17)居民服务业
Q(卫生和社会工作)	(18)社会工作
R(文化、体育和娱乐业)	(19)体育 (20)娱乐业
S(公共管理、社会保障和社会组织)	(21)公共管理、社会保障和社会组织(除第9421类专业性团体和第9422类行业性团体)
T(国际组织)	(22)国际组织

(二)公司授予激励对象激励股权数额问题

根据《上市公司股权激励管理办法》的规定,上市公司全部在有效期内的股权激励计划所涉及的标的股票总数累计不得超过公司股本总额的10%。一般非上市公司在发展过程中,会有多轮外部融资,每轮外部融资公司实际控制人持有的股权比例会被稀释。因此,股权激励要综合考虑公司实际控制人控股地位、公司外部融资需求和对激励对象的激励效果。我们建议,非上市公司将用于股权激励的股权比例总额控制在10% ~15%,分多次实施股权激励,且授予单个激励对象的股权比例要控制在合理水平。笔者一个客户在上市前,为了激励其员工,授予部分高管较多股份，公司上市后，部分高管持有的股份价值非常可观，导致该等高管不再愿意专心于本职工作，而是考虑如何尽快抛售股票套现。此类股权激励，可以说是一个不成功的股权激励，公司与员工个人共同持续发展的目的并没有实现。

（三）由激励对象直接持有还是由新设持股平台间接持有公司激励股权问题

非上市公司股权激励计划一般均有公司或大股东回购激励对象持有的激励股权的规定，公司股权激励计划既有老的激励对象退出，又有新的激励对象进入，公司股权激励计划项下的激励对象是动态的、不断调整的，因此实务中较多采用新设持股平台来持有公司激励股权。老的激励对象退出，新的激励对象进入，均在持股平台层面进行，公司的股权架构相对保持稳定，对于拟上市公司而言，也符合证监会“股权清晰、不存在重大权属纠纷”的上市要求。

另外，就公司持股平台而言，一般采用有限合伙企业形式，而非有限公司形式。由于有限公司既有企业所得税，将股权激励收益分配给激励对象时又有个人所得税，而有限合伙企业没有企业所得税，从税收角度而言，持股平台为有限合伙企业形式，激励对象的税负成本较低。

需要注意的是，如果采用持股平台来间接持有公司激励股权，要考虑财税〔2016〕101 号文规定的备案问题。不同地方的税务主管部门对财税〔2016〕101 号文有不同的解读。我们承办的项目，部分通过持股平台间接持有公司激励股权的股权激励获得了税务主管部门的备案，部分主管税务部门拒绝备案以持股平台间接持有公司激励股权方式来实施的股权激励。因此，公司在实施股权激励前，应与公司当地税务主管部门充分沟通，以确保公司股权激励获得当地税务主管部门的备案。

（四）股权激励价格和股份支付问题

公司股权激励价格的确定，直接影响对公司激励对象的激励效果。如果股权激励价格太高，激励对象可能参与公司股权激励的积极性不高，且部分想参与公司股权激励的激励对象也没有能力出资购买激励股权。如果股权激励价格过低，激励对象可能不会珍惜该等激励股权，同样也达不到激励效果。激励股权价格的确定，一般参考经审计的公司净资产标准、经评估的公司净资产标准或者公司近期外部融资时的公司估值标准。公司股权激励价格的确定,在上述标准之一基础上经股东(大)会审议确定,一般不低于公司经审计的净资产标准。

根据《企业会计准则第 11 号——股份支付》的规定,股份支付,是指企业为获取职工和其他方提供服务而授予权益工具或者承担以权益工具为基础确定的负债的交易;以权益结算的股份支付,是指企业为获取服务以股份或其他权益工具作为对价进行结算的交易。拟主板、中小板和创业板上市的公司以及新三板挂牌的公司均已全面实施股份支付政策。由于新三板挂牌没有业绩指标要求,因此对于拟挂牌新三板公司而言,即使因股份支付导致公司净利润减少,也不影响公司的新三板挂牌工作。而拟上市公司需要符合上市财务标准,股份支付会导致拟上市公司的净利润减少,可能会影响公司的上市条件。我们建议客户尽量提前实施股权激励。提前实施股权激励的好处有两个:一是股份支付金额相对于以后实施股权激励会少很多;二是避免在报告期最后一年因股份支付问题导致拟上市公司不符合上市财务指标要求。另外,如果在上市报告期之前将股权激励实施完毕最好,且要将股份支付金额一次性计入管理费用,而不是分期摊销,这样不影响拟上市公司报告期的净利润金额。

(五)外籍员工以及中国香港特别行政区、澳门特别行政区和台湾地区籍员工股权激励问题

根据《上市公司股权激励管理办法》的规定,在境内工作的外籍员工任职上市公司董事、高级管理人员、核心技术人员或者核心业务人员的,可以成为激励对象;激励对象为境内工作的外籍员工的,可以向证券登记结算机构申请开立证券账户,用于持有或卖出因股权激励获得的权益,但不得使用该证券账户从事其他证券交易活动。根据证监会的上述规定,上市公司仅能对在境内工作的外籍员工实施股权激励,且外籍员工开立的证券账户仅用于持有或卖出因股权激励获得的权益。

非上市公司因境外投资或境外并购,在境外设立全资或控股子公司,可以根据公司业务发展需要对外籍员工实施股权激励。公司以股权期权或限制性股权方式对外籍员工实施股权激励,如果公司从事的业务为《外商投资产业指导目录》规定的鼓励外商投资产业,则公司应就外籍员工境内投资向相关商务主管部门备案;如果公司从事的业务为《外商投资产业指导目录》规定的限制外商投资产业,则公司应就外籍员工境内投资取得相关商务主管部门的批准;如果公司从事的业务为《外商投资产业指导目录》规定的禁止外商投资产业,则公司不能向外籍员工实施股权

激励。

根据《中国证券登记结算有限责任公司证券账户业务指南》的规定，外国的自然人以及中国香港特别行政区、澳门特别行政区和台湾地区的自然人，可以申请开立一码通账户、B股账户，以及中国证券登记结算有限责任公司根据业务需要设立的其他证券账户，“在大陆工作和生活的中国香港、澳门特别行政区和台湾地区的居民还可以申请开立A股账户、封闭式基金账户、信用证券账户”。因此，对于新三板公司，外籍员工不能在中国证券登记结算有限责任公司开立A股证券账户，也就是说，外籍员工不能直接持有新三板公司激励股权。在符合《外商投资产业指导目录》规定的情况下，在向相关商务主管部门履行适当的外籍员工境内投资审批或备案手续后，外籍员工可以通过持股平台间接持有新三板公司的激励股权。

非上市公司（包括新三板公司）可以采取股票增值权和虚拟股权等形式对外籍员工实施股权激励。另外，由于外籍员工很多在境外工作，非上市公司对其实施股权激励，需要考虑该等外籍员工所在地法律对于非上市公司股权激励的相关规定。

（六）非上市公司为上市提前实施完毕股权激励的问题

根据证监会的相关规定，拟上市公司的股权需要股权清晰、没有重大权属争议，且相关股权激励已实施完毕。为符合证监会该等规定，拟上市公司一般会提前将相关股权激励实施完毕，从而导致没有到行权期的股权期权被提前行权，尚在锁定期内的限制性股权被提前解锁。股权激励被提前实施完毕后，如何保护拟上市公司的利益，是拟上市公司需要考虑的一个问题。

2015年12月4日，深圳市富安娜家居用品股份有限公司发布《关于公司与部分原始股东诉讼进展的公告》。相关法院确认：《深圳市富安娜家居用品股份有限公司限制性股票激励计划（草案）》规定的面向激励对象发行的限制性股份是由激励对象（高级管理人员及主要业务骨干）自愿认购的、转让受到公司内部一定限制的普通股；此种激励计划有利于增强富安娜经营团队的稳定性及工作积极性，增进富安娜与股东的利益，不违反法律强制性规定，是合法有效的；该股权激励计划终止后，富安娜采用由激励对象出具承诺函的方式继续对激励对象进行约束，该承诺函为原限制性股票激励计划回购条款的变通和延续，体现了激励与约束相结合原则；承诺函继续对提前辞职的激励对象所能获得的股份投资收益予以限制，并不违反公平原则，是合法有效的。

从上述案例可以看出，为了上市，拟上市公司提前实施完毕股权激励，激励对象以承诺函方式向拟上市公司承诺继续履行相关股权激励计划项下的义务，合法有效，能有效保护拟上市公司的合法权益，且符合证监会的相关规定。

（七）非上市公司股权激励与劳动合同的法律关系问题

非上市公司股权激励中，激励对象作为公司员工被授予激励股权，激励对象与公司之间劳动合同关系的成立和存续，影响激励对象与公司之间股权关系的成立和存续。但劳动合同关系与股权关系属于两个独立的、不同性质的法律关系，劳动合同关系适用《劳动合同法》等相关法律法规，股权关系适用《公司法》等相关法律法规。

在期权被行权前或者在限制性股权被解锁前，因下列原因，公司或公司实际控制人有权以相当于激励对象购买激励股权的实际价格的对价回购激励对象获授的激励股权：

1. 激励对象终止或解除其与公司订立的劳动合同或聘用合同的；
2. 激励对象因自身原因不能胜任公司所聘工作岗位的；
3. 激励对象因工作严重失误造成公司利益受到损失的；
4. 激励对象严重违反公司章程、规章制度及其他有损公司利益的行为的；
5. 激励对象违反国家有关法律法规，并被追究刑事责任的；
6. 激励对象非因执行职务丧失劳动能力或死亡的；
7. 激励对象有受贿、挪用、盗窃、泄露公司商业秘密、严重损害公司声誉与利益等行为，给公司造成损失的。

另外，在期权被行权前或者在限制性股权被解锁前，公司也需要考虑下列特殊情形，并确定对激励股权的处理方式：

1. 激励对象因执行职务丧失劳动能力或死亡的；
2. 激励对象因婚姻、担保、个人债务、经济纠纷问题导致财产（包括激励对象持有的激励股权）问题争议的；
3. 激励对象到法定年龄退休且退休后不再继续在公司任职的；
4. 激励对象因职务变更不符合股权激励条件的。

公司应根据实际情况，相应调整激励股权回购和特殊情形的相关条款，但要注意相关条款的合法有效性，避免后续因激励股权回购或特殊情形条款发生争议。

非上市公司实施股权激励，涉及税务主管部门备案、个人所得税、公司股份支付、外籍员工股权激励限制、为了上市提前实施完毕股权激励、股权激励与劳动合同的法律关系以及激励股权回购等相关法律问题,公司应根据自身实际情况,灵活运用各类股权激励方式,制定符合公司发展规划的股权激励方式,最终实现公司与员工共同持续发展的目标。

专题二

股权代持的法律风险及防范

殷　豪

股权代持又称委托持股，是指实际出资人为规避法律法规限制或由于其他原因，委托名义股东代实际出资人对公司进行投资，并由名义股东代实际出资人履行股东权利义务的一种投资方式。

根据最高人民法院《关于适用〈中华人民共和国公司法〉若干问题的规定(三)》的规定，有限责任公司的实际出资人与名义股东订立合同，约定由实际出资人出资并享有投资权益，以名义出资人为名义股东，实际出资人与名义股东对该合同效力发生争议的，如无法律规定的无效情形，人民法院应当认定该合同有效。

从上述规定可以看出，只要股权代持协议不违反相关法律法规规定就合法有效，但实际出资人和名义股东因股权代持行为而产生的法律风险却是客观存在的，特别是近几年因股权代持行为而产生的法律纠纷持续增加。笔者也代理客户处理过一些股权代持纠纷。根据笔者的实务操作经验，笔者在本专题简要分析了股权代持产生的原因、股权代持存在的法律风险以及如何防范股权代持法律风险。

一、股权代持产生的原因

股权代持产生的原因有很多，主要有如下几点。

(一)因公司历史沿革中的国有企业或集体企业改制形成的职工持股会和工会持股

一般而言，职工持股会和工会持股取得了当地政府主管部门的批准，符合当时相关政策的规定。上海柘中电气股份有限公司(以下简称柘中电气)职工持股会系经原奉贤县人民政府下发的《关于同意成立上海柘中电气股份有限公司职工持股会的批复》(奉府批〔1997〕57号)批准设立的,于1997年12月在原上海市奉贤县总工会(已变更为上海市奉贤区总工会)登记,并经上海市人民政府下发的《关于同意设立上海柘中电气股份有限公司的批复》(沪府体改审〔1998〕008号)批准作为柘中电气的发起人之一。

1997年12月,经桂林市人民政府市政函〔1997〕55号文《市人民政府关于桂林三金药业集团公司职工购买国有资产并组建股份合作制实施方案的批复》与桂林市经济体制改革委员会市体改字〔1997〕70号《关于同意桂林三金药业集团公司改制为股份合作制企业的批复》批准,桂林三金改制成为股份合作制企业,股本金总额为人民币5000万元,均为内部职工股。2001年4月,桂林三金药业集团公司变更为桂林三金药业集团有限责任公司时,除邹某明先生持有的5,786,219股、王某飞先生持有的1,704,258股、谢某钢先生持有的821,782股股份以外,其他职工持有的共计40,886,601股股份通过公司工会委员会代为持有和管理。

(二)因相关法律法规限制,自然人不能成为特定类型公司股东

自然人不能成为特定类型公司股东,主要限制如下。

1. 证券从业人员

根据《证券法》的规定,证券交易所、证券公司和证券登记结算机构的从业人员、证券监督管理机构的工作人员以及法律、行政法规禁止参与股票交易的其他人员,在任期或者法定限期内,不得直接或者以化名、借他人名义持有、买卖股票,也不得收受他人赠送的股票;任何人在成为前款所列人员时,其原已持有的股票,必须依法转让。

2. 高校党员领导干部

根据《直属高校党员领导干部廉洁自律"十不准"》的规定,教育部直属高校党员领导干部不准以本人或者借他人名义经商、办企业。

3. 公务员和事业单位工作人员

根据《公务员法》第59条的规定,公务员必须遵纪守法,不得违反有关规定从事或者参与营利性活动,在企业或者其他营利性组织中兼任职务。根据该法第112条的规定,法律、法规授权的具有公共事务管理职能的事业单位中除工勤人员以外的工作人员,经批准参照本法进行管理。根据该法第107条第1款的规定,公务员辞去公职或者退休的,原系领导成员、县处级以上领导职务的公务员在离职3年内,

其他公务员在离职两年内,不得到与原工作业务直接相关的企业或者其他营利性组织任职,不得从事与原工作业务直接相关的营利性活动。

4. 国有企业领导人及其配偶和子女等

根据《国有企业领导人员廉洁从业若干规定》的规定,国有企业领导人员不得利用职权谋取私利,个人从事营利性经营活动和有偿中介活动,或者在本企业的同类经营企业、关联企业和与本企业有业务关系的企业投资入股。根据《国有企业领导人员廉洁从业若干规定》的规定,国有企业领导人员的配偶、子女及其他特定关系人,不得在本企业的关联企业、与本企业有业务关系的企业投资入股。

5. 法官和检察官

根据《法官法》的规定,法官不得从事营利性的经营活动。根据《检察官法》的规定,检察官不得从事营利性的经营活动。

6. 现役军人

根据《中国人民解放军内务条令(试行)》和《中国人民解放军纪律条令(试行)》等的规定,军人不得经商。

根据《关于严禁党政机关和党政干部经商、办企业的决定》、《关于县以上党和国家机关退(离)休干部经商办企业问题的若干规定》和《关于"不准在领导干部管辖的业务范围内个人从事可能与公共利益发生冲突的经商办企业活动"的解释》等相关规定,党员领导干部及配偶和子女等经商办企业受到一定的限制。

此外,《中央单位规范领导干部配偶、子女及其配偶经商办企业行为规定》《最高人民法院领导干部配偶、子女及其配偶经商办企业禁业范围(试行)》《人民法院工作人员近亲属禁业清单》《关于省区市规范领导干部配偶、子女及其配偶经商办企业行为规定》等也对领导干部配偶和子女等经商办企业进行了规范。

(三)因国家对外商境内投资的限制而产生的股权代持

根据国家发展和改革委员会和商务部联合发布的《外商投资产业指导目录》,外商投资产业分为鼓励类、限制类和禁止类外商投资产业。对于限制类外商投资产业,主要体现在限制外商持有境内企业股权的持股比例方面。对于禁止类外商投资产业,外商不能对该等产业进行投资。因此,实务中,对于限制类和禁止类外商投资产业,外商一般采取协议控制方式或股权代持方式在境内进行投资。

（四）因企业实施员工股权激励而产生的股权代持

有些企业实施员工股权激励，由于被授予股权激励的员工人数较多，如有限公司超过 50 个股东，股份公司超过 200 个股东，而导致企业采取股权代持方式来实施股权激励。

（五）因规避同业竞争和关联交易而产生的股权代持

特别是对于拟上市公司和拟新三板挂牌公司，根据中国证监会的相关规定，拟上市公司和拟新三板挂牌公司需要解决同业竞争问题，并核查是否存在影响企业上市和新三板挂牌的关联交易。因此，部分拟上市公司和拟新三板挂牌公司的实际控制人和控股股东，为了符合中国证监会的相关规定，采取了股权代持方式来规避中国证监会的相关要求。

（六）因股东会决议签署和工商变更登记原因而产生的股权代持

部分市场监督管理机关要求公司的各类股东会决议需要全体股东签署，部分股东由于不在公司任职或者不在公司所在地的城市，签署相关股东会决议比较费时费力，因而产生股权代持的情形。

（七）股权代持产生的其他原因

1. 部分高净值人士把股权代持作为家族财富管理的方式之一；
2. 公司因业务经营需要给相关人士“干股”而产生的股权代持；
3. 因业务经营需要而产生的股权代持；
4. 其他因实际出资人的个人原因而产生的股权代持。

二、股权代持存在的法律风险

（一）对于实际出资人而言，股权代持主要有如下风险

1. 实际出资人难以实际取得公司股权和行使股东权利的风险

根据最高人民法院《关于适用〈中华人民共和国公司法〉若干问题的规定（三）》的规定，实际出资人未经公司其他股东半数以上同意，请求公司变更股东、签发出资证明书、记载于股东名册、记载于公司章程并办理公司登记机关登记的，人民法院不予支持。因此，如果公司其他股东半数以上不同意实际出资人成为公司股东，则实

际出资人存在难以实际取得公司股权和行使股东权利的风险。

2. 代持股权被名义股东转让、质押或者以其他方式处分的风险

根据最高人民法院《关于适用〈中华人民共和国公司法〉若干问题的规定(三)》的规定,名义股东将登记于其名下的股权转让、质押或者以其他方式处分,实际出资人以其对于股权享有实际权利为由,请求认定处分股权行为无效的,人民法院可以参照《民法典》第311条的规定处理。根据《民法典》的规定,无处分权人将不动产或者动产转让给受让人的,所有权人有权追回;除法律另有规定外,符合下列情形的,受让人取得该不动产或者动产的所有权:(1)受让人受让该不动产或者动产时是善意的;(2)以合理的价格转让;(3)转让的不动产或者动产依照法律规定应当登记的已经登记,不需要登记的已经交付给受让人。

因此,如果代持股权被名义股东转让、质押或者以其他方式处分,第三方如果是善意的,且以合理的对价取得代持股权的权利,则该等第三方与代持股权相关的权利受法律保护。

3. 代持股权存在被法院执行的风险

名义股东因其他债务纠纷成为被执行人时,其名下的财产均有可能成为被执行标的。因此,实际出资人拥有所有权的代持股权存在被法院执行的风险。

4. 代持股权存在被名义股东近亲属处置的风险

名义股东因意外死亡或离婚等情形,存在代持股权作为名义股东的遗产或者作为夫妻共同财产被处分的风险。

5. 税收风险

如果在征得公司其他股东同意的情况下,名义股东将登记在其名下的公司股权以股权转让方式转让给实际出资人,税务部门一般不会认可股权代持说法,会要求名义股东按代持股权的公允价格为准缴纳个人所得税。

(二)对于名义股东而言,股权代持主要有如下风险

1. 承担对公司出资的责任

根据《公司法》的规定,股东应当按期足额缴纳公司章程中规定的各自所认缴的出资额。股东以货币出资的,应当将货币出资足额存入有限责任公司在银行开设的账户;以非货币财产出资的,应当依法办理其财产权的转移手续。股东不按照前款规定缴纳出资的,除应当向公司足额缴纳外,还应当向已按期足额缴纳出资的股东承担违约责任。根据最高人民法院《关于适用〈中华人民共和国公司法〉若干

问题的规定(三)》的规定,公司债权人以登记于公司登记机关的股东未履行出资义务为由,请求其对公司债务不能清偿的部分在未出资本息范围内承担补充赔偿责任,股东以其仅为名义股东而非实际出资人为由进行抗辩的,人民法院不予支持。

因此,如果实际出资人没有按期足额缴纳公司章程中规定的认缴出资额,则名义股东需要承担实际出资人的缴纳认缴出资额的义务。

2. 对公司债务承担连带责任

根据最高人民法院《关于适用〈中华人民共和国公司法〉若干问题的规定(二)》第18条第1款、第2款的规定,有限责任公司的股东、股份有限公司的董事和控股股东未在法定期限内成立清算组开始清算,导致公司财产贬值、流失、毁损或者灭失,债权人主张其在造成损失范围内对公司债务承担赔偿责任的,人民法院应依法予以支持;有限责任公司的股东、股份有限公司的董事和控股股东因怠于履行义务,导致公司主要财产、账册、重要文件等灭失,无法进行清算,债权人主张其对公司债务承担连带清偿责任的,人民法院应依法予以支持。

因此,如果公司股东(包括实际出资人)等负有清算义务的主体没有及时、依法对公司进行清算,或由于没有履行相关义务,导致无法对公司进行清算的,名义股东需要对公司的债务承担连带责任。

三、股权代持法律风险的防范

(一)签署各类必需的协议

1. 实际出资人与名义股东签署股权代持协议

股权代持协议是股权代持的基础性文件,股权代持协议需要由专业律师根据实际出资人、名义股东和公司具体情况起草,以切实维护实际出资人的合法权益。

2. 实际出资人、名义股东和公司其他股东签署股东协议

为避免在实际出资人或实际出资人指定的第三方拟成为公司的实际股东时,公司其他股东拒绝或不配合,实际出资人、名义股东和公司其他股东签署股东协议,明确实际出资人或实际出资人指定的第三方有权随时与名义股东签署股权转让协议等文件而成为公司股东。

3. 实际出资人和名义股东及其近亲属签署财产协议

为避免名义股东因意外死亡或离婚等情形导致代持股权作为名义股东的财产被处分,实际出资人和名义出资人及其近亲属应签署财产协议,明确代持股权的所有权属于实际出资人。

(二)将代持股权质押给实际出资人或实际出资人指定的第三方

为了实际控制代持股权,实际出资人可要求名义股东将代持股权质押给实际出资人或实际出资人指定的第三方,确保名义股东没法擅自将代持股权转让或质押给第三方或进行任何其他方式的处分。

(三)由名义股东授权实际出资人或实际出资人指定的第三方行使股东权利

由名义股东签署授权委托书,授权实际出资人或实际出资人指定的第三方行使相关股东权利,如出席公司股东(大)会会议并行使相关表决权、签署需要公司股东签署的各类文件、由实际出资人向公司委派董事和高管等,授权期限应与股权代持的期限一致。

(四)实际出资人需保存好实际出资的凭证

实际出资人将出资缴付给名义股东时,应明确用途为公司投资款(股权代持款),并明确由名义股东代为向公司出资,并保存好出资凭证。

司法实践不鼓励股权代持行为,特别是通过股权代持方式规避中国法律法规限制或者禁止的行为。在合法合规的条件下,如因客观情况确实需要采取股权代持的方式,实际出资人应通过签署本文建议的各类协议、取得代持股权的质押权利和取得名义股东授权实际行使公司股东权利等方式来维护自身的合法权益。

专题三

公司关联交易不合规法律风险及合规建议

殷　豪

根据《公司法》第21条的规定,公司的控股股东、实际控制人、董事、监事、高级管理人员不得利用其关联关系损害公司利益,违反前款规定,给公司造成损失的,应当承担赔偿责任。根据该法第216条第4项的规定,关联关系是指公司控股股东、实际控制人、董事、监事、高级管理人员与其直接或者间接控制的企业之间的关系,以及可能导致公司利益转移的其他关系。另外,根据《民法典》第84条的规定,营利法人的控股出资人、实际控制人、董事、监事、高级管理人员不得利用其关联关系损害法人的利益;利用关联关系造成法人损失的,应当承担赔偿责任。在《公司法》等相关法律法规规定基础上,财政部和国家税务总局基于企业财务会计和税务合规监管需要,对企业的关联方和关联交易等事项进行了规定。另外,国资委、银保监会、证监会、沪深证券交易所、全国股转系统公司和基金业协会等部门和机构在各自监管职责范围内,就国有企业、银行、信托公司、保险公司、上市公司、新三板公司和私募基金等不同类型的企业涉及的关联方和关联交易等事项进行了规定。

根据最高人民法院《关于适用〈中华人民共和国公司法〉若干问题的规定(五)》(以下简称《公司法司法解释五》)第1条的规定,关联交易损害公司利益,原告公司依据《民法典》第84条、《公司法》第21条规定请求控股股东、实际控制人、董事、监事、高级管理人员赔偿所造成的损失,被告仅以该交易已经履行了信息披露、经股东会或者股东大会同意等法律、行政法规或者公司章程规定的程序为由抗辩的,人民法院不予支持;公司没有提起诉讼的,符合《公司法》第151条第1款规定条件的股东,可以依据《公司法》第151条第2款、第3款规定向人民法院提起诉讼。根据

《公司法司法解释五》第 2 条的规定,关联交易合同存在无效、可撤销或者对公司不发生效力的情形,公司没有起诉合同相对方的,符合《公司法》第 151 条第 1 款规定条件的股东,可以依据《公司法》第 151 条第 2 款、第 3 款规定向人民法院提起诉讼。关联交易作为一种中性的商事交易行为,本身并不为法律法规所禁止。《公司法司法解释五》明确了履行法定程序不能豁免关联交易赔偿责任,同时规定符合条件的股东可以提起代表诉讼,请求对关联交易中相关合同确认无效与撤销,为中小股东提供了追究关联方责任,保护公司和自身利益的法律依据。

实务中,部分公司控股股东、实际控制人、董事、监事或高级管理人员,利用与公司的关联关系和控制地位,通过不合规关联交易挪用公司资金和转移利润等,损害公司、中小股东和债权人的合法权益。公司关联交易的核心是公平,《公司法司法解释五》强调的是尽管关联交易已经履行了相应的程序,但如果违反公平原则,损害公司利益,公司依然可以主张相关关联方承担损害赔偿责任。

我们根据处理公司关联交易合规的实务经验,结合法院审判实践,简要介绍公司关联交易不合规常见法律风险,并就公司关联交易提出合规建议。因篇幅限制,本专题没有就国有企业、银行、信托公司、保险公司、上市公司、新三板公司和私募基金等企业关于关联方和关联交易的特殊性规定进行专门说明。

一、公司关联交易不合规常见法律风险

(一)关联交易可能会被认定为关联方抽逃出资

在再审申请人北京新富投资有限公司因与被申请人北京北大未名生物工程集团有限公司等与公司有关的纠纷一案[(2018)最高法民申 790 号]中,最高人民法院经审理后认为:“新富公司明知上述资金在生物港公司设立后短期、大额、非正常的流转情况,但未提出异议,考虑到新富公司与生物港公司、太光电信公司的高度关联关系,结合生物港公司各股东认缴出资额的缴付与转出情况,应当认定新富公司利用其对生物港公司的关联关系在生物港公司验资后一个月内即将生物港公司注册资本中的 3660 万元汇至太光电信公司,该行为构成利用关联交易将出资转出。行为人利用关联关系将出资于公司设立后不久即大额、无正当理由地转出,构成抽逃出资,其是否从中直接取得出资款项并不影响抽逃出资的认定。因此,新富公司主张北大未名公司无证据证明新富公司取得案涉款项因而不构成抽逃出资的意见,本院不予支持。”

而在上诉人兖矿贵州能化有限公司因与被上诉人贵州东圣恒泰矿业投资管理

有限公司等公司关联交易损害责任纠纷一案[(2020)最高法民终55号]中,最高人民法院经审理后认为:“根据双方当事人的上诉请求和答辩意见,本案争议焦点为:东圣公司签订股权转让协议及支付定金的行为,是否属于利用关联交易损害公司利益的抽逃出资行为……结合以上事实,东圣公司可通过案涉股权交易获得合理对价,该股权交易行为不属于利用关联交易将出资转出的抽逃出资情形,并未损害东圣公司利益,能化公司的相应主张不能成立。能化公司还主张,王某、贾某涛、潘某、李某涛因配合、协助抽逃出资,应承担连带赔偿责任,如前所述,案涉股权交易并非抽逃出资损害公司利益的行为,该主张缺乏事实基础,本院不予支持。”

根据最高人民法院《关于适用〈中华人民共和国公司法〉若干问题的规定(三)》第12条的规定,公司成立后,公司、股东或者公司债权人以相关股东利用关联交易将出资转出且损害公司权益为由,请求认定该股东抽逃出资的,人民法院应予支持。从上述案例可以看出,关联交易对价不公允、不合理,则该等关联交易可能会被认定为抽逃出资。

(二)关联交易价格可能被特别纳税调整的涉税风险

根据《企业所得税法实施条例》第109条的规定,《企业所得税法》第41条所称关联方,是指与企业有下列关联关系之一的企业、其他组织或者个人:(1)在资金、经营、购销等方面存在直接或者间接的控制关系;(2)直接或者间接地同为第三者控制;(3)在利益上具有相关联的其他关系。《税收征收管理法实施细则》(2016年修订)第51条也作出了类似规定。《关于完善关联申报和同期资料管理有关事项的公告》第2条列举了七类构成关联关系的情形,同时第4条列举了五类构成关联交易的情形,对《企业所得税法实施条例》中规定的三个方面关联关系作了细化规定。

实务中,部分关联交易的主要目的是规避税收风险,合理合法避税是法律所允许的。根据《特别纳税调查调整及相互协商程序管理办法》第38条的规定,实际税负相同的境内关联方之间的交易,只要该交易没有直接或者间接导致国家总体税收收入的减少,原则上不作特别纳税调整。从上述规定可以看出,相较跨境关联交易而言,公司在境内关联方之间转移利润,需要符合“实际税负相同”和“没有直接或者间接导致国家总体税收收入的减少”两个条件。但适用上述两个条件有其适用的标准,由于篇幅限制,本专题不作展开。公司与境内关联方之间的关联交易需要考量不同情形下的关联交易价格问题,避免潜在的税务风险。

(三)价格不公允和不合理的关联交易可能会被认定无效

在济南玉清制水有限公司与山东尚志投资咨询有限公司股权转让合同纠纷一案[(2016)最高法民申724号]中,最高人民法院经审理后认为:"首先,本案中,玉清公司主张本案《股权转让协议书》系关联交易应为无效,并向原审法院和本院提交证据,欲证明本案《股权转让协议书》签订时玉清公司的法定代表人王某是远耀公司的实际控制人、远耀公司与玉清公司具有关联关系、本案股权转让损害了玉清公司利益等事实……根据该规定,当公司的控股股东、实际控制人、董事、监事、高级管理人员利用其关联关系且损害了公司利益时,其法律后果是承担赔偿责任,而不是关联交易行为无效,因此玉清公司主张的事实并不能成为本案《股权转让协议书》无效的依据,玉清公司举证的证明目的与《股权转让协议书》效力的认定并无关联性。原审判决认为本案《股权转让协议书》的效力应当依据合同法第五十二条的规定予以认定,并无不当。"

而在再审申请人新疆信润发商贸有限公司(以下简称信润发公司)因与被申请人兖矿新疆煤化工有限公司(以下简称兖矿公司)房屋租赁合同纠纷案[(2016)最高法民申3029号]中,最高人民法院经审理后认为:"根据原判决查明的事实,信润发公司和兖矿公司签订的《租赁合同》与信润发公司与案外人签订的《租赁合同》内容确有不同,但信润发公司以近十倍的价格将房屋转租给兖矿公司,二审判决认为,'信润发公司虽然称其为保证场地内设备的运转、维护和管理,承担了相应的装饰、装修及其他正常运行费用,但其在一审、二审提交的证据不足以证实其添置的设备致使租赁租金增加近十倍的理由;对于以上有悖常理及不符合交易习惯的情形,信润发公司亦未做出合理解释'。再审审查中,信润发公司也未提交新证据推翻二审判决的前述认定。在这样的情况下,加之信润发公司和兖矿公司存在关联关系,二审判决认为该合同无效不属于适用法律确有错误。"

根据《民法典》第153条的规定,违反法律、行政法规的强制性规定的民事法律行为无效,但是,该强制性规定不导致该民事法律行为无效的除外。实务中,法院对《公司法》第21条是否属于效力性强制性规定的观点不一,法院可能根据《公司法》第21条的规定不认定关联交易无效,如上述(2016)最高法民申724号案件。另外,根据《民法典》第154条的规定,行为人与相对人恶意串通,损害他人合法权益的民事法律行为无效。因此,如果关联交易各方存在恶意串通损害他人合法权益的情形,则该等关联交易存在被认定为无效的风险。

（四）关联方需对公司因关联交易价格不公允和不合理而造成的损失承担赔偿责任

再审申请人武穴市迅达医化有限公司因与被申请人湖北迅达药业股份有限公司等公司关联交易损害责任纠纷一案，不服湖北省高级人民法院（2016）鄂民终967号民事判决，向最高人民法院申请再审。最高人民法院于2017年9月29日作出（2017）最高法民申2409号民事裁定，指令湖北省高级人民法院再审[（2018）鄂民再61号]。湖北省高级人民法院经审理后认为："一般而言，判断交易价格是否公允，是否存在恶意低价出售的情况，应当综合产品市场价格、历史价格、材料成本、终端采购价格等各方面因素进行考察分析。但国内公开市场并无本案INT产品价格，各方当事人认可同时期国内市场并无同类产品交易。因此，武穴迅达医化公司INT产品的历史出厂价格以及此后湖北相和化学公司INT产品的出厂价格应作为判断涉案关联交易价格是否合理的重要参考依据……在具体责任承担上，鉴于前述第2阶段的关联交易中46吨INT产品人民币720元/千克的出厂价格处于合理范围，第3阶段40吨INT产品关联交易与前一阶段市场环境基本相同，交易流程基本相同，本院以第2阶段的INT产品出厂价格作为合理价格标准确定湖北迅达药业公司侵占武穴迅达医化公司INT产品销售利润的具体数额，即李某通过涉案关联交易向湖北迅达药业公司输送的利益为：（人民币720元/千克－500元/千克）×40吨＝880万元。对于该部分侵占的款项及利息，湖北迅达药业公司应予返还。"

另外，在上诉人耿某友、刘某联、山西华日达吉运商贸有限公司与被上诉人山西东驰速达物流有限公司公司关联交易损害责任纠纷一案[（2019）最高法民终496号]中，最高人民法院经审理后认为："一审法院判定耿某友、刘某联将晨东公司债务转入东驰公司，由东驰公司偿还，损害了东驰公司作为独立法人对其财产享有的权益以及其他东驰公司债权人的利益，有事实和法律依据。耿某友、刘某联、晨东公司关于其未损害东驰公司利益的上诉主张不能成立，本院不予支持……一审法院认定东驰公司代晨东公司偿还债务损失为73，762，036.83元，扣减已收回的债权4，821，258元及接收晨东公司有效资产12，977，015.85元后，实际损失为55，963，762.98元，该损失应由耿某友、刘某联和晨东公司赔偿，有事实和法律依据，本院予以确认。"

根据《企业会计准则第36号——关联方披露》（以下简称《关联方披露》）第8条的规定，关联交易类型包括：（1）购买或销售商品；（2）购买或销售商品以外的其他资产;(3)提供或接受劳务;(4)担保;(5)提供资金(贷款或股权投资);(6)租赁;(7)代理;(8)研究与开发项目的转移;(9)许可协议;(10)代表企业或由企业代表另一方进行债务结算;(11)关键管理人员薪酬。无论是何种关联交易,公司关联交易审核的核心为关联交易价格是否公允和合理。但如何判断关联交易价格是否公允和合理,需要根据案件具体情况进行商业判断。

(五)非公司高级管理人员也应对公司不合规关联交易造成的损失承担赔偿责任

根据《公司法》第21条的规定,公司的关联方主体为公司的控股股东、实际控制人、董事、监事、高级管理人员。而对于公司的高级管理人员范围,根据《公司法》第216条第1项的规定,高级管理人员,是指公司的经理、副经理、财务负责人,上市公司董事会秘书和公司章程规定的其他人员。根据《关联方披露》的规定,公司的关联自然人包括:(1)对公司实施共同控制的投资方;(2)对公司施加重大影响的投资方;(3)公司的主要投资者个人及与其关系密切的家庭成员;(4)公司或其母公司的关键管理人员及与其关系密切的家庭成员。

在再审申请人周某与被申请人甘肃中集华骏车辆有限公司关联交易损害责任纠纷一案[(2019)最高法民申2728号]中,最高人民法院经审理后认为:"2007年7月30日,甘肃中集华骏公司聘任周某担任该公司营销部经理,全面主持公司销售和采购供应工作。在此期间,甘肃中集华骏公司并没有设立副总经理,周某实际上行使的是公司高级管理人员的职权。其妻高某迎和亲戚成立青海同海达公司及转让公司股权的行为,与周某任营销部经理及离任具有同步性,周某未如实向公司报告该事项,在和青海同海达公司交易之后,周某利用其职权,不及时回收资金,与青海同海达公司的交易给甘肃中集华骏造成损失。周某在青海同海达公司未向甘肃中集华骏支付货款的情况下,利用职权继续与青海同海达公司签订合同和供货,周某的行为客观上给甘肃中集华骏造成了经济损失,应当承担赔偿责任。根据以上法律规定和事实,二审法院认定周某在甘肃中集华骏任职期间,甘肃中集华骏与青海同海达公司2008年2月29日至2009年7月31日期间签订的承揽合同属于关联交易,周某应当对给甘肃中集华骏公司造成的损失承担赔偿责任,该认定并无不当,本院予以维持。"

实务中,部分非公司董事会(或执行董事)任命的高级管理人员以及公司章程未明确规定为公司高级管理人员的员工(如各业务部门的负责人),在公司日常经营管理中具有很大的权限,该等员工如利用职权便利与公司进行交易,可能会对公司造成严重的经济损失。部分法院严格按照《公司法》的规定,认为不是法律规定的人员(如业务部门的负责人等),均不属于公司高级管理人员,不能成为关联交易损害责任纠纷案件的被告。公司除应完善公司的关联交易管理制度外,还应根据公司的实际情况,将部分重要岗位的员工确定为公司高级管理人员,并在公司章程予以记载,避免后续追责障碍。

(六)非公司高级管理人员设立的公司与公司的交易也构成关联交易

在(2016)最高法民申3029号案件中,最高人民法院经审理后认为:“根据原审查明的事实,信润发公司六位股东中,有五位均在兖矿公司任部门正职或副职,这五位股东共计持股80%,其中的张某鹏、程某分别任计划财务部部长、副部长,兖矿公司总经理谢某胜在2011年8月前也是信润发公司股东。二审判决认定信润发公司与兖矿公司签订《租赁合同》属于关联交易并无不当。”

最高人民法院虽然没有认定在兖矿公司任职的信润发公司现有股东为兖矿公司高级管理人员,但最高人民法院从实质重于形式角度认定信润发公司与兖矿公司签订的《租赁合同》属于关联交易。

(七)公司因关联交易受到损害的,应在诉讼时效期间内对相关责任方提起损害赔偿诉讼

再审申请人黄山西园置业有限公司与被申请人朱某洪等公司关联交易损害责任纠纷一案[(2017)最高法民申2810号]中,最高人民法院经审理后认为:“侵权之诉中,启动诉讼时效应以知道或者应当知道权利被侵害为标准,而非以侵权行为造成具体损害结果的确定为标准。本案诉讼时效期间应当从西园公司知道或者应当知道公司权利因关联交易被侵害时起计算。”

另外,在(2019)最高法民申2728号案件中,最高人民法院经审理后认为:“关于甘肃中集华骏公司的起诉是否超过诉讼时效的问题。本案系甘肃中集华骏公司在与青海同海达公司合同纠纷的诉讼中才发现周某存在关联交易的行为,该案于2016年4月9日裁定终结执行程序。周某未能提供证据证明甘肃中集华骏公司之前已知晓周某存在关联交易的行为,故一审、二审法院认定甘肃中集华骏公司的起诉未超过诉讼时效,并无不当,本院予以维持。”

根据《民法典》第188条的规定,向人民法院请求保护民事权利的诉讼时效期

间为3年;法律另有规定的,依照其规定。因此,公司因关联交易受到损害的,相关权利人应在诉讼时效期间内对相关责任方提起损害赔偿诉讼。

二、公司关联交易合规建议

参照深圳市中级人民法院制定的相关审判规则,判断关联交易行为是否合规,需要重点考量以下几方面因素:(1)关联交易是否违反法律规定的程序要件,即关联交易的披露和批准制度履行情况;(2)关联交易行为是否违反法律、行政法规、公司章程的规定;(3)交易目的是否正当,交易动机是否存在诸如操纵市场、转移利润或财产、虚假报表、逃避税收等恶意;(4)交易价格是否符合市场公允价格,是否给公司带来现实的或明显可能发生的损失;(5)关联交易本身是否违反常规,即商业交易习惯。因此,为确保公司关联交易合规,公司应做好如下相关工作:

1. 制定和完善公司关联交易管理制度,确保公司关联交易执行有据可依。对经常性关联交易和偶发性关联交易分类管理,分别授予股东(大)会和董事会相应的关联交易审批权限。

2. 公司应遵循独立交易原则,执行关联交易公允定价,并根据关联交易协议进行结算和开具发票,避免公司关联交易被认定为损害公司利益以及避免可能的涉税风险等。

3. 将公司部分重要岗位的员工确定为公司高级管理人员,并在公司章程中予以记载,以便后续追究相关员工的法律责任。

4. 对于拟上市公司而言,另外需要注意如下问题:(1)关联交易金额及占公司采购或销售比例情况;(2)关联交易真实性及必要性;(3)关联交易决策程序及定价机制;(4)对关联方的采购、销售和研发等是否存在重大依赖;(5)实质判断是否存在关联交易非关联化问题等。

公司应建立完善的关联交易管理制度,完善公司的治理结构,建立和完善股东(大)会、董事会、监事会和管理层的决策、监督和管理机制,赋予公司不同层级机构相应的关联交易决策权限,科学执行关联交易公允定价,以确保公司关联交易合规。

专题四

公司人格否认常见情形及合规建议

殷　豪

根据《公司法》第20条第3款的规定,公司股东滥用公司法人独立地位和股东有限责任,逃避债务,严重损害公司债权人利益的,应当对公司债务承担连带责任。根据《民法典》第83条第2款的规定,营利法人的出资人不得滥用法人独立地位和出资人有限责任损害法人债权人的利益;滥用法人独立地位和出资人有限责任,逃避债务,严重损害法人债权人的利益的,应当对法人债务承担连带责任。从上述规定可以看出,公司人格否认,是指公司股东滥用公司法人独立地位和股东有限责任逃避债务、严重损害债权人利益时,债权人可以直接请求滥用公司独立人格的股东对公司债务承担连带责任,实务中也称"刺穿公司面纱"。

公司人格独立和股东有限责任是公司法的基本原则。否认公司独立人格,由滥用公司法人独立地位和股东有限责任的股东对公司债务承担连带责任,是股东有限责任的例外情形。实务中,需要注意以下几个问题:(1)只有在股东实施了滥用公司法人独立地位及股东有限责任的行为,且该行为严重损害了公司债权人利益的情况下,才能适用;(2)只有实施了滥用法人独立地位和股东有限责任行为的股东才对公司债务承担连带清偿责任,而其他股东不应承担此责任;(3)公司人格否认不是全面、彻底、永久地否定公司的法人资格,而只是在具体案件中依据特定的法律事实、法律关系,突破股东对公司债务不承担责任的一般规则,例外地判令其承担连带责任;(4)《公司法》第20条第3款规定的滥用行为,实践中常见的情形有人格混同、过度支配与控制、资本显著不足等。

根据《全国法院民商事审判工作会议纪要》(以下简称《九民纪要》)第11条第2款的规定,控股股东或实际控制人控制多个子公司或者关联公司,滥用控制权使多个子公司或者关联公司财产边界不清、财务混同，利益相互输送，丧失人格独立性，沦为控股股东逃避债务、非法经营，甚至违法犯罪工具的，可以综合案件事实，否认子公司或者关联公司法人人格，判令承担连带责任。从上述规定可以看出，公司人格混同包括：(1)纵向人格混同，即公司股东(主要为公司股东，还包括其他责任主体)需要对公司的债务承担连带责任；(2)横向人格混同，即公司关联公司需要对公司的债务承担连带责任；(3)逆向人格混同，即公司需要对公司股东的债务承担连带责任。

一、人格混同

(一)纵向人格混同

《公司法》第20条第3款和《民法典》第83条第2款均对纵向人格混同进行了明确规定，认定公司股东对公司债务承担连带责任有明确的法律依据。另外，最高人民法院在《九民纪要》中提出人格混同最根本的判断标准是“公司是否具有独立意思和独立财产”，并说明财产混同是人格混同最主要的表现，业务、人员、住所等其他方面的混同只是人格混同的补强。

如在(2020)最高法民申1106号案件中，最高人民法院认为：“唐某亮提交的伟祺园林公司两个银行账户交易明细以及张某1个人多个银行账户的交易明细显示，鹿邑县财政国库支付中心汇入伟祺园林公司账户的多笔款项转入了张某1个人账户内，张某1个人账户与伟祺园林公司及张某2的账户之间存在频繁、巨额的资金往来，张某1、张某2以及伟祺园林公司在原审中未对此进行举证说明或作出合理解释。”又如在(2020)最高法民申2302号案件中，最高人民法院认为：“中农集团公司于2012年通过查封实际控制了中农沈阳公司名下的主要资产，但一直未申请对上述资产进行拍卖，同时又将中农沈阳公司的楼房销售款、房屋动迁款、房屋出租租金等全部资产收益转移至中农集团公司账户，导致中农沈阳公司丧失独立的偿债能力，损害了中农沈阳公司债权人的利益。”

(二)横向人格混同

作为指导案例的徐工集团工程机械股份有限公司诉成都川交工贸有限责任公司等买卖合同纠纷案，最高人民法院对横向人格混同裁判规则进行了总结。具体如下：(1)关联公司的人员、业务、财务等方面交叉或混同，导致各自财产无法区分，丧失独立人格的，构成人格混同；(2)关联公司人格混同，严重损害债权人利益的，关联公司相互之间对外部债务承担连带责任。从上述指导案例裁判规则可以看出,构成人格混同需要综合考虑公司的人员、业务、财务和财产多个交叉或混同要件,而《九民纪要》则规定最根本的判断标准是公司是否具有独立意思和独立财产,最主要的表现是公司的财产与股东的财产是否混同且无法区分。《九民纪要》实质性地改变了横向人格混同的裁判规则。

如在(2019)最高法民终20号案件中,最高人民法院认为,"安发达公司、胜龙公司及绿得公司均由陈某根等实际控制,属于同一利益主体。在同一实际控制人控制下,在胜龙公司、绿得公司负债累累的情况下,三公司通过虚假诉讼方式将胜龙公司及绿得公司巨额资产转移至安发达公司。安发达公司、胜龙公司及绿得公司缺乏独立意志,不具有独立人格,其法人人格成为实际控制人恶意转移资产以逃避胜龙公司、绿得公司巨额债务的工具,严重损害了债权人的利益"。同样地,在(2020)最高法民申1106号案件中,最高人民法院认为,"伟祺园林公司、伟民置业公司、伟祺置业公司未对上述资金往来的用途举证说明或作出合理解释,原审据此判决伟民置业公司、伟祺置业公司对伟祺园林公司的债务承担连带责任并不缺乏证据证明,适用法律亦无不当"。

而在(2020)最高法民终185号案件中,最高人民法院则进一步阐述了适用公司人格否认制度的关键是审查公司人格是否混同,公司其他方面是否混同只是人格混同的补强。最高人民法院认为,"在现有证据不能证明山能贵州公司与肥矿光大公司人格混同的情况下,仅凭两公司在人员、业务等方面的关联表象不能认定肥矿光大公司人格已形骸化而成为山能贵州公司牟取利益的工具。柳某金、马某兰要求山能贵州公司与肥矿光大公司承担连带责任的主张依据不足,依法不予支持"。

(三)逆向人格混同

在(2020)最高法民申2158号案件中,最高人民法院认为,"公司法第六十三条的规定虽系股东为公司债务承担连带责任,但目前司法实践中,在股东与公司人格混同的情形下,公司亦可为股东债务承担连带责任"。最高人民法院在本案中的裁判观点,对于公司人格逆向混同的认定提供了裁判思路。

根据《九民纪要》的规定,在认定是否构成人格混同时,应当综合考虑以下因素:(1)股东无偿使用公司资金或者财产,不作财务记载的;(2)股东用公司的资金偿还股东的债务,或者将公司的资金供关联公司无偿使用,不作财务记载的;(3)公司账簿与股东账簿不分,致使公司财产与股东财产无法区分的;(4)股东自身收益与公司盈利不加区分,致使双方利益不清的;(5)公司的财产记载于股东名下,由股东占有、使用的;(6)人格混同的其他情形。根据《会计法》第25条的规定,公司、企业必须根据实际发生的经济业务事项,按照国家统一的会计制度的规定确认、计量和记录资产、负债、所有者权益、收入、费用、成本和利润。实务中,如果公司没有根据《会计法》的规定进行确认、计量和记录资产和所有者权益等财务信息,则公司人格存在被否认的法律风险。

另外,实务中需要注意的是,股东滥用权利使公司财产不足以清偿公司债权人的债权,严重损害公司债权人利益的,才能适用《公司法》第20条第3款的规定。如在(2018)最高法民再199号案件中,最高人民法院认为,"本案中,虽然倪某才以个人银行账户收取公司货款,且无证据表明已经将相应货款归还中气公司,直接损害了公司利益,但SMC株式会社未提供证据证明中气公司、倪某才的滥用行为导致其没有履行任何债务的能力,从而导致SMC株式会社的债权无法实现。在这种情况下,倪某才的上述行为并不构成滥用公司法人独立地位和股东有限责任,严重损害公司债权人利益的情形,不违反公司法第二十条的规定。SMC株式会社的上述申请再审理由不能成立"。

二、过度支配与控制

过度支配与控制,是指公司控股股东或实际控制人对公司过度支配与控制,操纵公司的决策过程,使公司完全丧失独立性,沦为公司控股股东或实际控制人的工具或躯壳。公司控股股东或实际控制人通过控制多个子公司或者关联公司,滥用控制权使多个子公司或者关联公司财产边界不清、财务混同,利益相互输送,丧失人格独立性,沦为公司控股股东或实际控制人逃避债务、非法经营,甚至违法犯罪工具。实务中常见的情形包括:(1)母子公司之间或者子公司之间进行利益输送的;(2)母子公司或者子公司之间进行交易,收益归一方,损失却由另一方承担的;(3)先从原公司抽走资金,然后再成立经营目的相同或者类似的公司,逃避原公司债务的;(4)先解散公司,再以原公司场所、设备、人员及相同或者相似的经营目的另设公司,逃避原公司债务的;(5)过度支配与控制的其他情形。

如在(2020)最高法民申2302号案件中,最高人民法院认为,"2004年改制后,中农沈阳公司取消独立核算制改为报账制,即中农沈阳公司向中农集团公司报送支出需求,中农集团公司根据需求进行拨款;中农沈阳公司不经营具体业务,不享有资产处置权,财务来源于中农集团公司拨款,中农沈阳公司的员工工资及一切福利待遇由中农集团公司发放,中农沈阳公司事实上已不具备自主经营,自负盈亏的条件”。又如在(2016)最高法民申字918号案件中,最高人民法院认为,“本院认为,霍州煤电作为晋北煤业的股东,应当通过董事会、股东会等符合公司法规定的方式履行表决权,行使其权利。而霍州煤电以未经批准晋北煤业不能对外履行合同义务这一行为,损害了晋北煤业的法人独立地位。霍州煤电认为其管理、监督等行为未损害晋北煤业公司的法人独立地位,事实依据不足”。

根据《企业会计准则第33号——合并财务报表》第7条的规定,合并财务报表的合并范围应当以控制为基础予以确定;控制,是指投资方拥有对被投资方的权力,通过参与被投资方的相关活动而享有可变回报,并且有能力运用对被投资方的权力影响其回报金额。另外,根据《企业集团财务公司管理办法》第28条的规定,企业集团财务公司可以协助成员实现交易款项的收付、办理成员单位之间的内部转账结算和吸收成员单位的存款等。因此,实务中,由于母公司与其子公司之间合并财务报表或基于持股关系的一体化管理,属于合法的财务管理,不应被认定为过度支配与控制。如在(2015)民二终字第244号案件中,最高人民法院认为,不应以控股公司对子公司实行一体化管理或者母子公司合并报表而简单地认定子公司丧失独立法人人格。

三、资本显著不足

根据《九民纪要》的规定,资本显著不足指的是,公司设立后在经营过程中,股东实际投入公司的资本数额与公司经营所隐含的风险相比明显不匹配。股东利用较少资本从事力所不及的经营,表明其没有从事公司经营的诚意,实质是恶意利用公司独立人格和股东有限责任把投资风险转嫁给债权人。如在(2019)最高法民终1069号案件中,最高人民法院认为,“本案中,茂昌公司的注册资本尽管为2000万元,但股东的认缴出资期限则为2038年10月25日,到二审庭审之时其实缴出资仍为0元。而其从事的经营行为,仅与本案有关的合同纠纷标的额就高达1亿多元。茂昌公司在设立后的经营过程中,其股东实际投入公司的资本数额与公司经营所隐含的风险相比明显不相匹配。股东利用较少资本从事力所不能及的经营,表明其没有从事公司经营的诚意”。

在注册资本认缴的背景下,《公司法》对公司没有最低注册资本要求,对注册资本何时实缴也没有明确规定。因此,如何认定公司资本显著不足,需要从股东实缴出资与认缴出资比例是否过低、股东认缴出资期限是否过长、公司经营风险与股东实缴出资是否明显不匹配等角度进行判断。

四、公司人格否认相关实务问题

(一)公司人格否认与要求股东承担责任的其他法律规定的适用

公司股东对公司债务承担责任的依据,包括抽逃出资、违法清算和人格否认等情形。以抽逃出资为例,抽逃出资的股东在抽逃出资本息范围内对公司债务不能清偿的部分承担补充赔偿责任,而人格否认制度下该等股东则需对公司债务承担连带责任。最高人民法院民事审判第二庭编著的《〈全国法院民商事审判工作会议纪要〉理解与适用》指出,在公司债权人利益能够得到保护的情况下,如果股东滥用公司法人独立地位和股东有限责任公司的行为同时符合其他法律规定,可以考虑优先适用其他法律的规定。在依据其他法律规定足以保护债权人利益的情况下,优先适用其他法律规定,不再否认公司人格。

(二)隐名股东是否应当对公司债务承担连带责任

根据最高人民法院《关于适用〈中华人民共和国公司法〉若干问题的规定(三)》第 24 条第 1 款的规定,有限责任公司的实际出资人与名义出资人订立合同,约定由实际出资人出资并享有投资权益,以名义出资人为名义股东,实际出资人与名义股东对该合同效力发生争议的,如无法律规定的无效情形,人民法院应当认定该合同有效。《公司法》上述司法解释确认了股权代持协议的法律效力。

在公报案例(2015)民一终字第 260 号案件中,最高人民法院认为,“兴通达公司的设立目的是通过兴通达公司恢复昆通公司的生产经营,昆通公司通过岳某、罗某东等持股的方式成为兴通达公司的股东,两公司在财务人员、工作人员、经营场所、生产经营等方面存在高度混同的现象。昆通公司通过此种方式设立兴通达公司并利用了兴通达公司的法人独立地位和股东有限责任,损害了邵某作为债权人的利益”。又如在(2019)最高法民终 30 号案件中,最高人民法院认为,在上述证据不足以充分证明上述股权转让真实发生的情形下,原审判决认定何某棠实际受让能顺公司持有的能盛公司股权的真实性存疑,杜敏某、杜觅某通过何某棠实际控制能盛公司的事实有高度可能性,并无不当。何某棠以上述《股权转让合同》系从工商管理部门取得为由主张该合同内容真实,理由不足,本院不予支持。

从上述案例可以看出,最高人民法院首先认定公司的隐名股东,并认定隐名股东利用公司法人独立地位和股东有限责任，损害了公司债权人的利益，判决隐名股东应对公司的债务承担连带责任。

（三）实际控制人是否应当对公司债务承担连带责任

根据《公司法》的规定，实际控制人，是指虽不是公司的股东，但通过投资关系、协议或者其他安排，能够实际支配公司行为的人。实务中，公司实际控制人主要包括单一实际控制人、共同实际控制人和无实际控制人三种情形。上述共同实际控制人情形中，包括基于夫妻、父母子女等家庭成员关系认定为共同实际控制人，也有基于《一致行动协议》等约定而认定为共同实际控制人。

如在（2020）最高法民申 1106 号案件中，最高人民法院认为，原审也查明，王某军虽然不是伟祺园林公司的股东，但其系伟祺园林公司股东张某 2 的丈夫，且作为伟祺园林公司的代表与苏州科环公司签订了《合作协议书》，并对伟祺园林公司的款项支出行使审批的权力。在伟祺园林公司不能及时还款的情况下，王某军自愿出具《保证书》，保证对伟祺园林公司的债务承担还款责任，原审据此认定王某军系伟祺园林公司的实际控制人并判决王某军对伟祺园林公司的债务承担连带责任适用法律亦无不当。又如在（2020）最高法民终 185 号案件中，最高人民法院认为，“公司人格否认制度旨在矫正有限责任制度在特定情形下对债权人利益保护的失衡。非公司股东但与公司存在关联或控制关系的其他主体通过操作或控制公司而损害公司债权人利益，与公司股东滥用公司人格损害债权人利益具有同质性。对此应基于公平及诚信原则，类推适用《中华人民共和国公司法》第二十条第三款规定予以规制，以实现实质公正”。

实务中，由于种种原因，公司实际控制人并不直接登记为公司股东，其通过间接持股、协议安排和表决权委托等方式实际控制公司的生产经营。对于公司实际控制人通过控制公司来损害公司债权人利益的行为，与公司股东滥用公司独立人格损害公司债权人利益一样，应适用《公司法》第 20 条第 3 款的规定，公司实际控制人对公司债务向公司债权人承担连带责任。

（四）夫妻二人公司可能被认定为实质意义上的一人公司

根据《公司法》第 63 条的规定，一人公司的股东不能证明公司财产独立于股东自己的财产的，应当对公司债务承担连带责任。如在（2019）最高法民终 1093 号案件中，最高人民法院认为，“案涉工程竣工验收备案与签订《支付协议》均在睿拓公司受让能源公司股权,成为置业公司一人股东之后。在其未提供证据证明置业公司财产独立于自己财产的情况下,应当就置业公司债务承担连带责任"。而一人公司股东能够证明公司的财产独立于股东的财产,股东对公司的债务不承担连带责任。如在(2018)最高法民申3219号案件中,最高人民法院认为,"本案中,宜昌嘉英公司为一人公司,湖北宜化公司作为宜昌嘉英公司的股东,所提交的证据能够证明宜昌嘉英公司的财产独立于自己的财产,即完成了相应的举证义务,湖北宜化公司不应当对宜昌嘉英公司的债务承担连带责任"。

判断夫妻二人公司是否为实质意义上的一人公司,需要根据法律规定,结合案件的事实和证据综合认定。如在(2019)最高法民再372号案件中,最高人民法院认为,"本案中,青曼瑞公司虽系熊某平、沈某霞两人出资成立,但熊某平、沈某霞为夫妻,青曼瑞公司设立于双方婚姻存续期间,且青曼瑞公司工商登记备案资料中没有熊某平、沈某霞财产分割的书面证明或协议,熊某平、沈某霞亦未补充提交……青曼瑞公司的全部股权实质来源于同一财产权,并为一个所有权共同享有和支配,该股权主体具有利益的一致性和实质的单一性……综上,青曼瑞公司与一人有限责任公司在主体构成和规范适用上具有高度相似性,二审法院认定青曼瑞公司系实质意义上的一人有限责任公司并无不当"。又如在(2020)最高法民申1515号案件中,最高人民法院认为,"本案高某霞与张某于2003年9月25日登记结婚,金特嘉公司成立于2010年3月12日,股东系张某与高某霞。高某霞与张某在设立有限责任公司时,并未能向工商登记部门提交分割财产证明。鉴于案涉债务纠纷发生在2014年,虽然张某与高某霞于2015年12月1日协议离婚,但股东高某霞不能证明其个人财产独立于金特嘉公司,即不能证明公司财产独立于股东自己的财产,故原审判决以'高某霞系张某妻子,涉案债务发生于双方婚姻存续期间'为由,判决高某霞承担共同付款责任并无不当"。

夫妻二人共同出资设立公司,应当以各自所有的财产对公司进行投资,否则夫妻二人公司可能会被认定为实质意义上的一人公司。如果夫妻二人公司被认定为实质意义上的一人公司,公司股东能够证明公司的财产独立于股东的财产,股东对公司的债务不承担连带责任。如在(2019)最高法民申105号案件中,最高人民法院认为,"原审法院以增盛公司实际出资情形符合一人有限责任公司的股东出资特点及性质为由,认定杨某庆、刘某华申请追加王某、任某芹为被执行人符合《最高人民法院关于民事执行中变更、追加当事人若干问题的规定》第二十条规定的情形,判决驳回王某、任某芹的诉讼请求,在认定事实和适用法律上均存在错误"。

(五)公司人格否认举证责任原则

《公司法》第63条关于一人公司的公司人格否认问题,由公司股东承担举证责任,在实务中没有太多争议。而对于非一人公司,则债权人应对股东的滥用行为承担举证责任。如在(2015)民二终字第85号案件中,最高人民法院认为:“在审理法人人格否认案件时,考虑到债权人处于信息劣势而举证困难等因素,人民法院通常会根据上述规定合理分配举证责任,在债权人用以证明股东滥用公司法人独立地位和股东有限责任的证据令人产生合理怀疑的情形下,将没有滥用的举证责任分配给被诉股东。但上述举证责任调整的前提,应是作为原告方的债权人已举出盖然性的证据证明股东存在滥用公司法人独立地位和股东有限责任的行为以及由此产生了损害的结果,而不是当然的举证责任倒置”。

实务中,公司债权人很难取得公司的会计账簿和会计凭证等证据材料,需要向人民法院申请调查举证。如上海市高级人民法院民事审判第二庭发布的《关于审理公司法人人格否认案件的若干意见》第10条第2款规定:“公司债权人能够提供初步证据证明股东滥用公司独立法人地位和股东有限责任。但确因客观原因不能自行收集公司账簿、会计凭证、会议记录等相关证据,申请人民法院调查取证的,法院应当依据《最高人民法院关于民事诉讼证据的若干规定》的规定,进行必要的审查。”结合最高人民法院的相关案例,公司债权人需要提供初步证据证明股东滥用公司独立法人地位和股东有限责任,但是否有足够的证据否认公司人格,同时需依赖人民法院的调查举证以及公司和公司股东的抗辩证据。

判断是否构成人格混同的核心为公司与关联方是否构成财产混同。公司日常经营管理,特别是财务管理,需要严格遵守《会计法》和《企业会计准则》等相关规定,在与关联方交易中,严格遵循关联交易价格公允等规则,关联交易合规内容详见笔者的《公司法实务(一):公司关联交易不合规法律风险及合规建议》文章。另外,公司控股股东和实际控制人,应根据《公司法》和公司章程的规定,通过公司股东(大)会和董事会行使作为公司股东的权利,而不能架空公司股东(大)会和董事会,避免被认定为对公司过度支配与控制。此外,作为公司股东,应根据公司的实际经营需要,对公司合理出资,避免被认定为公司资本显著不足。

专题五

创业投资企业所得税优惠问题浅析

雷富阳　张　峰

创业投资企业的概念出自《创业投资企业管理暂行办法》,它是指在我国境内注册设立的,向创业企业进行股权投资,以期在所投资创业企业发育成熟或相对成熟后通过股权转让获得资本增值收益的企业组织。创业投资企业是私募股权投资基金的子概念,也是中国特有的概念。

创业投资企业和私募股权投资基金是有一定区别的。在组织形式上,创业投资企业可以采用公司制和法律允许的其他企业形式,比如合伙制,而私募股权投资基金还可以是以信托为典型代表的契约制。

税收制度事关基金行业和创投行业的兴衰,尤以所得税政策影响最著。我国的所得税政策并不专门针对特定组织形式的创投企业设计,相反,基金和创投企业组织形式的选择对应使用现行所得税政策。基金的优惠政策实际上绝大部分是所得税优惠政策,一般分为普惠优惠和专项优惠:普惠优惠是指涉及资本市场的普遍适用的税收优惠政策,比如符合条件的居民企业之间股息红利所得免税、上市公司股息红利差别化个人所得税政策、重组改制特殊性税务处理政策、股权激励个人所得税递延纳税政策等;专项优惠集中在个别细分行业或专项产品,包括:创投优惠、信贷资产证券化优惠、社保基金和养老基金优惠等。这些专项优惠基本基于某特定身份,如其中的创投优惠就是针对创业投资企业。

本专题将仅介绍创投优惠相关政策的适用与理解等事项。

一、创投企业的备案管理及税收优惠主体条件

创业投资企业针对其特定身份而能享受的专项税收优惠政策,前提应是创投

企业身份的管理与认定。

2005年9月7日国务院批准，2005年11月15日国家发展改革委、科技部、财政部、商务部、中国人民银行、国家税务总局、原国家工商行政管理总局、原中国银监会、中国证券监督管理委员会（以下简称证监会）、国家外汇管理局联合发布《创业投资企业管理暂行办法》（以下简称《暂行办法》）第3条提到，国家对创业投资企业实行备案管理。凡遵照本办法规定完成备案程序的创业投资企业，应当接受创业投资企业管理部门的监管，投资运作符合有关规定的可享受政策扶持。未遵照本办法规定完成备案程序的创业投资企业，不受创业投资企业管理部门的监管，不享受政策扶持。

证监会《私募投资基金监督管理暂行办法》（以下简称《私募办法》）第5条规定："中国证监会及其派出机构依照《证券投资基金法》、本办法和中国证监会的其他有关规定，对私募基金业务活动实施监督管理。设立私募基金管理机构和发行私募基金不设行政审批……"第8条规定："各类私募基金募集完毕，私募基金管理人应当根据基金业协会的规定，办理基金备案手续……"

目前我国针对创业投资企业专门可以享受的税收优惠政策，主要为如下几个部门规范性文件：

国家税务总局《关于实施创业投资企业所得税优惠问题的通知》（国税发〔2009〕87号），财政部、税务总局《关于创业投资企业和天使投资个人有关税收政策的通知》（财税〔2018〕55号），财政部、税务总局、发展改革委、证监会《关于创业投资企业个人合伙人所得税政策问题的通知》（财税〔2019〕8号）。

上述三份文件对于税收优惠主体的描述虽略有不同，但是均主要立足于《暂行办法》。

国税发〔2009〕87号文规定，创业投资企业是指依照《暂行办法》和《外商投资创业投资企业管理规定》（商务部等5部委令2003年第2号）在中华人民共和国境内设立的专门从事创业投资活动的企业或其他经济组织。

财税〔2018〕55号文规定，享受本通知规定税收政策的创业投资企业，应同时符合以下条件：(1)在中国境内（不含港、澳、台地区）注册成立、实行查账征收的居民企业或合伙创投企业，且不属于被投资初创科技型企业的发起人；(2)符合《暂行办法》规定或者《私募办法》关于创业投资基金的特别规定，按照上述规定完成备案且规范运作；(3)投资后2年内，创业投资企业及其关联方持有被投资初创科技型企业的股权比例合计应低于50%。

财税〔2019〕8 号文规定,本通知所称创投企业,是指符合《暂行办法》或者《私募办法》关于创业投资企业(基金)的有关规定,并按照上述规定完成备案且规范运作的合伙制创业投资企业(基金)。

可见,上述三份文件中的税收优惠主体,主要均基于《暂行办法》或《私募办法》的要求,其中财税〔2019〕8 号文的特别之处则在于其仅针对"合伙制创业投资企业(基金)"。

另外,对于创投基金具体的备案操作建议,将在介绍相关税收优惠政策内容及注意事项后,于本专题末简要介绍。

二、创投基金税收优惠政策的适用与注意事项

基金相关税收政策主要涉及所得税、增值税和印花税等。如果按组织形式划分,公司型、合伙型和契约型基金分别适用相应的所得税政策,增值税和印花税等对基金类型并不敏感,创投基金纳税业务的复杂性集中在所得税。值得一提的是,我国基金行业,尤其是合伙企业制基金的所得税理论及政策实务均相当复杂,限于篇幅,本专题将不再专门论述合伙企业的所得税收问题,仅讨论"创业投资企业"这一特定概念下的专门税收优惠政策。

(一)国税发〔2009〕87 号文和财税〔2018〕55 号文

国税发〔2009〕87 号文的具体优惠内容为:按照创业投资企业对中小高新技术企业投资额的 70%,在股权持有满 2 年的当年抵扣该创业投资企业的应纳税所得额;当年不足抵扣的,可以在以后纳税年度结转抵扣。

另外,对合伙企业制的创投企业而言,税法上适用穿透原则,须穿透至出资人层面。合伙企业的出资人一般分为法人合伙人和个人合伙人。对于合伙人接受合伙企业所传递来的所得的税收政策,则在财税〔2018〕55 号文得到了更进一步的规定:

"(一)公司制创业投资企业采取股权投资方式直接投资于种子期、初创期科技型企业(以下简称初创科技型企业)满 2 年(24 个月,下同)的,可以按照投资额的 70% 在股权持有满 2 年的当年抵扣该公司制创业投资企业的应纳税所得额;当年不足抵扣的,可以在以后纳税年度结转抵扣。

(二)有限合伙制创业投资企业(以下简称合伙创投企业)采取股权投资方式直接投资于初创科技型企业满 2 年的,该合伙创投企业的合伙人分别按以下方式

处理：

1. 法人合伙人可以按照对初创科技型企业投资额的70%抵扣法人合伙人从合伙创投企业分得的所得；当年不足抵扣的，可以在以后纳税年度结转抵扣。

2. 个人合伙人可以按照对初创科技型企业投资额的70%抵扣个人合伙人从合伙创投企业分得的经营所得；当年不足抵扣的，可以在以后纳税年度结转抵扣。”

在财税〔2018〕55号文所规定的上述优惠政策的实践应用中，有以下几点需要注意：

1. 关于适用范围，明确为创业投资基金及天使投资人。具体而言，应当包含公司型创业投资基金、合伙型创业投资基金的法人合伙人及个人合伙人以及天使投资人。契约型基金是否属于创业投资基金，财税〔2018〕55号文未明确规定；按照范围界定上来说，契约型基金属于创业投资基金，但是从法律关系而言，契约型基金本质上属于委托理财。

2. 关于适用主体，为投资后2年内，创业投资企业及其关联方持有被投资初创科技型企业的股权比例合计应低于50%，即同一实际控制人持有该初创科技型企业的股权比例不得高于50%，才可享受相应的税收优惠政策。

3. 关于股权投资方式，需直接投资且投资期满24个月，即通过可转债、过桥贷款、债券等方式初期投资，后期转换为股权的，应该不算在内。

4. 关于初创科技型企业的认定，财税〔2018〕55号文明确要求同时满足5个条件。

5. 关于投资对象初创科技型企业的认定程序，财税〔2018〕55号文第3条第6项明确规定，享受本通知规定的税收政策的纳税人，其主管税务机关对被投资企业是否符合初创科技型企业条件有异议的，可以转请被投资企业主管税务机关提供相关材料。

（二）财税〔2019〕8号文

2018年12月12日，国务院常务会议决定实施所得税优惠促进创业投资发展，加大对创业创新支持力度。会议决定，在已对创投企业投向种子期、初创期科技型企业实行按投资额70%抵扣应纳税所得额的优惠政策基础上，从2019年1月1日起，对依法备案的创投企业，可选择按单一投资基金核算，其个人合伙人从该基金取得的股权转让和股息红利所得，按20%税率缴纳个人所得税；或选择按创投企业年度所得整体核算其个人合伙人从企业所得，按5%～35%超额累进税率计算个人所得税。政策实施期限暂定5年。

2019年1月10日,财政部、税务总局、发展改革委、证监会联合发布的〔2019〕8号文规定,创投企业可以选择按单一投资基金核算或者按创投企业年度所得整体核算两种方式之一,对其个人合伙人来源于创投企业的所得计算个人所得税应纳税额。创投企业选择按单一投资基金核算的,其个人合伙人从该基金应分得的股权转让所得和股息红利所得,按照20%税率计算缴纳个人所得税。创投企业选择按年度所得整体核算的,其个人合伙人应从创投企业取得的所得,按照"经营所得"项目、5%~35%的超额累进税率计算缴纳个人所得税。

若简单按照条文字面理解,常人很容易认为适用20%税率更加优惠,而毫不犹豫地选择按单一投资基金核算。但是,虽然对于创业投资合伙人来说,取得的股权转让所得按照经营所得项目适用个税的税率很容易达到35%的最高档个税税率、税负负担较重,但选择适用20%的税率并不一定是个税税负最低的。实际操作中还需要注意考虑如下几种普遍存在的情况:

1. 基金投资项目的盈亏分布。

财税〔2019〕8号文第3条规定:"单一投资基金核算,是指单一投资基金(包括不以基金名义设立的创投企业)在一个纳税年度内从不同创业投资项目取得的股权转让所得和股息红利所得……"现实当中,一个合伙企业中往往存在多个投资基金,各个投资基金的投资收益表现其实并不尽相同,而在选择单一投资基金核算的情况下,不同投资基金的股权转让所得和损失不得相互抵减,只能是单一投资基金的不同投资项目的所得和损失可以相互抵减。对比之下,按年度所得整体核算的,条文要求为"应从创投企业取得的所得",也就是可以将该创投企业内部不同基金之间的所得、损失情况相互抵减之后的合计情况来作为应纳税所得额。

2. 基金成本、费用的规模与性质。

财税〔2019〕8号文第3条第3项规定:"除前述可以扣除的成本、费用之外,单一投资基金发生的包括投资基金管理人的管理费和业绩报酬在内的其他支出,不得在核算时扣除。"所谓"前述客户扣除的成本、费用",指股权转让所得中各个投资项目的股权转让收入所可以扣除的对应股权原值和转让环节合理费用等。单一投资基金方式中,条文明确需区分为"股权转让所得"和"股息红利所得"分别核算纳税,其中股权转让所得即一个纳税年度内,该基金内部不同投资项目的所得和损失相互抵减后的余额作为"股权转让所得"(而非"经营所得"),而该单一投资基金发生的包括投资基金管理人的管理费和业绩报酬、基金托管费、审计费,基金年度合伙人会议费用等在内的其他成本、费用支出，则不得在计算“股权转让所得”核算时扣除。与此相对比，按创投企业年度所得整体核算的，条文要求为“应从创投企业取得的所得，按照‘经营所得’项目”，即创投企业可以在股权原值及相关税费的基础上，扣除管理费等其他费用。

3. 基金退出时的亏损问题。

财税〔2019〕8 号文仅针对“合伙制创业投资企业（基金）”，而合伙企业具有“税收透明体”的显著特征，所以需进一步重点考察此文件对于创投企业合伙人的税负安排。在财税〔2019〕8 号文的表述中，按单一投资基金核算的，是指其个人合伙人从该基金应分得的股权转让所得和股息红利所得，“单一投资基金的股权转让所得……余额小于零的，该基金年度股权转让所得按零计算且不能跨年结转”；按合伙企业年度所得整体核算的，是指的其个人合伙人应从创投企业取得的所得，才按照“经营所得”项目纳税，从而“年度核算亏损的，准予按有关规定向以后年度结转”。也就是说，单一基金核算模式下的股权转让所得亏损将无法在个人合伙人层面跨年结转，个人合伙人无法在其所得项目中充分利用此部分投资亏损。

4. 与财税〔2018〕55 号文的叠加适用问题。

虽然单一投资基金方式和创投企业整体核算下，创投企业合伙人纳税情况均可叠加适用财税〔2018〕55 号文“按投资额 70% 抵扣应纳税所得额”的优惠政策，但是仔细研读财税〔2018〕55 号文可知，尽管个人合伙人和法人合伙人均有“当年不足抵扣的，可以在以后纳税年度结转抵扣”的描述，但是对法人合伙人是指其“从合伙创投企业分得的所得”，而对个人合伙人是指其“从合伙创投企业分得的经营所得”，即对个人合伙人而言，在财税〔2018〕55 号文下仅“经营所得”在当年不足抵扣的，才可以在以后纳税年度结转抵扣。选择单一投资基金的不同投资项目的所得和损失相互抵减后余额，继续按照被转让项目对应投资额的 70% 抵扣其应分得的份额作为应纳税所得额，但是当期不足抵扣时，因为并非“经营所得”项目（而是股权转让所得和股息红利所得），该不足抵扣部分不能留抵以后年度结转；选择以创投企业整体所得纳税，则适用为“经营所得”，可以将不同投资基金的所得和损失相互抵减后的余额，可以继续按照被转让项目对应投资额的 70% 抵扣其应分得的份额作为应纳税所得额，当期不足抵扣时，该个人合伙人投资成本中不足抵扣部分则可以留抵以后年度结转。当然，上述分析结论也在财税〔2019〕8 号第 3 条和第 4 条得到了明确的回应。

通过以上分析可见，虽然单一投资基金核算适用个人所得税税率 20%，具有一定低税率优势,但由于成本扣除限制和不得结转亏损的规定,二者在计税基础上不同,在一定程度上削弱了20%税率的优势。两种核算方式之间并不存在绝对优势,在选择核算方式时应当综合考虑。

综合考虑的因素应当至少包括如下事项:如投资基金和投资项目数量,且预计未来不同投资项目有收益、有损失,金额均较大,则适用选择按年度所得整体核算适用5%~35%的超额累进税率实则更优(可以实现损益的相互抵减,甚至争取到将净损失留待以后年度抵扣);如预计未来不同投资项目有收益有损失,但是收益项目较多或者收益金额较大,则其实应按单一投资基金核算适用20%的个税税率(以规避收益过高而触发35%累进税率的高档位纳税)。同时,因为财税〔2019〕8号文规定了上述核算方式选定后,3年内不能变更,则上述第一种情况相对较为适用基金投资的早期阶段(如投资期、管理期),第二种情况相对更适用于基金投资周期晚期的退出阶段。

(三)国函〔2020〕123号文

至此,上文主要分析创业投资企业,特别是合伙企业制创投基金及其个人合伙人的所得税税收优惠政策安排,体现了我国合伙企业涉税问题的复杂性。诚然,合伙型组织形式可以有效避免“双重征税”问题,近年来在我国创投行业里的发展势头确实殊为突出,合伙型基金也越发常见,然而,公司制创投企业是不是已经被相关监管层“遗忘”了呢?

2020年9月7日,国务院发布《关于深化北京市新一轮服务业扩大开放综合试点建设国家服务业扩大开放综合示范区工作方案的批复》(国函〔2020〕123号),原则同意《深化北京市新一轮服务业扩大开放综合试点建设国家服务业扩大开放综合示范区工作方案》(以下简称《工作方案》),该工作方案提出在中关村国家自主创新示范区开展公司型创投企业所得税优惠政策试点,在公司制创投企业税制上进行了重大创新。《工作方案》规定:“在试点期限内,对符合条件的公司型创投企业按照企业年末个人股东持股比例免征企业所得税,鼓励长期投资,个人股东从该企业取得的股息红利按照规定缴纳个人所得税,具体条件由财政部、税务总局商有关部门确定。”在此文件安排中,公司制创投基金将会是此次政策变化的唯一受益者,获释了独特的税收优势。

具体来看,国函〔2020〕123号文所提示的税收政策创新,将使公司制创投基金在税制层面克服合伙企业制基金的如下几项弊端,显示出其在税收上的独特竞争力：

1. 创造性地解决了公司制基金双重征税的劣势。国函〔2020〕123号文的相关表述，可以理解为个人股东投资比例对应的所得在基金层面免缴企业所得税，只需要缴纳个人所得税。这将大体上拉平合伙企业制基金和公司制基金的税负负担。

2. 公司制基金的一些税收优势得以体现。我国税法鼓励投资的有关税收减免政策（如税基优惠、税率优惠之外广泛存在的税额优惠、时间优惠等），主要以公司为适用对象，此类组织形式可以获得更多税收优惠；公司制基金可以实行“将5年亏损予以抵扣”，而合伙企业制基金选择“按单一基金核算”则只能抵扣当年的亏损。

3. 纳税金额更加准确。合伙企业制基金因为具有“穿透税制”的特点，税制上为了防止避税，要求合伙企业实现了当年利润，即需穿透传递至合伙人由其纳税，分配方式由财政部、国家税务总局《关于合伙企业合伙人所得税问题的通知》（财税〔2008〕159号）第4条规定，“合伙企业的合伙人按照下列原则确定应纳税所得额：（一）合伙企业的合伙人以合伙企业的生产经营所得和其他所得，按照合伙协议约定的分配比例确定应纳税所得额。（二）合伙协议未约定或者约定不明确的，以全部生产经营所得和其他所得，按照合伙人协商决定的分配比例确定应纳税所得额。（三）协商不成的，以全部生产经营所得和其他所得，按照合伙人实缴出资比例确定应纳税所得额。（四）无法确定出资比例的，以全部生产经营所得和其他所得，按照合伙人数量平均计算每个合伙人的应纳税所得额。合伙协议不得约定将全部利润分配给部分合伙人”。（此分配方式与《合伙企业法》第33条保持了一致）但是实际上，在创投领域，合伙基金协议往往规定了极其复杂的利润分配方式，比如优先级与劣后级合伙人收益分配之不同步性、不对等性等条款，并且优先级和劣后级合伙人之间的分配比例随着投资收益也在不断变化，不到基金清算，无法准确知道每个合伙人应分得的所得。公司制创投基金则只在实际向股东分配时，股东才产生所得税纳税义务，具体分配金额在已决事实的基础上计算而来，可规避此类税收争议。

4. 纳税时点更加合理。合伙企业制基金“穿透税制”所要求的合伙人纳税义务为基金取得收益时，而合伙企业是否实际分配则在所不论［财税〔2008〕159号文第3条规定：“合伙企业生产经营所得和其他所得采取‘先分后税’的原则。……前款所称生产经营所得和其他所得，包括合伙企业分配给所有合伙人的所得和企业当年留存的所得（利润）。”］。这就意味着合伙人需要额外支付、提前纳税。国函

〔2020〕123 号文中创新的税制则使公司制创投基金的所得在公司环节免税，且若未实际向投资人分配，也不会导致投资人产生纳税义务，在实质上降低了个人投资人实际所得税负担。

5. 投资成本的管理更加简便。按照我国现行税制要求，合伙企业的亏损不能向合伙人分派，只能在合伙企业层面结转。合伙企业如果退出部分盈利项目取得的收入，需视为应税所得传递至各合伙人，而不能抵减合伙人对基金内各项目的投资成本。合伙企业只有先退出亏损项目、后退出盈利项目，或者同一纳税年度内同时退出亏损和盈利项目，合伙企业及合伙人才能在税务上利用投资亏损。但是在创投实践中，因投资业务的高度风险性，往往需投资多个项目以分散风险，投资人也更为关注投资成本的收回，多数基金也是优先返还投资人的投资成本，全部返还后再分配投资收益，或者按照不同投资项目逐项分配投资成本与收益，同时实践中在退出策略上也大量存在优先退出盈利项目，而将亏损项目留待以后期间择机退出的情形。现行合伙企业税制设计的单一与丰富多变的投资实践相对照，使得除非基金管理人管理水平极其高超的情况下，合伙人（特别是自然人合伙人）往往面临投资亏损但已缴税款却无法退返的困境，合伙企业也无法充分利用留存收益再投资的方式递延合伙人的纳税义务。显然，国函〔2020〕123 号文赋予公司制创投企业在企业所得税层面免税的安排，使得公司制组织形式在利润分配和收益留存选择上的灵活性获得了充分施展的空间。

综上，尽管《工作方案》对税收优惠政策仅是简单提及，还未有细节规则，目前也仅在中关村国家自主创新示范区试点，但显然，这一政策及其即将到来的操作细则，将是未来全国推行的前奏。可以合理预期，北京将可能迅速成为公司制基金的聚集地，并且该税收优惠试点一经推出，也将扩展至全国，否则势必形成明显的税收洼地效应。

三、创投基金的备案管理程序

如前文所述，按照财税〔2019〕8 号等文件的规定，在纳税程序上，合伙制创业投资企业（基金）如果选择按单一投资基金核算的，应当在按照基金管理规定的完成基金备案的 30 日内，向主管税务机关进行核算方式备案；未按规定备案的，视同选择按创投企业年度所得整体核算。中国基金业协会的备案一般涉及两个层面：管理人层面和基金层面。

在管理人层面，管理人登记时，可选“机构类型”为“私募证券投资基金管理人”、“私募股权、创业投资基金管理人”或“其他私募股权投资基金管理人”，管理人在基金业协会备案时，需选择“私募股权、创业投资基金管理人”。

对应的可选业务类型为“私募股权投资基金”“私募股权投资类 FOF 基金”“创业投资基金”“创业投资类 FOF 基金”。这些类型可复选，管理人可同时勾选多个，但应务必包含“创业投资基金”选项，否则影响管理人后续发行创投基金产品的备案。

在基金层面，管理人选择“私募股权、创业投资基金管理人”“创业投资基金”业务类型后，管理人发行基金产品时，需要选择基金产品的类型，与创投有关的为两类基金：“创业投资基金”“创业投资类 FOF 基金”。

完成中国基金业协会的基金备案后，应再在税务机关进行核算方式备案。

关于国函〔2020〕123 号文中所创新的税制安排，因尚未有进一步操作细节规定出台，本专题暂不作进一步论述。

专题六

股权激励和技术入股有关所得税的新旧政策对比

雷富阳

2016年9月22日，财政部和国家税务总局联合发布了《关于完善股权激励和技术入股有关所得税政策的通知》（财税〔2016〕101号），主要调整了非上市公司（包括全国中小企业股份转让系统挂牌公司）的股权激励和技术入股所得税的缴纳政策，延长了上市公司股权激励的纳税期限，具体如下。

一、非上市公司的股权激励实行递延纳税政策

（一）现行政策的一般性规定

在此之前，股权奖励和技术入股所得税的政策主要规定在财政部、国家税务总局《关于个人股票期权所得征收个人所得税问题的通知》（财税〔2005〕35号）、国家税务总局《关于个人股票期权所得缴纳个人所得税有关问题的补充通知》（国税函〔2006〕902号）、《关于股票增值权所得和限制性股票所得征收个人所得税有关问题的通知》（财税〔2009〕5号）、《关于将国家自主创新示范区有关税收试点政策推广到全国范围实施的通知》（财税〔2015〕116号）和国务院办公厅《关于建设大众创业万众创新示范基地的实施意见》（国办发〔2016〕35号）等文件中，现行税收政策的一般性规定是：

在期权行权、限制性股票解禁以及获得股权奖励时，根据股票（股权）实际购买价格与公平市场价格之间的差额，按照“工资、薪金所得”项目，适用3%～45%的7级超额累进税率征收个人所得税；在个人转让上述股票（股权）时，对转让收入高于取得股票（股权）时公开市场价格的增值部分，按“财产转让所得”项目，适用20%的比例税率征税。

现行政策下，可享受股权奖励所得税优惠政策的情况包括：

1. 对科研机构、高校转化职务科技成果给予个人的股权奖励，允许个人递延至分红或转让股权时缴税。

2. 对于全国高新技术企业转化科技成果给予相关人员的股权奖励，实行5年分期纳税政策。

3. 2014—2015年在中关村试点高新技术企业和科技型中小企业的股权奖励，允许递延至分红或转让股权时缴税。

4. 企业或个人以非货币性资产（包括技术成果）投资入股，对资产评估增值所得允许5年内分期缴税。

（二）股权激励所得税纳税新政的重大调整

本次政策对非上市公司的股权激励实行递延纳税政策，调整方向和内容主要包括：

1. 将股权激励分为可享受税收优惠政策的和不可享受税收优惠政策的两大类，非上市公司股权激励在内部审批、激励标的、激励对象、持有时间、行权期限、行业范围等方面满足条件后，经向主管税务机关备案，即可实施递延纳税政策；

2. 扩大现行优惠政策的覆盖范围，由高校、科研机构、高新技术企业等扩大到其他参与创新创业的市场主体，优惠政策针对的股权激励方式也由目前的股权奖励扩大到股票期权、股权期权、限制性股票等其他方式；

3. 在优惠方式上，对符合条件的股权激励实施递延纳税政策，同时降低适用税率。

新旧政策对比如下。（见表1－6－1）

表1－6－1　新旧政策对比

调整项目	所得税优惠原政策	现政策
适用主体	高校、科研机构、高新技术企业	满足条件的境内居民企业均可（对行业实施负面清单管理）
适用优惠政策的激励类型	仅限于股权奖励（直接给予股权或股票）	股票期权、股权期权、限制性股票和股权奖励

续表

调整项目	所得税优惠原政策	现政策
纳税时点与适用税率	两次纳税时点,实行不同税率: 1. 在期权行权、限制性股票解禁以及获得股权奖励时,就股票(股权)实际购买价格与公平市场价格之间的差额,按"工资、薪金所得"项目和超额累进税率(3% ~45%)征收个人所得税; 2. 员工后续转让上述股票(股权)时,就转让收入高于取得股票(股权)时公开市场价格的增值部分,按"财产转让所得"项目缴纳20%的个人所得税	一次纳税时点,降低适用税率: 经向主管机关备案,员工在取得股权激励时,可暂不纳税,递延至转让该股权时纳税; 股权转让时,就股权转让收入减除股权取得成本以及合理税费后的差额,按"财产转让所得"项目缴纳20%的个人所得税

二、技术成果投资入股可选择递延纳税政策

根据财政部、国家税务总局《关于个人非货币性资产投资有关个人所得税政策的通知》(财税〔2015〕41号)的规定,对于企业或个人以技术成果投资入股,在投资入股环节,应按评估后的公允价值确认非货币性资产转让收入,按非货币性资产转让收入减除该资产原值及合理税费后的余额计算缴纳企业所得税或个人所得税,同时允许在5年内分期纳税。

本次政策明确了技术成果投资入股可以选择递延纳税政策。企业或个人选择技术成果投资入股递延纳税政策的,经向主管税务机关备案,投资入股当期可暂不纳税,允许递延至转让股权时,按股权转让收入减去技术成果原值和合理税费后的差额计算缴纳所得税。

同时,无论投资者选择适用哪一项政策,被投资者企业均可按技术成果评估值入账并在税前摊销扣除。

新旧政策对比如下:

表1-6-2 新旧政策对比

调整项目	所得税优惠原政策	现政策
纳税时点	投资入股当期	投资入股当期或转让股权时(可选择)

续表

调整项目	所得税优惠原政策	现政策
应税所得确认	非货币性资产转让收入减除该资产原值及合理税费后的余额	依据选择的纳税时点确定： 非货币性资产转让收入减除该资产原值及合理税费后的余额（投资入股当期）或股权转让收入减去技术成果原值和合理税费后的差额（转让股权时）

三、上市公司股权激励纳税期限延长至12个月

股权激励递延纳税优惠政策只适用于非上市公司，上市公司仍然按照现行政策执行，即对其股票期权行权、限制性股票解禁以及获得股权奖励时确认的所得，按“工资薪金所得”项目计算应纳税款，但此次政策延长了上市公司股权激励的纳税期限，由现行政策规定的6个月延长至12个月。

值得注意的是，股权激励递延纳税政策将纳税环节递延至股权转让的时点，对信息的时效性要求较高。因此，为了确保税款的有效征管，本次政策要求对股权激励或技术成果投资入股选择适用递延纳税政策的，企业应向主管税务机关备案，并且企业作为个人所得税扣缴义务人，还须向税务机关提供涉税信息，每年报告激励股权的持有及转让情况。

专题七

企业进入破产程序后的新生税款

雷富阳　顾绍宇

破产,是指企业法人不能清偿到期债务,并且资产不足以清偿全部债务或者明显缺乏清偿能力,经人民法院审理并在人民法院监督之下,强制清算其全部财产,清偿债务的法律制度。狭义上的破产,仅指对债务人的破产清算程序;广义上的破产,不仅包括破产清算制度,而且包括破产重整、和解等法律制度。本专题所研究的破产,为广义上的破产,包括破产清算、破产重整和破产和解。

企业进入破产程序后,主要涉及两方面的税务问题:一是企业进入破产程序前的历史欠税;二是企业进入破产程序后的新生税款。本专题主要分析企业进入破产程序后的新生税款部分。

企业进入破产程序后,企业的主体资格还未消亡,在破产程序持续期间内,企业作为一个特殊的市场主体,还需要对进入破产后产生的财产变卖、合同履行、持有房产等应税行为缴纳税款,其日常申报征收管理等工作、破产清算终结后的税务注销登记等并不因税务机关的介入而免除,破产管理人应当作为履行常规纳税义务的主体,向税务机关申报缴纳企业破产清算中的新生税款。具体从以下三个方面进行分析。

一、财产流转环节产生的纳税义务

(一)财产流转环节的增值税及附加税问题

根据《增值税暂行条例》第 1 条的规定,在中华人民共和国境内销售货物或者加工、修理修配劳务,销售服务、无形资产、不动产以及进口货物的单位和个人,为增值税的纳税人,应当依照本条例缴纳增值税。《关于人民法院强制执行被执行人财产有关税收问题的复函》(国税函〔2005〕869 号)规定,无论拍卖、变卖财产的行为是纳税人的自主行为,还是人民法院实施的强制执行活动,对拍卖、变卖财产的全部收入,纳税人均应依法申报缴纳税款。无论是直接对外销售、变卖存货、固定资产、不动产、无形资产等资产,拍卖、变卖财产,以财产折价抵偿分配,还是管理人基于破产企业的利益继续履行合同而引起的财产流转行为,均需要缴纳增值税①。缴纳增值税的,需要按照所在区域缴纳 7%、5% 或 1% 的城市维护建设税②。

(二)财产流转环节的所得税问题

无论是财产变价处置行为还是为了破产企业利益而继续履行合同引起的财产流转行为,均应当将发生的所得和损失计入破产企业当年所得或损失中。企业所得税最大的问题,在于破产程序中的财产处置行为是否需要预缴所得税。《企业所得税法》第 54 条规定,企业所得税分月或者分季预缴。对于已经资不抵债的破产企业,如果实行预缴,具有一定不合理性。实践中,已经有部分地区明确规定可以不预缴企业所得税。比如,佛山市中级人民法院《关于佛山市破产管理人处理税务及信用修复问题的工作指引(试行)》第 9 条规定,破产企业符合以下税收优惠条件的,管理人应当及时到税务机关办理税收减免手续:破产企业处置不动产、股权时不预征企业所得税。温州市人民政府办公室《关于印发企业金融风险处置工作府院联席会议纪要的通知》(温政办〔2017〕84 号)规定:关于破产企业处置不动产、股权预征企业所得税问题,法院裁定受理债务人企业进入破产程序即表明该企业已经具备资不抵债的情形,其不动产、股权处置不应当预缴企业所得税(包括财产在执行程序中处置,但处置所得由破产程序分配的情形),清算之后确有所得应当纳税的,由管理人依法申报。

(三)财产流转环节的其他税种问题

破产程序中,如果涉及处置土地使用权、地上建筑物及其附着物等不动产,还

① 根据《增值税暂行条例》第 1 条的规定,在中华人民共和国境内销售货物或者加工、修理修配劳务,销售服务、无形资产、不动产以及进口货物的单位和个人,为增值税的纳税人,应当依照本条例缴纳增值税。

② 《城市维护建设税法》第 4 条规定:"城市维护建设税税率如下:(一)纳税人所在地在市区的,税率为百分之七;(二)纳税人所在地在县城、镇的,税率为百分之五;(三)纳税人所在地不在市区、县城或者镇的,税率为百分之一。前款所称纳税人所在地,是指纳税人住所地或者与纳税人生产经营活动相关的其他地点,具体地点由省、自治区、直辖市确定。"

需要缴纳土地增值税。《土地增值税暂行条例》第2条规定，转让国有土地使用权、地上的建筑物及其附着物并取得收入的单位和个人，为土地增值税的纳税义务人，应当依照本条例缴纳土地增值税。

同时，财产流转环节涉及的购销合同、产权转移书据等，需要按照规定缴纳印花税。《印花税暂行条例》第1条、第2条规定，在中华人民共和国境内书立、领受下列凭证的单位和个人，都是印花税的纳税义务人，应当按照本条例规定缴纳印花税：(1)购销、加工承揽、建设工程承包、财产租赁、货物运输、仓储保管、借款、财产保险、技术合同或者具有合同性质的凭证；(2)产权转移书据；(3)营业账簿；(4)权利、许可证照；(5)经财政部确定征税的其他凭证。

对于上述财产流转环节产生的新生税款是什么性质的？清偿顺序如何？《企业破产法》第41条规定，人民法院受理破产申请后发生的下列费用，为破产费用：(1)破产案件的诉讼费用；(2)管理、变价和分配债务人财产的费用；(3)管理人执行职务的费用、报酬和聘用工作人员的费用。财产流转环节中，管理人直接对外销售、变卖存货、固定资产、不动产、无形资产等资产，拍卖、变卖财产，以财产折价抵偿分配等行为产生的税款，属于第41条第2项规定的内容，变价和分配债务人财产的费用，应当作为破产费用，由债务人财产随时清偿。

二、财产持有环节产生的纳税义务

企业进入破产程序后，企业自身持有的财产，如房产、土地、车船等涉及相应的税款。《房产税暂行条例》规定，房产税由产权所有人缴纳，自用的按照房产余值计算缴纳，出租的以房产租金收入计算缴纳。《城镇土地使用税暂行条例》规定，在城市、县城、建制镇、工矿区范围内使用土地的单位和个人，应当缴纳土地使用税。该环节产生的税款，属于《企业破产法》第41条第2项规定的内容，管理债务人财产的费用，应当作为破产费用，由债务人财产随时清偿。

对于这类消极持有环节产生的纳税义务，缴纳税款，与破产法保护债权人利益的理念产生冲突。建议在实际操作中，管理人根据相关规定，以破产企业缴纳税款确有困难，向主管税务机关申请减免税款①。

---

① 根据《房产税暂行条例》第6条的规定，除本条例第5条规定者外，纳税人纳税确有困难的，可由省、自治区、直辖市人民政府确定，定期减征或者免征房产税。根据《城镇土地使用税暂行条例》第7条的规定，除本条例第6条规定外，纳税人缴纳土地使用税确有困难需要定期减免的，由县以上地方税务机关批准。

三、破产重整、和解环节产生的纳税义务

（一）破产重整、破产和解、企业重组的概念

破产重整、破产和解是破产法概念。破产重整，是指已经进入破产程序，但有挽救希望和存在价值的企业，通过各方利益协调，制订重整计划，债务人可以继续经营其业务。破产重整模式主要有债转股、引进战略投资人、债务豁免、优质资产出售、不良资产剥离等方式。破产和解，是指债务人与债权人在破产程序终结前，就债务减免或延期偿还等达成协议，从而中止破产程序。

企业重组则是税法概念，财政部、国家税务总局《关于企业重组业务企业所得税处理若干问题的通知》（财税〔2009〕59 号）对企业重组进行了规定，包括法律形式改变、债务重组、股权收购、资产收购、合并、分立六种形式。

企业重组和企业重整概念不同，但是企业重组是企业重整的主要手段，且如果满足特殊性重组条件，还能享受税收优惠政策。

（二）破产重整、和解环节产生的纳税义务

破产重整、和解环节产生的税款，属于人民法院受理破产申请后的新生税款，是基于各方利益而实施的，根据上文阐述，应当认定破产费用或共益债务，由债务人资产随时清偿，实践中通常也是如此操作的。由于破产和解是债权人对债务人就债务清偿的一种妥协，在破产重整也会运用到，所以本专题主要分析破产重整环节产生的纳税义务。

1. 破产重整所得税问题

破产重整只有符合《关于企业重组业务企业所得税处理若干问题的通知》中特殊性税务处理条件的情况下，才能享受所得税税收优惠政策。比如，企业债务重组确认的应纳税所得额占该企业当年应纳税所得额 50% 以上，可以在 5 个纳税年度期间内，均匀计入各年度的应纳税所得额。企业发生债权转股权业务，对债务清偿和股权投资两项业务暂不确认有关债务清偿所得或损失，股权投资的计税基础以原债权的计税基础确定。股权收购中企业购买的股权不低于被收购企业全部股权 50%、资产收购中受让企业收购的资产不低于转让企业全部资产的 50%，且股权支付金额不低于交易支付总额的 85% 时，可以对股权收购、资产收购中股权支付部分暂不征收企业所得税。企业合并、分立的，股权支付金额不低于交易支付总额的 85%，对其股权支付部分及同一控制下且不需要支付对价的企业合并，暂不征收企

业所得税。

除了符合特殊性税务重组条件的情形,企业破产重整均需要按照《企业所得税法》的规定,在重整实施过程中,对各项交易行为以公允价值作为计税基础,确认所得,缴纳企业所得税。

2. 破产重整增值税问题

根据国家税务总局《关于纳税人资产重组有关增值税问题的公告》(国家税务总局公告2011 年第13 号),国家税务总局《关于纳税人资产重组有关增值税问题的公告》(国家税务总局公告 2013 年第66 号),财政部、国家税务总局《关于全面推开营业税改征增值税试点的通知》(财税〔2016〕36 号)的规定,纳税人在资产重组过程中,通过合并、分立、出售、置换等方式,将全部或者部分实物资产以及与其相关联的债权、负债和劳动力一并转让给其他单位和个人,不属于增值税的征税范围,其中涉及的货物、不动产、土地使用权转让,不征收增值税。因此,在处理破产财产时,如果能够将相关财产及其对应的债权、债务及劳动力问题一并考虑的话,可以按照资产重组处理,享受增值税优惠待遇。如果不符合上述条件的,则需要按章纳税。

3. 破产重整的其他税种问题

首先,土地增值税方面,根据财政部、国家税务总局《关于继续实施企业改制重组有关土地增值税政策的通知》(财税〔2018〕57 号)的规定,两个或两个以上企业合并为一个企业,且原企业投资主体存续的,对原企业将房地产转移、变更到合并后的企业,暂不征土地增值税。企业分设为两个或两个以上与原企业投资主体相同的企业,对原企业将房地产转移、变更到分立后的企业,暂不征土地增值税。单位、个人在改制重组时以房地产作价入股进行投资,对其将房地产转移、变更到被投资的企业,暂不征土地增值税。

其次,契税方面,根据财政部、国家税务总局《关于继续支持企业事业单位改制重组有关契税政策的通知》(财税〔2018〕17 号)的规定,两个或两个以上的公司,合并为一个公司,且原投资主体存续的,公司分立为两个或两个以上与原公司投资主体相同的公司,对合并、分立后公司承受原土地、房屋权属,免征契税。同一投资主体内部所属企业之间土地、房屋权属的划转,免征契税。在股权(股份)转让中,单位、个人承受公司股权(股份),公司土地、房屋权属不发生转移,不征收契税。

最后,印花税方面,根据财政部、国家税务总局《关于企业改制过程中有关印花税政策的通知》(财税〔2003〕183 号)的规定,企业通过增资扩股或者转让部分产权,实现他人对企业的参股,将企业改造成有限责任公司或股份有限公司;企业以其部分财产和相应债务与他人组建新公司；企业将债务留在原企业，而以其优质财产与他人组建的新公司等改制过程中资金账簿增加的资金，凡原已贴花的部分可不再贴花，未贴花的部分和以后新增加的资金按规定贴花。企业改制前签订但尚未履行完的各类应税合同，改制后需要变更执行主体的，对仅改变执行主体、其余条款未作变动且改制前已贴花的，不再贴花。企业因改制签订的产权转移书据免予贴花。

破产重整中，只有符合上述条件的才能享受土地增值税、契税、印花税的税收优惠政策，不符合上述条件的，则无法适用相应的税收优惠政策。

综上，破产重整、和解的实施会带来税法上破产企业巨额的收益，相应地，会带来企业巨额的税收负担，尤其是企业所得税。笔者在实践中，看到许多破产重整方案因为未考虑到税收因素，而最终失败。因此，在破产重整、和解之初，企业就必须对其中涉及的税收负担进行预判，通过采取适当的方式，在取得各方同意的基础上，依赖专业中介机构的意见，做好重整、和解期间的税务筹划工作。

此外，之前企业破产程序中，还有个注销难题。根据《税收征收管理法实施细则》第16条的规定，纳税人破产终结后、办理注销税务登记前，应当结清应纳税款、滞纳金和罚款。根据《税收征收管理法》第16条的规定，纳税人在向市场监督管理机关申请办理注销登记之前，应当持有关证件向税务机关申报办理注销税务登记。之前在实务操作中，许多税务局通常会认为破产企业没有满足结清应纳税款、滞纳金和罚款，而不予以办理税务注销，从而造成破产企业最终无法工商注销。现在这一问题随着国家税务总局《关于深化“放管服”改革更大力度推进优化税务注销办理程序工作的通知》（税总发〔2019〕64号）文件的发布而得到解决。该通知规定，经人民法院裁定宣告破产的纳税人，持人民法院终结破产程序裁定书向税务机关申请税务注销的，税务机关即时出具清税文书，按照有关规定核销“死欠”。

Part

02

第二篇

并购重组

专题一

并购重组中对赌条款设置应注意事项

殷 豪

在并购重组实务中,投资者一般是基于目标公司未来盈利能力为基础对目标公司进行估值。由于目标公司未来发展和盈利能力的不确定性,投资者一般通过对赌条款的设置来尽可能实现目标公司估值的合理。如果目标公司未来盈利没有达到并购重组文件的规定,则投资者有权根据对赌条款的规定行使相关权利,要求对赌方承担对赌责任。并购重组实务中,部分是签署专门的对赌协议,部分是将对赌条款融合在投资协议或股权转让协议等文件里,为表述方便,本专题统一称为"对赌条款"。

一、对赌条款主要类型

据万得资讯数据统计,2015 年至 2017 年,上市公司并购重组交易中涉及的对赌超过 1700 个,其中 2017 年便有 628 个。在这些对赌条款中,基本都有承诺净利润的条款。对赌条款涉及的对赌内容,主要包括目标公司业绩对赌和目标公司上市时间对赌(对于非上市公司而言)。常见对赌条款的类型主要有以下几类。

(一)现金补偿方式

当目标公司未能实现对赌条款规定的业绩目标时,目标公司控股股东、实际控制人需根据对赌条款的规定向投资者支付一定金额的现金作为投资者对目标公司高估值的补偿。

(二)低价或无偿转让目标公司股权

当目标公司未能实现对赌条款规定的业绩目标时,目标公司控股股东、实际控制人需根据对赌条款的规定以低价或无偿的股权转让对价将一部分目标公司股权转让给投资者。

(三)投资者低价认购目标公司的增资

当目标公司未能实现对赌条款规定的业绩目标时,投资者通过低价认购目标公司增资的方式实现对目标公司估值的调整。

(四)控股股东、实际控制人回购投资者持有的目标公司股权

当目标公司未能实现对赌条款规定的业绩目标或上市时间目标时,目标公司控股股东、实际控制人有义务以对赌条款规定的对价受让投资者持有的目标公司股权。

二、对赌条款司法判决案例简析

对赌条款纠纷,通常是因为目标公司控股股东、实际控制人承诺的目标公司业绩目标或上市时间目标没有实现而引发的。常见对赌条款纠纷案由包括股权转让纠纷、公司增资纠纷、民间借贷纠纷和联营合同纠纷等。

最高人民法院于2012年11月7日作出的(2012)民提字第11号民事判决确立了一个重要原则:投资者与目标公司的对赌条款无效,投资者与目标公司股东的对赌条款有效。根据上述民事判决,案件具体情况如下(为了更好地理解案件背景,以下尽量引用原文):

2007年11月1日,甘肃众星锌业有限公司(甘肃世恒有色资源再利用有限公司前身,本专题中简称世恒公司)、香港迪亚有限公司(本专题中简称迪亚公司)、苏州工业园区海富投资有限公司(本专题中简称海富公司)、陆某共同签订一份《甘肃众星锌业有限公司增资协议书》(本专题中简称《增资协议书》),《增资协议书》约定:世恒公司注册资本为384万美元,迪亚公司占投资的100%;各方同意海富公司以现金2000万元人民币对世恒公司进行增资,占世恒公司增资后注册资本的3.85%,迪亚公司占96.15%;如果世恒公司2008年实际净利润完不成3000万元,海富公司有权要求世恒公司予以补偿,如果世恒公司未能履行补偿义务,海富公司有权要求迪亚公司履行补偿义务,补偿金额=(1-2008年实际净利润/3000万元)×本次投资金额。

最高人民法院经审理认为:《增资协议书》约定世恒公司对海富公司进行补偿,

这一约定使得海富公司的投资可以取得相对固定的收益，该收益脱离了世恒公司的经营业绩，损害了世恒公司利益和公司债权人利益，该等条款无效；在《增资协议书》中，迪亚公司对于海富公司的补偿承诺并不损害世恒公司及公司债权人的利益，不违反法律法规的禁止性规定，是当事人的真实意思表示，是有效的。

为了进一步规范对赌条款纠纷解决机制，最高人民法院于2014年6月3日发布《关于人民法院为企业兼并重组提供司法保障的指导意见》（法发〔2014〕7号），该指导意见明确指出：依法认定兼并重组行为的效力，促进资本合法有序流转；要坚持促进交易进行，维护交易安全的商事审判理念，审慎认定企业估值调整协议、股份转换协议等新类型合同的效力，避免简单以法律没有规定为由认定合同无效。

最高人民法院于2017年9月29日作出的（2017）最高法民再258号民事判决确立了另一个重要原则：就目标公司股东对赌条款项下的义务，目标公司为其股东向投资者提供担保的条款安排有效。该原则进一步体现了最高人民法院关于为企业兼并重组提供司法保障的理念。根据上述民事判决，案件具体情况如下（为了更好地理解案件背景，以下尽量引用原文）：

2010年6月8日，通联资本管理有限公司（本专题中简称通联公司）、成都新方向科技发展有限公司（本专题中简称新方向公司）、四川久远新方向智能科技有限公司（本专题中简称久远公司）签订了《增资扩股协议》，《增资扩股协议》约定：久远公司同意向通联公司增发1500万股，每股认购价格2元，通联公司共需出资人民币3000万元；本次增资完成后，通联公司即成为久远公司新股东，按照其持股比例享有公司的权益及承担相应的风险；当出现以下情况之一时，通联公司有权要求久远公司或新方向公司回购通联公司所持有的全部久远公司股份……按照本协议第1条规定的通联公司的全部投资价款3000万元及自从实际付款支付日起至新方向公司实际支付回购价款之日按年利率15%计算的利息，久远公司及新方向公司承担履约连带责任……

最高人民法院经审理认为：通联公司在签订《增资扩股协议》时，因《久远公司章程》中并无公司对外担保议事程序规定，通联公司有合理理由相信向某建有权代表公司对外签订有担保意思表示内容的《增资扩股协议》，但其未能尽到要求目标公司提交股东会决议的合理注意义务，导致担保条款无效，对协议中约定的担保条款无效自身存在过错；而久远公司在公司章程（2009年6月9日之前）中未规定公司对外担保及对公司股东、实际控制人提供担保议事规则，导致公司法定代表人使用公章的权限不明，法定代表人向某建，未经股东会决议授权，越权代表公司承认对新方向公司的股权回购义务承担履约连带责任,其对该担保条款无效也应承担相应的过错责任;通联公司、久远公司对《增资扩股协议》中约定的“连带责任”条款无效,双方均存在过错,久远公司对新方向公司承担的股权回购款及利息,就不能清偿部分承担二分之一的赔偿责任。

三、对赌条款设置应注意的事项

根据我们并购重组实务操作,在对赌条款设置方面主要应注意如下事项:

1. 在设置对赌条款时,需要遵循“不能与目标公司”对赌的原则。投资者与目标公司对赌,会损害目标公司及目标公司债权人的合法利益,该等对赌条款会被法院判定无效。

2. 目标公司控股股东、实际控制人与投资者签署对赌条款,目标公司可以为其控股股东、实际控制人对赌条款项下的义务向投资者提供担保。根据《公司法》的规定,公司为公司股东或者实际控制人提供担保的,必须经股东会或者股东大会决议。因此,如果目标公司为其控股股东、实际控制人对赌条款项下的义务向投资者提供担保,投资者需审查目标公司股东会或股东大会是否已表决同意目标公司为其控股股东、实际控制人提供担保。为避免就目标公司股东会或股东大会决议是否合法有效产生争议,建议投资者亲自参加目标公司上述股东会或股东大会,并现场拍照和摄像,确保目标公司股东会或股东大会通知、召开和表决的程序和内容合法有效。

3. 投资者在与目标公司控股股东、实际控制人进行目标公司业绩对赌时,需要注意设定目标公司合理的业绩增长幅度,最好将对赌条款设计为重复博弈结构,降低各方在博弈中的不确定性。并购重组实务中,第一阶段的博弈是一种试探性的博弈,第一阶段的博弈为下一阶段的博弈提供了目标公司业绩数据支持。一旦在第一阶段的博弈中出现了不可持续对赌的情况,任何一方均可以终止对赌条款,并由对赌失败一方承担相关违约责任。

4. 如目标公司为拟上市企业,无论业绩对赌,还是上市时间对赌,对赌条款的存在实质上会成为目标公司上市的障碍。实务中,一般在上市申报材料中披露对赌终止以符合上市监管要求,投资者会与目标公司控股股东、实际控制人另行签署对赌中止协议,约定在目标公司上市申报期间中止对赌条款的履行,如果目标公司上市申请被否决或者目标公司撤回了上市申报材料,对赌条款将重新恢复效力。

5. 由于对赌条款带来的最终并购重组交易结果的不确定,使得并购重组交易的税务处理变得更加复杂。

根据国家税务总局《关于贯彻落实企业所得税法若干税收问题的通知》(国税函〔2010〕79号)的规定,企业转让股权收入,应于转让协议生效且完成股权变更手续时,确认收入的实现。并购重组实务中,股权转让方取得股权转让收入后,需要就股权转让所得缴纳企业所得税。如果后续触发对赌条款,股权转让方需要向股权受让方支付补偿价款,股权转让各方不能调整原来股权转让合同的交易价格,而是应该调整长期股权投资的成本。

在国家层面上关于对赌条款的税收政策目前依旧空白。海南省地方税务局于2014年5月5日给海南航空股份有限公司关于对赌协议利润补偿企业所得税相关问题复函,复函规定:"依据《中华人民共和国企业所得税法》及《中华人民共和国企业所得税法实施条例》关于投资资产的相关规定,你公司在该对赌协议中取得的利润补偿可以视为对最初受让股权的定价调整,即收到利润补偿当年调整相应长期股权投资的初始投资成本。"

并购重组相关各方在遇到税法没有明确规定或无法确定是否需要纳税的交易事项时,建议与主管税务部门沟通,取得税务部门的共识,避免被税务部门处罚。

6. 对赌条款纠纷常见的问题包括对赌条款是否有效、对赌条件是否触发和对赌条款如何履行等。因此,在并购重组实务中,对赌条款触发条件和对赌条款履行方式等需要予以明确规定。另外,以诉讼方式还是仲裁方式以及在何地处理对赌条款纠纷,也是并购重组各方需要关注的一个问题。

7. 对赌条款如涉及外资的回购和补偿等事项时,需要遵守外资审批和备案等相关法律法规的规定。

江苏省高级人民法院于2013年10月21日作出(2013)苏商外终字第0034号民事判决。根据上述民事判决,案件具体情况如下(为了更好地理解案件背景,本专题尽量引用原文):

常州山由帝杉防护材料制造有限公司(本专题中简称山由帝杉公司)系中外合资企业。2008年10月23日,山由帝杉公司股东林某永、西安向阳航天工业总公司(本专题中简称向阳公司)和山由帝杉公司其他股东与国华实业有限公司(本专题中简称国华公司)共同签署股权转让协议,协议约定:林某永将其持有的山由帝杉公司6.82%股权转让给国华公司;在山由帝杉公司不能达到预期的销售总额时,国华公司有权要求撤回对山由帝杉公司的投资,由林某永、向阳公司分别按出资比例对国华公司的股权进行回购。

江苏省高级人民法院经审理认为:本案中,涉案股权转让协议包含两个股权转让协议,一个是林某永将其持有的山由帝杉公司的股权转让给国华公司,另一个是国华公司将其受让的股权附条件地转让给林某永和向阳公司。由于山由帝杉公司属于中外合资经营企业,涉案的两个股权转让协议均应履行相应的报批手续。2009年1月12日,江苏省对外贸易经济合作厅作出《关于同意常州山由帝杉防护材料制造有限公司股权转让的批复》,仅同意林某永将其在公司的出资额163.82万美元,占注册资本的6.82%的股权转让给国华公司,并未涉及向阳公司回购国华公司股权的部分。关于涉案股权转让协议中的回购条款是否履行报批手续的问题,向阳公司在一审中提供了一份关于办理外商投资企业股权变更审批经过的说明。法院认为,该文件的内容仅为向阳公司关于办理外商投资企业股权变更审批经过的说明,属于向阳公司的单方陈述,不能证明涉案股权转让协议中的股权回购条款履行了相应的报批手续,审批机关不予批准,故应认定向阳公司回购国华公司股权的部分未履行相应的报批手续。因此,涉案股权转让协议中的股权回购条款未生效,国华公司据此请求法院判令向阳公司回购股权并承担违约责任,法院不予支持。

从上述案例可以看出,由于股权转让协议里的股权回购条款未经商务主管部门审批,股权回购条款未生效,法院未支持国华公司的股权回购主张。因此,在对赌条款如涉及外资的回购和补偿等事项时,需要根据相关法律法规规定办理审批或备案手续,以使对赌条款生效并能够被执行。

8. 对赌条款如涉及国有资产的回购和补偿等事项时,需要遵守《企业国有资产法》和《企业国有资产交易监督管理办法》等相关法律法规的规定。

9. 一般企业从设立到上市,中间会有多轮融资,且每轮融资都会有对赌条款。企业的控股股东、实际控制人应注意前后对赌条款的一致性问题,避免前后对赌条款不一致而产生争议。笔者曾经处理过一个因前后对赌条款有冲突而导致的争议。目标公司控股股东、实际控制人在A轮融资时与投资者A签署了对赌条款,在B轮融资时与投资者B也签署了对赌条款。由于B轮对赌条款要求目标公司进行重组,而该等重组导致目标公司的实际经营业绩没有达到A轮对赌条款规定的业绩要求,投资者A要求目标公司控股股东、实际控制人履行对赌失败的义务。而目标公司控股股东、实际控制人认为,由于目标公司根据投资者B的要求进行了重组,导致目标公司A轮对赌条款规定的经营业绩没有实现,如果目标公司不进行重组,其实际经营业绩是符合A轮对赌条款规定的业绩的。目标公司控股股东、实际控制人与投资者A因此产生纠纷,后经法院调解结案。

10. 对于家族企业而言，对赌条款可能会牵涉到家族成员的财产。家族企业如何既能引进投资，又在对赌失败时不影响家族成员的财产，具体详见笔者的文章《“马失前蹄”的对赌——企业股权融资风险和防范》。

对赌条款是并购重组领域重要的估值调整机制，对保护投资者有重要意义。投资者应当避免与目标公司进行对赌，在对赌条款设置方面充分考虑目标公司合理的业绩增长幅度和上市预期，在充分考虑国资、外资和诉讼等对对赌条款有特别要求的情况下完善对赌条款，确保对赌条款合法有效，并可实际操作。

专题二

“马失前蹄”的对赌

——企业股权融资风险和防范

殷　豪

根据相关法律文书和相关媒体报道，2011 年 3 月 22 日，李某、李某 1 和李某 2 作为北京新雷明顿广告有限公司（该公司于 2011 年 12 月改制并更名为北京小马奔腾文化传媒股份有限公司，以下简称小马奔腾）实际控制人与建银文化产业股权投资基金（天津）有限公司（以下简称建银投资）及其他相关主体签署了《关于北京新雷明顿广告有限公司的增资及转股协议》，约定建银投资以受让小马奔腾股权和直接增资两种方式成为小马奔腾股东，持有小马奔腾 15% 的股权。同日，作为小马奔腾实际控制人的李某、李某 1 和李某 2 与建银投资签署了《建银文化产业股权投资基金（天津）有限公司与北京新雷明顿广告有限公司及李某 1、李某 2、李某之投资补充协议》，约定若小马奔腾未能在 2013 年 12 月 31 日之前实现合格上市，则建银投资有权要求小马奔腾、实际控制人或李某 1、李某 2、李某中的任何一方一次性收购所持小马奔腾的股权。

2014 年 1 月 2 日，身为小马奔腾创始人的李某身故。由于小马奔腾未能如期上市，建银投资向中国国际经济贸易仲裁委员会申请仲裁，要求李某 2、李某 1 以及李某财产继承人金某等人履行回购义务，中国国际经济贸易仲裁委员会经审理后认为对赌协议有效，裁决要求李某 1、李某 2 连带一次性支付股权回购款 6.35 亿元。2017 年 9 月 25 日，北京市第一中级人民法院在判决中明确李某遗孀金某应该承担连带回购义务。根据北京市第三中级人民法院于 2017 年 11 月 29 日出具的相关执行裁定书，被执行人包括李某 2 和李某 1（李某姐妹）、金某（李某妻子）、李某在（李某和金某女儿）、李某云和邓某辉（李某父母）。从被执行人情况来看，被执行人均为李某近亲属。根据上述相关执行裁定书的内容，被执行人暂无其他财产可供执行，终结中国国际经济贸易仲裁委员会（2017）中国贸仲京裁字第0214号裁决的本次执行程序；申请执行人享有要求被执行人继续履行债务及依法向人民法院申请恢复执行的权利，被执行人负有继续向申请执行人履行债务的义务。

李某家族与建银投资等机构的对赌失败的教训是惨痛的，对李某家族的打击可以说是毁灭性的，上至李某年老的父母、下至李某年幼的女儿，均被要求承担对赌失败的后果。如何避免李某家族的悲剧再次发生？企业在股权融资时应注意哪些风险？如何防范该等风险？

一、企业股权融资常见风险

企业发展过程中，主要通过三个途径取得企业发展所需资金，一是通过自身经营积累的利润，二是通过债权融资取得发展所需资金，三是通过股权融资取得发展所需资金。债权融资主要包括银行贷款、发行债券、应付票据和应付账款等，股权融资主要包括发行股票和优先股等。现就企业股权融资常见风险简要介绍如下。

（一）与投资机构对赌失败，牵连家族成员共同承担对赌失败的后果

对于企业而言，投资机构可能是天使，在一定条件下也可能会变成魔鬼。大家比较熟悉的企业实际控制人对赌失败的案例，如永乐电器陈某与摩根士丹利及鼎晖对赌、俏江南张某与鼎晖对赌等。

对于企业的实际控制人而言，如何对赌以及如何确保家族成员不受对赌牵连等，需要企业的实际控制人予以高度重视。

（二）企业没有专业的股权融资人才

一般来说，买的没有卖的精。但企业股权融资的对手是专业投资机构，而企业主要从事产品生产和服务提供等业务，对股权融资并不熟悉，所以说在股权融资方面，卖的没有买的精。

笔者一客户，企业的产品有较高的技术含量，在同类产品中具有较强的竞争力。企业实际控制人让企业财务总监负责与投资机构对接。企业财务总监对投融资这方面也不是很懂，最后在企业估值、董事席位、高管任命、企业经营管理和业绩对赌等方面确定的条款对企业和企业实际控制人很不利。企业股权融资完成后，才让我们参与相关工作，股权融资事项已木已成舟，相关条款已经没法进行修改。

企业进行股权融资时，需要聘请专业的机构，协助企业进行股权融资，以切实维护企业的利益。

（三）企业股权融资时的商业秘密保护问题

笔者一客户，由于急于进行股权融资，对拟投资机构对企业进行调查的要求来者不拒。拟投资机构对企业进行财务、法律和业务方面的尽调后，并没有对企业进行投资。一段时间后，企业发现其竞争对手在和其客户和供应商联系，该等竞争对手甚至知道企业与客户和供应商之间的价格等重要商业秘密。企业虽然怀疑是进行尽调的拟投资机构向其竞争对手泄露了企业的商业秘密，但苦于没有证据证明。

因此，企业股权融资时，如何保护企业的商业秘密是一个比较重要的课题。

（四）委托中介机构公开买卖所谓的企业原始股

最近几年，由于种种原因，企业融资难的问题客观存在。部分企业为了获得生存和发展所需的资金，听信了一些中介机构的宣传，委托中介机构通过各种途径销售企业的股票。中介机构一般会采取非法的方式，如设立"股权众筹"融资平台、欺骗投资者说企业即将上市等方式，骗取投资者以高价购买所谓的企业原始股。

根据最高人民法院、最高人民检察院、公安部和中国证券监督管理委员会（以下简称证监会）联合发布的《关于整治非法证券活动有关问题的通知》（证监发〔2008〕1 号）的规定，公司、公司股东违反上述规定，擅自向社会公众转让股票，应当追究其擅自发行股票的责任，公司与其股东合谋，实施上述行为的，公司与其股东共同承担责任；未经依法核准，擅自发行证券，涉嫌犯罪的，依照《刑法》第 179 条之规定，以擅自发行股票、公司、企业债券罪追究刑事责任；未经依法核准，以发行证券为幌子，实施非法证券活动，涉嫌犯罪的，依照《刑法》第 176 条、第 192 条等的规定，以非法吸收公众存款罪、集资诈骗罪等罪名追究刑事责任。

企业不能轻信他人建议，非法公开进行所谓的"原始股"销售，应合法合规地进行股权融资。

（五）企业多轮融资涉及多轮对赌问题

企业一般会经历初创期、成长期、扩张期和成熟期等阶段，企业在每个阶段都会有不同的股权融资需求。企业在股权融资时，投资机构为确保自身利益，一般会与企业的控股股东、实际控制人签署对赌协议。

笔者一客户，在2015年6月进行了一轮股权融资，企业实际控制人与投资机构签署了业绩对赌协议。企业于2016年8月又进行了一轮融资，实际控制人与新的投资机构又签署了新的对赌协议。新的对赌协议签署后，企业根据新的投资机构的要求进行了重组。企业由于在2016年下半年进行了重组，导致其在2016年度的业绩没有达到2015年对赌协议的业绩要求。企业实际控制人认为如果企业没有重组，企业能够达到2015年对赌协议的业绩要求，而2015年对赌协议的投资机构认为不管什么原因，企业没有达到对赌协议的业绩要求，企业实际控制人就需要履行对赌协议下的义务。企业实际控制人与投资机构没有达成协议，最后导致对簿公堂。

因此，在有多轮股权融资的情况下，企业控股股东、实际控制人如何安排和协调好多个对赌协议的关系至关重要。

（六）以招标方式进行股权融资

笔者曾协助一投资机构投资深圳一家企业。该企业邀请了众多投资机构同时对企业进行尽调。众多投资机构及其各自聘请的中介机构都在一个会议室里，同时审阅公司提供的文件，该企业同时要求投资机构在规定时间内完成公司文件的审阅和投资报价。

企业以招标方式确定投资机构的方式往往存在着较大的风险。对于企业而言，除需要投资机构资金外，投资机构的资源、品牌和声誉等也是企业需要考虑的问题。好的投资机构能给企业带来各种无形资源，如协助企业进行上下游产业链的协调、政府资源的共享、提升企业内部规范管理、为企业寻找合适的人才等。如果企业不明白自己需要什么样的投资机构，仅按照投资报价高低确定投资机构的话，企业最后确定的投资机构可能不是适合企业需要的投资机构，企业与投资机构价值观和管理理念不一致的话，企业与投资机构的日常沟通和协调，以及重大事项的决策等都可能会存在问题。

（七）企业股权融资涉及特定股东问题

1. 企业股权融资引进三类股东问题

根据证监会的相关规定，拟上市企业不能有契约型私募基金、资产管理计划和信托计划这三类股东。笔者一客户拟上市前，企业要求信托计划股东退出。在这个关键时点，信托计划股东提出企业大股东以高价购买其持有的企业股权的要求。为了符合企业上市条件，企业大股东最后被迫以高出信托计划股东出资金额2倍的对价收购了信托计划持有的企业股权。

2. 企业股权融资引进外资股东问题

根据外商投资产业指导目录的规定,外商投资项目分为允许类、限制类和禁止类。如果外资投资限制类项目,需取得商务主管部门批准。外商投资禁止类项目,外资不能进行投资。笔者一客户,其从事的为禁止外资投资的业务。企业在进行股权融资时,没有考虑到外商投资产业政策限制问题,引进了外商投资境内再投资企业作为企业新股东,虽然工商登记部门在办理工商登记时没有提出异议,但企业股权融资引进的股东是不符合中国相关法律法规规定的。

企业股权融资时,需要考虑投资机构是否符合法律法规和证监会等的规定。

(八)企业不诚信问题

笔者曾协助一投资机构投资了一家创新型企业。投资机构对企业进行投资后,企业的发展速度远远超过投资机构投资时的预期。企业实际控制人认为投资机构取得企业股权的价格太便宜了,要求投资基金重新对企业进行估值,被投资机构拒绝。企业实际控制人于是通过关联交易将企业的利润和收入转移给关联方,并通过其他途径损害投资机构的合法权益,被投资机构起诉至法院,要求企业实际控制人承担法律责任。企业其实早就符合上市要求,如果企业运营规范,企业能尽早上市,企业上市后最大的受益者仍然是企业的实际控制人。

二、企业股权融资风险防范建议

除了在本专题第一部分"企业股权融资常见风险"中提及的部分风险防范建议,详见以下企业股权融资风险防范建议。

(一)对拟投资机构进行了解

企业股权融资,除需要投资机构的资金外,也需要投资机构给企业提供其他相关资源。因此,对拟投资机构进行了解,知己知彼非常重要。对拟投资机构进行了解,一般包括如下内容:拟投资机构的股东背景、资金规模、市场口碑、已投资企业、投资管理团队背景等。另外,企业在和投资管理团队进行沟通和交流时,也需要判断该等投资管理团队后续能否与企业共事等。

(二)企业实际控制人保持企业控股权和控制权

非上市企业实际控制人最好能持有不低于企业 2/3 的股权,上市企业实际控制人最好能持有企业不低于 1/3 的股权,以确保对企业的实际控制。

根据北京市朝阳区人民法院于 2016 年 12 月 26 日出具的民事判决书,小马奔腾的注册资本为 15,600 万元,股份总数为 15,600 万股,李某仅持有小马奔腾 468 万股股份,持股比例仅为 3%。虽然根据相关媒体报道,李某的部分股份由李某 2 和李某 1 代持,但李某 2 和李某 1 均否认存在代持事实。受限于李某在小马奔腾股权结构中所持股份不多的局限性,金某的话语权较弱,很多工作无法顺利开展。缺少控股权,李某去世后,没有一个人能掌控小马奔腾,也是导致小马奔腾及金某等最终悲催命运的原因之一。而前几年的国美电器陈某与黄某裕之争,实质上也是控制权之争。

小马奔腾最终的命运掌握在李某姐妹和李某妻子三位女人手中。国美电器陈某及其背后贝恩资本相抗衡的,也是三位女人,黄某裕的妻子杜某、大妹黄秀某、二妹黄燕某。但黄某裕家族采取了团结一致的方式保护了国美电器,而李某家族并没有这么幸运。

企业在股权融资时,企业实际控制人要把握好企业控股权及企业股权融资的关系,不能因企业股权融资而丧失对企业的实际控股和控制。

(三)企业实际控制人签署对赌协议时要保护家族成员利益

一般情况下,企业实际控制人并非资本市场专家,企业实际控制人与投资机构签署对赌协议,本身不是一个对等的交易。投资机构就像赌场里的庄家,企业实际控制人是无法在对赌事项上与其对抗的,如果对赌目标实现,则投资机构获得巨大的利益;如果对赌目标未实现,则企业实际控制人将要为对赌买单。

2011 年 3 月,小马奔腾新一轮股权融资开启,股权融资金额高达人民币 7.5 亿元,当时投资机构可以说是在抢小马奔腾的股权。小马奔腾在有如此优势的情况下,其实际控制人李某仍然同意与投资机构签署对赌协议是不应该的。

另外,企业实际控制人在签署对赌协议时,应在对赌协议里明确如对赌失败,其家族成员的利益如何保护,而不能造成企业实际控制人对企业债务承担有限责任,而对投资机构的债务要承担无限责任。

(四)企业应按企业发展需要进行股权融资

一般情况下,企业在天使轮的融资金额是百万元级的,A 轮融资金额是千万元级的,B 轮融资金额是亿元级的。企业根据发展阶段逐步增加融资,同时企业的估值也在逐步提高,企业在获得发展所需资金同时,企业实际控制人被稀释的股权比例也不会很高,从而也能持续地控制企业。

(五)要根据企业后续拟上市地点相应进行股权融资

一些不能在境内上市的企业,如从事墓园经营和足浴经营等业务的企业,如拟境外上市,应尽早搭好境外上市架构(如采取红筹架构等),引进境外资金。后续再搭境外上市架构成本会很高,且如果拟境外上市企业已取得境内投资机构资金,境内投资机构在境外持有拟境外上市公司股权也会有问题。

(六)注意投资条款存在的潜在风险

投资机构的诉求其实与企业是不一样的,企业考虑的是长期发展,而投资机构考虑的是短期套现退出。一般投资机构都会要求对部分重要事项享有一票否决权。对于可能直接影响投资机构利益的事项,一般可以同意投资机构享有一票否决权,但对于企业日常经营管理事项,一般不能同意投资机构享有一票否决权。

另外,投资机构在对企业进行投资之前,一般会对企业进行法律、财务和业务等方面的尽调,并且会根据尽调结果设计保护投资机构的条款,如进一步增资、清算优先权、优先认购权、优先购买和共同出售权、知情权、回购权、反稀释权、领售权、在董事会和股东会的特别权利等。企业也要根据企业自身情况,对投资机构设计的条款进行调整和修改,以维护企业利益。

企业可以通过自身积累、债权融资和股权融资方式取得企业发展所需资金。企业在股权融资时,不能盲目选择投资机构,要注意保护企业和企业实际控制人及其家族的合法权益,避免小马奔腾及李某家族的悲剧再次发生。

专题三

并购重组业务中自然人股东个人所得税的实务处理

——以上市公司定向增发股票收购标的公司为例

雷富阳　顾绍宇

上市公司通过定向增发股票、可转换公司债券、现金等方式收购标的公司，这是上市公司并购重组中常见的业务类型。在这种并购重组业务中，标的公司自然人股东的个人所得税如何处理，是自然人股东普遍关心的问题。笔者本专题拟结合自身实操经验，区分是否属于特殊性税务重组来分别阐述不同情形下的个税关注点。

一、特殊性税务重组的适用条件

财政部、国家税务总局《关于企业重组业务企业所得税处理若干问题的通知》（财税〔2009〕59 号）第 5 条规定，企业重组同时符合下列条件的，适用特殊性税务处理规定：

1. 具有合理的商业目的，且不以减少、免除或者推迟缴纳税款为主要目的。

2. 被收购、合并或分立部分的资产或股权比例符合本通知规定的比例。财政部、国家税务总局《关于促进企业重组有关企业所得税处理问题的通知》（财税〔2014〕109 号）规定，股权收购，收购企业购买的股权不低于被收购企业全部股权的 50%。

3. 企业重组后的连续 12 个月内不改变重组资产原来的实质性经营活动。

4. 重组交易对价中涉及股权支付金额符合本通知规定比例。

5. 企业重组中取得股权支付的原主要股东，在重组后连续 12 个月内，不得转让所取得的股权。

根据上述规定,上市公司以定向增发股票、可转换公司债券、现金等方式收购标的公司,必须保证上市公司收购标的公司的股权不低于50%且股权支付金额不低于交易支付总额的85%。股权支付,是指企业重组中购买、换取资产的一方支付的对价中,以本企业或其控股企业的股权、股份作为支付的形式;所称非股权支付,是指以本企业的现金、银行存款、应收款项、本企业或其控股企业股权和股份以外的有价证券、存货、固定资产、其他资产以及承担债务等作为支付的形式。

实操中,在确定股权支付比例时有以下两点需要注意:

1. 股权支付比例不低于85%不等于收到的现金不高于15%。有时会误认为只要收到的现金不高于15%就满足规定了,可转换公司债券不属于股权支付,如果被收购企业的股东收到的现金虽然低于15%,但是加上实际收到的可转换公司债券金额超过15%的,则同样不能适用特殊性税务重组。

2. 要综合考虑是否构成重组上市。为了适用特殊性税务重组优惠政策提高股权支付比例,可能会造成控制权变更,根据《上市公司重大资产重组管理办法》构成重组上市,而需要履行相应的程序或者直接导致交易无法实施(如创业板上市公司在操作重大资产重组时,不能构成重组上市①),实操中二者需要统筹考虑。

二、特殊性税务重组的税收处理

根据我国现行的规定,上市公司以定向增发股票形式收购标的公司的,通常情况下,对于被收购方的股东而言,税务上会按照"转让股权"和"对外投资"两笔经济业务同时发生,标的公司的股东需要以公允价值,确认股权转让所得,按照规定缴纳企业所得税或者个人所得税。即通常提到的一般性税务重组。但是,如果并购重组符合上述特殊性税务重组条件的,可以不需要按照一般性税务重组处理,即不需要在股权变更登记时点对股权转让所得缴纳所得税,而是适用特殊性税务重组规定。特殊性税务重组的具体税务处理如下:

1. 被收购企业的股东取得收购企业股权的计税基础,以被收购股权的原有计税基础确定;

2. 收购企业取得被收购企业股权的计税基础,以被收购股权的原有计税基础确定;

3. 收购企业、被收购企业的原有各项资产和负债的计税基础和其他相关所得税

---

① 根据《上市公司重大资产重组管理办法》(2020年修订)第13条的规定,创业板公司不能构成重组上市(借壳上市)。

事项保持不变。根据上述规定，企业适用特殊性税务重组的，可以暂不缴纳所得税，相比一般性税务重组，企业享受了延缓缴纳所得税的优惠政策。

同时，在计税基础的确定上，有一个细节值得注意，不同于长期股权投资以换出股权价值作为换入股权价值的方法，特殊性税务重组取得的股权的计税基础直接以换入的股权原计税基础作为企业取得股权后自身账面的计税基础。

三、自然人股东适用特殊性税务重组的争议点

由于财税〔2009〕59号文仅规定了企业可以适用特殊性税务重组，自然人股东无法直接适用企业所得税政策体系中的特殊性税务处理。对于自然人股东能否适用特殊性税务重组，在实际操作中，各个地方的税务局的态度也是不统一的。

大多数地方的税务局从严适用政策，不允许自然股东适用特殊性税务处理。从严主要有以下两方面考虑：第一，自然人股东适用特殊性税务重组在政策规定上是空白的，大多数税务局对于没有明文规定可以暂不征税的情形，出于防范税收流失从而避免自身执法风险的考虑，一般不会轻易允许自然人股东暂不征税。第二，从后续执行难度上看，不同于法人股东在后续转让环节需要缴纳企业所得税的税务处理，我国当前对于个人在二级市场转让股票的行为是不征收个人所得税的，如果在重组中又适用特殊性税务处理暂不征税的，则后续自然人股东可能就永远不会履行这项纳税义务了。也是出于这种考虑，国家税务总局《关于个人以股权参与上市公司定向增发征收个人所得税问题的批复》（国税函〔2011〕89号）明确，南京浦东建设发展有限公司自然人以其所持该公司股权评估增值后，参与苏宁环球股份有限公司定向增发股票，属于股权转让行为，其取得所得，应按照“财产转让所得”项目缴纳个人所得税。

有部分地方的税务局，考虑到税收公平性和股权支付没有即时的现金流入的现实因素，在符合特殊性税务的情形下，允许自然人股东适用特殊性税务重组，暂不缴纳个人所得税。如宁波市地方税务局个人所得税热点政策问答（2014年第1期）中明确，甲企业吸收合并乙企业，企业所得税处理符合特殊性重组的条件，其中乙企业股东全部为自然人，合并后乙企业自然人股东所取得甲企业股权按历史成本计价的，暂不征收个人所得税。这对自然人股东争取适用特殊性税务重组政策来说，是一个有利参考。

由于标的公司的股东既有法人股东又有自然人股东的情形在现实中是很常见的，如果地方税务局不允许自然人股东适用特殊性税务重组，而对其征收个人所得

税的,会带来另外一个实操难题:标的公司的法人股东能否适用特殊性税务重组。《企业重组业务企业所得税管理办法》(国家税务总局公告 2010 年第 4 号)第 4 条规定,同一重组业务的当事各方应采取一致税务处理原则,即统一按一般性或特殊性税务处理。实践中,有的税务局会认为,既然自然人股东没有适用特殊性税务处理,则法人股东也不能适用特殊性税务处理。从极端角度看,如果标的公司仅有一个持股比例为 0.1% 的自然人股东,其余股东均为法人股东,此情形下,如果依据国家税务总局公告 2010 年第 4 号公告,而不允许标的公司的法人股东适用特殊性税务重组是非常不合理的,且违背政策初衷的。为此,即使是不允许自然人股东适用特殊性税务重组的税务机关,在实际操作中,也默许企业适用特殊性税务重组。

四、不适用特殊性税务重组情形的个税处理

《关于个人非货币性资产投资有关个人所得税政策的通知》(财税〔2015〕41 号)规定,个人以非货币性资产投资,应按照"财产转让所得"项目缴纳个人所得税。非货币性资产投资,包括以非货币性资产出资设立新的企业,以及以非货币性资产出资参与企业增资扩股、定向增发股票、股权置换、重组改制等投资行为。如果并购重组不符合特殊性税务重组的条件或虽然符合条件但当地主管税务机关不允许自然人股东适用特殊性税务重组的,则自然人股东需要根据上述规定缴纳个人所得税。

考虑到自然人股东在并购重组过程中取得的转让收入大部分不是现金价款,财税〔2015〕41 号文进一步规定了,纳税人一次性缴税有困难的,可合理确定分期缴纳计划并报主管税务机关备案后,自发生上述应税行为之日起不超过 5 个公历年度内(含)分期缴纳个人所得税。那么该如何理解"合理确定分期缴纳计划"呢?是否需要 5 年平均缴纳(每年缴纳 20%)呢?

在理解分期缴纳计划时,我们可以对比企业所得税的相关规定来强化。根据《关于非货币性资产投资企业所得税政策问题的通知》(财税〔2014〕116 号),居民企业以非货币性资产对外投资确认的非货币性资产转让所得,可在不超过 5 年期限内,分期均匀计入相应年度的应纳税所得额,按规定计算缴纳企业所得税。

通过对比,我们可以发现,分期缴纳的要求是不一样的,个人所得税没有 5 年均匀缴纳的规定。举例来说,100 万元的股权转让所得,法人股东分期缴纳时,需要每年将 20 万元所得计入年度应纳税所得额,而个人股东的 100 万元的股权转让所得在 5 年内安排的缴纳时间和金额都是可以自行确定的。

同时需要注意的是，财税〔2015〕41号文同时规定，个人以非货币性资产投资交易过程中取得现金补价的，现金部分应优先用于缴税；现金不足以缴纳的部分，可分期缴纳。如果并购重组方案中，标的公司的自然人股东收到了现金补价，则需要将这部分现金补价优先用于缴税。

专题四

并购交易中陈述与保证条款谈判要点

洪 瑜 胡胜训

在公司日常活动中，陈述与保证条款（Representation & Warranty）经常出现在各类协议中，其中陈述（Representation）是指陈述人对既存事实的陈述性说明；保证（Warranty）是指保证人对现存的或者未来即将发生的事实的承诺性说明。而在并购交易中，“对目标资产或目标公司过去或现在事实的陈述与保证构成了交易的基础和估值基础，对陈述与保证的违反将给交易另一方带来索赔的基础”①。交易一方往往是依据另一方的陈述与保证来决定是否缔结该交易以及如何设置交易的条件。

通过目标公司的陈述和保证，收购方能够对其披露的公司现状有全面、基本的了解。对于解决交易双方之间的信息不对称、形式上规避无法查明的事项可能带来的风险有一定积极意义。更重要的是，通过双方各自的陈述和保证条款，可以在双方之间界定风险的承担问题，尤其是帮助收购方减少风险、避免可能的损失。

陈述与保证条款主要来源于英美法，并被广泛使用于境内外并购协议中。美国的并购市场发展相对成熟，相关的交易文件内容比较完善，其中的陈述与保证条款的内容和设置对境内并购业务具有较强的借鉴价值，下文将通过介绍美国并购交易常见卖方陈述与保证条款分析其中的谈判要点。

一、陈述与保证条款涉及的披露范围

关于陈述与保证涉及披露事项的范围，卖方的立场是尽量减少披露事项的范

① 张伟华：《海外并购交易全程实务指南与案例评析》，中国法制出版社2016年版，第400页。

围。例如在美国上市公司并购非公众公司的交易中，卖方可能寻求仅对法律目前要求的范围进行披露，下文列举的10b－5规则陈述条款即为一种有利于卖方的写法。[①]

买方关于披露范围的立场则是卖方全面披露，对于买方来说，卖方披露的信息对于目标公司的公司价值及股权价值来说是十分重要的。卖方需要保证所披露的与目标公司有关的所有信息都是真实、准确、完整及非误导的。

（一）10b－5规则陈述（有利于卖方）

卖方所作的任何陈述、保证，均不包含任何（据卖方所知）不真实的陈述，也不遗漏重大事实，以使得根据当时的情况，上述陈述、保证或其他陈述将不会产生误导。

（二）全面披露陈述（有利于买方）

卖方已经披露了与目标公司有关的所有（据卖方所知）对买方而言至关重要的事关股票/权价值的信息，并且上述信息均为真实、准确和不具有误导性。

根据2019年ABA报告[②]，2018年至2019年第一季度签署和/或完成的上市公司并购非公众公司的交易83%不包含“披露范围陈述”，1%仅包含“全面披露陈述”，3%包含“10b－5规则陈述”和“全面披露陈述”，13%仅包含“10b－5规则陈述”。在使用“10b－5规则陈述”中76%不包含“据卖方所知”的限制。（见图2－4－1）

---

① 10b－5规则是根据美国1934年《证券交易法》制定的反欺诈规则，这一规则规定，任何人在进行涉及股票和其他有价证券的交易过程中，不得直接或间接使用任何手段进行欺诈、作出虚假陈述、遗漏相关信息或以其他方式进行可能欺骗他人的业务操作。

② 《美国律师协会非公众公司并购交易要点研究报告——2018年至2019年第一季度的交易》。该报告分析了包括2012年、2014年、2016年至2017年、2018年至2019年第一季度（本专题通篇图表中称为2018年至2019年交易）签署和/或完成的涉及上市公司收购非公众公司的交易的公开收购协议。

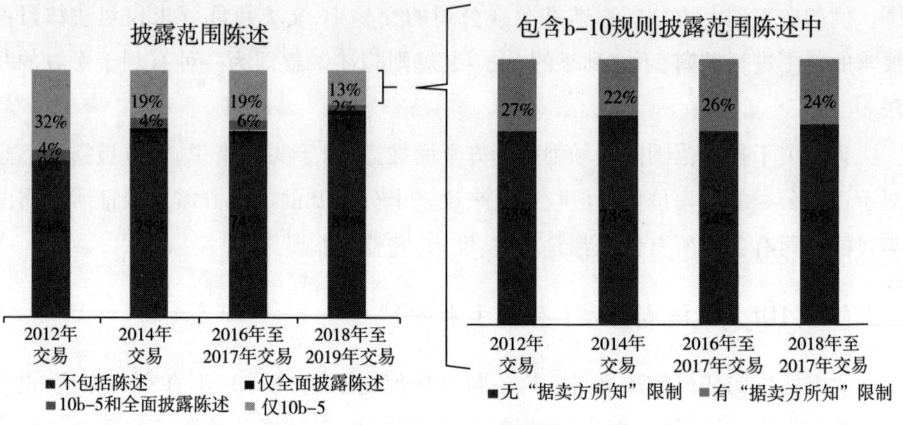

图 2－4－1　全面披露陈述义务

资料来源:2019 年 ABA 报告。

全面披露陈述对卖方赋予较高的披露义务,且可能不利于卖方对交易价格的谈判,故极少有卖方接受全面披露陈述。在美国上市公司并购交易中,10b－5 规则对于卖方来说是一项法定义务,故在并购协议中买方并不坚持让卖方作出 10b－5 规则陈述。而在卖方仅对其已披露的信息的真实、准确且不具误导性陈述的情况下,如 10b－5 规则陈述,买方更趋向于不允许卖方通过加入“据卖方所知”的描述来进一步限制卖方关于不披露虚假信息及不遗漏重大信息的义务。

二、财务报表

通常买方在股权并购中会要求卖方充分披露目标公司的财务情况,提供近几年度的财务报表。财务报表需要公允地反映目标公司在各自日期的财务状况,以及目标公司在相应期间的经营结果和现金流,不管是否以一般公认会计准则为准。下列是两种不同财务报表披露标准的陈述条款。

(一)财务报表符合公认会计准则

财务报表公允反映了目标公司在财务报表所述日期和期间的财务状况和经营成果、股东权益变动和现金流量,以上均符合公认会计准则。

(二)财务报表未符合公认会计准则

财务报表公允地反映了目标公司截至各自相关日期的财务状况,以及目标公司在上述期间内的经营成果和现金流。

根据2019年ABA报告,2018年至2019年第一季度签署和/或完成的上市公司并购非公众公司的交易100%包含财务报表陈述,其中85%使用财务报表未符合公认会计准则的陈述。(见图2－4－2)

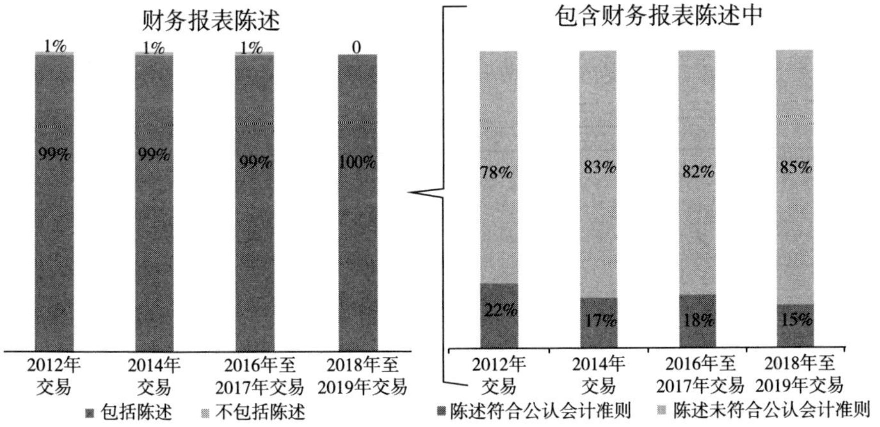

图2－4－2 2018年至2019年第一季度相关交易情况

资料来源:2019年ABA报告。

不同公司可能会以不同的方式计算类似的财务指标,当卖方以非公认会计准则披露财务报表时,建议买方全面地审查目标公司的财务信息。买方也可以要求卖方提供符合公认会计准则的财务报表,要注意的是,在涉及不同国家的并购中,需要明确使用哪一国家或何种具体的公认会计准则。

三、无未披露债务

卖方需要保证对目标企业负债的陈述的真实性。在这一陈述中,卖方会希望加入"据卖方所知"对不存在未披露债务的陈述加以限制,这一点通常买方都不会接受。此外,关于披露债务的范围,从买方角度来看,卖方应披露所有的债务包括已发生的,可能发生的,已到期的或未到期的。而从卖方角度来看,卖方希望只要按照其财务会计准则或公认会计准则,在财务报表中披露相关债务即可。

(一)有利买方的规则

目标公司除了财务报表中反映或保留的,及自[日期][1]起在正常经营过程中产

---

① 本专题所称的"有利于买方的规则"是一种建议使用的合同条款示范,[日期]指"[ ]"中由合同当事人填写具体日期。

生的流动债务外,没有其他债务。

(二)有利卖方的规则

[据卖方所知][①]目标公司除了财务报表中反映的,及自[日期]起在正常经营过程中产生的债务外,没有公认会计准则规定的其他应当披露的债务类型。

根据2019年ABA报告,2018年至2019年第一季度签署和/或完成的上市公司并购非公众公司的交易99%包含"无未披露负债"陈述。在使用"无未披露负债"陈述中99%不包含"据卖方所知"的限制,62%不包含"公认会计准则下负债"的限制。(见图2-4-3)

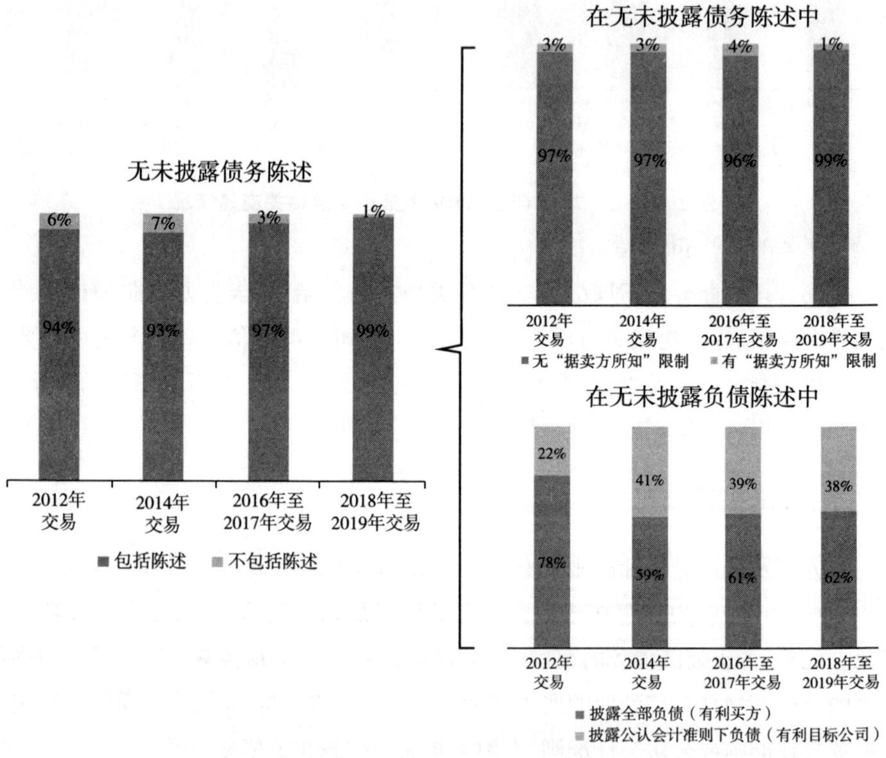

图2-4-3 "无未披露债务"陈述

资料来源:2019年ABA报告。

---

① 此种方框是直接翻译2019年ABA报告中的英文条款中的格式。

四、遵守法律法规

并购协议双方都要严格遵循法律法规。卖方需要保证转让的股权或资产的合法性、真实性和权利清洁性，以及目标公司成立的合法性，且需要保证目标公司的经营活动都是在法律的基础上进行的。交易双方谈判的点主要是是否加入“据卖方所知”的限制，遵守法律称述涵盖的时间是否包括过去与现在，是否包括收到的调查和违法的通知，卖方从事与并购相关的业务是否受政府的授权的限制等。

五、遵守法律陈述

［据卖方所知］目标公司的业务的运行［已经并且］正在遵守所有现行适用法律。卖方拥有并遵守目前开展业务所需的所有政府授权，除非未能拥有或遵守任何此类政府授权对业务运营不重要。

根据2019年ABA报告，2018年至2019年第一季度签署和/或完成的上市公司并购非公众公司的交易99%包含“遵守法律法规”陈述。在使用“遵守法律法规”陈述中77%包含“不存在违法通知”，19%包含“不存在调查通知”，21%包含“现在和过去遵守法律”的限制，仅2%包含“据卖方所知”的限制。

六、隐私

注重保护个人隐私已经成为趋势，随着法律对个人隐私保护日益加强，在并购涉及披露或转移消费者或雇员的个人信息时，特别是对于互联网企业或其他业务涉及收集个人信息的企业时，交易双方都需对个人信息的披露方式、用途以及相关的陈述与保证的描述进行考虑。

目标公司已遵守有关个人数据保护和安全的所有法律、合同和信托义务。目标公司从未收到任何政府机构有关个人数据的任何查询或接受过任何审计或法律诉讼。目标公司在收集、使用、处理、存储和转移个人数据方面已遵守其政策和程序。没有法律诉讼指控声称目标公司严重侵犯任何人的隐私权，或目标公司未经授权即访问、使用或披露个人数据。自［日期］以来，目标公司并未严重侵犯任何人的隐私权，或目标公司并未对个人数据进行任何未经授权的访问、使用或披露。

根据2019年ABA报告，2018年至2019年第一季度签署和/或完成的上市公司并购非公众公司的交易68%包含隐私陈述。（见图2-4-4）

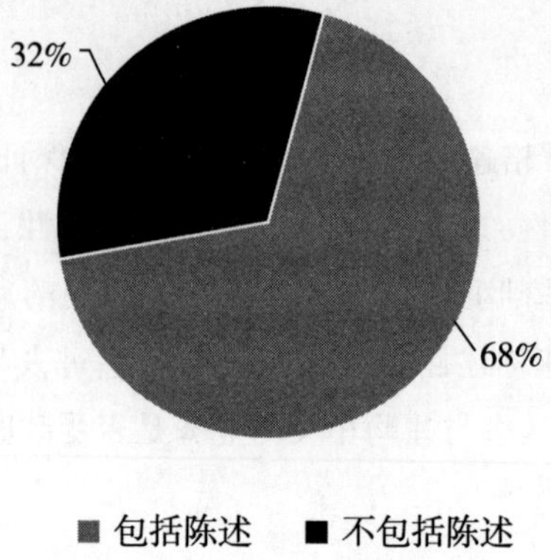

图 2-4-4 隐私陈述

七、其他谈判要点

(一)无默示陈述与保证

从卖方角度来看,卖方关心除了在协议中作出的陈述与保证外,不存在任何其他卖方的陈述与保证。

各买方承认并同意其购买资产的依据是其自身独立检查和调查的结果以及本协议明确约定的卖方的陈述和保证,而不是卖方未明确在本协议中作出的任何陈述或保证。买方因卖方违反其陈述或保证而可能提出的任何索赔,应仅基于本协议中明确约定的卖方的陈述和保证。

(二)是否在交割日重述陈述与保证

买方希望卖方在交割日重述陈述与保证,而卖方不希望重述。哪些陈述与保证在交割前重述,或者是否全部陈述与保证都在交割日重述,这也是买卖双方谈判的要点。

卖方向买方作出陈述与保证如下,除卖方已通过书面方式向买方披露的情形外,下述[所有]事项在本合同签署时在所有重大方面均是真实、准确、完整和无误导的,[并且直至交割日仍是真实、准确、完整和无误导的]。

(三)陈述与保证条款的存续期间

对买方来说,卖方的陈述与保证条款的存续期间(索赔期限)越长越好,对卖方来说则越短越好。

如索赔期限中规定,除如下部分所规定的陈述与保证外,本协议或其他根据本协议签署的书面文件所包含的卖方的陈述与保证均具有自交割日起算 18 个月的存续期间。

专题五

危险化学品(气体)行业法律尽职调查注意要点

胡胜训　洪　瑜

危险化学品经营[①]企业由于其经营的产品的危险性,国家采取了全面且严格的监管规定和措施。对于危险化学品行业的投资并购业务,法律尽职调查时也就面临着繁重的任务,从标的企业产品/业务的准确识别、标的企业应取得的业务资质许可类型、人员资质到标的企业实际的合规经营,都需要在法律尽职调查前以及过程中进行全面而深入的了解和核查。笔者团队近期参与了国内一家大型集团公司下的气体业务的拆分和收购,因此特撰写本文,对危险化学品(气体)行业的投资并购的法律尽职调查要点,作一些总结和分享。

一、危险化学品的定义及分类

根据国务院《危险化学品安全管理条例》第3条第1款的规定,危险化学品是指具有毒害、腐蚀、爆炸、燃烧、助燃等性质,对人体、设施、环境具有危害的剧毒化学品和其他化学品;该条第2款同时规定"危险化学品目录,由国务院安全生产监督管理部门会同国务院工业和信息化、公安、环境保护、卫生、质量监督检验检疫、交通运输、铁路、民用航空、农业主管部门,根据化学品危险特性的鉴别和分类标准确定、公布,并适时调整"。目前现行有效的《危险化学品目录》为国务院应急管理部发布的《危险化学品目录(2015版)》(以下简称《危化品目录》)。《危化品目录》从"物理危险、健康危害及环境危害"三个角度对危险化学品进行了分类。其中,"物理危险"分类下属于危险化学品的气体有"易燃气体、氧化性气体和加压气体"。

---

① 此处及本段中其他各处所述之"经营"为广义上的经营,即包含了《危险化学品安全管理条例》中纳入监管的危险化学品"生产、储存、经营、运输"业务,为免歧义,特作此说明。

但是根据上述定义和分类标准,非化工/化学专业人士仍无法判定从事具体气体化学品业务的企业是否需纳入危险化学品行业监管,如需识别标的企业具体产品或业务是否属于危险化学品(气体)业务的,则需对照《危化品目录》的细目中的具体化学品并结合《危险货物分类和品名编号》(GB 6944－2012)中的分类方可准确确定。

二、危险化学品(气体)企业建设项目的特殊审批程序

危险化学品(气体)企业的建设项目,除需履行一般建设项目的立项、环评、节能审查以及各项建设报批等手续外,还存在以下特殊的行政审批。

(一)规划施工阶段

根据《危险化学品建设项目安全监督管理办法》第 2 条第 1 款的规定,中华人民共和国境内新建、改建、扩建危险化学品生产、储存的建设项目以及伴有危险化学品产生的化工建设项目(包括危险化学品长输管道建设项目,以下统称建设项目),其安全审查及其监督管理,适用本办法。危险化学品(气体)企业的建设项目应当向安全生产监督管理部门申请建设项目的安全审查。

在建设项目的可行性研究阶段,企业应当对建设项目是否符合当地政府的产业规划与布局,建设项目的选址是否符合相关标准,建设项目对周围重要场所、居民生活的影响等内容(研究内容应当符合《危险化学品建设项目安全监督管理办法》第 8 条的规定)进行研究,编制《可行性研究报告》,并委托具备相应资质的安全评价机构对建设项目进行安全评价,并出具《建设项目安全评价报告》。

随后方可向相应的安全生产监督管理部门申请建设项目的安全条件审查,安全条件审查通过后,企业可以委托第三方设计单位对建设项目安全设施进行设计,并编制建设项目安全设施设计专篇。在建设项目进行详细设计前,企业向安全生产监督管理部门申请建设项目安全设施设计审查,在受理申请之日起 20 个工作日内安全生产监督管理部门出具《建设项目安全设施设计的审查意见书》后,即可进入安全设施施工阶段,施工完成后应当对安全设施工程进行检验检测,并编制《建设项目安全设施施工情况报告》。同时,根据《环境保护法》第 41 条的规定,建设项目中防治污染的设施,应当与主体工程同时设计、同时施工、同时投产使用。防治污染的设施应当符合经批准的环境影响评价文件的要求,不得擅自拆除或者闲置。建设项目安全设施施工完成后,施工单位应当对安全设施进行检验检测,并编制建

设项目安全设施施工情况报告。

(二)竣工验收阶段

建设项目安全设施施工完成后,企业应在试生产前(试生产期限应当不少于30日,不超过1年)制订试生产(使用)方案,将方案报送出具《建设项目安全设施设计的审查意见书》的安全生产监督管理部门备案,并在试生产(使用)期间按照《危险化学品建设项目安全监督管理办法》第25条、第26条的规定,委托有相应资质的安全评价机构对建设项目及其安全设施试生产(使用)情况进行安全验收评价,在建设项目试生产期限结束前向出具建设项目安全设施设计审查意见书的安全生产监督管理部门申请建设项目安全设施竣工验收。企业应当自收到同意投入生产(使用)的《建设项目安全设施竣工验收意见书》之日起10个工作日内,按照有关法律法规及其配套规章的规定申请有关危险化学品的其他安全许可。

三、业务经营许可

(一)危险化学品生产企业

1. 安全生产许可证

根据《安全生产许可证条例》第2条①的规定,企业从事危险化学品生产业务的,应当取得安全生产许可证。

企业在申办安全生产许可证时,应当满足《安全生产许可证条例》第6条规定的证明自身具备安全生产条件的相关文件和资料:(1)建立、健全安全生产责任制,制定完备的安全生产规章制度和操作规程;(2)安全投入符合安全生产要求;(3)设置安全生产管理机构,配备专职安全生产管理人员;(4)主要负责人和安全生产管理人员经考核合格;(5)特种作业人员经有关业务主管部门考核合格,取得特种作业操作资格证书;(6)从业人员经安全生产教育和培训合格;(7)依法参加工伤保险,为从业人员缴纳保险费;(8)厂房、作业场所和安全设施、设备、工艺符合有关安全生产法律、法规、标准和规程的要求;(9)有职业危害防治措施,并为从业人员配备符合国家标准或者行业标准的劳动防护用品;(10)依法进行安全评价;(11)有重大危险源检测、评估、监控措施和应急预案;(12)有生产安全事故应急救援预案、应

---

① 《安全生产许可证条例》第2条规定:国家对矿山企业、建筑施工企业和危险化学品、烟花爆竹、民用爆炸物品生产企业实行安全生产许可制度。企业未取得安全生产许可证的,不得从事生产活动。

急救援组织或者应急救援人员，配备必要的应急救援器材、设备；（13）法律、法规规定的其他条件。

2. 工业产品生产许可证

若该企业生产的气体属于《危险化学品生产许可证实施细则（三）（危险化学品工业气体产品）》（以下简称《实施细则》）中的产品品种，则应当根据《工业产品生产许可证实施细则通则》的规定取得工业产品生产许可证。根据《实施细则》，企业申请工业产品生产许可证的，应具备基本生产条件，生产、存储、交付场所；动力厂房；检验室或在线监控的辅助设施工作场所及机器设备的功能、性能、精度等，均应当符合《实施细则》第 7 条的规定。若涉及投资项目需要核准的产品，企业还需提交相关项目的核准文件，新建乙烯项目由省级政府按照国务院批准的石化产业规划布局方案核准。

3. 特种设备使用登记证

根据《特种设备安全法》第 2 条第 1 款的规定，特种设备，是指对人身和财产安全有较大危险性的锅炉、压力容器（含气瓶）、压力管道、电梯、起重机械、客运索道、大型游乐设施、场（厂）内专用机动车辆，以及法律、行政法规规定适用本法的其他特种设备。在气体生产经营企业中，较为常见的特种设备有气瓶、固定式压力容器、移动式压力容器（如汽车罐车）、压力管道、场（厂）内专用机动车辆等。

根据《特种设备安全法》第 33 条及第 83 条的规定，企业应当使用取得许可生产并经检验合格的特种设备，且在特种设备投入使用前或者投入使用后 30 日内，向负责特种设备安全监督管理的部门办理使用登记，取得使用登记证书。未依法设置使用登记标志、定期检验标志的，可能面临责令限期改正的行政处罚。

此外，特种设备使用企业还应当建立特种设备安全技术档案，对其使用的特种设备及其附件进行经常性维护保养和定期检验，并作出记录。

4. 气体充装许可证/移动式压力容器充装许可证

企业将其生产的气体通过压缩、液化等方式充装至移动式压力容器或气瓶的，还需分别取得移动式压力容器充装许可证/气瓶充装许可证。根据《特种设备安全法》第 49 条的规定，企业除了满足有与充装和管理相适应的管理人员和技术人员；有与充装和管理相适应的充装设备、检测手段、场地厂房、器具、安全设施；有健全的充装管理制度、责任制度、处理措施的条件外，还应当经负责特种设备安全监督管理的部门许可，方才能从事移动式压力容器、气瓶充装业务。

未经许可，擅自从事移动式压力容器或者气瓶充装活动的企业，可能面临没收违法充装的气瓶,并处以罚款;有违法所得的,面临没收违法所得的行政处罚。

5. 人员资质

根据《安全生产法》第 27 条的规定,生产企业的主要负责人和安全生产管理人员必须具备与本企业所从事的生产经营活动相应的安全生产知识和管理能力,且应当按照规定设置安全生产管理机构或者配备安全生产管理人员、注册安全工程师从事安全生产管理工作。相关管理人员必须取得特种设备安全管理/作业人员证,按照作业项目代号及从业资格类别进行相关工作。从事移动式压力容器/气瓶充装的作业人员,需按照规定经专门的安全作业培训并取得特种设备作业人员证,按照作业项目代号及从业资格类别上岗作业。

生产企业的主要负责人未按照规定考核合格的;企业未按照规定设置安全生产管理机构或者配备安全生产管理人员、注册安全工程师的;充装人员未取得作业人员证书的,根据《安全生产法》第 97 条的规定,企业可能面临责令限期改正并处以罚款的行政处罚。

6. 具体气体产品涉及的其他行业许可

气体危险化学品生产行业根据其所生产的具体气体类型和销售方向,可能还会涉及其他行业的许可,以我们参与的项目为例,气体危险化学品生产企业同时还需取得以下资质许可。

(1)药品安全许可

企业生产医用氧气需取得与药品相关的许可。医用氧气属于化学类药品,在 2005 年版《中国药典》就已经载入,企业初次生产医用氧气前,为保证药品的上市,应当取得药品注册证书,并在有效期届满前 6 个月进行药品再注册申请。

根据《药品管理法》(2019 版),药品生产和经营企业须经企业所在地省、自治区、直辖市人民政府药品监督管理部门批准并取得药品生产/经营许可证,否则可能面临责令关闭,没收违法生产、销售的药品和违法所得,并处以罚款的行政处罚。①

(2)食品添加剂生产许可

根据《食品添加剂使用标准》,食品中或食品包装中所使用的二氧化碳属于食品添加剂的范畴。根据《食品安全法》第 39 条的规定,生产食品添加剂的企业应当

① 此前,根据《药品管理法》(2015 年版),企业在取得药品生产/经营许可证后,还需按照《药品生产质量管理规范》的要求进行认证并取得 GMP/GSP 认证证书,但该项规定已在 2019 年版法规中被修改,目前已无须获得该项认证。

取得食品添加剂生产许可。若企业未取得食品添加剂生产许可从事食品添加剂生产活动的，根据《食品安全法》第 122 条的规定，可能面临没收违法所得和违法生产经营的食品添加剂以及用于违法生产经营的工具、设备、原料等物品，并处以罚款的行政处罚。

(二)危险化学品经营[①]企业

根据《危险化学品经营许可证管理办法》(以下简称《危化品许可证管理办法》)第 3 条的规定，依法取得安全生产许可证的危险化学品生产企业，在其厂区范围内销售本企业生产的危险化学品的无须取得经营许可证。

单纯从事危化品经营业务的企业在开展业务前应当申办危险化学品经营许可证，申请该项许可证需首先满足如下条件：(1)经营和储存场所、设施、建筑物符合相关国家标准、行业标准的规定。(2)企业主要负责人和安全生产管理人员具备与本企业危险化学品经营活动相适应的安全生产知识和管理能力，经专门的安全生产培训和安全生产监督管理部门考核合格，取得相应安全资格证书；特种作业人员经专门的安全作业培训，取得特种作业操作证书；其他从业人员依照有关规定经安全生产教育和专业技术培训合格。(3)有健全的安全生产规章制度和岗位操作规程。(4)有符合国家规定的危险化学品事故应急预案，并配备必要的应急救援器材、设备的基本条件。在满足前述条件后，根据具体细分业务模式，危险化学品经营企业又分为危险化学品票据式经营企业和危险化学品仓储式经营企业，不同的经营模式获得资质许可的内容不同，要求也各不相同，具体要求为。

1. 危险化学品票据式经营许可证

票据式经营，是指无仓储经营活动，无储存场所和设施，经营场所不储存任何危险化学品实物，仅从事票据贸易往来批发业务的一种经营方式。国内各地对于从事危险化学品票据式经营业务的资质许可的具体行政监管要求不完全相同，参考重庆市安全生产监督管理局《关于加强危险化学品票据式经营单位经营许可证管理工作的通知》，申请危险化学品票据式经营企业业务资质的企业还应当具备以下基本条件：(1)具备独立的且符合《建筑设计防火规范》(GB 50016)等标准规范规定的办公场所。(2)企业主要负责人、安全生产管理人员均应取得相应安全培训合格证书，至少有一名具备化工方面的安全知识和管理能力。(3)应该建立岗位安

---

① 此处及本专题下文所称的“经营”为狭义的经营，即《危险化学品安全管理条例》中的“经营”。

全生产工作职责和规章制度,至少包括主要负责人、安全生产管理人员、从业人员安全生产职责;危险化学品安全管理制度、采购和销售管理制度、流向管理制度和运输管理制度。制度和职责必须上墙。(4)不得设置危险化学品储存场所。(5)经营成品油、压缩天然气(CNG)、液化天然气(LNG)等须经取得相应主管部门批复。(6)有符合国家规定的事故应急预案。在申请经营许可证时还应当签署《不储存危险化学品承诺书》。

对于票据式经营企业应当着重关注企业实际开展业务中是否有存储行为,若企业仅取得危险化学品票据式经营许可但实际从事仓储式经营业务的,则根据《危险化学品安全管理条例》第 77 条的规定,该企业可能面临责令停止经营活动,没收违法所得并处以罚款等行政处罚。

2. 危险化学品仓储式经营许可证

带有储存设施经营危险化学品的企业,除了满足上述基本条件外,根据《危化品许可证管理办法》第 8 条的规定,还应当满足下列条件:(1)有符合有关法律、法规、规章和标准的规定的用于危险化学品储存的专门区域;(2)配备具备国民教育化工化学类或者安全工程类中等职业教育以上学历,或者化工化学类中级以上专业技术职称,或者危险物品安全类注册安全工程师资格的专职安全生产管理人员;(3)有依照《危险化学品经营企业安全评价细则》的要求出具的安全评价报告;(4)取得危险化学品企业安全生产标准化二级达标证书。

若储存危险化学品的企业未按照《危险化学品安全管理条例》的规定,对危险化学品专用仓库未设明显标志;未设出入库核查、登记制度;未设专人负责管理;或者对储存的剧毒化学品以及储存数量构成重大危险源的其他危险化学品未实行双人收发、双人保管制度的,根据《危险化学品安全管理条例》第 78 条的规定,企业可能面临责令改正,可能处以罚款的行政处罚。若企业对于未按照规定储存危险化学品;或未按照国家标准、行业标准或者国家有关规定对安全设施、设备、专用仓库进行经常性维护、保养等,根据《危险化学品安全管理条例》第 80 条的规定,企业可能面临责令改正并处以罚款的行政处罚。

3. 特种设备使用登记证

有关此部分相关内容详见本专题第三部分"(一)危险化学品生产企业"中"特种设备使用登记证"。

4. 气体充装许可证/移动式压力容器充装许可证

有关此部分相关内容详见本专题第三部分"(一)危险化学品生产企业"中"气

体充装许可证/移动式压力容器充装许可证”。

5. 人员资质

危化品经营企业除企业主要负责人、安全生产管理人员均应取得相应安全培训合格证书；特种作业人员应取得特种设备作业人员证书；带有储存设施经营危险化学品的企业，还应当配备负责危险化学品专用仓库收发、管理的专业人员。

（三）危险化学品运输企业

1. 道路运输经营许可证

企业从事道路危险货物运输活动，应当依法取得道路危险货物运输许可，在道路运输证经营范围栏内注明允许运输的危险货物类别、项别或者品名。根据《道路危险货物运输管理规定》第 8 条的规定，企业需要有符合规定的专用车辆及设备；有符合要求的停车场地、健全的安全生产管理制度以及配备有资质的从业人员和安全管理人员。企业未取得危险货物道路运输许可承运危险化学品的，根据《道路危险货物运输管理规定》第 62 条的规定，企业可能面临责令改正，并处以罚款，有违法所得的，没收违法所得；拒不改正的，责令停产停业整顿；构成犯罪的，依法追究刑事责任的处罚。企业未配备专职安全管理人员的，根据《道路危险货物运输管理规定》第 61 条的规定，企业可能面临责令改正，并可能处以罚款的行政处罚。

若企业是通过水路运输危险化学品的，还应当遵守法律、行政法规以及国务院交通运输主管部门关于危险货物水路运输安全的规定。

2. 车辆要求

企业的专用车辆应当按照国家标准道路运输危险货物车辆标志的要求悬挂标志，若属于压力容器或罐式专用车辆，压力容器或者罐体应根据《特种设备安全监察条例》取得特种设备使用登记证，并在经质量检验部门出具的检验合格的有效期内承运；应当根据危险化学品的危险特性采取相应的安全防护措施，配备必要的防护用品和应急救援器材。

专用车辆的罐体或者压力容器未取得特种设备使用登记证的，根据《特种设备安全法》第 83 条的规定，企业可能面临责令限期改正，逾期未改正的，责令停止使用有关特种设备并处以罚款的行政处罚。专用车辆未配备必要的防护用品和应急救援器材的，根据《道路危险货物运输管理规定》第 60 条的规定，企业可能面临责令改正并处以罚款的行政处罚。

3. 关于危化品运输强制责任险的要求

根据《道路危险货物运输管理规定》第 51 条的规定，道路危险货物运输企业或者单位应当为其承运的危险货物投保承运人责任险。企业未投保危险货物承运人责任险的或投保的危险货物承运人责任险已过期但未继续投保的，可能面临责令限期投保，拒不投保的，可能面临吊销道路运输经营许可证或者道路危险货物运输许可证的行政处罚。

4. 人员要求

(1)企业应当配备专职的安全管理人员。(2)从事道路危险货物运输的驾驶人员、装卸管理人员、押运人员经所在地设区的市级人民政府交通运输主管部门考试合格后取得相应的从业资格证，并随身携带；从事剧毒化学品、爆炸品道路运输的驾驶人员、装卸管理人员、押运人员，应当经考试合格，取得注明为“剧毒化学品运输”或者“爆炸品运输”类别的从业资格证。(3)驾驶人员应按照要求随车携带道路运输证、危险货物道路运输安全卡。(4)在道路危险货物运输过程中，除驾驶员外，还应当在专用车辆上配备押运人员，危险货物的装卸作业应当在装卸管理人员的现场指挥或者监控下进行。

若从事道路危险货物运输的驾驶人员、装卸管理人员、押运人员未取得从业资格证即参与相关工作的，根据《道路危险货物运输管理规定》第 60 条的规定，企业可能面临责令改正，并处以罚款，拒不改正的，责令停产停业整顿；构成犯罪的，依法追究刑事责任。

因危险化学品行业的特殊性、独特性和复杂性，危险化学品的生产经营活动极其容易对环境和社会产生重大影响，律师在提供法律尽职调查服务的过程中，需要全面、准确地掌握相关监管要求，重点关注企业在各个阶段应当取得的审批手续、行政许可及资质证书等内容，发现已有或潜在的风险，才能更好地为客户提出解决问题的方法，降低项目风险。

专题六

投资并购活动中过渡期间的损益承担问题小结

洪　瑜　胡胜训

在并购交易中，通常会涉及过渡期间的损益承担问题。过渡期间，在无特殊说明的情况下，一般指自审计/评估拟交易资产的基准日至资产交割日这一段时间。损益承担则指在过渡期间拟交易资产的收益和亏损归属何方或如何安排的问题。

一般企业的过渡期间的损益承担，可以由交易各方自行约定，属于意思自治的范畴，即可以约定损益均由出售方承担和享有，也可以约定收益由出售方享有，亏损由购买方承担，亦可作相反约定。但在交易涉及上市公司或国有企业时，过渡期间的损益归属则需遵守相关规定和政策。

一、交易涉及上市公司

（一）证监会规定

证监会在2020年7月31日发布的《监管规则适用指引——上市类1号》（以下简称适用指引1号）中第1－6过渡期间损益安排及相关时点认定第1条规定“上市公司重大资产重组中，对以收益现值法、假设开发法等基于未来收益预期的估值方法作为主要评估方法的，拟购买资产在过渡期间（自评估基准日至资产交割日）等相关期间的收益应当归上市公司所有，亏损应当由交易对方补足。具体收益及亏损金额应按收购资产比例计算”。如在2022年的川发龙蟒发行股份购买资产的交易中，对标的资产采用收益法估值，根据证监会的上述要求，过渡期间的损益安排为过渡期间收益由上市公司享有，亏损部分由交易对方向上市公司以现金方式补足。

（二）证监会的关注要点

证监会于2015年5月15日发布的《并购重组共性问题审核意见关注要点》（以下简称《关注要点》）中关于过渡期间损益安排的关注要点为：上市公司拟发行股份购买资产，对于以收益现值法、假设开发法等基于未来收益预期的估值方法作为主要评估方法的，关注拟购买资产的在过渡期间（从评估基准日至资产交割日）等相关期间的损益承担安排是否可能损害上市公司和公众股东利益，期间盈利是否归上市公司所有。如期间盈利按约定非由上市公司享有，则关注是否影响标的资产估值作价的合理性，关注交易双方是否作出了其他对等性安排（例如，双方约定资产出售方不享受上市公司在过渡期间的收益，并采取具体措施确保资产出售方不能享有上市公司该项收益）。上市公司拟发行股份购买资产，标的资产作价自始确定不变的，关注标的资产在过渡期间如发生亏损，资产出售方是否向上市公司以现金等合理方式补足亏损部分。

2018年的利达光电发行股份购买资产交易中正体现了《关注要点》关于"期间盈利按约定非由上市公司享有"时关于"对等安排"和"补足亏损"的要求，该交易对标的资产采用的是资产基础法估值，损益安排为过渡期间收益由交易对方享有，由上市公司以现金方式向交易对方全额支付；亏损均由交易对方承担，由交易对方以现金方式向上市公司全额补足。

二、交易涉及国有企业

（一）相关规定

《企业国有资产交易监督管理办法》（国务院国有资产监管管理委员会、财政部令第32号）第23条规定，"受让方确定后，转让方与受让方应当签订产权交易合同，交易双方不得以交易期间企业经营性损益等理由对已达成的交易条件和交易价格进行调整"。

《关于进一步规范国有企业改制工作实施意见的通知》（国办发〔2005〕60号）第3条第3项规定："国有独资企业实施改制，自企业资产评估基准日到企业改制后进行工商变更登记期间，因企业盈利而增加的净资产，应上交国有产权持有单位，或经国有产权持有单位同意，作为改制企业国有权益；因企业亏损而减少的净资产，应由国有产权持有单位补足，或者由改制企业用以后年度国有股份应得的股利补足……"财政部的部门规范性文件《企业公司制改建有关国有资本管理与财务处理的暂行规定》(财企〔2002〕313 号)第 8 条也有类似规定。

(二)能否以“非经营性损益”为理由调整交易条件和价格

《企业国有资产交易监督管理办法》规定不得以“经营性损益”为理由调整交易条件和交易价格,此处意味着可以“非经营性损益”为理由调整交易条件和价格是应有之义。经检索,“经营性损益”目前没有准确定义。上海证券交易所《关于修订上市公司业绩预告、业绩快报等临时公告格式指引的通知》中对“非经营性损益”作了列举式规定:“上期或本期收到大额政府补助,非流动资产处置损益、长期股权投资产生的大额投资收益等。”我们认为,为避免歧义,交易过程中的文件应对“经营性损益”或“非经营性损益”进行定义。

(三)“损益承担”是否属于“交易价格调整”

上述两方面关于国有资产在过渡期间的损益安排的规定,前者是对在国有资产交易中对交易条件和交易价格的调整进行限制,后者是规定国有企业改制的过渡期间的损益实际由国有产权持有单位承担或体现在改制企业国有股份上。根据后者的规定,如果在过渡期间企业盈利 1000 万元,国有产权持有单位可以拿走这 1000 万元的盈利,如果企业经营亏损 1000 万元,则国有产权持有单位需要补足这 1000 万元的亏损,那么这种“损益的承担”是否属于一种“交易价格调整”呢?

最高人民法院 2016 年审结的冯某武、沈阳市盛天房产物业经营有限责任公司(以下简称盛天公司)与沈阳供暖集团有限公司(以下简称供暖集团)、沈阳房产投资经营管理有限公司股权转让纠纷一案[(2016)最高法民再 22 号]中,卖方沈阳供暖集团将盛天公司 100% 股权转让给冯某武,双方在涉案《股权转让协议》中约定过渡期间产生的盈利、亏损按国办发〔2005〕60 号文件的有关规定执行。但卖方主张根据沈阳市国有企业改革工作领导小组办公室对盛天公司改制方案出具的“如出现经营亏损,不再调整交易价格”的审核意见,卖方不同意承担过渡期间的亏损。一审沈阳市中级人民法院、二审辽宁省高级人民法院的观点均为:卖方供暖集团向改制企业盛天公司补足自企业资产评估基准日至产权交割日因企业亏损而减少净资产为约定和法定之合同义务。最高人民法院就上述“不再调整交易价格”是否指不承担补亏责任的问题进行说明,认为原审判决认定沈阳供暖集团根据国办发〔2005〕60 号文件应承担盛天公司延伸期间减少的净资产补足责任,与国办发〔2005〕60 号文件规定一致,并无不当。

上述案件发生时,《企业国有资产交易监督管理办法》尚未颁布实施,案例中关于“如出现经营亏损,不再调整交易价格”的意见是来自沈阳市国有企业改革工作领导小组办公室的审核意见,不过这对“亏损的承担”是否属于一种“交易价格调整”的问题仍有一定的参考意义。

根据上述案件一审、二审法院的意见,如果出现经营亏损,弥补企业亏损不属于调整交易价格。那相对应的“获得企业在过渡期间的盈利”也不属于调整交易价格。《企业国有资产交易监督管理办法》第23条规定:“受让方确定后,转让方与受让方应当签订产权交易合同,交易双方不得以交易期间企业经营性损益等理由对已达成的交易条件和交易价格进行调整。”如果过渡期间损益的承担不属于调整交易价格,则即使过渡期间的损益是属于企业经营性损益,约定该损益由交易的某一方承担,也不受《企业国有资产交易监督管理办法》第23条的限制。如此,该23条限制的到底是何种“交易价格调整”呢,该23条是否有存在的意义?

如果“损益的承担”属于“交易价格调整”,则就现行规定而言,《企业国有资产交易监督管理办法》的效力级别高于《关于进一步规范国有企业改制工作的实施意见》(国办发〔2005〕60号)应优先适用。当过渡期交易标的产生经营性亏损时,仅从上述规定而言,国有资产出让方不再需要补足该亏损。

实际上,过渡期间“损益的承担”会增加或减少实际的最终交易价格,而认为“损益的承担”属于“交易价格调整”也更能体现《企业国有资产交易监督管理办法》规范企业国有资产交易行为,加强企业国有资产交易监督管理,防止国有资产流失的立法目的。实际操作中,可以通过事先调整“交易价格”的方式将过渡期损益因素考虑进来,但该价格一旦确定,即应遵守《企业国有资产交易监督管理办法》的规定,不得进行调整。

(四)调整交易价格约定有效的司法案例

在2017年广州市中级人民法院判决的辐照技术中心和华大科技公司的买卖合同纠纷案[(2017)粤01民终6997号]中,交易双方预见到交易标的物钴源实际转移可能延后导致其能源活性度从而价值降低,遂签订《补充协议》约定如因政策原因或环评手续造成钴源转移延后,卖方辐照技术中心同意承担由此造成的源强损失。这一《补充协议》实际就是对原有协议已经达成的交易价格进行调整。《补充协议》中关于源强损失的约定是否有效的问题,广州市中级人民法院的观点是《企业国有资产交易监督管理办法》属于行政规章,依照最高人民法院《关于适用〈中华人民共和国合同法〉若干问题的解释(一)》(已失效)第 4 条的规定,人民法院确认合同无效,应当以法律和行政法规为依据,不得以地方性法规、行政规章为依据。故该条关于源强损失的约定并未违反法律、行政法规的效力性强制性规定,应为有效。同时,《补充协议》的该条约定亦不属于以企业经营性损益等理由对已达成的交易条件和交易价格进行调整。

综上,尽管证监会及国资委等对涉及上市公司、国有企业交易过程中的过渡期损益问题进行了规定,但仍然存在规定模糊、被司法实践否定等情形。交易过程中交易各方应根据交易的不同情形在交易文件中对过渡期损益的归属及处理方式进行详细约定,预防过渡期内争议和纠纷,减少适用法律规则时的不确定性。

专题七

闲聊卖方在投融资交易中的常见错误

洪　瑜　胡胜训

一家公司的股权融资或出售(本专题简称投融资)过程往往是困难和耗时的,过程中需要周密的规划、经验丰富的专业人士协助。与专业投资方团队相比,作为公司的创始人或管理层,投融资交易经验可能相对较少,交易过程中可能会犯这样那样的错误,这些错误可能会导致不利的交易结果,甚至会“杀死”交易。

笔者结合多年从事投融资交易的实务经验,对卖方在交易过程中易犯的错误进行如下简要总结。

一、未结合自身业务和背景选择合适的投资人

大多数的投资人,特别是早期的投资人,都不会太多地介入被投资公司的管理和业务开展,他们仅需保持对被投资公司经营状况的及时知情即可。但随着投资轮次的增加,越往后的融资轮次,投资方对公司的经营和规划的参与意愿可能就会更强,包括战略投资者。此时,对于被投资公司来说,选择合适的投资者就显得十分重要。所谓合适,不仅是在估值、投资金额等事项上双方能迅速达成一致,针对中后期的融资,还应当是尽量选择能在该次融资完成后能为自己未来的继续融资、业务开展以及战略规划带来帮助和建议的投资方;同时,一个公司的经营毕竟还是股东和管理人团队在实际控制,因此,选择投资者时,选择办事风格、决策方式、沟通技巧与融资方股东、管理团队不容易产生冲突或矛盾的投资方尤为重要。

二、准备工作不充分

投资融交易的完成需要各方耗费大量的时间和精力,简单的交易需要 1 ~ 3 个

月,复杂的需要6～12个月甚至更长时间。其间,会涉及买方的尽职调查,同时在交易文件中通常需要卖方作出大量的陈述与保证。如准备工作不充分,不仅不利于买方尽快完成尽职调查,拉长了交易周期,增大了交易不确定性,而且不利于卖方明确在意向书签订及后期谈判过程中陈述与保证的边界。

三、未能创造竞争格局

卖方的最佳交易通常发生在有多个潜在买方的情况下,并且可以利用竞争状况的杠杆来获得更高的价格、更好的交易条件,或者两者兼而有之。只与一个买方谈判,往往会使卖方处于明显的不利地位。卖方应设法建立一个竞争性购买程序,以免被具有排他性要求的买方过早限制,或者在意向书签订之前与多个买方接洽,为意向书的签订争取有利条件。

四、忽视保密协议的签订

一份严谨有效的保密协议对于保护卖方的保密信息至关重要,特别是在买方是战略竞争对手的情况下。虽然在第一次与买方接触有关卖方公司的基本信息时没有必要,但在没有保密协议或保密协议不够严谨周延的情况下在投融资过程中进行广泛披露是错误的。保密协议能够要求潜在买方不得披露或使用卖方的保密信息,并限制买方联系员工、客户和供应商的能力。保密协议还应禁止买方在一段指定的时间内,在未完成交易的情况下,邀请或雇佣卖方的任何雇员。

五、不重视意向书的签订

由于意向书主要条款往往约定对交易各方不具有约束效力,为此很多卖方不重视意向书的签订,实务中或者跳过意向书的签订直接进入下一阶段工作,或者不重视意向书关键条款的谈判。然而从实务经验看,意向书的仔细签订对于最终交易的良好达成起着重要作用。一方面,意向书可以对交易各方已达成一致的内容进行书面记录,并就后续尽职调查等推进工作作出安排,在后续的谈判中至少给交易各方制造出道德上的义务,节省后期交易各方的谈判交易成本;另一方面,在意向书签订之前往往卖方的谈判地位最强,此时卖方最有可能争取到有利的交易条件,意向书签订后优势谈判地位往往转向买方,因为意向书中通常会约定一定时间的独家排他谈判条款。

六、没有充分认识时间成本

交易过程拖得越久，交易条件恶化或者交易失败的可能性就越高。交易初期往往沟通谈判氛围较好，各方也较容易相互妥协。与此相反，如交易周期拉得过长，交易各方到后期心理上越来越疲惫，且负面情绪越来越多，往往一些细节问题也绝不让步，从而进一步促使对方的负面情绪增多，让交易谈判过程变得越来越激烈甚至相互敌对。为此建议交易各方及各方的律师在交易一开始必须要有一种紧迫感，及时响应对方所关切的问题，同时内部紧密沟通配合，快速决策，以保持交易的快速推进势头。

七、聘用错误的律师

卖方不应该聘用一个“全科医生”式的律师指导卖方投融资过程、参与谈判以及起草投融资文件。相反，卖方必须有一个律师，主要或专门处理投融资交易。在交易的构建、协议的达成、交易的执行等方面存在着许多困难和复杂的问题，卖方需要一位完全了解问题、了解市场惯例、了解法律环境、具有紧迫感并具有丰富投融资交易经验的律师。

八、没有经验丰富的投融资谈判人员负责谈判

有一位经验丰富的谈判代表来领导谈判是至关重要的。该谈判代表应该有相关的投融资交易经验，与此同时，也需要一个协助与买方及买方律师谈判的律师或投融资顾问。通常情况下，卖方的董事长、总经理等负责领导整个谈判，但未必适合时时都在谈判第一线，那样反而可能会给谈判带来困难。在国内比较合适的是董事长、总经理可参与谈判的某些关键节点，并在交易将要达成的最后时刻负责拍板或妥协，而整个谈判过程应以其副手或投融资部门的负责人为主。

九、未能就陈述与保证、对赌等关键条款谨慎谈判

国内的部分卖方尚未充分意识到该看起来没什么“坑”的“陈述与保证”条款谈判，而在西方投融资市场，交易各方往往就“陈述与保证、承诺”条款投入大量时间进行多轮谈判，往往多次推迟交易的完成。关于“陈述与保证”条款的谈判要点，详见本书第二篇并购重组专题四《并购交易中陈述与保证条款谈判要点》，在此不作赘述。

因对赌条款引发的纠纷近年来频繁见诸报端,它具有案件标的额大、涉及法律问题复杂、法律关系难以明确认定的特点。对赌条款纠纷涉及的核心法律问题是对赌协议是否有效、对赌条件是否触发、对赌协议如何履行,同时还涉及对赌条件的设计是否合理等经营因素。如对赌条款的谈判未能给予充分的重视,很有可能在未来产生纠纷甚至给卖方套上沉重且难以摆脱的枷锁。关于对赌条款的设计与谈判比较复杂,我们将另行撰写专题文章探讨。

专题八

一文读懂"明股实债"那些事儿

胡胜训　洪　瑜

"明股实债"不是一个新鲜词了,其是我国资管业务长期的实践经验总结。"明股实债"顾名思义是指明面上看是股权投资,而实际上却是债权投资。对"明股实债"第一次正式的定义来自中基协2017年2月发布的《证券期货经营机构私募资产管理计划备案管理规范第4号——私募资产管理计划投资房地产开发企业、项目》,"本规范所称名股实债,是指投资回报不与被投资企业的经营业绩挂钩,不是根据企业的投资收益或亏损进行分配,而是向投资者提供保本保收益承诺,根据约定定期向投资者支付固定收益,并在满足特定条件后由被投资企业赎回股权或者偿还本息的投资方式,常见形式包括回购、第三方收购、对赌、定期分红等"。

财政部在2018年3月发布了《关于规范金融企业对地方政府和国有企业投融资行为有关问题的通知》(财金〔2018〕23号);文化和旅游部、财政部于2018年11月出台了《关于在文化领域推广政府和社会资本合作模式的指导意见》(文旅产业发〔2018〕96号);最高人民法院也在2019年11月下发了《全国法院民商事审判工作会议纪要》(法〔2019〕254号)来对"明股实债"进行规范。本专题将尝试从几个方面对"明股实债"进行剖析,并结合司法判例来探究"明股实债"的裁判思路。

一、"明股实债"的产生原因

尽管不断有法律法规、部门规章和规范性文件出台,但在实践中,"明股实债"却依旧热度不减,我们认为主要原因包括以下三点。

(一)规避监管

以最典型的房地产信托融资为例,信托行业内有一条“432”的规定,这被认为是信托公司对房地产开发企业发放贷款的红线。在大量房地产企业有融资需求又未满足“432”标准和信托公司面临高额业绩指标压力的情况下,信托只能采用股权的方式对房地产企业进行放款。然而信托公司考核的是投资所带来的现实利润而非所持企业股权的未来分红能力,这时“明股实债”就应运而生。因此,规避监管成了投融资双方采用“明股实债”的最主要动力。

(二)控制风险

融资人和投资人永远是一对矛盾所在,融资人总觉得自己提供的增信条件太多吃了亏,而投资人则恨不得把所有能想到的担保措施都加上才安心。所以出于对资金安全的考虑,有时投资人在给出债项资金时会要求取得目标公司的部分股权,从而通过行使股东权利或董事权利的方式进一步防范风险,这是“明股实债”产生的另一个原因。

(三)易用资金

债权融资的资金限制往往比股权融资多不少,比如流动资金贷款仅允许用于企业日常生产经营,而项目贷款更是要求全部用于既定项目,资金在支出时也要通过严格的审核程序。因此,许多企业权衡后愿意付出更高的成本(不仅指高利率,也包括在融资期间让渡一部分股权)进行股权融资,来增加资金使用的灵活性,待到期还款时再把让渡的股权回购回来,所以扩大资金用途也就成了“明股实债”产生的又一因素。另外,由于债权融资会增加企业的负债,而股权融资则可以增加股本金,“明股实债”还能起到降低企业资产负债率和优化财务报表的作用。

二、“明股实债”的表现形式

“明股实债”即以股权融资的形式,表现为债权融资的实质。在业务实践中,投资人往往以股权投资本金的远期有效退出和约定固定收益回报为条件。

(一)投资人以获得固定收益为目的,不参与目标公司的经营

在“明股实债”的模式中,投资人虽然是以股权方式投入资金,但无论企业经营

状况如何,均需按照约定偿还本金和利息,投资人既不承担企业经营亏损也不分享企业经营的超额收益。业务实践时投资人基于增信的需要一般要求进入被投企业的董事会,但这些安排多数仍以保障投资人本金与利息的预期收回为目标,并不谋求对融资主体的经营管理权,也不要求对融资主体的净资产和经营成果享有分配权。

(二)通过远期回购等方式的设计,明确投资的退出时间

"明股实债"投资中往往明确约定了投资期限,期限届满时回购义务人应当按照事先约定的价格,而非根据投资人退出时标的公司股权的公允价格来进行股权回购。"明股实债"结构中股权的退出普遍以股东或实际控制人承诺远期回购为主,亦有增加对回购的连带担保,或由强信用主体对预期收益进行补足承诺等增信措施。除此以外,保证投资人的退出措施通常还包括对赌条款、强制定期分红条款、抽屉协议等,这些措施在本质上仍然体现了刚性兑付的特征。

三、"明股实债"的司法判例

业务实践中的项目情况十分复杂,比如一个合同既约定了固定回报,又赋予了参与经营的权利;既安排了退出时间,又明确了享受企业的分红。这就为司法裁判带来诸多的难题,我们不妨先来看两则最新的司法判例。

(一)通联资本管理有限公司、中国农发重点建设基金有限公司股权转让纠纷案[(2019)最高法民终355号]

1. 案情概述(见图2-8-1)

汉川公司、中国农发重点建设基金有限公司(以下简称农发公司)、通联资本管理有限公司(以下简称通联公司)和汉台区政府共同签订了一份投资协议,由农发公司向汉川公司以现金的方式增资1.87亿元,从而获得汉川公司31.86%的股权,并获得年化1.2%的收益率,以及在满足一定条件或者投资到期后要求通联公司或者汉台区政府回购股权的选择权。

在投资协议签订两年后,农发公司收到汉川公司发出的《告全体股东书》和所附的汉中市中级人民法院于2017年10月25日作出的(2017)陕07民破2号民事裁定,该裁定受理了案外人对汉川公司的破产重整申请。此时农发公司向通联公司、汉台区政府发函要求一次性回购农发公司所持汉川公司全部股权,由于通联公司和汉台区政府未履行回购义务,因此成讼。

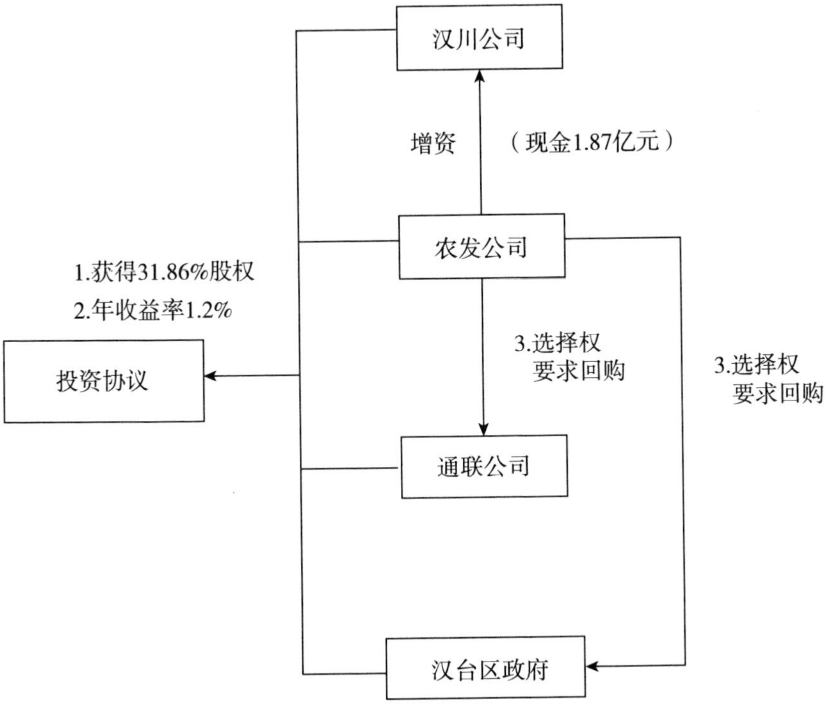

图 2－8－1　案情示意图

2. 裁判说理

农发公司增资入股后，汉川公司修改了公司章程，农发公司取得了股东资格并享有表决权，参与了一部分公司管理，因此不能否定其股东身份。

虽然案涉协议有固定收益、逐年退出及股权回购等条款，但这仅是股东之间及股东与目标公司之间就投资收益和风险分担所作的内部约定。并且在投资期限内，农发公司作为实际股东之一，其对外仍是承担相应责任和风险的。

农发公司根据协议约定获得了固定收益，但该固定收益仅为每年 1.2%，远低于一般借款利息，明显不属于通过借贷获取利息收益的情形，其本质仍是农发公司以股权投资方式注入资金帮助企业脱困的投资行为。

（二）吉林省传奇房地产开发有限公司、君利信合投资管理有限公司企业借贷纠纷案［（2019）最高法民终 798 号］

1. 案情概述（见图 2－8－2）

吉林省传奇房产开发有限公司（以下简称吉林传奇）为进行项目开发，向君利信合投资管理有限公司(以下简称君利信合)申请借款,并由汪某竹、长春和锐作为保证人提供担保,四方签订了《借款合同》,合同借款金额为人民币 15,000 万元,借款期限为 1 年,借款年利率为 30%。之后,汪某竹与君利信合签订《股权转让协议》,约定转让其所持吉林传奇 24% 的股权给君利信合。后经四方商议,15,000 万元其中的 14,280 万元为借款,720 万元用于对吉林传奇的增资。经过几次《借款合同》的补签、续签,吉林传奇到期仍不能偿还借款,故而成讼。

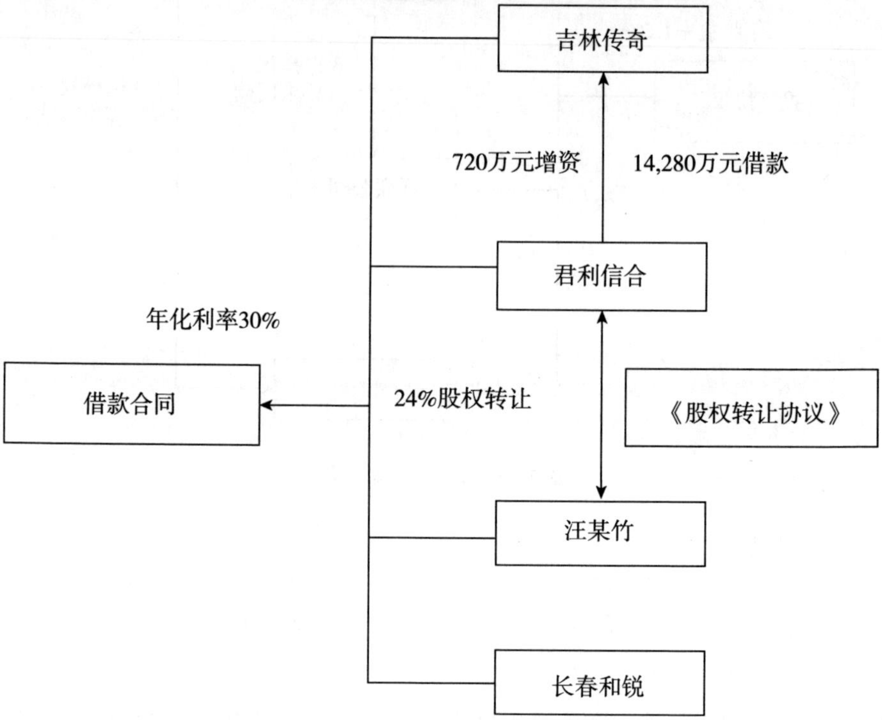

图 2-8-2　案情示意图

2. 裁判说理

虽然根据汪某竹和君利信合签订的《股权转让协议》,汪某竹将所持吉林传奇 24% 股权转让给了君利信合,且办理了工商变更登记,但该协议也约定了待吉林传奇按照合同还本付息后,由汪某竹和长春和锐回购君利信合所持有的吉林传奇全部股份。同时,君利信合从未实际行使股东权利,不参与吉林传奇的日常经营和公司分红,获得股权仅是一种增信措施。

金钱作为种类物,仅凭转账付款中的描述不能证明君利信合公司转账给吉林传奇公司的 720 万元是用于增资。一审法院认为该笔款项以增资为名,让与担保为实,并未认定其为股权投资。

案例一中,农发公司虽未委派高管,不直接参与汉川公司日常经营,但仍在一定程度上对企业产生影响,且承担经营风险,因此被判定为是股权投资。案例二中,君利信合虽然登记为股东,但不仅不参与公司经营和分红,且对投资期限和股权到期回购作了明确的约定,所获得股权被认为是增信措施,实乃“明股实债”。那么我们不禁要问,法院在认定一项投资行为是股权投资还是债权投资的标准到底是什么呢?

四、“明股实债”的裁判标准

其实在实践中,“名股实债”并无统一的交易模式,确定登记为股东的投资人享有的究竟是股权还是债权,取决于当事人的真实意思表示。

投资人如欲取得被投企业股权的,往往会在协议中约定对公司的经营管理权,保留在股东会、董事会层面对重大事项的表决权,向公司派驻董事、财务等人员,控制项目公司公章或财务章,等等。在此情况下,应当认定投资人取得的是股权;而如果投资目的仅是取得固定回报,实际上也未行使股东管理权的,即便登记为股东,也应认定其仅享有债权,投资人是目标公司或有回购义务股东的债权人。

“明股实债”类融资模式在推动基础设施改善和社会事业发展方面起到了重要作用,形成了大量优质资产,为配置型金融机构提供了良好的投资标的。作为在业务实践中所产生的一种融资模式,未来“明股实债”也许会在名称上、结构上有所变化,但绝不会消失。而无论如何进行产品设计,法律法规和监管政策永远都是不容突破的底线,需要时刻牢记和坚守。

图2－8－3中的结构作为典型的REITs交易结构,可以看到,资金最终是由私募基金通过收购股权的方式投向项目公司,从这步来看,交易是一项股权投资。而通过在资管计划层面的分级设计,安排回购、流动性支持、差额补足和担保等增信措施,作为实际出资人的优先级投资者享受的是固定回报,从这一层面来说,这又是一项债权投资。因此项目从整体来看是一个广义的“明股实债”,但这一结构不仅不违反法律法规,甚至还是监管所倡导的,其中投资人和融资人也各得其所。未来随着监管政策和融资环境的改变,这或许是“明股实债”在资本市场继续崭露头角的方式之一。

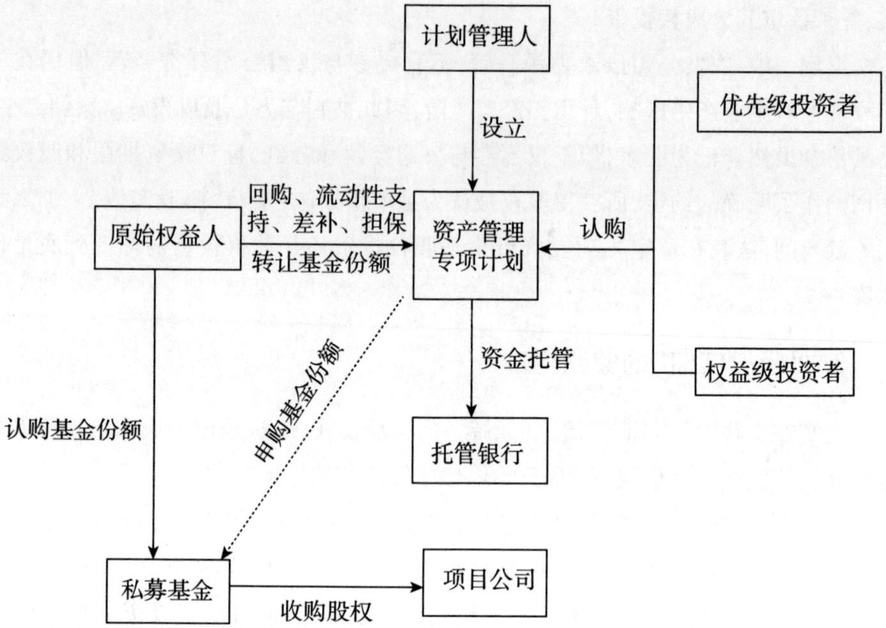

图 2-8-3　REITs 交易结构

专题九

异议股东股份回购请求权

——协商回购是否为诉讼回购前置程序探析

洪 瑜 胡胜训

异议股东股份回购请求权又称评估权(appraisal rights)①制度,起源于美国,后被多个国家及地区吸收借鉴。各国在规定行使该项请求权所具备的实质要件的同时,一并详细规定了配套的程序要件。

我国《公司法》在第74条、第142条分别规定了有限责任公司及股份有限公司的异议股东股份回购请求权制度,由于本专题聚焦该项请求权制度的程序问题,因此对于两则条文分别规定的权利适用主体、适用范围以及回购价格的计算方法等实质要件及适用规则等方面在此不作赘述。就股份回购请求权的行使程序而言,《公司法》第74条第2款规定,"自股东会会议决议通过之日起六十日内,股东与公司不能达成股权收购协议的,股东可以自股东会会议决议通过之日起九十日内向人民法院提起诉讼";《公司法》第142条规定,"……(四)股东因对股东大会作出的公司合并、分立决议持异议,要求公司收购其股份……属于第(二)项、第(四)项情形的,应当在六个月内转让或者注销……"由此可见,我国《公司法》仅原则规定了"股东与公司不能达成股权收购协议的""股东……要求公司收购其股份",并没有明确股东行使回购请求权或公司收购股东股权的具体步骤,因此实践中产生了异议股东在向法院提起诉讼请求公司回购其股份(以下简称诉讼回购)前是否应当在法律规定期间内先行与公司就收购其股权进行协商以达成股权收购协议(以下简称协商回购)的争议。

---

① 施天涛:《公司法论》(第4版),法律出版社2018年版,第568页。

本专题将从我国各级法院作出的不同判决入手，分析具体案件中法官对于前述两则条文中程序性规定部分的不同理解，并从比较法及理论分析的角度研究该制度的起源地美国以及其他国家和地区当前对该制度的最新程序性规定，以探讨异议股东与公司协商回购作为异议股东起诉的前置程序的必要性。

一、类案矛盾判决

（一）类案一

在陈某华、湖北德克特种异型高强螺栓有限公司请求公司收购股权纠纷一案①二审判决中，湖北省黄石市中级人民法院的评述表示："陈某华应在法定期限内先与公司协商，协商不成才可向法院提起诉讼……陈某华应在 2019 年 3 月 1 日起 60 日内向德克螺栓公司明确表明反对延长经营期限，并与公司协商收购其股权，如在 60 日内协商不成，其在 90 日内可向法院提起诉讼。"

（二）类案二

烟台市三站果品批发市场有限责任公司、柳某玲合同纠纷一案②二审判决中，山东省烟台市中级人民法院的评述表示："《公司法》第七十四条规定了协议回购和诉讼回购两种模式。但并未明确协议回购是诉讼回购的前置程序……上诉人主张协议回购是诉讼回购的前置程序，应当驳回被上诉人起诉没有法律依据，本院不予支持"。

由上述两个案例可知，法院在适用《公司法》第 74 条规定时产生了截然相反的理解。类案一的黄石市中级人民法院对《公司法》第 74 条进行文义解释，认为在公司股东会通过之日起，投反对票股东应在 60 日内向公司申请回购其持有的公司股份，协商具体回购价格，协商后不能达成合意才能在会议通过之日起 90 日内向法院起诉。类案二的烟台市中级人民法院同样也对第 74 条进行文义解释，但将协议回购与诉讼回购解释为并行程序，无先后之分。由此可见实践中各地法院对该条文的文义解释结果截然相反，各地无确定标准，类案处理结果具有不确定性、不可预测性。

为更好理解异议股东股份回购请求权的应然行使程序，后文将从该制度起源

① 案号：(2020)鄂 02 民终 298 号。

② 案号：(2020)鲁 06 民终 142 号。

地美国以及日本、韩国、我国台湾地区等国家或地区的规定出发,探究该制度的本意,以帮助域内厘清该请求权的行使程序。

二、从域外相关规定之立法本意探究协商程序前置的必要性

(一)域外关于异议股东股份回购请求权行使程序之规定

为了确保股东能够在对公司决议产生异议时积极有效地行使股份回购请求权,许多国家或地区有详细的程序性规定,以引导公司及异议股东严格按照法定程序执行回购股权事宜。

具体而言,各国及地区异议股东在确定股权回购价格前,需要进行的行使回购请求权的主要程序可归纳为:(1)公司于股东会召开前先行将表决的议题、股东权利及程序告知股东;(2)股东在收到通知后,在股东会召开前,提前向公司告知异议;(3)股东出席股东会并作出反对表决;(4)在该决议获得股东会表决通过后,股东书面向公司提出股份回购请求并在公司寄存股份。

而当异议股东正式向公司提出股份回购请求后,对于回购价格应当通过何种方式及程序进行确定,不同国家和地区存在差异。

1. 大部分国家或地区在公司收购异议股东股权方面明确规定:股东或公司在提起诉讼前必须先行就收购价格进行协商

我国台湾地区"公司法"第 187 条规定,"前条之请求(请求公司以当时公平价格,收买其所有之股份),应自第一百八十五条决议日起二十日内,提出记载股份种类及数额之书面为之。股东与公司间协议决定股份价格者,公司应自决议日起九十日内支付价款,自第一百八十五条决议日起六十日内未达协议者,股东应于此期间经过后三十日内,声请法院为价格之裁定"。该条第 1 款明确了自公司涉及特定事项的股东会决议作出后,股东应当首先向公司提出书面的回购请求,第 2 款后半句"自……起六十日内未达协议者,股东应……"规定了股东向法院提出诉请的期限,第 2 款在前半句中已对后半句中的"协议"作出定义,该"协议"即为"股东与公司间协议决定股份价格者",除此之外,我国台湾地区"公司法"中涉及异议股东股份回购请求权事宜的相关条款中并无其他条款赋予股东诉请法院的权利,因此协商回购在我国台湾地区已被明确为诉讼回购的前置性程序。

相类似的表述方式也出现在日本公司法条文中,日本《公司法》第 117 条第 1 款及第 2 款分别规定,"在股东作出回购请求后,如果公司与股东之间就股票价格达成协议,公司应当……关于股票价格的决定,在效力发生之日起三十日内未达成

协议的,股东或者股份公司可以在该期限届满之日起三十日内向法院申请确定价格”。较之我国台湾地区相关规定,日本更为具体地将达成协议及未达成协议的后果分别作出规定,将是否达成协议作为股东提出回购请求后诉请法院的唯一前提条件。

此外,韩国和美国部分州的立法表述更为明显,直接将确定股票回购价格的义务在条款的程序性规定中首先分配给了公司和股东而非法院。韩国《商法》第374-2条规定,“(1)在反对第374条规定的决议事项的股东于股东大会召开之前书面通知公司其反对决议之意的情形下,自股东大会的决议日期起20日之内凭记载股份的种类及数量的书面文件,可以请求公司收买自己所持有的股份。(2)公司应自接受第1款请求之日起两个月内收买该股份。(3)第2款中的股份的收买价格,应由股东与公司协商决定。(4)接到第1款规定的请求之日起三十日内根据第3款的规定没有达成合意时,公司或请求收购股份的股东,可以向法院提出确定收购价额的请求”。美国《标准商事公司法》(Model Business Corporation Act,一部由全美律师协会商法部的公司法委员会负责起草和修订,可供各州立法机构自由选择使用的公司范本①)在第13.24条至第13.26条中对于异议股东与公司间的价格协商程序作出了非常详细的规定,明确异议股东选择行使评估权后需向公司提交支付申请,同时寄存股份或交还股份凭证,公司向异议股东发出支付要约,同时向股东提供公司的相关财务信息,如果异议股东收到公司支付的回购价款后再次提出异议,且公司认为其无法满足股东对于股份回购价格的要求时,公司应在收到付款要求后60天内启动诉讼,此时才能请求法院确定股份的公允价值和应计利息。

2. 少部分地区立法规定:股东触发回购条件并提出回购请求后,由法院直接确定异议股东回购价格

与《标准商事公司法》这一公司法范本规定不同的是,美国特拉华州《公司法》并未设置异议股东与公司协商回购价格的环节,而是在当股东按照规定获得股份估价资格的情况下,股东或公司即可诉请法院确定股份回购价格。第262条(a)款规定,持有股票的本州公司的任何股东,在合并或合并生效之日持续持有股票,且已遵守本节第(d)款规定,未对合并或合并投赞成票或书面同意的人员,有权获得衡平法院对本节所述情况下股东股票公允价值的评估。同时,第262条(e)款进一步规定,在合并生效日后120天内,存续的或由此产生的公司或任何遵守本节第

① 沈四宝编译:《最新美国标准公司法——2006最新版》,法律出版社2006年版。

(a)和(d)款规定并有权享有评估权的股东,可向衡平法院提交请求书,要求确定所有此类股东的股票价值,从而启动评估程序。

由此可见,上述大多数国家和地区均明确将异议股东与公司就回购股份事项进行协商这一程序置于回购价格确定机制的首位,要求在法律规定的时间期限内,由异议股东先行与公司协商确定股份回购的价格,在实在无法达成一致的情况下才能够诉诸法院。对于未采用协商程序确定股权回购价格的立法,亦明确规定了股东在向公司正式提出回购请求且符合特定条件的情况下,异议股东及公司有权直接向法院请求确定股权价格。

(二)域外相关规定之立法本意

1. 异议股东股份回购请求权的性质决定了异议股东必须就其回购要求先行向公司进行明示选择提出并由此作为协商回购程序的开端

日本《公司法》第116条第5款及第6款规定[①],"股份回购请求应当在……内提出,且请求中应当附有……提出股份回购请求的股东,可以取得股份有限公司同意的情形为限,撤回该股份请求"。第785条规定[②],"提出股份回购请求的股东,非在消灭股份有限公司先前的同意后,不得撤回其股份回购请求"。由前述规定可知,异议股东股份回购请求权是一项由股东选择行使,并且一旦选择非经与公司协商及得到公司同意不可随意撤回的权利,体现出日本以股东书面选择行使回购权作为股东与公司开展正式法定协商程序的开端。再者,根据美国律师协会在修订《标准商事公司法》时对该范本作出的官方解释可知,评估权(异议股东股份回购请求权)被认定为是股东的一项"选择加入"(opt－in)的救济手段,[③]即只有当股东决定行使评估权,才能够真正适用这项权利。因此,就需要股东向公司作出明确的意思表示来告知公司其作出了要求公司回购股份的申请,并在该申请中载明股份的种类及数量以示其决定是谨慎且正式的,避免了股东将评估权作为一种投机行为,一方面请求公司回购股份,另一方面在公开市场上寻找股份的购买者,通过比较两者的价格差异再来选择是通过回购或对外转让的方式清理其股权的可能性。[④] 因此异议股东对公司的该种明示选择只能由异议股东以书面通知的方式告知公司,

---

① 吴建斌编译:《日本公司法》,法律出版社2017年版,第53页。

② 吴建斌编译:《日本公司法》,法律出版社2017年版,第399页。

③ ABA,Model Business Company Act, 2016 Revision, 318.

④ 罗轶:《异议股东股份回购请求权行使疑难问题研究》,复旦大学2013年硕士学位论文,第20页。

以此作为股东及公司对于协商回购的第一步。同时,美国大部分州的[①]法律还规定只有当公司认为其实在无法满足股东提出的回购价格时,公司才能作为请求法院确定回购价格的主体[②],亦说明法院介入前,股东必须已经先行与公司就价格进行过一轮或几轮协商,在公司无法同意股东提出的回购价的情形下,最终法律才赋予司法介入的权利。

另外,通过他国及地区立法可见,由于在要求异议股东向公司明确提出书面回购请求前法律还另外设置了本专题“二、从域外要关规定之立法本意探究协商程序前置的必要性”中所列明的第(1)、(2)和(3)项步骤,通过此三项步骤对该项请求权的提出进行了程序上的明确限制,由此在公司全体股东中限定了具备请求资格的股东(以下简称适格股东)的范围,并由适格股东通过书面明示行使该项权利并就回购价格事宜与公司进行磋商,因此司法介入针对的仅是回购价格的最终确定,而非针对股东是否有权向公司提出回购请求作出判定。但在我国的司法实践中,通过最高人民法院审理的袁某晖与长江置业(湖南)发展有限公司请求公司收购股份纠纷案[③]可知,就目前我国立法而言,由于相关条款中的程序性规定过于简单,因此法院的判决不只是针对回购股份对应的价格,还包括在确定股权回购价格前,股东是否有权请求公司回购股权的问题。因此,在我国产生了诸多关于该项权利行权程序的争论。

2. 他国及地区立法旨在鼓励公司与异议股东间的沟通,减轻双方的费用和成本,提高回购程序的效率

通过将我国与他国和地区就异议股东股份回购请求权的法律规定相比较,不难发现我国《公司法》仅规定了在股东会决议通过后,对该项决议投反对票的股东有权与公司就回购股权的价格进行协商,并未设定股东会召开前公司与股东就股东会议题的沟通程序。而他国或地区立法之所以规定了股东会召开前公司与股东的一系列沟通程序,其目的分别在于:首先,使股东了解到这项权利的存在、在何种情况下享有这项权利及如何行使这项权利,以及避免实践中股东因不知晓股东会召开的事实或不知晓该项权利从而错过行使这一权利或超出行使该权利法定期限的可能性,公司在股东会召开前应当履行将股东会表决议题、异议股东股份回购请求权及具体行权程序向公司股东通知的义务。其次,规定股东提前向公司告知异

---

① 谭津龙:《公司法体系中的异议股东评估权制度》,法律出版社 2015 年版,第 85 页。

② ABA, Model Business Company Act, 2016 Revision, 324.

③ 案号:(2014)民申字第 2154 号。

议这一程序的意义在于能够事先让公司了解公司全体股东对于该项决议所持的态度,并在有较多股东持有异议的情况下得以重新衡量该经营决策,使得公司的决策符合大多数股东对于公司经营走向的考量,从而让公司决策能够尽快得到通过并实施。同时,股东提前向公司告知异议也有利于公司提前对于回购异议股东的股份所需支付的金额作出准备。[①]

由此可见,这些前置协商程序的设置体现了立法人员对于异议股东与公司间协商制度的重视,同时,美国律师协会对《标准商事公司法》的官方解释也指出,立足于交易效率原则,协商程序的设置有利于迅速实现异议股东的股份回购需求,司法对于回购股权的价值评估应当作为确定回购股权公允价值的最终手段,且异议股东提出的所有付款要求应在诉讼中一次性得到解决。[②] 总体而言,前述规定的意图在于希望股东和公司在司法介入前的最后一刻达成最终的和解,以此减轻双方的费用和成本,提高回购程序的效率,最为符合日常交易习惯,同时也可以使得双方各自尽快进入新的领域中。[③]

三、最高人民法院及专家学者之观点:异议股东与公司先予协商是提起公司收购股权之诉的法定要件之一,并从文义角度对《公司法》第 74 条重新作出解释

就异议股东与公司间的协商回购存在的必要性,最高人民法院《关于适用〈中华人民共和国公司法〉若干问题的规定(一)》[以下简称《公司法司法解释(一)》]第 3 条写明,"原告以公司法第二十二条第二款、第七十四条第二款规定事由,向人民法院提起诉讼时,超过公司法规定期限的,人民法院不予受理"。通过对照《公司法》第 74 条第 2 款条文,其中的"六十日"和"九十日"都应当属于《公司法司法解释(一)》中的"规定期限"的范畴,因此两项期限在条文中都具有其各自在法律上的意义,属于法院受理股东股权回购请求时不可或缺的法律要件之一。同时,《最高人民法院关于公司法司法解释(一)、(二)理解与适用》中也对此进行了释义,认定股东在向人民法院提出请求公司收购股权的诉讼之前需要经过两个步骤。首先,股东应当对股东会通过《公司法》第 74 条第 1 款的决议投了反对票。其次,投反对票的股东应当请求公司按照合理的价格收购其股权,但不能在股东会决议通过之日

---

① [韩]李哲松:《韩国公司法》,中国政法大学出版社 2000 年版,第 407 页。

② ABA, Model Business Company Act, 2016 Revision, 325.

③ 谭津龙:《公司法体系中的异议股东评估权制度》,法律出版社 2015 年版,第 85 页。

起60日内与公司达成股权收购协议,此时才可以提起诉讼,寻求司法途径予以救济,即提起请求公司收购股权之诉的法定要件除股东应当对公司的重大决议持有异议外,还包括股东与公司的协商程序。[①] 可见该释义对于股东股份回购请求的程序的理解体现了《公司法司法解释(一)》的立法本意。除此之外,曾任最高人民法院民事审判第二庭高级法官的金剑锋法官在其论著中也写明,《公司法》第74条规定的股东与公司协商的期限,应当理解为股东可以在该期限内随时请求公司就股权收购问题进行协商,如果公司明确拒绝股东的股权收购请求或者经过协商后股东与公司未能达成股权收购协议的,股东就可以从次日起,在自股东会决议通过之日起90日的期限内向法院起诉。[②] 由此同样也可以看出,股东在诉诸法院前应当首先寻求公司内部救济手段。

另外,法律解释必须是以文义解释为出发点,需按照法律条文用语的文义,以及该用语通常的使用方式,来阐释法律所表示的意义与内容。[③] 因此,我们认为实践中法院对《公司法》第74条的文义解释出现了偏差,应当对第74条的文义解释进行重构。《公司法》第74条第2款的表述为,"自股东会会议决议通过之日起六十日内,股东与公司不能达成股权收购协议的,股东可以自股东会会议决议通过之日起九十日内向人民法院提起诉讼"。该条款的句式为"……的,……"而按照通常使用方式,"的"之前所述内容为之后所述内容的前提条件,即按照该语义惯常的理解,"自股东会会议决议通过之日起六十日内,股东与公司不能达成股权收购协议"应为"股东可以自股东会会议通过之日起九十日内向人民法院提起诉讼"的前提条件。

综上所述,由于我国《公司法》中的异议股东股份回购请求权制度属于"舶来品",在借鉴普通法规则的时候,势必也理解并借鉴了该制度背后的立法原意。因此,无论是从该制度的立法本意,还是从基本的文义角度进行理解,基于商事习惯以及交易效率原则,我国《公司法》第74条的规定虽然用语简单,但依旧体现出了司法对商事主体意思自治的尊重,将异议股东与公司间的协商回购设置为诉讼回购的前置程序显然是必要且毋庸置疑的。

---

① 最高人民法院民事审判第二庭编著:《最高人民法院关于公司法司法解释(一)、(二)理解与适用》,人民法院出版社2015年版,第68页。

② 金剑锋:《公司诉讼的理论与实务研究》,人民法院出版社2008年版。

③ 梁慧星:《民法解释学》(第4版),法律出版社2015年版,第216页。

专题十

异议股东请求公司回购股份之诉的法律性质辨析：法院应否判决公司向异议股东支付利息

胡胜训　洪　瑜

我国《公司法》在第 74 条规定了有限责任公司的异议股东股份回购请求权制度。该回购请求权在民事案件案由体系下,属于与公司有关的纠纷——“请求公司收购股份纠纷”,在《民事案件案由规定》中编号 268。

该权利究竟为请求权(实体法)还是为形成权;如为形成权,究竟为单纯形成权还是形成诉权;对应的诉讼为给付之诉,还是形成之诉。对此实务界与理论界关注不多且观点不一。本专题拟对此作简要分析以抛砖引玉。

一、请求权说

部分法官认为,股份收购请求权本质上是公司法为中小股东提供的一种法律救济,是股权的派生性权利……将股东收购请求权界定为请求权是恰当的,只不过这是一种法定的请求权①。也有部分学者认为,股东回购请求权为公司法上的请求权,但区别于民法上的请求权,公司不能援用民法上的抗辩权来阻止其效力②。

笔者认为,主张异议股东回购请求权为请求权与目前关于请求权的理论通说存在诸多不一致甚至矛盾之处。

1. 请求权泛指权利人请求特定人为特定给付的权利。作为一项私权利,在义务

① 虞政平:《公司法案例教学(中)》(第 2 版),人民法院出版社 2018 年版,第 1150 页。

② 甘培忠、刘兰芳主编:《新类型公司诉讼疑难问题研究》,北京大学出版社 2009 年版,第 276 ~ 277 页。

人不依请求履行义务时，请求权人可通过公权力即诉请法院强制对方当事人履行义务，亦得通过私力救济于诉讼外请求履行。而异议股东回购请求权，权利人行使权利的方式"仅以诉讼方式而为之"，诉讼是相关权利人主张其权利的唯一方式①。《公司法》第 74 条第 1 款规定的"对股东会该项决议投反对票的股东可以请求公司按照合理的价格收购其股权"仅仅意味着股东可以与公司就股权收购事宜进行协商谈判，而非行使权利要求公司履行该"请求"义务。该条第 2 款"……股东与公司不能达成股权收购协议的，股东可以自股东会会议决议通过之日起九十日内向人民法院提起诉讼"可以进一步证明上述观点。

2. 民事权利是指权利主体以实现其正当利益为目的而自由行使意志的范围。义务是权利的对应物，一方权利的实现是依靠另一方义务的履行。权利规定了自由的范围，而义务则规定了一个人应当应答或者负责的行为②。请求权作为民事权利的一种，自当符合上述定义特征，即请求权人行使权利过程中，尽管需义务人的相应行为与之配合，但期间无须义务人的同意。具体到异议股东回购请求权，如果认为《公司法》第 74 条第 1 款规定的异议股东请求公司收购其股权系请求权的行使，根据民事权利的定义，无须取得公司的同意，那么就不应当存在《公司法》第 74 条第 2 款所述之公司与异议股东"达成股权收购协议"之协商过程。

3. 请求权系由基础权利而发生③，其是一种派生性权利，它必须依赖于一定的基础权利而存在，而异议股东回购请求权并非基于既存的债权或其他物权、人格权、身份权等基础权利而产生。有学者认为其是为了在股东与公司之间创设债权，不同于通常意义上的请求权④。

4. 按照民法理论分类，依请求权产生的基础关系不同可以分为债权请求权、物权请求权、人格权请求权、亲属请求权以及继承请求权等⑤，而显然异议股东回购请求权不属于上述任一种请求权。

5. 按照民法理论，大部分请求权均受诉讼时效规制，最高人民法院《关于审理民事案件适用诉讼时效制度若干问题的规定》(2020 修正) 第 1 条更是明确规定"当事人可以对债权请求权提出诉讼时效抗辩"。《公司法》第 74 条规定的 90 日起

---

① 最高人民法院民事审判第二庭编著：《最高人民法院关于公司法司法解释（一）、（二）理解与适用》，人民法院出版社 2015 年版，第 70 页。

② 江平主编：《民法学》（第 2 版），中国政法大学出版社 2011 年版，第 29 页。

③ 王泽鉴：《民法总则》，北京大学出版社 2009 年版，第 102 页。

④ 金剑锋：《公司诉讼的理论与实务问题研究》，人民法院出版社 2008 年版，第 407 页。

⑤ 朱庆育：《民法总论》，北京大学出版社 2013 年版，第 501 页。

诉期限显然不属于诉讼时效。目前大部分观点认为该 90 日起诉期限为除斥期间，或为商法上特殊的起诉期限①。

二、单纯形成权说

还有部分学者认为，异议股东回购请求权是一种(单纯)形成权，异议股东回购请求权的行使并不需要对方的意思表示，而仅仅需要异议股东发出请求购买的意思即可发生②。也有判决认为异议股东回购请求权是一种(单纯)形成权，浙江省绍兴市中级人民法院(2021)浙 06 民终 210 号判决书即认为异议股东股份收购请求权是形成权。异议股东行使股份收购请求权属于股东的单方行为，其提出股份收购的请求，无须公司承诺；同时该判决书进一步明确股东请求回购日期为评估基准日。

笔者认为，异议股东回购请求权是一种单纯形成权的观点与法律规定明显不符。姑且不论将在下文讨论的形成权的性质与特征，《公司法》第 74 条已明确规定该权利需通过向法院提起诉讼行使，而非仅仅需要异议股东向公司发出请求购买的意思即可发生。如前所述《公司法》第 74 条第 1 款的规定仅仅意味着股东可以与公司就股权收购协议进行协商谈判，而非向公司行使权利。

三、笔者观点——形成诉权

笔者认为，异议股东股份回购请求权系形成诉权。

根据权利行使方式不同，形成权有单纯形成权与形成诉权之别。若仅依一方意思表示即可行使，为单纯形成权，如追认权、解除权；形成诉权则须依诉行使，旨在约束权利行使行为，同时避免形成行为效力的不确定性③。但"形成诉权"是"形成权"——而非"诉权"——的下位概念，因而本质上是一种私权④。

具体到异议股东股份回购请求权，异议股东须通过诉讼方式行使自无异议，也符合"对方受到一个相应的约束，即他必须允许这种形成，以及允许通过这个形成权来中断原来的法律关系，并且还要允许这种做法有效⑤"的形成权的基本特征，但

---

① 最高人民法院民事审判第二庭编著：《最高人民法院关于公司法司法解释(一)、(二)理解与适用》，人民法院出版社 2015 年版，第 60 页。

② 李海龙、邹松生：《论异议股东回购请求权行使规则》，载《西南政法大学学报》2007 年第 2 期。

③ 朱庆育：《民法总论》，北京大学出版社 2013 年版，第 505 页。

④ 刘哲玮：《诉的基础理论与案例研习》，法律出版社 2021 年版，第 36 页。

⑤ [德]卡尔·拉伦茨：《德国民法通论》，王晓晔等译，法律出版社 2013 年版。

该权利是否符合形成权的其他属性尚需进一步讨论。

1. 民法理论通说认为形成权人单方的意思就足以使结果发生，但具体到异议股东股份回购请求权，有观点认为异议股东单方面的意思表示并不能产生股权回购的效力①，因此认为该请求权不是形成权。笔者认为，不但异议股东单方面的意思表示，甚至法院的判决，均不能直接产生股权回购的效力，但据此认为异议股东回购请求权不是形成权系对形成权概念的理解错误。形成权的客体是民事法律关系，在这里即股份回购关系。至于该关系确定产生之后所附带的一些权利义务，不能划入形成权中对方所对应的义务。以合同的撤销权为例，目前学界对于合同撤销权是形成权不存在异议，具有撤销权的合同一方以诉讼的方式行使了撤销权之后，相对的合同另一方也会同时产生返还财产或者赔偿损失等相应的义务，然而此时撤销权已经行使完毕。经过对比，可以看出：在异议股东回购请求权中，公司所附有的支付对价的义务并非形成权中的相对义务，这只是形成权在行使完毕后所带来的一种法律上的后果，就像合同撤销后，其中一方也必须返还财产一样，该义务的产生是在形成权行使完毕以后才发生的，并不是形成权产生过程中所对应的义务②。异议股东股份回购请求权的行使结果是创设了公司收购异议股东股份的法律关系或者赋予了异议股东要求公司收购其股份的权利，在此意义上异议股东股份回购请求权符合形成权的特征。

2. 形成之诉判决无执行力即无须强制执行，形成判决不需要强制执行即可自动发生法律关系变动效果。异议股东股份回购请求权纠纷判决是否具有上述特征？笔者认为，如前所述，异议股东股份回购请求权纠纷判决作出后，公司收购异议股东股权之股权收购法律关系即自动产生，无须强制执行。至于该股权收购行为的履行则是进一步的问题，涉及异议股东的请求权，与形成诉权没有直接关系。

四、关于异议股东股份回购请求权纠纷的诉讼性质

异议股东股份回购请求权为形成诉权，对应的诉讼为形成之诉、判决为形成判决，但仍存在疑问的是，异议股东请求公司回购其股权，法院据此作出的判决是否仅存在形成权的行使以及判决仅为形成判决？

根据笔者检索威科先行网站案例，异议股东的诉讼请求除请求判令公司回购

---

① 虞政平：《公司法案例教学（中）》（第2版），人民法院出版社2018年版，第1150页。

② 汪媛媛：《异议股东回购请求权的法律性质探讨》，载《法制与社会》2016年第2期。

其股权外，均请求判令公司支付相应的回购款，还有部分案例请求公司支付基准日（股东会决议作出日、公司营业期限届满日、起诉日等）起至实际履行之日期间的利息。

笔者认为，正如朱庆育教授所述，形成之诉一般不具有终局性质，其意义通常在于，为之后的给付请求铺垫前提①。从传统诉讼标的理论实体法说角度来看，异议股东的上述诉讼请求实际上为诉讼的客观合并或请求的合并，对应的判决为形成判决与给付判决的结合，即法院首先作出判决公司回购异议股东股份这一形成判决，同时进一步作出要求公司履行回购股份义务的给付判决。

五、形成诉权观点成立的意义——公司不应向异议股东支付基准日至判决生效日或判决明确的支付时间期间的利息

根据笔者检索威科先行网站案例，目前司法实践中部分判决支持了异议股东利息请求；部分法院以法律无明确规定、公司没有过错等理由未支持异议股东利息请求，但对此均未充分进行释法说理。

笔者认为，从异议股东股份回购请求权系形成诉权角度进行分析，公司不应向异议股东支付利息。

1. 异议股东行使形成诉权即股份回购请求权，该权利自形成判决确定时才发生效力，公司回购义务形成时间为判决生效时（无论回购的定价基准日为何时），而不是股东会决议作出之日或异议股东要求公司回购之日或其向法院起诉之日。

2. 与异议股东股份回购请求权对应的形成判决的效力不应溯及既往。形成判决能否溯及既往，取决于实体法的安排。在实体法未规定的情况下，推定无溯及力更有利于法律关系的安定性②。此外从法理上分析，是否让形成判决具有溯及力，须在谋求法律关系的安定要求和彻底实现形成效果的必要性之间平衡。通说认为，只有在需要彻底实现变动效果的情形下，才认可形成判决的溯及力，如否认亲子关系等。与此相反，当只要确实地作出变动即可，且因认可此前法律关系的不变而谋求利害关系人地位安定的必要性更重要时，只要让权利变动的效果面向将来发生即可，如婚姻的撤销、收养的撤销、公司合并无效及设立无效等③。如董某萍、

---

① 朱庆育：《民法总论》，北京大学出版社2013年版，第547页。

② 肖建国、宋史超：《〈民法典〉合同司法解除规则的程序法解读》，载《浙江社会科学》2020年第12期。

③ [日]新堂幸司：《新民事诉讼法》，林剑锋译，法律出版社2008年版，第154页。

李某芳等与朱某洪、李某华等公司合并纠纷一案中[(2012)杭淳商初字第1号]法院即认为,合并无效判决,对合并期间公司的经营活动没有溯及力,合并后至无效判决生效时的存续公司为事实上的公司,其经营活动,只要不违反与该经营相关的法律或行政法规的禁止性规定,仍然有效。

Part

03

第三篇

金融资管

专题一

金融消费者权益保护

殷　豪

《全国法院民商事审判工作会议纪要》(以下简称《九民会议纪要》)从2019年2月开始起草到2019年11月出台,历时将近9个月,其间,最高人民法院多次专门调研、征求专家学者意见、书面征求有关部门和单位意见,还向全社会公开征求意见。《九民会议纪要》的公布对统一裁判思路,规范法官自由裁量权,增强民商事审判的公开性、透明度以及可预期性,提高司法公信力具有重要意义。《九民会议纪要》涉及公司、合同、担保、金融消费者权益保护、证券、信托、保险、票据和破产等民商事审判的绝大部分领域,涉及面非常广。《九民会议纪要》不是司法解释,不能作为裁判依据进行援引,对于人民法院尚未审结的一审、二审案件,在裁判文书"本院认为"部分具体分析法律适用的理由时,可以根据《九民会议纪要》的相关规定进行说理。《九民会议纪要》虽然不是司法解释,但其统一了民商事审判的裁判规则,其影响并不亚于司法解释。根据《九民会议纪要》的规定,在审理金融产品发行人、销售者以及金融服务提供者(以下简称卖方机构)与金融消费者之间因销售各类高风险等级金融产品和为金融消费者参与高风险等级投资活动提供服务而引发的民商事案件中,必须坚持"卖者尽责、买者自负"原则,将金融消费者是否充分了解相关金融产品、投资活动的性质及风险并在此基础上作出自主决定作为应当查明的案件基本事实,依法保护金融消费者的合法权益,规范卖方机构的经营行为,推动形成公开、公平、公正的市场环境和市场秩序。现笔者结合自身的实务经验,就《九民会议纪要》涉及的金融消费者权益保护规定进行简要解读。

一、适当性义务的规定

(一)原文

适当性义务是指卖方机构在向金融消费者推介、销售银行理财产品、保险投资产品、信托理财产品、券商集合理财计划、杠杆基金份额、期权及其他场外衍生品等高风险等级金融产品,以及为金融消费者参与融资融券、新三板、创业板、科创板、期货等高风险等级投资活动提供服务的过程中,必须履行的了解客户、了解产品、将适当的产品(或者服务)销售(或者提供)给适合的金融消费者等义务。卖方机构承担适当性义务的目的是确保金融消费者能够在充分了解相关金融产品、投资活动的性质及风险的基础上作出自主决定,并承受由此产生的收益和风险。在推介、销售高风险等级金融产品和提供高风险等级金融服务领域,适当性义务的履行是"卖者尽责"的主要内容,也是"买者自负"的前提和基础。

(二)解读

首先需要理解《九民会议纪要》规定的"高风险等级"的具体含义。笔者认为,《九民会议纪要》规定的"高风险等级"与我们熟知的资管产品等级标准不是同一个概念。从《九民会议纪要》上下文可以推断,只要导致金融消费者本金产生损失的金融产品就是"高风险等级金融产品"。根据《关于规范金融机构资产管理业务的指导意见》(银发〔2018〕106号,以下简称《资管新规》)的规定,金融机构发行和销售资产管理产品,应当坚持"了解产品"和"了解客户"的经营理念,加强投资者适当性管理,向投资者销售与其风险识别能力和风险承担能力相适应的资产管理产品。金融机构适当性义务包括两方面:一是深入调查分析金融产品或者金融服务信息,科学有效评估,充分揭示风险,由金融消费者自主作出投资决定(《资管新规》规定的了解产品);二是全面了解金融消费者情况,基于金融消费者的不同风险承受能力以及金融产品或者金融服务的不同风险等级等因素,提出明确的适当性匹配意见,将适当的金融产品或者金融服务销售或者提供给适合的金融消费者(《资管新规》规定的"了解客户")。《九民会议纪要》的规定与《资管新规》的规定是一致的。《九民会议纪要》关于适当性义务的规定的出发点是好的,希望能够更好地保护金融消费者的利益,但实务中此规定很难执行到位。充分了解相关金融产品、投资活动的性质及风险需要一定的专业背景,大部分金融消费者购买高风险等级金融产品和参与高风险等级投资活动完全是因为高风险等级金融产品和投资活动的高收益,并不是因为对相关金融产品、投资活动的性质及风险有充分了解。很多高风险等级金融产品和投资活动涉及的法律关系非常复杂,特别是多层嵌套的金融产品和投资活动,要求普通金融消费者充分了解相关金融产品、投资活动的性质及风险是不现实的。另外,实务中,部分金融产品发行人为了销售其金融产品,聘请了不少不专业且没有销售资格的机构销售金融产品,由本身不懂高风险等级金融产品和投资活动的销售机构履行适当性义务,更是不可能的事情。笔者正在处理一个投资纠纷案件,基金管理人境内募集资金后,投资于一家中国公司通过红筹 VIE 架构在美国上市的公司。由于此案涉及境内资金募集、境外投资、红筹 VIE 架构和美国上市等问题,我们虽然和此案件的法官多次介绍相关实务背景,但法官仍然不是很清楚此案件的法律架构和法律风险点。因此,实务中,如何判断金融消费者充分了解相关金融产品、投资活动的性质及风险,以及如何判断卖方机构已经履行适当性义务,由于《九民会议纪要》没有进一步细化,实务中仍然具有很大的争议。

二、法律适用规则的规定

(一)原文

在确定卖方机构适当性义务的内容时,应当以合同法、证券法、证券投资基金法、信托法等法律规定的基本原则和国务院发布的规范性文件作为主要依据。相关部门在部门规章、规范性文件中对高风险等级金融产品的推介、销售,以及为金融消费者参与高风险等级投资活动提供服务作出的监管规定,与法律和国务院发布的规范性文件的规定不相抵触的,可以参照适用。

(二)解读

为了保障《民法典》、《证券法》、《证券投资基金法》和《信托法》等的顺利实施,中国证监会和中国银保监会以及中国证券投资基金业协会等机构制定了大量的部门规章和规范性文件。实务中,对于部门规章和规范性文件的适用,各地法院有不同的做法。《九民会议纪要》明确规定法院可以参照适用与法律和国务院发布的规范性文件的规定不相抵触的部门规章、规范性文件,解决了实务中的法律适用问题,强化了对金融消费者的权益保护,因为部门规章、规范性文件对金融消费者适当性的要求更加细化,要求更加严格。

三、责任主体的规定

(一)原文

金融产品发行人、销售者未尽适当性义务,导致金融消费者在购买金融产品过程中遭受损失的,金融消费者既可以请求金融产品的发行人承担赔偿责任,也可以请求金融产品的销售者承担赔偿责任,还可以根据《民法总则》第167条的规定,请求金融产品的发行人、销售者共同承担连带赔偿责任。发行人、销售者请求人民法院明确各自的责任份额的,人民法院可以在判决发行人、销售者对金融消费者承担连带赔偿责任的同时,明确发行人、销售者在实际承担了赔偿责任后,有权向责任方追偿其应当承担的赔偿份额。金融服务提供者未尽适当性义务,导致金融消费者在接受金融服务后参与高风险等级投资活动遭受损失的,金融消费者可以请求金融服务提供者承担赔偿责任。

(二)解读

《九民会议纪要》关于责任主体的规定是不完整的,高风险等级金融产品和投资活动往往涉及托管机构、财务顾问机构和咨询服务机构等,在多层嵌套的情况下,还涉及其他金融产品管理人和金融服务提供者。笔者同事最近代理的一个私募基金理财纠纷,一审法院判决要求作为托管人的证券公司对金融消费者的实际损失部分承担15%的补充赔偿责任。从审判实践来看,营业信托纠纷主要表现为事务管理信托纠纷和主动管理信托纠纷两种类型,在事务管理信托纠纷案件中,对信托公司开展和参与的多层嵌套、通道业务、回购承诺等融资活动,要以其实际构成的法律关系确定其效力,并在此基础上依法确定各方的权利义务;在主动管理信托纠纷案件中,应当重点审查受托人在"受人之托,忠人之事"的财产管理过程中,是否恪尽职守,履行了谨慎、有效管理等法定或者约定义务,否则应对金融消费者承担责任。因此,在主动管理信托纠纷中,需要把信托公司作为一方当事人。另外,实务中还有一个必须要考虑的问题是卖方机构承担责任的能力问题。笔者处理过的一些资管纠纷,管理人的注册资本只有数千万元,有的甚至只有数百万元,而其募集的资金高达数亿元,甚至数十亿元。根据《公司法》第20条第3款的规定,公司股东滥用公司法人独立地位和股东有限责任,逃避债务,严重损害公司债权人利益的,应当对公司债务承担连带责任。《公司法》第20条第3款规定的滥用行为,实践中常见的情形有人格混同、过度支配与控制、资本显著不足等,由于篇幅问题,本专题不对上述内容进行展开分析。金融消费者在对卖方机构提起诉讼时，可以根据具体情况追加卖方机构的股东作为共同被告。

四、举证责任分配的规定

（一）原文

在案件审理过程中，金融消费者应当对购买产品（或者接受服务）、遭受的损失等事实承担举证责任。卖方机构对其是否履行了适当性义务承担举证责任。卖方机构不能提供其已经建立了金融产品（或者服务）的风险评估及相应管理制度、对金融消费者的风险认知、风险偏好和风险承受能力进行了测试、向金融消费者告知产品（或者服务）的收益和主要风险因素等相关证据的，应当承担举证不能的法律后果。

（二）解读

对于一个金融产品而言，有销售和募集、投资、管理和退出四个阶段，《九民会议纪要》的上述规定仅是规范了销售和募集阶段的卖方机构应该承担的举证责任，并没有明确在投资、管理和退出阶段的举证责任，《九民会议纪要》的规定是不完整的。实务中，卖方机构因投资、管理或退出阶段的过错承担赔偿责任的情况很普遍，但《九民会议纪要》对投资、管理或退出阶段的举证责任没有进行明确，这是《九民会议纪要》的一大缺陷。实务中，金融消费者取得或者掌握金融产品投资、管理或退出阶段的证据材料非常困难，明确举证责任对保护金融消费者权益有很大的帮助。

五、告知说明义务的规定

（一）原文

告知说明义务的履行是金融消费者能够真正了解各类高风险等级金融产品或者高风险等级投资活动的投资风险和收益的关键，人民法院应当根据产品、投资活动的风险和金融消费者的实际情况，综合理性人能够理解的客观标准和金融消费者能够理解的主观标准来确定卖方机构是否已经履行了告知说明义务。卖方机构简单地以金融消费者手写了诸如“本人明确知悉可能存在本金损失风险”等内容主张其已经履行了告知说明义务，不能提供其他相关证据的，人民法院对其抗辩理由不予支持。

（二）解读

《九民会议纪要》本条规定重点规范卖方机构的信息披露义务和风险揭示义务。卖方机构履行告知说明义务需要深入调查分析高风险等级金融产品和投资活动，也即需要对高风险等级金融产品和投资活动进行尽职调查，特别是对非标高风险等级金融产品和投资活动进行尽职调查。实务中，由于各种原因，部分卖方机构对高风险等级金融产品和投资活动的尽职调查是不到位的，这样也导致该等卖方机构无法向金融消费者履行完整和全面的告知说明义务。笔者经常为卖方机构的高风险等级金融产品和投资活动提供法律尽职调查服务，笔者曾遇到对笔者律师团队参与法律尽职调查的律师人数、时间、方式以及法律尽调报告内容均有限制的卖方机构，导致笔者律师团队无法充分进行法律尽职调查，最后笔者决定不再为上述卖方机构提供法律尽职调查服务。

六、损失赔偿数额的规定

（一）原文

卖方机构未尽适当性义务导致金融消费者损失的，应当赔偿金融消费者所受的实际损失。实际损失为损失的本金和利息，利息按照中国人民银行发布的同期同类存款基准利率计算。金融消费者因购买高风险等级金融产品或者为参与高风险投资活动接受服务，以卖方机构存在欺诈行为为由，主张卖方机构应当根据《消费者权益保护法》第 55 条的规定承担惩罚性赔偿责任的，人民法院不予支持。卖方机构的行为构成欺诈的，对金融消费者提出赔偿其支付金钱总额的利息损失请求，应当注意区分不同情况进行处理：

1. 金融产品的合同文本中载明了预期收益率、业绩比较基准或者类似约定的，可以将其作为计算利息损失的标准；

2. 合同文本以浮动区间的方式对预期收益率或者业绩比较基准等进行约定，金融消费者请求按照约定的上限作为利息损失计算标准的，人民法院依法予以支持；

3. 合同文本虽然没有关于预期收益率、业绩比较基准或者类似约定，但金融消费者能够提供证据证明产品发行的广告宣传资料中载明了预期收益率、业绩比较基准或者类似表述的，应当将宣传资料作为合同文本的组成部分；

4. 合同文本及广告宣传资料中未载明预期收益率、业绩比较基准或者类似表述的，按照全国银行间同业拆借中心公布的贷款市场报价利率计算。

(二)解读

如果卖方机构未尽到适当性义务，需要对金融消费者的本金和利息承担赔偿责任。另外，实务中，卖方机构会有意无意地在前期广告宣传材料中夸大预期收益率等内容，以吸引金融消费者，而在实际签署的投资文件里并没有该等内容。《九民会议纪要》明确将宣传资料作为合同文本的组成部分，作为确定金融消费者损失的依据，无形中要求卖方机构规范其金融产品的宣传。

七、免责事由的规定

(一)原文

因金融消费者故意提供虚假信息、拒绝听取卖方机构的建议等自身原因导致其购买产品或者接受服务不适当，卖方机构请求免除相应责任的，人民法院依法予以支持，但金融消费者能够证明该虚假信息的出具系卖方机构误导的除外。卖方机构能够举证证明根据金融消费者的既往投资经验、受教育程度等事实，适当性义务的违反并未影响金融消费者作出自主决定的，对其关于应当由金融消费者自负投资风险的抗辩理由，人民法院依法予以支持。

(二)解读

《九民会议纪要》在保护金融消费者的同时，也考虑了卖方机构的合法权益的保护问题。但把金融消费者的受教育程度等事实作为卖方机构的免责事由，是不符合金融消费者权益保护的理念的，这其实又给了法官很大的自由裁量权，并不符合《九民会议纪要》的初衷，且容易导致同一金融产品项下不同背景的金融消费者受到的保护和获得的赔偿是不一样的。

除《九民会议纪要》规定的上述内容外，实务中《九民会议纪要》对仲裁的影响以及对投资于境外金融产品的境内金融消费者的影响等事项，都需要予以关注。

专题二

投资者投资损失确定

殷 豪

近年来,由于各种原因,大量资管产品项目爆雷,众多投资者损失惨重。投资者为了维护自身的合法权益,纷纷向法院提起诉讼或向仲裁机构申请仲裁,要求资管产品管理人或销售机构,甚至是托管人(为叙述方便,本文所述的管理人,在特定情况下,也指销售机构或托管人)承担违约或侵权赔偿责任。如投资者要求管理人承担违约赔偿责任的,需要证明管理人存在违约行为、自身的损害结果以及违约行为与损害结果存在因果关系。如投资者要求管理人承担侵权赔偿责任的,需要证明管理人存在损害行为、有损害事实、损害行为和损害事实存在因果关系以及管理人存在过错。如果案涉资管产品尚未清算完成的,管理人一般会以投资者投资损失尚未确定作为抗辩理由。在资管纠纷中,投资者投资损失是否确定是常见的争议问题。

资管产品投资标的主要包括上市公司股票、非上市公司股权、合伙企业份额、债权、资产收益权、债券、金融衍生品和外汇业务等。部分资管产品,尤其是投资于非标资产或融资方违约的资管产品,其流动性较差,清算周期长。在这种情况下,投资者如何才能维护自身的合法权益,如何向管理人主张损害赔偿?我们结合实务经验就此问题进行探讨。

一、关于投资者投资损失是否确定的具有代表性的裁判观点

1. 投资者未能按约定时限实现投资本金及收益的回收,管理人亦未依约履行回购义务,投资者的损失已确定发生。投资者购买涉案基金的损失为未按时赎回的投资款本金及收益。

深圳市中级人民法院于2017年12月21日作出案号为(2017)粤民终17328－17342号民事判决,深圳市中级人民法院判决认为:“赔偿请求人购买涉案基金的损失为未按时赎回的投资款本金及收益。……虽然没有证据显示涉案两合伙企业进行了清算分配,但两企业登记的二年经营期限及通过合伙人大会延长的一年经营期限均早已届满,赔偿请求人未能按约定时限实现投资本金及收益的回收,合伙企业管理人亦未依约履行回购义务,赔偿请求人的损失已确定发生,且经生效的仲裁裁决确认,执行仲裁裁决的程序亦已终结,因此,赔偿请求人基于不同的事实基础及法律关系就其损失向不同的义务人主张权利并无不当;相应地,兴业银行深圳分行以合伙企业未清算及仲裁裁决未执行完毕为由辩称赔偿请求人的损失没有确定发生,本院不予采纳。”

2. 投资者的投资本金和收益未能如期兑付,损失已确定发生,但损失具体金额不能确定。为避免投资者的诉累,且考虑到融资方实际已无兑付能力,推定投资者的损失确定。

长沙市中级人民法院于2019年7月10日作出案号为(2019)湘01民终2307号民事判决,长沙市中级人民法院判决认为:“关于张某丘的损失是否存在以及具体损失金额的认定问题。张某丘未能按约定期限实现投资本金及收益的回收,其损失已确定发生,但损失的具体金额需要依据其与天津汉红公司之间的债权债务关系来确定,且张某丘尚未穷尽救济途径向天津汉红公司主张权利以挽回损失,故从严格意义上来说本案损失金额并未确定。但为避免当事人的诉累,考虑到天津汉红公司及北京汉红中心的实际状况,本院推定张某丘的损失为81.169722万元(110万元－28.830278万元)。”

3. 信托计划项下债权已经在全部重整程序中确认,信托计划未实际形成损失,投资者主张其本金和收益的损失已成定局与事实不符,且没有证据证明管理人存在违约行为,管理人不承担赔偿责任。

山西省太原市中级人民法院作出案号为(2018)晋01民初596号民事判决,山西省太原市中级人民法院判决认为:“根据《信托合同》约定,山西信托在联盛投资公司等三十二家公司重整程序中确认的全部债权均为信托财产,山西信托根据重整计划收回的债权将继续分配给包括卢某在内的各委托人。现信托计划项下债权已经全部在重整程序中确认,信托计划未实际形成损失。山西信托已申请对信托计划连带保证人强制执行,对于在重整程序中未受清偿的部分,仍可依法向保证人追偿。故本案信托计划仍有信托财产可供分配,卢某主张其本金和收益的损失已成定局与事实不符,不予认可。”山西省太原市中级人民法院判决同时认为:“山西信托提供证据显示其履行了依据信托计划指定用途运用信托资金、分配信托收益、督促联盛投资公司及担保人履行回购义务、向重整受理法院申报债权、申请强制执行保证人财产、督促管理人分配重整债权等管理职责,山西信托的以上行为均属于对本信托计划的履职行为。根据现债权申报情况卢某在信托计划中的损失尚未确定,山西信托在联盛投资公司发生违约行为后亦积极进行履职以保证卢某的信托权益。故卢某提供的证据不足以证明山西信托在履职过程中存在履职不当的违约行为,无法认定山西信托履职不当……卢某购买信托产品时签署《合格投资人资格确认》,其购买信托产品金额达到合格投资人条件,且其具有购买信托产品的经验,卢某主张山西信托未进行委托人资格审查,与事实不符。卢某主张信托项目投资标的存在严重缺陷、对保证人能力未作审查、立项过程调查流于形式等主张,卢某未提供证据证明,不予认定。关于信息披露问题,与本案诉讼请求不具有直接的因果关系,不予认定。综上,卢某提供的证据无法证明山西信托自始自终未能履行诚实、信用、谨慎、有效的管理义务是投资者损失的主要原因,山西信托不承担赔偿责任。卢某要求山西信托赔偿因资金未能到期兑付而使其错失投资机会的损失1600万元的诉讼请求,缺乏事实依据,不予支持。”

4. 管理人正在向融资方追索投资,投资者的损失不能确定。

北京市第二中级人民法院于2017年6月20日作出案号为(2016)京02民初173号民事裁定,北京市第二中级人民法院裁定认为:“本案中,宋某国起诉请求撤销《信托贷款合同》,判令外贸信托公司返还宋某国信托财产100,000,000元并赔偿相应经济损失,该诉讼请求和其此前同意外贸信托公司依据《信托贷款合同》申请强制执行的意思表示存在矛盾,且执行公证债权文书程序正在进行中,尚无法确定宋某国的信托本金和信托收益的损失数额。”

5. 因投资项目未清算,投资者投资损失不能确定。

最高人民法院(以下简称最高院)于2018年12月24日作出案号为(2018)最高法民终173号民事判决,最高院判决认为:“因案涉项目的两年信托期已届满,且未合法延期,李某伟可向新华信托公司主张清算并分配。在新华信托公司尚未对案涉项目进行清算的情况下,不能确定因其违约延期的行为给李某伟造成损失以及损失的大小,故在本案中李某伟关于新华信托公司应当向其赔偿信托资金本金,并按照22.3%的年利率计算利息的请求不能成立。”

6. 原告提起的违约赔偿之诉,需以合同相对方存有违约行为为前提,并且原告的损失计算依据必须科学、客观、合法。

上海市黄浦区人民法院于2017年3月29日作出案号为(2016)沪0101民初23030号民事判决,上海市黄浦区人民法院判决认为:"原告提起的违约赔偿之诉,需以合同相对方存有违约行为为前提,并且原告的损失计算依据必须科学、客观、合法。本案被告的违约行为并不存在,原告的损失依据亦不够充分。故而,原告的诉请,本院难以支持。"

从上述法院判决可以看出,不同法院对投资者投资损失是否确定的裁判观点差别较大。法院裁判观点差别较大的一个重要原因是资管合同纠纷适用信托法律关系还是适用委托法律关系的争议。信托法律关系和委托法律关系在受托人的义务、委托财产的独立性和各方的权利义务等方面有着不同的规定,相应地,对案件的裁判结果(包括投资者投资损失是否确定)也会有不同的影响。我们认为,资管合同应适用信托法律关系,具体详见本专题第二部分"资管业务应适用信托法律关系"。

二、资管业务应适用信托法律关系

(一)监管机构关于资管业务适用信托法律关系的规定

1. 为规范金融机构资产管理业务,统一同类资产管理产品监管标准,有效防控金融风险,中国人民银行、中国银保监会、中国证监会和国家外汇管理局于2018年4月27日联合发布了《关于规范金融机构资产管理业务的指导意见》(银发〔2018〕106号,以下简称《资管新规》)。《资管新规》明确规定,资管业务是指银行、信托、证券、基金、期货、保险资产管理机构、金融资产投资公司等金融机构接受投资者委托,对受托的投资者财产进行投资和管理的金融服务。《资管新规》关于信义义务和卖者尽责、禁止刚性兑付和买者自负以及财产独立性等规定,与《信托法》基本原则和本质内容相一致,确立了资管业务基础法律关系为信托关系的格局。

2. 中国银保监会于2018年9月26日发布《商业银行理财业务监督管理办法》,作为《资管新规》的配套实施细则。中国银保监会于2018年12月2日发布《商业银行理财子公司管理办法》,作为《商业银行理财业务监督管理办法》的配套制度。商业银行和商业银行理财子公司发行的理财产品依据信托法律关系设立。

3. 中国证监会于2018年10月22日发布《证券期货经营机构私募资产管理业务管理办法》,作为《资管新规》的配套实施细则。上述管理办法适用于证券公司、基金管理公司、期货公司及前述机构依法设立的从事私募资产管理业务的子公司从事的资管业务,并依法明确各类私募资管产品均依据信托法律关系设立。

4. 中国银保监会于2020年3月18日发布《保险资产管理产品管理暂行办法》,作为《资管新规》的配套实施细则。《保险资产管理产品管理暂行办法》关于保险资管机构的信义义务和卖者尽责、禁止刚性兑付和买者自负以及财产独立性等规定,说明保险资管产品也是依据信托法律关系设立。从上述规定可以看出,无论是银行理财产品和信托资管产品,还是证券期货经营机构的私募资管产品,以及保险资管产品,都是依据信托法律关系设立。

(二)最高院关于资管业务适用信托法律关系的规定

1. 最高院于2019年11月8日发布《全国法院民商事审判工作会议纪要》(以下简称《九民纪要》)。《九民纪要》第88条规定,“信托公司根据法律法规以及金融监督管理部门的监管规定,以取得信托报酬为目的接受委托人的委托,以受托人身份处理信托事务的经营行为,属于营业信托。由此产生的信托当事人之间的纠纷,为营业信托纠纷。根据《关于规范金融机构资产管理业务的指导意见》的规定,其他金融机构开展的资产管理业务构成信托关系的,当事人之间的纠纷适用信托法及其他有关规定处理”。

从上述规定可以看出,最高院不仅将信托资管业务认定为信托法律关系,其他金融机构根据《资管新规》的规定开展的资管业务构成信托关系的情况下,也应当按照信托法律关系处理。

2. 最高院于2018年11月28日作出案号为(2018)最高法民申1423号的民事裁定书,最高院裁定认为:“本案中,张某作为委托人、海通资管公司作为管理人、上海银行股份有限公司(以下简称上海银行)作为托管人共同签订的《海通海赢1号定向资产管理计划定向资产管理合同》中约定,张某委托海通资管公司对委托资产进行定向投资、运作和管理,由张某享有委托资产的收益和清算后的剩余资产,并自行承担投资风险,资金托管于上海银行为委托资产专门开立的银行账户中,独立于管理人、托管人的固有财产,海通资管公司、上海银行按固定比例收取管理费。根据上述约定,案涉资产管理业务呈现出受托财产独立、受益人自担风险等特点,符合《中华人民共和国信托法》第二条规定的‘信托是指委托人基于对受托人的信任,将其财产权委托给受托人,由受托人按委托人的意愿以自己的名义,为受益人的利益或者特定目的,进行管理或者处分的行为’的法律特征,各方权利义务关系应受到信托法的调整。”

该案件是比较典型的确认证券期货经营机构的资管业务适用信托法律关系的案例,为各级法院审理资管业务创设了一个典型参考案例。无论是监管机构,还是司法机构,均认为资管业务应适用信托法律关系。因此,投资者的投资损失也应依据《信托法》和《民法典》等法律法规予以确定,详见本专题第三部分“投资者投资损失应根据《信托法》和《民法典》等法律法规予以确定”。

三、投资者投资损失应根据《信托法》和《民法典》等法律法规予以确定

1. 根据《资管新规》第 8 条第 3 款的规定,金融机构未按照诚实信用、勤勉尽责原则切实履行受托管理职责,造成投资者损失的,应当依法向投资者承担赔偿责任。根据《民法典》第 577 条的规定,当事人一方不履行合同义务或者履行合同义务不符合约定的,应当承担继续履行、采取补救措施或者赔偿损失等违法责任。根据《信托法》第 22 条的规定,受托人违反信托目的处分信托财产或者因违背管理职责、处理信托事务不当致使信托财产受到损失的,委托人有权申请人民法院撤销该处分行为,并有权要求受托人恢复信托财产的原状或者予以赔偿。

因此,如果管理人违反资管合同项下的义务和/或相关法律法规规定的信义义务,造成投资者损失的,应向投资者承担赔偿责任,并不以资管产品损失确定为前提条件。

2. 根据《信托法》第 16 条第 1 款的规定,信托财产与属于受托人所有的财产相区别,不得归入受托人的固有财产或者成为固有财产的一部分。因此,如果管理人承担赔偿责任,应根据资管产品财产(信托财产)与管理人财产(受托人财产)相互独立原则,以管理人自有财产向投资者承担赔偿责任,而非以资管产品财产向投资者承担赔偿责任。进一步讲,无论资管产品是否清算,无论资管产品投资的底层资产现状如何,都不影响管理人向投资者承担损害赔偿责任。

另外,根据《民法典》第 593 条的规定,当事人一方因第三人的原因造成违约的,应当向对方承担违约责任;当事人一方和第三人之间的纠纷,依照法律规定或者按照约定解决。因此,即使资管产品的融资方违约,造成资管产品损失的,管理人也应对投资者承担赔偿责任。管理人可以根据相关协议的规定追究融资方的违约责任,有权要求融资方承担赔偿责任。

3. 根据《民法典》第 188 条的规定,向人民法院请求保护民事权利的诉讼时效期间为 3 年;诉讼时效期间自权利人知道或者应当知道权利受到损害以及义务人之日起计算。部分资管产品,尤其是投资于非标资产或融资方违约的资管产品,其流

动性较差，清算周期长，部分资管产品自清算开始至清算完成可能需要几年。如果以资管产品是否清算完成作为投资者投资损失确定标准，可能会导致投资者无法在诉讼时效期间内向管理人主张损害赔偿。这并不符合《信托法》《民法典》《资管新规》《九民纪要》等相关法律法规关于保护投资者的规定。

因此，根据上述规定，在资管合同到期或提前到期后，投资者的投资本金和投资收益没有获得兑付，投资者的投资损失已经产生，管理人应以其自有财产向投资者承担赔偿责任。

资管产品到期或资管产品提前到期，如果投资者没有获得本金和利息兑付，投资者的投资损失是否确定，由于没有明确的法律法规规定，不同法院的判决结果截然不同。部分法院认为，资管产品没有清算，则投资者的投资损失无法确定。更有法院认为融资方被申请破产重整或者融资方已无可执行财产，投资者的损失仍然无法确定。法院的该等判决导致投资者的投资损失长时间处于不确定状态，不符合《民法典》等相关法律法规关于"民事主体从事民事活动，应当遵循公平原则，合理确定各方的权利和义务"的规定。如果管理人严格履行了资管合同约定的合同义务以及相关法律法规规定的诚实信用、勤勉尽责等信义义务，资管产品到期或提前到期后，投资者没有获得本金和利息兑付，管理人无须承担赔偿责任。

实务中，资管合同一般有管理人有权单方面延长资管产品期限的条款，管理人会延长资管产品的期限，直至资管产品清算。另外，在符合资管合同和相关法律法规的情况下，管理人可以将资管产品投资的底层资产以现状分配给投资者，以降低投资者的投资损失。由于篇幅限制，本专题不展开论述底层资产现状分配给投资者涉及的相关问题。

《九民纪要》第五部分明确了投资者可向管理人主张的损失金额构成。如果管理人违反了资管合同约定的合同义务和/或相关法律法规规定的诚实信用、勤勉尽责等信义义务，导致投资者投资损失，管理人应根据相关法律法规的规定以其自有财产向投资者承担赔偿责任，没有法律法规规定投资者投资损失的确定必须以资管产品清算完成为必要条件。

专题三

浅议私募基金募集过程中保底协议的法律效力

韩雪松　曹　月

一、私募基金募集过程中保底协议的有关规定

(一)保底协议存在合规风险

1. 私募基金的运作除受法律、行政法规的规范,还受证监会、基金业协会的合规监管,保底条款的存在违反行政规章及自律规则的相关规定。

2.《私募投资基金监督管理暂行办法》第15条规定,私募基金管理人、私募基金销售机构不得向投资者承诺投资本金不受损失或者承诺最低收益。

3.《私募投资基金募集行为管理办法》第24条规定,募集机构及其从业人员推介私募基金时,禁止以任何方式承诺投资者资金不受损失,或者以任何方式承诺投资者最低收益,包括宣传"预期收益""预计收益""预测投资业绩"等相关内容。禁止夸大或者片面推介基金,违规使用"安全""保证""承诺""保险""避险""有保障""高收益""无风险"等可能误导投资人进行风险判断的措辞。

4.《关于规范金融机构资产管理业务的指导意见》第2条规定,金融机构开展资产管理业务时不得承诺保本保收益。

5.《关于加强私募投资基金监管的若干规定》第6条规定,私募基金管理人、私募基金销售机构及其从业人员在私募基金募集过程中不得通过口头、书面或者通过短信、即时通讯工具等方式直接或者间接向投资者承诺保本保收益,包括投资本金不受损失、固定比例损失或者承诺最低收益等情形;亦不得夸大、片面宣传私募基金,包括使用安全、保本、零风险、收益有保障、高收益、本金无忧等可能导致投资者不能准确认识私募基金风险的表述,或者向投资者宣传预期收益率、目标收益

率、基准收益率等类似表述。

因此，从上述规定可以看出，保底协议的存在客观上违反了行政规章及自律规则等相关规定，存在合规风险，存有相关违规问题的机构及从业人员等可能会受到监管部门的处罚。

（二）保底协议并不属于《民法典》第153条第1款规定的合同无效的情形

《民法典》第153条第1款规定违反法律、行政法规的强制性规定的民事法律行为无效。目前出台的《私募投资基金监督管理暂行办法》、《私募投资基金募集行为管理办法》、《关于规范金融机构资产管理业务的指导意见》及《关于加强私募投资基金监管的若干规定》均系行政规章及自律规则，不属于《民法典》第153条第1款规定的法律和行政法规。目前，对私募基金行业保底协议的监管缺少法律级别的上位法规定，因此，不能以此为由认定保底条款无效。

（三）保底协议不符合《合伙企业法》第33条的规定

《合伙企业法》第33条规定："合伙企业的利润分配、亏损分担，按照合伙协议的约定办理；合伙协议未约定或者约定不明确的，由合伙人协商决定；协商不成的，由合伙人按照实缴出资比例分配、分担；无法确定出资比例的，由合伙人平均分配、分担。合伙协议不得约定将全部利润分配给部分合伙人或者由部分合伙人承担全部亏损。"从立法者的角度出发，首先是充分尊重合伙当事人的意思自治，但同时也规定"合伙协议不得约定将全部利润分配给部分合伙入或者由部分合伙人承担全部亏损"，保底条款不区分情况，让部分合伙人承担全部亏损，显然不符合法律规定。但违反此条是否必然导致保底条款无效，从司法判例中来看，并无统一认识。

二、私募基金协议中保底协议司法裁判标准

（一）合伙协议约定保底协议，不承担企业风险，实为借贷关系

1. 案例一：闫某明诉北京中金信国资产管理中心（有限合伙）等民间借贷纠纷案［（2015）海民（商）初字第41954号］

闫某明与北京中金信国资产管理中心（以下简称中金资产中心）通过华夏银行亮马河支行签订《山东国际信托紫御湾担保——资金信托中金信国私募基金》《北京中金信国资产管理中心（有限合伙）合伙协议》等一系列协议。

法院认为,闫某明与中金资产中心签订的《山东国际信托紫御湾担保——资金信托中金信国私募基金》文件,包括合伙协议、入伙协议等文件,从协议的内容看,闫某明仅到期收取固定收益,不承担合伙企业的经营风险。故协议名为合伙,实为民间借贷法律关系。该借贷关系未违反国家法律和行政法规的强制性规定,应属有效。闫某明向中金资产中心提供了150万元借款,借款人应当按照约定的期限返还借款。

2. 案例二:牟某芳、贺某群与余某雪保证合同纠纷案[(2018)渝02民终2247号]

余某雪与同盈公司签订《委托投资协议书》一份,约定余某雪委托投资金额20万元,预期年化收益率14%;每3个月分配一次;基金封闭期满后,委托投资人可在10个工作日内提出申请选择赎回本金。牟某芳、贺某群向余某雪出具担保书一份,载明:"客户:余某雪,期间如有任何风险,牟某芳和贺某群承担全部责任,特此证明,如本金按期到账,此担保自动作废。"

一审法院认为,虽然余某雪与同盈公司签订的是委托投资协议书,但在委托投资协议书中约定余某雪按月领取投资收益,到期赎回本金,双方的权利义务内容符合民间借贷的特征,即委托人收取固定收益,不承担投资风险,故余某雪与同盈公司之间实际是民间借贷关系。

3. 案例三:永安信(湖南)股权投资合伙企业、湖南永安信股权投资管理有限公司企业借贷纠纷案[(2018)赣01民终1827号]

一审法院认为,永安信(湖南)股权投资合伙企业(以下简称永安信企业)、湖南永安信股权投资管理有限公司(以下简称永安信公司)向顺悦公司出具的《出资证明文件》及顺悦公司与永安信公司、家家福公司、向某华签订的《担保协议》约定了"年投资回报率为28.8%"、"为保证乙方上述200万元项目投资出资款本金及投资回报的顺利收回"、"如乙方的200万元投资本金及投资利润到期未收回"及"直至该笔投资本金和收益全部收回"等内容,该条款属于保证本息固定回报的保底条款,故顺悦公司与永安信企业之间虽名为投资,但实际上系借贷关系。

二审法院认为,永安信公司、家家福公司、向某华出具的《担保协议》明确对出资额本金及投资回报进行了担保。《出资确认书》中明确了投资期限为6个月,永安信企业向顺悦公司实际支付的投资回报亦按照投资本金的一定比例进行支付,并无证据证明该投资回报与投资项目的盈亏存在直接的关联,上诉人主张永安信企业与顺悦公司之间建立的是共享收益、共担风险的投资关系,法院不予采信。一审法院认定顺悦公司与永安信企业之间系借贷法律关系,并无不妥。

对于协议中的保底协议,不少法院认定为借贷关系,判决出资人收回本金,由合伙企业或普通合伙人按一定比例支付利息。因此,从司法实践来看,保底协议并不必然无效,若被认定为借贷关系,则应当承担到期还本付息的责任。

(二)保底协议被认定为无效的情形

1. 案例一:蔡某江与深圳国投资本管理有限公司相关民间委托理财合同纠纷案[(2020)粤0304民初26442号]

原、被告与案外人恒丰银行股份有限公司签订《国投供应链金融私募投资基金基金合同》,同日,原、被告双方在一份《投资说明书》中约定“投资金额300万元(含)~800万元(不含)的业绩比较基准(年化)为9.5%/年,收益分配方式为按半年付息,到期还本付息”。经法院认定,该约定为被告对原告投资作出的保证本息固定回报的承诺,构成保底条款。

法院认为,保底条款使得投资风险停留在金融体系内部,将本应由投资者自行承担的资产损失风险转嫁给金融机构或非金融机构,当刚性兑付无法维持时,极易引起市场恐慌,导致投资者争相赎回投资,对金融、经济秩序产生负面影响,损害了社会公共利益。根据《民法典》第153条第2款“违背公序良俗的民事法律行为无效”之规定,认定基金合同中的保底条款无效。

2. 案例二:韩某东诉于某伟等股权转让合同纠纷案[(2014)济商初字第140号]

韩某东与于某伟、创投公司签订合伙协议一份。协议约定成立有限合伙企业(邦盛),于某伟为普通合伙人,韩某东、创投公司为有限合伙人。韩某东与于某伟、创投公司签订地产基金一期合伙协议之补充协议一份。补充协议约定:地产基金一期定向投资于山东龙熙投资有限公司熙湖·蓝海一期项目。韩某东仅作为地产基金一期有限合伙人。有限合伙人可以向合伙人以外的人转让在合伙企业中的财产份额,在同等条件下,其他合伙人有优先购买权。对地产基金一期投资收益,韩某东每年取得投资额的25%的收益,每6个月支付一次,无法支付的由于某伟弥补。

法院认为,韩某东与于某伟、创投公司签订的合伙协议、补充协议均系当事人之间真实意思表示,均合法有效。上述协议签订后,韩某东依约实缴了出资,于某伟、创投公司实缴了部分出资,依约成立了合伙企业(邦盛)。但是,补充协议约定了韩某东保底收益,违反了公司法关于风险共担的规定,属于无效条款,但不影响整个补充协议的效力。

然而在司法判例中，有法官就该问题给出不同的观点，如在湖北长江产业（股权）投资基金管理有限公司（以下简称湖北长投公司）、眭某合同纠纷［（2018）鄂01民终6237号］案件中，湖北长投公司主张诉争条款排除了“风险共担原则”，为“保底条款”。然而，法官阐述共担风险原则、保底条款无效等概念出现在1990年11月最高人民法院《关于审理联营合同纠纷案件若干问题的解答》中，该司法解释属于我国计划经济时期的特定产物，现在仍然机械地照搬套用当年特定时期的司法解释来处理现今经济社会中的敏感问题，则无异于削足适履。其一，所谓共担风险原则，既不是一个普通的原则，也不是一个刚性的原则。其二，所谓保底条款，本质上是当事人之间的一种风险和利益的分配条款。基于前述意思自治原则，当事人约定对一方或部分投资人的投资利益采取保底措施，不仅是市场交易中的常见现象，也存在相应的法理依据。在民商事领域的相关法律规定中，在特定情形下，如证券法、证券投资基金法、中外合作企业经营法等法律中基于公共利益的需要明文规定某些保底条款无效；至于无明文禁止的，则为有效。因此，不应将保底条款无效扩大适用到其他商事协议的效力判定上。

由上述案例可知，司法实践中有法院会以保底条款违反《民法典》第153条第2款“违背公序良俗的民事法律行为无效”之规定或违反《合伙企业法》中关于风险共担原则为由，认定保底条款无效。

（三）保底协议有效，按合同约定处理

1. 案例一：俞某泓与上海浙嘉投资有限公司保证合同纠纷案［（2015）浦民一（民）初字第43690号］

俞某泓作为资产投资人，第三人庸恳公司作为管理人，案外人国信证券股份有限公司作为托管人，共同签署《庸恳高傅量化一号基金基金合同》，后被告浙嘉公司出具承诺函，约定“本承诺函为持有《庸恳高傅量化一号基金》基金产品到期的俞某泓的利益而订立，在符合本承诺函的规定下，承诺人和受益人可有效地享有本承诺函的利益。一、如受益人持有该产品从正式成立之日起至到期日的年化收益率低于10%的，承诺人同意无条件地予以补足前述差额部分……”

被告辩称该承诺函违反《私募投资基金监督管理暂行办法》第15条而无效，法院认为依据《合同法》第52条第5项，违反法律、行政法规的强制性规定的合同无效。本案被告所称的该暂行办法的性质为部门规章，并非法律、行政法规，且第15

条为管理性规定而非效力性强制性规定，该条也仅规定私募基金管理人、私募基金销售机构不得向投资者承诺投资本金不受损失或者承诺最低收益，并未限定第三人为之提供担保，故该承诺函具有法律效力，对于被告的此项辩称法院不予采信。

2. 案例二：张某海与平安金控投资基金管理（北京）有限公司等委托理财合同纠纷案［（2017）京0105民初13150号］

平安金控投资基金管理（北京）有限公司（以下简称平安基金公司）作为普通合伙人、张某海作为有限合伙人签署了《合伙协议》，约定为共同设立平安管理中心从事私募基金业务达成协议，同日，平安基金公司作为收购方、张某海作为被收购方/出让方签订了《股权回购协议》，约定：如果被收购方的该项投资在到期日未能达到最低预期，收购方同意收购被收购方初始入资金额所对应的股权，以兑现被收购方入资所应产生的本金和利益，被收购方同意将对应股权转让给收购方。

法院认为，《股权回购协议》约定，投资方张某海在投资期到期日如果没有取得预期收益，则平安基金公司作为收购方应当履行收购义务。该条款约定的回购条件是“到期日未能达到最低预期”，即合同中约定的投资目标无法实现时，对投资人的股权进行回购。该协议对将来发生事实的约定未违反法律、行政法规的强制性规定，应属合法有效。

3. 案例三：深圳国投资本管理有限公司、深圳国投供应链管理有限公司民间委托理财合同纠纷案［（2020）鲁02民终7483号］

原告孙某国是被告私募基金管理人深圳国投资本管理有限公司私募基金投资人，原被告双方约定投资金额100万（含）~300万元（不含），12个月年息为9%，18个月年息为9.5%；投资金额300万（含）~800万元（不含），6个月年息为8.5%，12个月年息为9.5%，18个月年息为10%……收益分配方式为按半年付息，到期还本付息。

法院认为，合同中对半年付息、到期还本付息的约定应属于民间委托理财合同中的保底条款，应认定保底条款有效，认定保底条款有效符合委托人与受托人双方的最大利益，委托人对保底条款的信赖利益得到了保护，受托人通过诚信度的增强承揽更多的理财业务，所以出于盈利最大化的驱使，委托人与受托人共同缔结委托理财法律关系，皆出于真实意思表示，所以双方签订的保底条款属于有效条款。

通过上述司法实践中的判例可知，不少法官认为保底协议基于双方约定，未违反法律、行政法规的强制性规定，应属合法有效。

（四）《征求意见稿》中关于私募基金协议中保底协议的规定

2017年8月30日，《私募投资基金管理暂行条例（征求意见稿）》及其说明全文公布，正在征求社会各界意见。该意见稿中第20条中规定，私募基金管理人、私募基金销售机构不得向合格投资者之外的单位和个人募集资金；不得通过报刊、电台、电视台、互联网等公众传播媒体或者讲座、报告会、分析会等方式向不特定对象宣传推介；不得以虚假、片面、夸大等方式宣传推介；不得向投资者承诺资本金不受损失或者承诺最低收益。

（五）小结

基于上述可见，在现行法律框架下，并未对私募基金协议中的保底条款的效力问题存在禁止性规定，缺乏明显的认定标准，因此很多情况下无法以《民法典》第153条第1款中的“违反法律、行政法规的强制性规定”为由否定合同效力。

从上述判例中可以看出，在司法实践中，各法院对保底协议的效力认定各不相同，其中主要分为以下三类：第一，合伙协议约定保底协议，不承担企业风险，实为借贷关系；第二，保底协议违反了《合伙企业法》中关于风险共担的规定，部分无效；第三，未违反强制性规定，保底协议认定为有效。然而，可以预见到，如《私募投资基金管理暂行条例（征求意见稿）》顺利通过并实施，将正式出现约束私募基金保底协议的行政法规，届时对该问题的裁判标准将会有一定程度的统一。

专题四

公募基础设施 REITs 若干问题浅析

洪　瑜　胡胜训团队

2020 年 4 月 30 日，中国证监会、国家发改委发布《关于推进基础设施领域不动产投资信托基金（REITs）试点相关工作的通知》（证监发〔2020〕40 号），根据该通知中基础设施 REITs 试点工作安排，中国证监会起草了《公开募集基础设施证券投资基金指引（试行）》（以下简称指引）。以下我们将结合自身工作经验，谈谈对证监发〔2020〕40 号文和指引中若干问题的理解。

一、公募基础设施 REITs 推出意义

过去我国政府主要通过银行贷款、发债等债务性融资的方式获取资金，然后投入基础设施项目建设中，由于基础设施不能出售变现，只能由地方政府或平台公司长期持有，因此造成地方政府的负债一直居高不下。新冠肺炎疫情对我国经济发展造成了一定影响，尤其是 2020 年第一季度许多行业处于停工、停产的状态。我们看到，近期不少地方政府都在发行"抗疫"债券以支持实体经济尽快恢复到正常轨道。

证监发〔2020〕40 号文要求试点的公募基础设施 REITs 以资产为导向，通过把已经建成的基础设施项目卖给市场化投资者，大幅降低原来持有基础设施的政府与平台公司的负债。因此，公募基础设施 REITs 作为资产融资模式（非债务性融资），有利于扩大地方政府直接融资，对于化解地方债务、持续推动基础设施建设具有重大意义。

此外，公募基金由于没有投资者数量的上限，因此其产品规模可以做到很大，前期我们也关注到许多公募基金在新产品发行时只用了一天甚至几个小时就完成

募集的现象。试想,若公募基础设施 REITs 逐步被市场所认可,稳定分红和良好流动性的特征将使其成为老百姓投资持有的不二选择。实际上我国非常需要这种锚定优质不动产资产,并且安全性、收益性与增值性都很强的证券化产品来丰富资本市场。

二、公募基础设施 REITs 基本交易结构

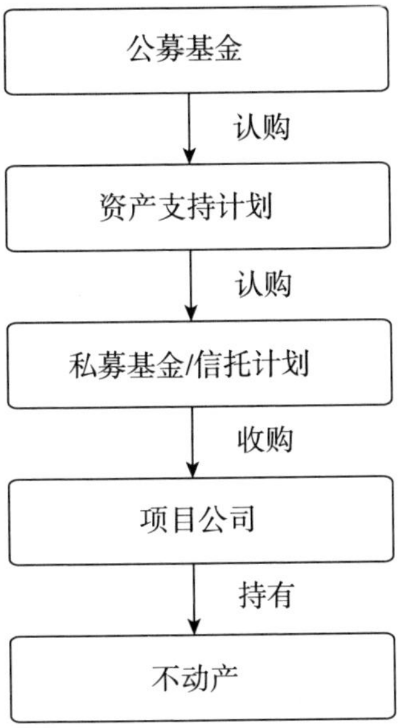

图 3-4-1　公募基础设施 REITs 基本交易结构

任何一项新业务推出,都必须有法律制度的保障,在指引发布前,对于证券交易所公募 REITs 将采用何种模式进行试点存在三种声音。一是不改变现有交易结构,直接把资产支持证券份额进行公开发行;二是去掉中间环节,发行公募基金直接收购项目公司股权;三是将前两者进行融合,发行公募基金再认购资产支持计划。就模式一而言,将资产支持证券进行公开发行与《证券公司及基金管理公司子公司资产证券化业务管理规定》对资产支持证券为私募性质的认定相违背。而模式二不仅和《证券投资基金法》对公募基金投资非上市公司股权的限制存在冲突,且基于税收筹划等方面的考虑,维持现有类 REITs 资产证券化产品"资产支持计划 + 私募基金/信托计划"的结构更为合理。第三种即"公募基金 + ABS"的模式是对现行业务法律体系冲击最小的,其无须修改相关法律为 REITs 让路,因此指引选择了该种模式进行业务试点。

当然,公募基础设施 REITs 在融入现行业务法律体系时仍需要打上一个小“补丁”。根据《公开募集证券投资基金运作管理办法》,基金投资需满足“双 10%”的要求,即“一只基金持有一家公司发行的证券,其市值超过基金资产净值的百分之十”和“同一基金管理人管理的全部基金持有一家公司发行的证券,超过该证券的百分之十”,这一要求显然是公募基础设施 REITs 所无法满足的。因此,指引第 25 条明确公募基础设施 REITs 的比例不受“双 10%”的限制,打破了业务开展的障碍。

三、哪些基础设施适合进行试点

首先,试点基础设施的范围一目了然。指引第 50 条第 2 项最后一句明确:“基础设施包括仓储物流,收费公路、机场港口等交通设施,水电气热等市政设施,污染治理、信息网络、产业园区等其他基础设施,不含住宅和商业地产。”鉴于本次试点是交易所 REITs 先行,故银行间 REITs 所青睐的租赁房屋(尤其是公租房)暂未列入试点范围。

其次,试点基础设施的要求不低。指引第 8 条指出,基础设施基金拟持有的基础设施项目应当符合原则上运营 3 年以上,已产生持续、稳定的现金流,投资回报良好,并具有持续经营能力、较好增长潜力;现金流来源具备较高分散度,且主要由市场化运营产生,不依赖第三方补贴等非经常性收入。“经营 3 年以上”的要求把在建项目和刚刚开始产生现金流的基础设施项目挡在了试点大门之外,而“市场化运营”和“不依赖第三方补贴”则意味着主要依靠政府回购的偏债性类 REITs 不适合进行试点。

由此可见,试点基础设施项目必须是符合以上所有要求的优质项目,然而对于能产生持续、稳定现金流的优质项目,原始权益人也许更希望到期回购,是否愿意真正让渡其所有权需要打上一个问号。考虑到基础设施的原始权益人一般是地方政府或平台公司,因此公募基础设施 REITs 想要快速发展起来,需要政府先行转变思路,舍得把已经有“自我造血能力”的优质项目转让出去,不然可能只会成为一个雷声大雨点小的业务。公募基础设施 REITs 发行后,虽然基础设施的所有权或特许经营权让渡给了公募基金管理人,但是该基础设施仍然在服务于其所在的城市或地区,这些城市或地区也没有失去该等优质资产。而公募基础设施 REITs 的发行能够迅速把这些优质的资产变现,帮助地方政府减轻所背负的负债压力。

另外,对基础资产质量的高要求将倒逼政府在进行基础设施投资时要更加注重市场导向。未来地方政府在兴建基础设施项目前,应对其投资回报、增长潜力等进行全方位评估,重点考虑5G基站、特高压、城际高速铁路和城市轨道交通等更能产生经济效益的新型基础设施建设项目。

四、自然人投资者参与问题

公募基础设施REITs最令人振奋之处,在于它可以向自然人投资者公开发售。然而,因为其最终投向是基础设施资产,变现能力差、风险难以分散以及项目存续时间长等特点也给投资行为带来了诸多的不确定性,这也成为公募基础设施REITs最让人担忧的地方。当然,监管层已经意识到了这些风险,因此对自然人投资者参与公募基础设施REITs采取了非常审慎的制度安排。指引第18条第1款规定:"基础设施项目原始权益人或其同一控制下的关联方参与基础设施基金份额战略配售的比例合计不得低于本次基金份额发售数量的20%……"第19条第1款规定:"扣除向战略投资者配售部分后,基础设施基金份额向网下投资者发售比例不得低于本次公开发售数量的70%。"做一个简单的算术题,会发现实际上自然人投资者真正能获得的投资比例最多只有总规模的16%,这似乎与我们印象中的公募基金不大一样。

投资者接受一项新事物需要时间,尤其是对于自然人投资者来说更是如此。在公募基础设施REITs试点之初,如果直接告知自然人投资者,一旦所投资的基础设施资产现金流回笼不稳定将可能无法收回本金和获取收益,想必其很难吸引到自然人投资者参与。因此,至少对于当下来说,有广大自然人投资者参与的公募基础设施REITs是否比主要由机构投资者参与的债券交易具有更好的流动性仍是一个未知数。

为了保护自然人投资者,也为了帮助其更好地接受该等新业务,监管要求给予原始权益人和专业机构投资者更高的参与度,压缩自然人投资者可以投资的基金份额,这也许是试点阶段不得不采取的方式。当然,我们建议也相信未来监管会逐渐将自然人投资者参与的比例提高,通过项目筛选和交易安排来增强投资者的安全感,真正将公募基础设施REITs打造成为老百姓新的投资选择。

五、多重尽调是否必要

首先,证券交易所ABS项目在发行前需要证券公司、律师事务所、会计师事务所、评级机构等进行联合尽调,我们称之为第一轮尽调。其次,指引第7条指出,"申请注册基础设施基金前,基金管理人应当对拟持有的基础设施项目进行全面的尽职调查,聘请符合规定的专业机构提供评估、法律、审计等专业服务……”第13条明确:“申请注册基础设施基金前,基金管理人应当聘请符合条件的律师事务所就基础设施项目合法合规性、基础设施项目转让行为合法性、主要参与机构资质等出具法律意见书,聘请符合条件的会计师事务所对基础设施项目财务情况进行审计并出具报告。”这是第二轮尽调。最后,指引第10条强调:“基金管理人可以与资产支持证券管理人联合开展尽职调查,必要时还可以聘请财务顾问开展尽职调查,但基金管理人与资产支持证券管理人依法应当承担的责任不因聘请财务顾问而免除。基金管理人或其关联方与原始权益人存在关联关系,或享有基础设施项目权益时,应当聘请第三方财务顾问独立开展尽职调查,并出具财务顾问报告。财务顾问应当由取得保荐业务资格的证券公司担任,基金管理人、财务顾问应按照法律法规及中国证监会有关规定对基础设施项目进行尽职调查,充分了解基础设施项目的经营状况及其面临的风险和问题。”此为第三轮尽调。且不说多轮尽调会对原始权益人造成多少时间和精力上的负担,关键在于如果尽调的侧重点、方式方法和责任边界没有区别,则尽调将无法起到复核复查的作用,将很有可能变成重复的机械劳动。

我们理解这种所谓的重复尽调是监管层为了谨慎起见有意为之,不过公募基础设施REITs既然引入了保荐机制,参照最为严格的IPO标准发行,那么是否只由财务顾问以及相关中介机构进行尽职调查就已经足够。重复不一定创造价值,如果只是强制进行三轮尽调,最后也许各方都会流于形式,日后也难以进行追责。

六、税收政策亟须明确

最后谈谈税的问题。从国外经验来看,REITs之所以发展迅速,一个重要的原因在于税收方面享受明确的优惠政策。税法的特别规定及其修订推动了REITs在美国的诞生和发展。不过,美国REITs的税收政策并不是在业务刚推出时就完备的,也是经历了10年的时间才把税收问题解决。

其实关于基础设施REITs的税收问题,我国主管部门一直在积极研究,不过,想要实现税收中性,就要给予一定的税收优惠。公募基础设施REITs采用公募基金+ABS的模式进行试点,其中公募基金与资产支持计划之间是资金信托法律关系,本身没有税务产生,而公募基金向投资者分配利润受益于公募基金的优惠政策,也使得税收得以减免。因此,公募基金+ABS的模式并不增加各方的税务负担。不过,公募基础设施REITs还涉及ABS前期的资产重组环节,该环节资产的重组剥离往往将产生土地增值税、增值税、契税等巨额税费,这是此前制约我国类 REITs 产品发展的重要原因。因此,我们建议可以让试点项目获得免税待遇,因为政府是征税主体,如果不采取积极的税收优惠政策来配合,那么就相当于政府对公募基础设施 REITs 的发展设置了障碍。同时,政府应当清楚,给予税收优惠政策鼓励公募基础设施 REITs 发展,其所带来的债务化解与经济活跃将可能产生新的税源,这远比由于税收问题限制住了它的发展要好。

我国不缺不动产资产,也不缺市场化资金,我们缺的是制度创新。本次监管层发布证监发〔2020〕40 号文和指引进行公募基础设施 REITs 试点,这是一件功德无量的事情。同时,我们也应当看到,推动业务试点是一项复杂而艰难的工作,未来很可能是金融机构一边做项目,监管部门一边完善规则的发展过程。毫无疑问,法律服务在过程中的重要性将更甚以往。因此,我们定当继续努力,以法律人的身份推动业务、见证发展。

专题五

后资管新规时代的合同效力：浅析金融司法裁判的趋势

洪 瑜 胡胜训团队

2018年4月27日，中国人民银行、中国银行保险监督管理委员会、中国证券监督管理委员会、国家外汇管理局联合发布了《关于规范金融机构资产管理业务的指导意见》(以下简称《资管新规》或《新规》)。《资管新规》被认为是监管部门所发布的改变资管行业的纲领性文件，它的出台重塑了大资管格局，并且产生了诸多方面的影响，那么《资管新规》是否会对司法机关认定合同效力产生影响呢？本专题将通过几则人民法院涉及金融监管对合同效力影响的案例分析，进一步探究强监管时代金融司法裁判的趋势。

一、最高人民法院几则涉及金融监管对合同效力影响的案例

(一)案例一：南昌农商行与内蒙古银行合同纠纷案[(2016)最高法民终215号]

本案由最高人民法院(以下简称最高院)在2018年6月27日审结。本案争议的焦点之一是南昌农商行与内蒙古银行签订的《收益权转让协议》的效力问题。最高院认为，本案中协议内容是各方当事人的真实意思表示，不违反法律、行政法规的强制性规定，亦不存在法律规定的其他无效情形，应为有效。同时，最高院在本案的裁判说理中史无前例地指出，《资管新规》要求监管部门对于金融机构资产管理业务实行穿透式监管，禁止开展多层嵌套和通道业务。本案当事人的交易模式确实存在拉长资金链条，增加产品复杂性之情形，可能导致监管部门无法监控最终的

投资者,对交易风险难以穿透核查,不符合监管新规之要求。本案各方当事人今后应严格按照《资管新规》,规范开展业务。

令人稍有遗憾的是,虽然提到各方当事人应对《资管新规》严格遵守,但最高院在本案中仅仅是以类似劝诫的方式给出建议,而市场最为关心的违反《资管新规》是否会影响合同效力的问题并没有给出明确答案。

(二)案例二:北大高科与光大兴陇信托借款合同纠纷案[(2015)民二终字第401号]

《资管新规》第22条第1款规定,金融机构不得为其他金融机构的资管产品提供规避投资范围、杠杆约束等监管要求的通道服务。本案所涉信托贷款发生在2011年,属于《资管新规》实施前的存量银信通道业务。而对于此类存量业务,《资管新规》第29条规定,为减少存量风险,按照"新老划断"原则设置过渡期,过渡期设至2020年年底,确保平稳过渡。据此,2018年6月29日,最高院认定北大高科所提案涉《信托合同》和《借款合同》系商业银行为规避正规银行贷款流程而借助信托通道谋取高息并构成以合法形式掩盖非法目的的上诉理由没有法律依据,依法不予支持。

本案中最高院在判决书的裁判说理部分援引了《资管新规》,这也被认为是《新规》发布以来第一次被法院援引作为裁判说理的依据,在一定程度上反映了当下金融司法裁判的监管化趋势。我们从最高院的裁判说理中似乎能够读到这样的潜台词,案涉合同确实不符合《资管新规》的规定,之所以合同效力问题能"逃过一劫"是由于《新规》设置了过渡期,一旦过渡期结束,最高院很可能会否定案涉合同的效力。

(三)案例三:江苏信托与农行昆明分行合同纠纷案[(2017)最高法民终478号]

与案例二相同,本案所涉业务在《资管新规》出台前即已存在,而《新规》允许案涉《转让协议》这一类的存量业务合同继续履行,这有助于维护金融市场交易安全,也能够起到稳定相关市场预期的作用。

2018年9月5日,最高院在本案的裁判说理中指出,当事人须在签订、履行合同时严格遵守《资管新规》,人民法院亦应在审查相关合同效力时,按照《合同法》第52条的规定予以充分的考量。最高院的这一裁判进一步透露出金融裁判的监管化趋势。

二、金融司法裁判监管化趋势的启示

在《资管新规》颁布以前,司法机关在处理资管合同纠纷时往往本着尊重市场规律、支持金融创新的原则,即使资管合同内容违反部门规章,如合同约定能够体现当事人意思自治,一般也不会认定合同无效。然而随着资管领域监管套利等现象的激增,监管部门相继颁布了《资管新规》等部门规章或规范性文件,司法机关也陆续公布司法性文件来传达司法精神。2018 年 6 月 27 日上海市高级人民法院作为按中央规定新设的上海金融法院的上级法院下发了《关于落实金融风险防范工作的实施意见》,该意见直接规定对不符合金融监管规定和监管精神的金融创新交易模式要及时否定其法律效力。该意见明确了要以监管规定和监管精神作为否定交易模式效力的依据。2019 年 7 月 3 日,最高院在全国法院民商事审判工作会议上明确指出不能以尊重契约自由为由,对通道业务等违法违规行为视而不见。2019 年 11 月 8 日最高院发布的《全国法院民商事审判工作会议纪要》第 31 条规定,违反规章一般情况下不影响合同效力,但该规章的内容涉及金融安全、市场秩序、国家主观政策等公序良俗的应当认定合同无效。

从上述司法性文件可以看出,司法机关在处理金融领域相关纠纷时,不再仅尊重当事人意思自治原则。司法机关密切关注着监管机构出台的相关政策,吸收"实质重于形式"的理念,注重司法与监管的有机结合。司法与监管的趋同,将可能对资管合同纠纷的裁判产生较大影响。在强监管时代的资管合同纠纷中,若资管合同相关条款违反《资管新规》,司法机关可能结合其情节的严重程度、对金融秩序的扰乱程度以及对社会的负面影响程度等综合因素考量,扩大《民法典》违背公序良俗等有关认定合同无效条款的适用情形来判定资管合同的效力。合同无效是对法律行为最为严厉的否定性评价,是对当事人意思自治的彻底否定,从而导致当事人合同利益的落空。按照以上几则案例的裁判思路,未来当事人如违反了《资管新规》的规定,或者是出于规避金融监管的目的,或者是利用灰色地带进行金融创新的行为,都很有可能被认定为"危及金融秩序和社会稳定,进而损害社会公共利益的行为",其合同效力将有被否定的风险。

除此以外,司法机关可能通过合同最终目的来认定实际构成的法律关系。司法实践中,由于所依据的层级不同,以目的反推法律关系往往会得出不同的结果。比如收益权转让合同,从表层来看属于买卖法律关系,而从深层来看则可能属于借贷法律关系或担保法律关系。江苏信托与农行昆明分行合同纠纷案[(2017)最高法民终478号]中关于转让协议的性质认定,最高院认为《转让协议》约定由农行昆明分行承担的是特定资产收益权回购到期日之前的差额补充义务。上述义务属农行昆明分行作出的支付承诺,相对于被补充之债权具有独立性,农行昆明分行届期即应如数支付相应款项。此与通常具有从属性、补充性的保证担保不同,并不是在绿园置业不履行其回购义务时才由农行昆明分行向江苏信托依约履行债务或者承担责任。故其虽然具有增信担保的作用,但并非担保法意义上的保证担保行为。农行昆明分行上诉理由中主张《转让协议》名为转让实为担保,理据不足,法院不予支持。这种解释上的冲突在名股实债、通道业务等资管业务实务的争议中十分常见。未来随着金融司法监管化的趋势愈发明显,我们建议相关机构应在资管产品的全周期时刻关注资管合同的效力问题。在合同起草、履行阶段,尤其是发生纠纷时,应及时聘请专业律师来处理争议,由律师根据《资管新规》等规范性文件并结合过往实操经验,积极证明资管合同的效力,从而最大化地保障当事人权利。

专题六

写给公募基础设施 REITs 各参与方

胡胜训　洪　瑜

2020 年 4 月 30 日，中国证监会起草了《公开募集基础设施证券投资基金指引（试行）》（征求意见稿）（以下简称《征求意见稿》）并向社会公开征求意见，我们当时撰写了《公募基础设施 REITs 若干问题浅析》对征求意见稿的重点内容进行分析。3 个多月后，中国证监会于 8 月 6 日正式发布了《公开募集基础设施证券投资基金指引（试行）》（以下简称《正式稿》），同时发布的，还有关于制定《公开募集基础设施证券投资基金指引（试行）》的立法说明。而在稍早的 7 月 31 日，国家发改委也按照此前发改委与证监会联合印发的《关于推进基础设施领域不动产投资信托基金（REITs）试点相关工作的通知》（以下简称《原通知》）的要求发布了《关于做好基础设施领域不动产投资信托基金（REITs）试点项目申报工作的通知》（以下简称《新通知》）。

综观《正式稿》与《新通知》，无不体现出监管部门希望公募基础设施 REITs 更具可操作性的初衷，如《正式稿》将“基金产品 80% 以上基金资产持有单一基础设施资产支持证券全部份额”修改为“80% 以上基金资产投资于基础设施资产支持证券并持有其全部份额”，以增加基金持有基础设施资产支持证券的数量要求；将“项目运营 3 年以上”修改为“原则上运营 3 年以上”，以拓宽基础设施项目范围；将“现金流来源具备较高分散度”修改为“现金流来源合理分散”，以豁免对分散度的要求等。

本专题将梳理《正式稿》与《新通知》中值得各参与方关注和重视的内容，同时谈一下《正式稿》对“特许经营权”修改的原因。

一、写给基金管理人

表3－6－1　写给基金管理人

《征求意见稿》	《正式稿》
第六条　申请注册基础设施基金前，基金管理人应当对拟持有的基础设施项目进行~~独立、~~全面的尽职调查，聘请符合规定的专业机构提供估值、审计等专业服务，与基础设施资产支持证券管理人协商确定基础设施资产支持证券设立、发行等相关事宜，确保基金注册、份额发售、投资运作与资产支持证券设立、发行之间有效衔接	第七条　申请注册基础设施基金前，基金管理人应当对拟持有的基础设施项目进行全面的尽职调查，聘请符合规定的专业机构提供评估、法律、审计等专业服务，与基础设施资产支持证券管理人协商确定基础设施资产支持证券设立、发行等相关事宜，确保基金注册、份额发售、投资运作与资产支持证券设立、发行之间有效衔接
第九条　~~除独立开展尽职调查外，~~基金管理人还应当聘请财务顾问对拟持有的基础设施项目进行全面的尽职调查，出具财务顾问报告。财务顾问由取得保荐机构资格的证券公司担任，按照法律法规及中国证监会有关~~保荐机构尽职调查要求，~~对基础设施项目进行尽职调查，充分了解基础设施项目的经营状况及其面临的风险和问题	第十条　基金管理人可以与资产支持证券管理人联合开展尽职调查，必要时还可以聘请财务顾问开展尽职调查，但基金管理人与资产支持证券管理人依法应当承担的责任不因聘请财务顾问而免除。基金管理人或其关联方与原始权益人存在关联关系，或享有基础设施项目权益时，应当聘请第三方财务顾问独立开展尽职调查，并出具财务顾问报告。财务顾问应当由取得保荐业务资格的证券公司担任。基金管理人、财务顾问应按照法律法规及中国证监会有关规定对基础设施项目进行尽职调查，充分了解基础设施项目的经营状况及其面临的风险和问题

从尽职调查角度来说，《正式稿》最大的变化是允许基金管理人可以与资产支持证券管理人联合开展尽职调查，这基本上解决了重复尽调的问题。考虑到基金管理人和资产支持证券管理人如果由同一家机构担任，或者虽是两家机构但基金管理人与资产支持证券管理人为控股关系将在实操环节更为便利，因此我们整理出以下名单，相信这些机构在后续开展业务时具有不小的优势。

表3－6－2　同时是基金管理人和资产支持证券管理人的机构

序号	公司名称
1	山西证券股份有限公司
2	渤海汇金证券股份有限公司

续表

序号	公司名称
3	国都证券股份有限公司
4	东兴证券股份有限公司
5	中银国际证券股份有限公司
6	北京高华证券有限责任公司

表 3-6-3 资产支持证券管理人持有基金管理人 50% 以上的股份

序号	基金管理人	资产支持证券管理人	持股比例
1	华夏基金管理有限公司	中信证券股份有限公司	62%
2	海富通基金管理有限公司	海通证券股份有限公司	51%
3	华泰证券(上海)资产管理有限公司	华泰证券股份有限公司	100%
4	广发基金管理有限公司	广发证券股份有限公司	60.6%
5	申万菱信基金管理有限公司	申万宏源证券有限公司	67%
6	中信建投基金管理有限公司	中信建投证券股份有限公司	55%
7	上海东方证券资产管理有限公司	东方证券股份有限公司	100%
8	光大保德信基金管理有限公司	光大证券股份有限公司	55%
9	兴证全球基金管理有限公司	兴业证券股份有限公司	51%
10	中泰证券(上海)资产管理有限公司	中泰证券股份有限公司	60%
11	方正富邦基金管理有限公司	方正证券股份有限公司	66.7%
12	长江证券(上海)资产管理有限公司	长江证券股份有限公司	100%
13	东吴基金管理有限公司	东吴证券股份有限公司	70%
14	东方基金管理有限责任公司	东北证券股份有限公司	57%
15	浙江浙商证券资产管理有限公司	浙江浙商股份有限公司	100%
16	国海富兰克林基金管理有限公司	国海证券股份有限公司	51%
17	华融基金管理有限公司	华融证券股份有限公司	100%
18	财通证券资产管理有限公司	财通证券股份有限公司	100%
19	西部利得基金管理有限公司	西部证券股份有限公司	51%
20	兴银基金管理有限责任公司	华福证券有限责任公司	76%
21	红塔红土基金管理有限公司	红塔证券股份有限公司	59.3%

续表

序号	基金管理人	资产支持证券管理人	持股比例
22	信达澳银基金管理有限公司	信达证券股份有限公司	54%
23	西藏东财基金管理有限公司	东方财富证券股份有限公司	100%
24	国开泰富基金管理有限责任公司	国开证券股份有限公司	66.7%
25	新华基金管理股份有限公司	恒泰证券股份有限公司	58.6%
26	湘财基金管理有限公司	湘财证券股份有限公司	100%
27	中航基金管理有限公司	中航证券有限公司	55%
28	金元顺安基金管理有限公司	金元证券股份有限公司	51%
29	德邦基金管理有限公司	德邦证券股份有限公司	70%
30	国融基金管理有限公司	国融证券股份有限公司	51%

二、写给资产支持证券管理人和原始权益人

与《原通知》一脉相承,《新通知》再次强调公募基础设施 REITs 应优先支持位于京津冀、长江经济带、雄安新区、粤港澳大湾区、海南、长江三角洲等重点区域的基础设施项目。而位于国务院批准设立的国家级新区、国家级经济技术开发区范围内的基础设施项目则容易被忽视。实际上,国务院批准设立的国家级新区、国家级经济技术开发区范围内的基础设施项目同样属于受到支持的范围,而这些区域是资产支持证券管理人和原始权益人应当重点关注的,我们梳理如下。

(一)国家级新区

首先,根据国家发改委 2017 年 3 月 28 日制定的《2017 年国家级新区体制机制创新工作要点》以及中共中央、国务院《关于支持河北雄安新区全面深化改革和扩大开放的指导意见》,目前国家级新区共有 19 个,具体见表 3 -6 -4。

表 3 -6 -4 18 个国家级新区

上海浦东新区	天津滨海新区
重庆两江新区	浙江舟山群岛新区
兰州新区	广州南沙新区
陕西西咸新区	贵州贵安新区
青岛西海岸新区	大连金普新区

续表

四川天府新区	湖南湘江新区
南京江北新区	福州新区
云南滇中新区	哈尔滨新区
长春新区	江西赣江新区
雄安新区	

(二)国家级经济技术开发区

值得强调的是,虽然省级及省级以下新区、经济技术开发区不属于《新通知》中的重点区域,但结合政策、制度层面对公募基础设施 REITs 的重视程度,我们建议如区内有属于《新通知》列明的重点行业项目,各参与方不妨积极关注,待首批公募基础设施 REITs 落地后,就单个项目一一与监管部门进行沟通。

三、关于特许经营权

《正式稿》将"特许经营权"修改为"经营权利"(见表 3-6-5)是值得研究的,为探其修改原因,我们首先来看什么是特许经营权。

表 3-6-5　特许经营权的对比

《征求意见稿》	《正式稿》
第二条　……基金通过资产支持证券和项目公司等载体(以下统称特殊目的载体)穿透取得基础设施项目完全所有权或特许经营权……	第二条　……基金通过资产支持证券和项目公司等载体(以下统称特殊目的载体)取得基础设施项目完全所有权或经营权利……

(一)特许经营权的定义

在我国,特许经营权包括商业特许经营权和行政特许经营权,由于本专题探讨的是基础设施领域,故只关注行政特许经营权。

根据《基础设施和公用事业特许经营管理办法》第 3 条的规定,"本办法所称基础设施和公用事业特许经营,是指政府采用竞争方式依法授权中华人民共和国境内外的法人或者其他组织,通过协议明确权利义务和风险分担,约定其在一定期限和范围内投资建设运营基础设施和公用事业并获得收益,提供公共产品或者公共服务"。

(二)特许经营权的转让

根据《市政公用事业特许经营管理办法》第18条的规定,“获得特许经营权的企业在特许经营期间有下列行为之一的,主管部门应当依法终止特许经营协议,取消其特许经营权,并可以实施临时接管:(一)擅自转让、出租特许经营权的……”从上述办法来看,特许经营权不得随意转让但并非不能转让,根据“法无禁止即自由”的原则,特许经营权经行政机关同意后应当可以转让。

实际上,司法判例对于特许经营权的转让也给予了支持。在南宁市中威管道燃气发展有限责任公司、南宁市武鸣区人民政府城乡建设行政管理:城市规划管理(规划)二审行政判决书[(2015)桂行终字第133号]的法院认为部分,广西壮族自治区高级人民法院在阐述关于中威公司是否有擅自转让特许经营权的事实问题时认为,“万佳公司是中威公司应原武鸣县政府税留当地的要求而注册成立,在实际建设的过程中,原武鸣县住建局也是允许万佳公司作为建设单位参与建设,原武鸣县政府亦同意边完善证照边施工。故原武鸣县住建局认定中威公司擅自转让没有事实依据,本院不予采信”。因此,广西壮族自治区高级人民法院撤销了原武鸣县住房和城乡规划建设局于2014年5月21日作出的《关于解除与南宁市中威管道燃气发展有限责任公司签订的〈武鸣县管道燃气特许经营协议书〉的通知》。

(三)《正式稿》修改的原因

我国法律并未对经营权利进行专门的定义,仅从字面上理解,经营权利的外延显然大于特许经营权。通过上文分析,《正式稿》的修改并不是因为特许不得转让,而我们认为修改的主要原因包括以下两点。

1. 扩大基础资产的范围

虽然特许经营权经审批后可以转让,但因涉及特许经营,行政主管部门在审批时定会非常谨慎,这无疑使公募基础设施REITs本就冗长的流程更加复杂,增加项目的不确定性。而特许经营权所对应的收费收益权转让则应当无须行政机关同意,因为其并不让渡企业的经营管理权,不会影响经营效率,且收费收益权转让有助于提高资产流动性,吸引社会资本,提升资产价值,增强项目融资能力。因此,《正式稿》将“特许经营权”修改为“经营权利”使得特许经营权、收费收益权等多种权利类型得以适用,从而让更多的优质项目纳入公募基础设施REITs的范围。

2. 减少规范性文件的修改

相对于传统类型的“老基建”项目，以5G网络、数据中心、物联网、人工智能等为代表的“新基建”产权及收益模式清晰，更加以市场为导向。随着新基建的不断落地，一些项目也许不需要行政主管部门的特许经营即可实施。考虑到“新基建”的特性以及业务开展的延展性，将“特许经营权”改为“经营权利”可避免未来因该问题对规范性文件的修改。

REITs作为直接融资工具，不仅为项目建设方搭建了稳定的退出渠道，也为运营方创设了良好的流动性支持，还为投资者提供了优质的标的资产，定当长期活跃于我国资本市场。本专题旨在帮助公募基础设施REITs的各参与方找准业务切入点，以便迅速投入公募基础设施REITs的蓝海。

专题七

金融消费者保护纠纷中私募基金的适当性义务

梁维维

近年来,金融界爆雷现象屡见不鲜,有关投资者的诉讼纠纷也呈爆炸式增长,各地法院对于金融消费者权益纠纷的判决也是大相径庭。为了统一各地法院裁判思路,规范法官自由裁量权,最高人民法院于 2019 年 11 月 8 日,发布了《全国法院民商事审判工作会议纪要》(法〔2019〕254 号,以下简称《九民纪要》)正式稿,其中第五章专章对金融消费者权益保护纠纷案件的审理进行了说明与规定,明确了因金融服务引起的纠纷之法律适用、责任主体确定、举证责任分配、告知说明义务的衡量标准等方面的内容。该纪要认为:法院在审理卖方机构与金融消费者之间因销售各类高风险等级金融产品和为金融消费者参与高风险等级投资活动提供服务而引发的民商事案件中,必须坚持"卖方尽责、买者自负"的原则,这一原则实质是提升了对金融消费者等特殊群体的倾斜保护。《九民纪要》的出台对于维权的私募基金的投资人来说,又有哪些好消息呢?

一、《九民纪要》中"关于金融消费者权益保护纠纷案件的审理"章节是否适用于私募基金

《九民纪要》第 72 条适当性义务的规定中,高风险等级金融产品中未明确包括私募基金或私募投资基金,那么,"关于金融消费者权益保护纠纷案件的审理"章节的内容是否适用于私募基金领域呢?首先,前述高风险等级金融产品均系《关于规范金融机构资产管理业务的指导意见》(以下简称《资管新规》)所规范的资产管理产品,而《资管新规》规定,在私募投资基金专门法律、行政法规中没有明确规定时,私募投资基金同样适用《资管新规》;其次,《资管新规》明确规定公募产品和开放式

私募产品不得进行份额分级,上述高风险等级金融产品中的"杠杆基金份额",应特指分级私募基金产品份额;最后,在证监会发布的《证券期货投资者适当性管理办法》以及中国证券投资基金业协会发布的《私募投资基金募集行为管理办法》《基金募集机构投资者适当性管理实施指引(试行)》等规定中,均明确私募机构在基金募集、销售过程中,亦应当履行"适当性义务"。因此,《九民纪要》有关"适当性义务"的内容,适用于分级私募基金产品,应参照适用。

二、私募基金适当性义务

(一)适当性义务的法律适用规则

《九民纪要》第73条规定:在确定卖方机构适当性义务的内容时,应当以合同法、证券法、证券投资基金法、信托法等法律规定的基本原则和国务院发布的规范性文件作为主要依据。相关部门在部门规章、规范性文件中对高风险等级金融产品的推介、销售,以及为金融消费者参与高风险等级投资活动提供服务作出的监管规定,与法律和国务院发布的规范性文件的规定不相抵触的,可以参照适用。

《九民纪要》明确规定法院可以参照适用与法律和国务院发布的规范性文件的规定不相抵触的部门规章、规范性文件,解决了实务中的法律适用问题,强化了对金融消费者的权益保护。私募基金相关的部门规章如:《基金募集机构投资者适当性管理实施指引(试行)》《私募投资基金募集行为管理办法》《关于规范金融机构资产管理业务的指导意见》《证券期货投资者适当性管理办法》对卖方机构需要履行的适当性义务的要求更加细化,更加严格,可见《九民纪要》的出台进一步向保护金融消费者权益倾斜。

(二)适当性义务的内容

根据《私募机构适当性管理指引》,私募基金适当性义务是指私募机构在销售基金产品或者服务的过程中,根据投资者的风险承受能力销售不同风险等级的基金产品或者服务,把合适的基金产品或者服务卖给合适的投资者,其主要核心原则是"卖者尽责,买者自负"。结合《九民纪要》对适当性义务的解释,在私募基金语境下的适当性义务主要包括如下几个维度:

1. 投资者认定及分类(了解客户)。通过对投资者进行分类管理及对投资者的风险认知、风险偏好、风险承受能力进行测试来了解客户。

2. 产品风险等级划分(了解产品)。通过对产品风险等级设置及对产品风险评价，来让投资者了解产品。

3. 适当性匹配（适当推介、风险揭示）。在“了解客户”和“了解产品”的基础上，根据客户与产品各自不同的特点，提出适当性匹配意见，即将合适的基金产品推介给合适的投资者；同时，在推介过程中向投资者披露基金信息和风险揭示（告知说明义务）。

结合适当性义务的内容来看卖方机构违反适当性义务的常见形式有以下几类：(1)未对金融消费者提供的各类信息履行基本审核义务。(2)未能按照主客观结合的标准实质履行说明告知义务。(3)对金融产品的内部风险评级制度缺乏客观性和准确性。(4)代销机构指定的风险评级标准低于发行方的风险评级标准。(5)缺乏系统、完备的内部风控制度或在风控方面出现重大过错。(6)产品风险与投资人风险承受不匹配，未对产品类型或交易结构存在特别安排，或存在特别机制或重大风险的金融产品进行披露并解释。(7)主动推介可能会导致卖方机构承担更高的风险提示及披露义务。(8)未建立适当性义务履行证据的留存体系，导致关键证据未能留痕。

参考案例：(2019)浙0784民初2946号，在胡某利与中大期货有限公司永康营业部、中大期货有限公司财产损害赔偿纠纷一案中，代销机构未对案涉基金对应的公司涉及重大诉讼进行调查核实，未审慎评估案涉基金的风险等级，未将上述信息披露告知投资者，违反适当性管理义务。

（三）履行适当性义务的衡量标准

对于卖方机构在推介和销售基金产品的过程中是否尽到了适当性义务的衡量标准，《九民纪要》规定了“一般理性人的客观标准”+“消费者的主观标准”的判断标准。

在司法实践中，何谓“一般理性人的客观标准”以及“金融消费者主观标准”实际是比较难把握的，司法机关对此拥有相对大的自由裁量权。尤其是“一般理性人的客观标准”，很可能异化为主审法官的个人主观标准。更重要的是，金融消费者是非自然人的情况下，其主观标准如何认定是一个更难把握的问题。

另外，《九民纪要》第76条第2句明确规定：“卖方机构简单地以金融消费者手写了诸如‘本人明确知悉可能存在本金损失风险’等内容主张其已经履行了告知说明义务，不能提供其他相关证据的，人民法院对其抗辩理由不予支持。”《九民纪要》并非否定实践中这种管理人几乎一致采用的规避风险的手段，只是其不能单独起到就此认定卖方机构已经尽到适当性义务的作用,需要其他证明材料辅助证明卖方机构不仅要尽到形式上的注意义务,还通过相关程序在实质履行保护消费者知情权和自主决策的权利。

三、违反适当性义务的责任承担

(一)适当性义务的责任主体

《九民纪要》第 74 条规定,违反适当性义务时,管理人和代销机构应当"对外连带、对内按份"地承担责任。即投资者可以要求管理人或发行人承担全部的赔偿责任。而管理人和代销机构内部,则可以根据实际情况向有关责任方追偿。至此,在明确管理人和代销机构应当对外承担连带责任的情况下,管理人和代销机构在资管计划销售纠纷中的答辩空间再度遭到压缩,想要利用代销机构行为逃避管理人违反销售适用性承担赔偿责任的风险,日后可能也很难成立。

参考案例:(2019)浙 0784 民初 2946 号,胡某利与中大期货有限公司永康营业部、中大期货有限公司财产损害赔偿纠纷一案,被告方为涉案私募基金的代销公司,一审法院认为原告有权选择向金融产品的销售机构主张赔偿责任。

(二)适当性义务的举证责任分配

1. 基金投资者的举证责任

根据《九民纪要》第 75 条的规定,基金的投资者应当对购买产品以所遭受的损失等事实承担举证责任。相对来说投资者比较容易搜集证据。

2. 基金管理人/代销机构的举证责任

《九民纪要》第 75 条规定,对金融产品的发行者和销售者在过错认定方面,适用举证责任倒置原则。卖方机构应当承担证明其充分履行了投资者适当性义务不存在过错,投资者是充分了解高风险金融产品信息的基础上独立自主的作出投资决策。如果无法充分证明则卖方机构要承担相应的赔偿责任。

(三)违反适当性义务的损失赔偿金额认定

《九民纪要》第 77 条规定,卖方机构未尽适当性义务导致金融消费者损失的,应当赔偿金融消费者所受的实际损失。实际损失为损失的本金和利息,利息按照中国人民银行发布的同期同类存款基准利率计算。上述规定看似未提要"全赔",但实际上却否定了作为此前案例中之所以可以部分赔偿的最主要依据的"因果关系抗辩”。

综观过往案例，法院通常会认为虽然投资者遭受了损失（通常为本金），但这部分损失并非全部是销售机构/管理人违反销售适用性所导致的，还有一部分是因为投资者自己未尽到注意义务，因此该等损失需要在销售机构/管理人和投资者之间进行分配，也就是所谓的“因果关系抗辩”。但是在《九民纪要》第77条已经将“未尽适当性义务所导致的损失”明确为“损失的本金和利息”（实际上就是投资者的全部损失）的情况下，销售机构/管理人就已经丧失了针对投资者实际遭受的损失提出“因果关系抗辩”的基础。因此，如果严格适用《九民纪要》第77条的规定，实际上就是将全部的损失归因于“未尽适当性义务”，而销售机构/管理人也会因此就全部损失承担全部的赔偿责任。

参考案例：（2019）浙0784民初2946号，法院认定金融消费者损失金额为未收回的全部本金及利息。

（四）金融机构的免责事由

1. 投资者因自身原因导致损失，比如故意提供虚假信息、拒绝听取卖方机构的建议等，但虚假信息的出具系卖方误导的除外。

2. 根据金融消费者的既往投资经验、受教育程度等事实，适当性义务的违反并未影响金融消费者作出自主决定。简单来说，卖方机构若能够举证投资者接受过投资相关的高等教育、具有丰富投资经验，其购买产品的行为系投资者自主决定，与卖方适当性义务的履行无关，则有可能免除或一定程度上减轻其赔偿责任。

四、小结

表3-7-1　《九民纪要》关于规范适当性义务规定的基本要素

主体	卖方机构，指金融产品发行人、销售者以及金融服务提供者	
规范行为	推介和销售	各类高风险等级金融产品（银行理财产品、保险投资产品、信托理财产品、券商集合理财计划、杠杆基金份额、期权及其他场外衍生品等）
	提供服务	金融消费者参与高风险等级投资活动（融资融券、新三板、创业板、科创板、期货等）

续表

<table>
<tr><td>基本原则</td><td colspan="3">了解产品、了解客户，将适当产品卖给适当的人</td></tr>
<tr><td>目的</td><td colspan="3">规范金融机构，保护金融消费者</td></tr>
<tr><td rowspan="2">法律适用</td><td>依据适用</td><td colspan="2">合同法、证券法、证券投资基金法、信托法等法律规定的基本原则及国务院发布的规范性文件</td></tr>
<tr><td>参照适用</td><td colspan="2">不与法律法规相抵触的部门规章、规范性文件</td></tr>
<tr><td rowspan="3">责任方式</td><td rowspan="2">发行人
销售人</td><td>不符合《民法典》第 167 条</td><td>各自承担且金融消费者有选择权</td></tr>
<tr><td>符合《民法典》第 167 条</td><td>承担连带责任</td></tr>
<tr><td colspan="2">金融服务提供者</td><td>承担过错赔偿责任</td></tr>
<tr><td>适当性标准</td><td colspan="3">理性人的客观标准 + 金融消费者的主观标准</td></tr>
<tr><td rowspan="2">举证责任</td><td>金融消费者</td><td colspan="2">1. 购买产品、接受服务；2. 遭到的损失</td></tr>
<tr><td>卖方机构</td><td colspan="2">1. 履行了适当义务；2. 存在免责事由</td></tr>
</table>

五、相关案例探讨

（一）龚某斌与湘财证券股份有限公司侵权责任纠纷案[（2019）湘0103 民初 10113 号]

基本案情：2018 年 10 月，湘财证券向龚某斌推介云南信托成立的云涌 11 号集合资金信托计划，原告认购了 200 万元“云涌 11 号”信托产品。该信托为固定收益类信托，受托人为云南信托；信托期限为 12 个月，自信托计划成立之日起计算；受托人（云南信托）通过购买广东中诚实业控股有限公司（以下简称广东中诚）持有的苏宁易购集团股份有限公司苏宁采购中心作为付款方的标的债权，由苏宁采购中心在约定期限内付款或回购标的债权，实现信托利益；信托计划的推介机构为湘财证券；信托合同中约定委托人的信托收益为年化 8%。签订信托合同后，龚某斌向在湘财证券开设的证券资金账户内支付了认购资金 200 万元，湘财证券将上述认购资金划转给了云南信托。2019 年 7 月，根据证券市场公开信息，广东中诚的实际控制人罗某因涉嫌诈骗犯罪被上海杨浦警方刑事拘留，此后多家媒体报道揭露云南信托“云涌”系列信托产品的底层资产涉嫌虚构，苏宁易购集团股份有限公司亦公开对外否认其与广东中诚存在真实交易及债权债务关系。

1. 争议焦点:代销机构是否违反了适当性义务?原告的损失是否发生?

2. 法院认为:

(1)代销机构履行了相关的形式审查义务,证券公司不承担担保责任。因此代销机构履行了适当性义务,在代销过程中不存在过错。

(2)截至本案开庭时,案涉底层资产即广东中诚对苏宁易购中心享有的债权是否确属虚构尚处于刑事侦查认定过程中。虽然涉案信托产品在审理过程中到期,但因龚某斌未解除信托合同,该合同现处于顺延履行期间,龚某斌的权益仍可以通过由广东中诚按照《应收账款债权转让及回购合同》约定回购标的债权,或云南信托向底层资产债务人、回购义务人及回购义务保证人主张权利等方式实现。因此,基于龚某斌的信托利益能否实现尚处于不确定的状态,其主张的损害后果并非必然发生等原因,龚某斌主张湘财证券构成侵权缺乏事实和法律依据,对其要求湘财证券承担赔偿信托本金200万元及相应收益的诉求,法院不予支持。

本案例属于信托纠纷,而歌斐发行的创世核心企业系列私募基金属于私募基金,但私募基金实际的法律关系本质是信托,因此本案例有一定参考价值。虽然《九民纪要》中规定了对金融产品的发行者和销售者在过错认定方面,适用举证责任倒置原则,卖方机构应当承担证明其充分履行了投资者适当性义务不存在过错,但卖方机构证明已履行了形式审查的义务即可,对于形式审查中可能存在的重大过错则需要投资者进一步举证证明,否则投资者则需要承担举证不利的结果。

(二)朱某群与中大期货有限公司金华营业部财产损害赔偿纠纷案[(2019)浙0702民初4240号]

基本案情:2017年8月,在两被告促销下,原告与宇艾公司、中信建投证券股份有限公司三方签订《宇艾供应链二十三期专项私募基金合同》,约定上海宇艾股权投资基金有限公司(以下简称宇艾公司)为基金管理人/私募基金管理人。中信建投证券股份有限公司为基金托管人/外包服务机构。两被告为宇艾公司的代理销售机构。原告为基金投资者/基金份额持有人。中能源电力燃料有限公司(以下简称中能源公司)为电子商业承兑汇票出票人。同月18日,原告通过中国农业银行金华三江支行汇入400万元转入基金托管人中信建投证券基金外包募集专户宇艾供应链二十三期的银行账户。产品期限届满后,原告仅于2017年11月23日、2018年4月12日、2018年5月16日收到宇艾供应链二十三期基金分红合计人民币240,080.34元。后原告未收到投资款及收益。

1. 争议焦点:代销机构是否违反了适当性义务?本案中基金管理人与涉案底层资产签订的《兑付计划书》是否影响原告维权?

2. 法院认为:

(1)两被告未对出票人中能源公司涉及标的金额19.56亿元的重大未决诉讼进行调查核实,属两被告未尽到调查核实义务,未履行诚实信用、谨慎谨勉的义务,使原告不知情的情况下抉择买该产品。两被告员工陈某伪造原告收入证明,明知原告拼凑资金购买私募基金产品仍向其销售。两被告应将合适的产品销售给合适的投资者。就本案,原告收入、投资拼凑款来源,均存在不合适投资主体,应负有未适当推介义务。关于两被告的重大过错与原告损失的因果关系及金额,法院认为:在投资性金融产品中,不同于一般民商事行为的买者自负、风险自担原则。因适当性义务的履行是"卖者尽责"的主要内容,也是"买者自负"的前提和基础。故不论基金产品内容为保底或不保底、原告承诺对自己不利条款、两被告免责条款,只要两被告未履行适当性义务,原告均有向两被告追回全部投资款400万元的权利。

(2)《兑付计划书》系宇艾公司、被告与中能源公司签订的,内容主要是中能源公司分期归还被告包括涉案投资款的约定,不能对抗本案。故对两被告认为原告的损失因未向中能源公司追偿而无法确定,不能向两被告诉请的理由,不予支持。

《九民纪要》出台后,对于金融消费者权益纠纷案件的核心原则即是"卖者尽责,买者自负",这一原则的确立是倾向于保护投资者的,在本案例中可看出,在卖方机构未履行适当性义务情况下(投资者不存在过错)投资者的损失认定已转变为其全部投资款项,卖方机构的因果关系抗辩已成为过去式。

专题八

知识产权融资租赁类信贷资产 ABS

倪　静

一、知识产权资产证券化概念界定及探讨

目前,知识产权资产证券化(知识产权 ABS)通常定义为:发起机构(通常为创新型企业)将所拥有的知识产权或者其衍生债权(如授权的权利金)移转到特设载体,再由此特设载体以该等资产作担保,经过重新包装、信用评级以及信用增强后,发行在市场上可流通的证券,借以为发起机构进行融资的金融操作①。

这是从知识产权资产证券化的主要结构和法律关系出发对这类项目进行的概念界定,但是,自全球第一单知识产权 ABS 产品于 1997 年在美国发行以来,这类产品的资产类型、发行主体、法律架构、担保措施等在市场需求刺激下快速演化和不断创新,因此,上述概念已经难以涵盖和统一界定这类产品。比如,并非所有的产品都是将知识产权或者衍生债权移转到特设载体,也并非所有产品都是以该等资产作为担保等。

笔者认为,如果从产品功能出发去描述知识产权 ABS,能够对这一产品定义保持适度弹性和灵活性。据此,知识产权 ABS 是指,相关主体利用其持有的知识产权或其衍生权益,经过结构化的设计和信用增强后,在公开市场发行证券,从而获得融资的一类金融产品。(见表 3－8－1)

---

① John S. Hilley, *Securitization of Intellectual Property*:*Recent Trends from the United States*, Washington Core, p. 17(2005).

表 3-8-1　我国已经发行成功的知识产权资产证券化产品列表

项目名称	发行场所	原始权益人	发行总规模	产品评级	产品期限	兑付频率	产品结构	票面利率	资产池概述
文科租赁第一期资产支持票据	银行间（深交所）	北京文科租赁	7.7	AAA	优先 A：0.6 年；优先 B：1.5 年；优先 C：2 年	季度	优先 A：3.60 亿；优先 B：2.50 亿；优先 C：0.80 亿；次级：0.80 亿	优先 A：5.3%；优先 B：5.5%；优先 B：6.2%；次级：到期剩余	11 份租赁合同对应的融资租赁资产有 6 笔租赁标的为知识产权，包括著作权、专利权和商标权，合同数目占资产池比重 55%
文科租赁二期资产支持专项计划	报价系统	北京文科租赁	4.48	AAA	优先 A：0.04 年；优先 B：2 年	季度	优先 A：1.83 亿；优先 B：2.42 亿；次级：0.23 亿	优先 A：4.5%；优先 B：6.2%；次级：其间收益 1.0%，到期剩余收益	资产池涉及 44 个承担人签署的 38 笔租赁合同，其中 26 个承租人以著作权、转播权、专利、著作权等作为租赁物，以回租方式进行融资租赁，租赁合同初始本金 2.74 亿元，占资产池比重 48%

续表

项目名称	发行场所	原始权益人	发行总规模	产品评级	产品期限	兑付频率	产品结构	票面利率	资产池概述
奇艺世纪知识产权供应链金融资产支持专项计划	上交所	北京奇艺世纪	4.7	AAA	优先 A： 1 年； 优先 A2： 2 年	按年	优先 A1： 0.46 亿； 优先 A2： 4 亿； 次级： 0.24 亿	优先 A1： 5.0%； 优先 B2： 5.5%； 次级：到期剩余收益	基础资产池共涉及 12 家债权人，全部为影视制作行业公司的应付账款，债权余额合计 5.25 亿元
兴业圆融——广州开发区专利许可资产支持专项计划	深交所	凯得租赁	3.01	AAA	优先 A： 4.04 年； 次级： 5.04 年	季度	优先 A： 2.8595亿； 次级： 0.1505亿	优先 A:4%； 次级：到期剩余收益	以租赁合同对应的开发区园区内科技型中小企业专利许可费为基础资产
第一创业——首创证券——文化租赁储架第一期资产支持专项计划	深交所	文科租赁	9.69		优先 A： 0.7 年； 优先 B： 1.7 年； 优先 C： 2.7 年； 次级： 2.7 年		优先 A： 3.22 亿； 优先 B： 3.47 亿； 优先 C： 2.51 亿； 次级： 0.49 亿	优先 A： 4.75%； 优先 B： 4.82%； 优先 C： 5.30%； 次级：到期剩余收益	租赁合同对应的融资租赁资产包括著作权、专利权和商标权、专用设备和通用设备

续表

项目名称	发行场所	原始权益人	发行总规模	产品评级	产品期限	兑付频率	产品结构	票面利率	资产池概述
中信证券——爱奇艺知识产权供应链金融资产支持专项计划储架第一期	上交所	嬴盛保理	5.27	AAA	优先 A：1.95 年；次级：1.95 年	年付	优先 A：5 亿；次级：0.27 亿	优先 A：5.1%；次级：到期剩余收益	基础资产为影视制作行业公司的应付账款
浦东科创第一期知识产权资产支持专项计划（疫情防控 ABS）	上交所	浦创龙科	0.38	—				优先 A：3.59%；次级：到期剩余收益	基于园区内 9 家高新技术企业合计 60 个侵权的发明或实用新型专利许可费为基础资产
平安证券——高新投知识产权储架第一期资产支持专项计划	深交所	高新投小贷	1.24	—	优先 A：1 年；次级：1 年	季付	优先 A：1.23 亿；次级：0.01 亿	优先 A：3.6%；次级：到期剩余收益	以高新投小贷公司对轻资产企业发放的知识产权贷款，该贷款由高新投担保公司提供连带责任担保，贷款人或其关联方以拥有的知识产权（专利、著作权、实用新型等）向高新投小贷公司提供质押

2019 年 3 月 28 日，首支知识产权证券化标准化产品——文科租赁一期资产支持专项计划在深圳证券交易所成功发行，截至 2021 年 12 月 31 日已有 59 单知识产权资产证券化产品发行成功。

二、以北京文科租赁公司为代表的知识产权融资租赁（售后回租）ABS 模式

（一）产品背景及交易模式图

2019 年 3 月 28 日，我国首支知识产权证券化标准化产品在深圳证券交易所成功发行。该支产品的原始权益人/资产服务机构/第一差额支付承诺人均为北京市文化科技融资租赁股份有限公司（以下简称文科租赁公司），知识产权权利人将其持有的版权、专利等知识产权通过售后回租的融资租赁形式转让给文科租赁公司，文科租赁公司将这部分融资租赁形式的知识产权信贷资产打包为基础资产包，以其对承租人的应收款项，即租金请求权及其附属担保权益发行资产证券化产品。

资产池涉及原始权益人与 13 个承租人签署的 10 笔租赁合同。租赁物共有 51 项，其中专利权占 20%，著作权占 80%。具体包括：电影剧本著作权文字作品、类似摄制电影方法创作的作品、美术作品、计算机软件等著作权；发明和使用新型专利。覆盖艺术表演、影视制作发行、信息技术、数字出版等文化创意领域的多个细分行业。具体的交易结构如图 3－8－1 所示。

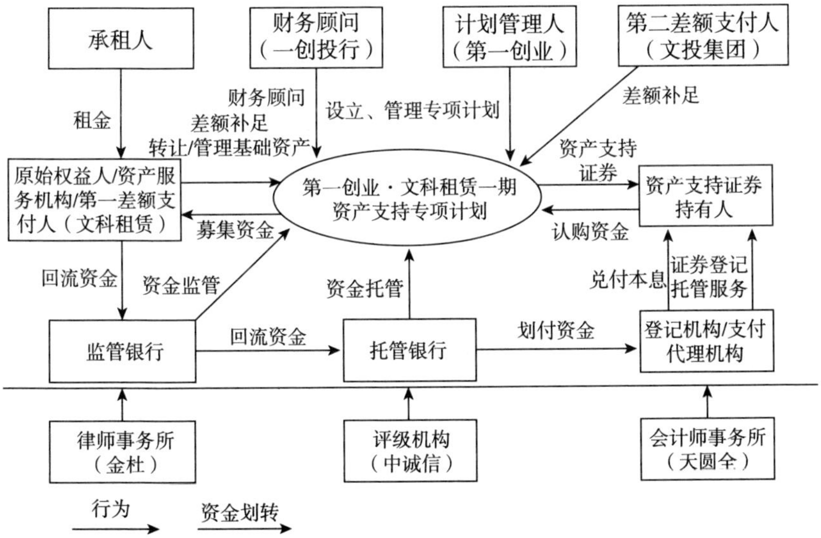

图 3－8－1　具体的交易结构

(二)知识产权融资租赁 ABS 项目中的特殊风险

在专向计划说明书中披露了项目存在的法律风险,包括:(1)与原始权益人相关的风险;(2)管理人、资产服务机构、监管银行、托管银行尽责履约风险;(3)管理人变更的相关风险;(4)现金流预测风险;(5)承租人或其担保人违约风险;(6)基础资产地区集中度风险;(7)承租人提前退租风险;(8)无形资产评估及处置变现风险;(9)特定软件著作权未能及时完成变更登记风险:共计 15 项软件著作权转让至原始权益人名下的变更登记程序尚未完成;(10)无形资产租赁可能不被认定为融资租赁法律关系的风险;(11)资金混同及挪用风险;(12)文科租赁公司破产风险;(13)差额未及时补足风险;(14)租赁合同债权转让事项未通知债务人风险;(15)租赁物附属担保权益未完成转让登记风险;(16)租赁合同撤销风险;(17)前五大债务人集中度较高的风险;(18)无形资产内在价值与交易价格存在较大偏离的风险;(19)承租物需求下降风险;(20)无形资产处置时间和效率存在不确定性的风险;(21)北京市文化投资发展集团有限责任公司(以下简称文投集团)与文科租赁公司因关联关系导致增信履约风险;(22)文投集团轻资产运营、利润下滑等情况影响差额支付的风险;(23)评级风险;(24)利率风险;(25)流动性风险;(26)再投资风险;(27)法律与政策风险;(28)税务风险;(29)技术风险;(30)操作风险;(31)不可抗力风险。

从计划书披露的项目风险来看,其中部分是 ABS 或融资租赁类 ABS 项目共有的风险,比如,履约风险、现金流预测风险、资金混同等破产隔离风险、评级风险、利率风险等;还有部分风险是该项目下特定主体和资产的风险,比如,基础资产地区集中度高、前五大债务人集中度高、差额补足主体之间的关联关系等。在这里,我们关注的是知识产权作为融资租赁的标的物,并借此利用租赁债权来发行 ABS 的风险点。

1. 无形资产/知识产权作为融资租赁适格租赁标的问题

首先,在合同法层面,虽然《民法典》融资租赁专章并未明确规定知识产权可以作为融资租赁的标的物,但是《民法典》专章将融资租赁交易作为一种有名合同加以规定,肯定了融资租赁为民商事交易行为。以知识产权作为融资租赁的标的物,未违反该等法律强制性规定。

其次,根据最高人民法院《关于审理融资租赁合同纠纷案件适用法律问题的解释》(以下简称《融资租赁司法解释》)的相关规定,对名为融资租赁合同,但实际上不构成融资租赁法律关系的,人民法院应按照实际构成的法律关系处理。尽管知识产权融资租赁标的系属无形资产,但是仍然能够实现融资租赁的融资目的和融物手段两大核心法律效果。知识产权具有可转让性,知识产权权利人有权将其拥有的知识产权转让给他人,知识产权的可转让性满足融资租赁法律关系中对租赁物进行转让的要求。从融物角度来看,融资租赁公司作为出租人只要能够合法有效地取得租赁标的,即可以实现租赁标的的让与担保功能;而知识产权权利人作为承租人只要仍能够通过出租人取得并享有租赁标的的使用/收益的权能,其租金的支付就能够依托相应的对价,即知识产权的所有权不发生转移而许可他人获得知识产权的使用权。因此,租赁标的是知识产权并不影响融资租赁法律效果的实现。

再次,原银监会 2014 年颁布的《金融租赁公司管理办法》第 4 条规定:适用于融资租赁交易的租赁物范围是固定资产,但相关部门银监会另有规定的除外。目前,相关部门尚未出台无形资产作为租赁物的例外规定。商务部 2013 年颁布的《融资租赁企业监督管理办法》第 10 条第 1 款规定:融资租赁企业开展融资租赁业务应当以权属清晰、真实存在且能够产生收益权的租赁物为载体。根据 2018 年 5 月 8 日商务部办公厅《关于融资租赁公司、商业保理公司和典当行管理职责调整有关事宜的通知》(商办流通函〔2018〕165 号)的规定,商务部已将融资租赁公司业务经营和监管规则职责划给中国银行保险监督管理委员会,中国银行保险监督管理委员会未明确排除知识产权作为租赁资产。

最后,我国从中央到地方政府,纷纷出台相关政策鼓励融资租赁公司涉足无形资产,加大对科技文化产业的投融资力度。国务院于 2015 年出台了《关于加快融资租赁业发展的指导意见》,其中提到加快重点领域融资租赁发展,拓宽文化产业投融资渠道。商务部、北京市人民政府于 2015 年 9 月 13 日出台《北京市服务业扩大开放综合试点实施方案》(京政发〔2015〕48 号),规定"试点著作权、专利权、商标权等无形文化资产的融资租赁"。2019 年 1 月 31 日,国务院发布《关于全面推进北京市服务业扩大开放综合试点工作方案的批复》(国函〔2019〕16 号),原则同意北京市人民政府、商务部提出的《全面推进北京市服务业扩大开放综合试点工作方案》,试点著作权、专利权、商标权等无形资产融资租赁。另外,2016 年出台的《天津市融资租赁发展"十三五"规划》、山西省人民政府 2016 年出台的《关于新形势下推进知识产权强省建设的实施意见》以及 2017 年出台的《深圳市龙岗区经济与科技发展专项资金支持文化创意产业发展实施细则》等都支持无形资产融资租赁业务。

知识产权融资租赁的实践也日益丰富,项目日益增多。2014 年 9 月,我国第一家以文化资产融资租赁为主业的融资租赁公司——文科租赁公司正式成立。自2014 年至今,科技文化类公司分别以电视转播权、音乐剧版权、注册商标、计算机软件著作权、独家信息网络传播权、电视剧本及电视剧版权、其他著作权以及专利等为融资租赁标的物,从文科租赁公司获得融资。当然,也有部分融资租赁公司开始试水知识产权融资租赁项目,比如,平安国际融资租赁(天津)有限公司、芯鑫融资租赁(天津)有限责任公司、远东国际融资租赁公司等。

2. 无形资产/知识产权作为资产证券化对象引发的风险

知识产权作为一类法律创设的,形财产权利,在其转让、处置和变现的过程中,与实体有形资产相比,存在价值评估难、交易难(交易场所不完善、交易对手缺乏等)、技术更迭和市场需求变化等因素导致知识产权需求下降较快和价值不稳定,交易并不活跃导致市场交易价格偏离度较高,以及财产权价值及其所产生的现金流与特定主体运营密不可分等问题,因此,在这类资产证券化的过程中需要关注以下几类法律风险:

(1)无形资产评估及处置变现风险:一方面,关于无形资产的价值评估是否公允可能会影响租赁投放的金额。另一方面,如发生风险事件,需要对无形资产进行处置变现,无形资产的处置变现主要受到无形资产转让交易渠道仍然有限的限制,在极端情况下存在无形资产租赁物无法及时快速处置变现而影响专项计划投资者本息兑付的风险。

(2)无形资产内在价值与交易价格存在较大偏离的风险:入池基础资产所涉的无形资产所产生的现金流与特定主体有关,在与特定主体剥离的情况下,无形资产内在价值与交易价格存在较大偏离的风险。

(3)承租物需求下降风险:本次入池基础资产全部为专利和著作权等无形资产,当出现市场需求变化、竞争产品或技术更新等情况时,可能将导致对该专利和/或著作权需求下降的风险。

(4)无形资产处置时间和效率存在不确定性的风险:当前无形资产存在交易场所不完善、交易成本高昂、交易对手缺乏等因素导致处置时间和效率存在不确定性的风险,如发生风险事件,需要对无形资产进行处置变现,在极端情况下存在无形资产租赁物无法及时快速处置变现而影响专项计划投资者本息兑付的风险。

(三)无形资产评估方法选择及合理性

根据《企业会计准则第 6 号——无形资产》第 3 条的规定,无形资产是指企业拥有或者控制的没有实物形态的可辨认非货币性资产，包括专利权、商标权、著作权、特许经营权、非专利技术等。无形资产具有成本与效用的非对应性、难以复制性、非实体性、开发成本界定的复杂性等特点，致使无形资产的价值存在较大不确定性，一般需要进行评估才能确定其价值。总体来说，无形资产的价值评估方法，包括以下三类：市场法、成本法和收益法三种基本方法及其衍生方法。资产评估专业人员应当根据评估目的、评估对象、价值类型、资料收集等情况，分析上述基本方法的适用性，选择评估方法。

在该项目中，入池的无形资产均采用了收益法作为无形资产价值的评估方法。

市场法是指将评估对象与可比公司或者可比交易案例进行比较，确定评估对象价值的评估方法。其适用条件为：(1)需要有一个充分发育活跃的资本市场；(2)参照物及其与被评估资产可比较的指标、技术参数等资料是可以搜集和量化的。但是，目前国内行业相关的资本市场中难以找到足够的与本项目被评估资产相似的交易案例或参考资产，因此，不具备使用市场法的条件。

成本法是指按照重建或重置的思路，利用重新取得全新无形资产应支付的费用，扣除截至评估基准日被评估无形资产发生的贬值因素而得到的该无形资产的评估价值。由于无形资产开发及推广的成本，往往与无形资产本身的价值没有直接的对应关系，而且由于在无形资产开发及推广过程中所发生成本难以确切核算，故本次入池的无形资产不宜采用成本法。

收益法是对使用无形资产生产的产品或提供的服务未来年期的收益进行预测，并按一定的分成率，即该无形资产在未来年期收益中的贡献率确定收益额，然后采用适当的折现率折现确定无形资产的评估值。本次入池的无形资产具备独立获利能力，未来经营收益可以预测且可量化，满足收益法的使用条件，故使用收益法进行评估。

(四)差额支付承诺的性质：保证担保 VS 独立支付承诺/其他权利义务关系

本专项计划采用了优先/次级分层、差额支付承诺、现金流转付机制、信用触发机制等信用增级方式。针对这几种常见的增信方式，这里想探讨一下业界颇为关注的差额支付承诺的性质问题。

差额支付承诺既可以发生在资产端，也可以发生在券端。在本专项计划中，依据第一差额支付承诺函，文科租赁公司不可撤销及无条件地承诺：向管理人(代表全体优先级资产支持证券持有人)承诺对专项计划资金不足以根据《标准条款》支付优先级资产支持证券的各期预期收益和未偿本金的差额部分承担补足义务。同时依据第二差额支付承诺函,文投集团不可撤销及无条件地承诺:向管理人(代表全体优先级资产支持证券持有人)承诺对专项计划资金不足以根据《标准条款》支付优先级资产支持证券的各期预期收益和未偿本金的差额部分承担补足义务。这类差额补足承诺的性质在法律上该如何认定?目前在业界的看法主要包括保证担保、独立支付承诺等。

1. 保证担保的认定

差额支付承诺是否符合《民法典》项下保证,具体要看是否满足以下法律构成要件:

(1)差额支付承诺是否具有从属性。根据《民法典》第388条第1款的规定,"……担保合同是主债权债务合同的从合同,主债权债务合同无效的,担保合同无效,但是法律另有规定的除外"。另有约定的,按照约定。担保责任具有从属性,保证合同不能独立于主合同而存在,即保证行为成立的前提是存在有效的主合同与确定的主债权。

(2)提供增信的主体是否具有代为清偿的意思表示。根据相关判例,最高人民法院认为:对于承诺函是否能构成担保应根据内容来认定,如果与借贷合同无关的第三人向债权人出具承诺函,但内容并无明确的承担保证责任或代为还款的意思表示,则不构成我国《民法典》意义上的保证。

(3)差额支付承诺文件是否具有保证合同的相关形式要件。根据《民法典》第684条的规定,"保证合同的内容一般包括被保证的主债权的种类、数额,债务人履行债务的期限,保证的方式、范围和期间等条款"。

综上,差额支付承诺是否构成《民法典》项下的保证,需结合行为从属性、当事人意思表示以及是否同时符合前文所述的担保的法律构成要件,不构成《民法典》项下的保证时,通常可能会构成独立支付承诺或其他权利义务关系。

2. 独立支付承诺/其他权利义务关系

在债权人与原债务人之间不存在确定债务或主债务,或增信提供主体无担保或债务加入的意思表示时,此情形下的增信措施可能构成独立支付承诺或其他权利义务关系。

如果认为差额支付承诺认定是由第三方向债权人独立作出时,是一方作出的单方意思表示,自意思表示到达对方时起生效的。那么,该增信措施可能构成独立支付承诺，自意思表示到达对方时起生效。但是，如果差额支付承诺被认为是由第三方与债权人达成合意作出，在无法认定为保证担保时，则可能被认为是债务人在特定情况下对债权人作出的直接补偿的承诺，则属于无名合同。根据《全国法院民商事审判工作会议纪要》第66条的规定，“当事人订立的具有担保功能的合同，不存在法定无效情形的，应当认定有效。虽然合同约定的权利义务关系不属于物权法规定的典型担保类型，但是其担保功能应予肯定”。

综上所述，差额支付承诺依据其约定的民事权利义务关系，根据具体的内容和表述等，可能被认定为担保合同和其他不属于典型担保类型的、具有担保功能的合同。虽然结合民事行为效力的认定规则，如不存在法定无效情形的，均应当认定有效。但是，不同的法律性质所对应的规则体系、权利义务关系和法律后果则是截然不同的。

作为全国首单知识产权资产证券化产品，文科租赁公司所创设的利用知识产权融资租赁款来发行ABS模式，必然有诸多前沿性的探索，包括无形资产作为融资租赁物的合法性和适格性，无形资产评估方法选择，无形资产证券化的特殊法律风险及其增信措施采取等，在本专题中笔者也针对前述问题进行了一些浅显的分析。无论如何，知识产权资产证券化产品自此在中国土地上落地生根，恰逢其时，我们欣喜地看到越来越多的创新性和探索性的知识产权证券化项目不断涌现。事实上，知识产权和金融的生命力都在于创新，两者的结合更加潜力无限，未来可期。

专题九

“碳中和”债务融资产品简介

赵 冲 葛 宏 戚 熠

一、“碳中和”的概念

“碳中和”是指国家、企业、产品、活动或个人在一定时间内直接或间接产生的二氧化碳或温室气体排放总量，通过植树造林、节能减排等形式，以抵消自身产生的二氧化碳或温室气体排放量，实现正负抵消，达到相对“零排放”。

结合上述背景，为了深入贯彻国家对“碳中和”的工作部署，自 2021 年 2 月起，中国银行间市场交易商协会（以下简称交易商协会）、上海证券交易所（以下简称上交所）、深圳证券交易所（以下简称深交所）陆续推出和发行了碳中和债、碳中和公司债券等产品。在“碳中和”的背景下，“碳中和”债务融资更加强调碳中和的募资目的，为碳减排效益而通过出售债券、票据等方式筹集运营资金。

二、绿色债务融资工具“碳中和债”

交易商协会在中国人民银行的指导下，积极践行绿色发展理念，在绿色债务融资工具项下创新推出碳中和债。

“碳中和债”是指募集资金专项用于具有碳减排效益的绿色项目的债务融资工具，需满足绿色债券募集资金用途、项目评估与遴选、募集资金管理和存续期信息披露等四大核心要素，属于绿色债务融资工具的子品种。

2021 年 2 月 9 日，南方电网、三峡集团、华能国际、国家电投集团、四川机场集团、雅砻江水电等 6 家企业注册的首批碳中和债成功发行。首批项目均为 2 年及以上中长期债务融资工具，发行金额 64 亿元。项目募投涉及多个领域，其中风电项目

4个,水电项目4个,光伏项目2个,绿色建筑1个,均为低碳减排领域。根据评估认证报告,6只碳中和债对应支持的绿色项目预计每年可减排二氧化碳4164.69万吨,可节约标准煤2256.79万吨,可减排二氧化硫2.09万吨,对应项目碳减排效果较为明显。

2021年3月18日,交易商协会发布了《关于明确碳中和债相关机制的通知》,明确碳中和债募集资金应全部专项用于清洁能源、清洁交通、可持续建筑、工业低碳改造等绿色项目的建设、运营、收购及偿还绿色项目的有息债务,募投项目应符合《绿色债券支持项目目录》或国际绿色产业分类标准,且聚焦于低碳减排领域。

截至本专题撰稿之日,交易商协会已发行了8只绿色中期票据(碳中和债)产品。(见图3－9－1)

债券全称	债券简称	债券代码	券种	发行日
重庆市轨道交通（集团）有限公司2021年度第二期绿色中期票据（碳中和债）	21重庆轨交GN002	132100017	绿色债务融资工具	2021-03-11
苏州苏高新集团有限公司2021年度第一期绿色中期票据（碳中和债）	21苏高新GN001	132100016	绿色债务融资工具	2021-03-09
中国长江三峡集团有限公司2021年度第一期绿色中期票据（碳中和债）	21三峡GN001	132100014	绿色债务融资工具	2021-02-07
雅砻江流域水电开发有限公司2021年度第一期绿色中期票据（碳中和债）	21雅砻江GN001	132100013	绿色债务融资工具	2021-02-07
华能国际电力股份有限公司2021年度第一期绿色中期票据（碳中和债）	21华能GB001	132100012	绿色债务融资工具	2021-02-07
中国南方电网有限责任公司2021年度第一期绿色中期票据（碳中和债）	21南电GN001	132100011	绿色债务融资工具	2021-02-07
四川省机场集团有限公司2021年度第一期绿色中期票据（碳中和债）	21四川机场GN001	132100010	绿色债务融资工具	2021-02-07
国家电力投资集团有限公司2021年度第一期绿色中期票据（碳中和债）	21中电投GN001	132100009	绿色债务融资工具	2021-02-07

图3－9－1　交易商协会已发行8只绿色中期票据(碳中和债)产品

三、绿色资产支持票据(碳中和债)

此外,根据交易商协会发布的《关于明确碳中和债相关机制的通知》,交易商协会鼓励企业注册发行以碳减排项目产生的现金流为支持的绿色资产支持票据等结构性债务融资工具创新产品,即"在满足绿色债务融资工具相关机制要求的情况下,资产支持票据(ABN)可通过发行前变更或备案转为绿色资产支持票据(含碳中和债)"。

1. 2021年3月,三单资产支持票据(碳中和债)落地发行,发行总规模达69.45亿元;

2. 2021年3月9日,"国网国际融资租赁有限公司2021年度第一期绿色定向资产支持商业票据”在银行间市场成功发行。这是全市场首单绿色“碳中和”资产证券化产品；

3. 2021 年 3 月 12 日，“上海申能融资租赁有限公司 2021 年度第一期申金——安瑞绿色定向资产支持商业票据(碳中和债)”在银行间市场成功发行；

4. 2021 年 3 月 22 日，“国家电力投资集团有限公司 2021 年度新能源 2 号第一期绿色定向资产支持商业票据(碳中和债)”在银行间市场成功发行。

四、绿色债券“碳中和公司债券”

上交所于 2021 年 2 月、深交所于 2021 年 3 月相继推出“碳中和公司债券”。

上交所推出的“碳中和绿色债”作为绿色债券的一个子品种，其募集资金将主要使用于经认证具有碳减排效益的绿色产业项目建设、运营、收购或偿还碳中和项目的贷款等，通过节能减排、充分使用可再生能源等方式，减少碳排放，持续致力于推进绿色发展。(见图 3 – 9 – 2)

债券代码	债券简称	债券全称
175797	GC三峡01	中国长江三峡集团有限公司2021年度公开发行绿色公司债券（第一期）（专项用于碳中和）
175791	GC京投01	北京市基础设施投资有限公司（2021年度第一期绿色公司债券（专项用于碳中和）
175783	GC天成01	华能天成融资租赁有限公司面向专业投资者公开发行2021年绿色公司债券（第一期）（专项用于碳中和）
175801	GC华电01	中国华电集团有限公司2021年度公开发行第一期绿色公司债券（专项用于碳中和）（品种一）
175807	GC华电02	中国华电集团有限公司2021年度公开发行第一期绿色公司债券（专项用于碳中和）（品种二）
175782	GC电投01	国家电力投资集团有限公司2021年公开发行绿色公司债券（第一期）（专项用于碳中和）
175787	GC华能01	中国华能集团有限公司2021年度第一期绿色公司债券（专项用于碳中和）
175789	GC国能01	国家能源投资集团有限责任公司2021年度第一期绿色公司债券（专项用于碳中和）

图 3 – 9 – 2　8 只专项用于碳中和的公司债券在上交所发行上市

深交所推出的碳中和专项债作为绿色债券的子品种，募集资金主要用于清洁能源、清洁交通、绿色建筑等低碳减排项目。深圳市首批重点支持领域全覆盖的碳中和专项债券成功落地，合计金额 25 亿元。其中，深圳市地铁集团有限公司募集资金用于城市电气化轨道交通项目建设，广西广投能源集团有限公司募集资金用于支持广西防城港核电工程项目建设，珠海华发集团有限公司募集资金用于珠海国际会展中心(二期)绿色建筑减排项目建设。(见图 3 – 9 – 3)

证券代码	证券简称	上市日期	发行量（亿元）	起息日期	到期日期
149399	21珠华G1	2021-03-17	10.00	2021-03-11	2026-03-11
149400	21广能G1	2021-03-15	500	2021-03-10	2026-03-10
149384	21深铁G1	2021-03-08	10.00	2021-03-02	2024-03-02

图 3-9-3 3 只碳中和专项债在深交所发行上市

截至本专题撰稿之日，共有 3 只碳中和专项债在深交所发行上市。

目前，沪深交易所对“碳中和公司债券”的发行上市并未出台具体的规则和操作指引，但是作为绿色债券的子品种，可参照沪深交易所于 2020 年 11 月 27 日分别发布的《上海证券交易所公司债券发行上市审核规则适用指引第 2 号——特定品种公司债券》《深圳证券交易所公司债券创新品种业务指引第 1 号——绿色公司债券》。

“在碳中和愿景下，创新支持应对气候变化的金融产品，是未来绿色金融和可持续金融的重要发展方向。”碳中和债务融资作为一种新型的绿色债务融资方式，有利于企业绿色项目融资，实现社会碳中和的目标。

专题十

基础设施公募 REITs 涉税问题研究

赵 冲 葛 宏 李 冰

一、基础设施公募 REITs 结构概述

(一)结构概述

根据中国证监会公告〔2020〕54 号《公开募集基础设施证券投资基金指引(试行)》(以下简称《基金指引》)的规定,基础设施基金是指 80% 以上基金资产投资于基础设施资产支持证券,并持有其全部份额的基金。基金通过基础设施资产支持证券持有基础设施项目公司全部股权。基础设施公募 REITs 结构采用了公募基金结合资产证券化的方式,即公募基金 + 基础设施 ABS = 基础设施公募 REITs,具体结构通常如下。(见图 3 – 10 – 1)

从上述结构可以看出,基础设施公募 REITs 分为三层,最上层是基础设施公募基金,中间层为基础设施专项计划,底层为项目公司及其持有的底层基础设施资产。上述结构与以往的类 REITs 产品结构存在明显差异。

基础设施公募 REITs 为三层标准化,类 REITs 产品结构通常为非标准化的三层或四层结构(专项计划 + 私募基金 + SPV 或有 + 项目公司),具体结构主要取决于底层资产的股债比设计及关联债务情况。

基础设施公募 REITs 专项计划层面不同于类 REITs 产品结构,没有优先级及次级安排。这是因为基础设施资产支持证券的全部份额均由公募基金持有,没有必要设计优先级及次级结构对现金流偿付顺序进行安排。相比之下,基础设施公募

REITs 在公募基金层面增加了原始权益人战略配售要求。①

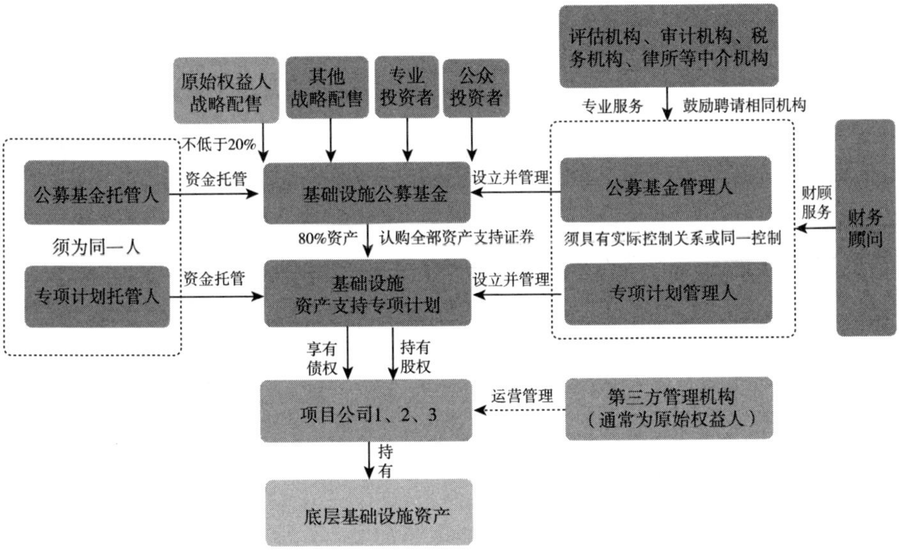

图 3－10－1　基础设施公募 REITs 结构

在基础设施公募 REITs 结构中，与类 REITs 产品结构相比较，由专项计划替换了私募基金持有项目公司股权。与类 REITs 产品结构中契约型私募基金持有项目公司股权类似，因专项计划系金融资管产品，非经营实体亦非法人主体，故在办理项目公司股权变更登记时，预估应以专项计划管理人作为登记主体。

根据《基金指引》的规定，基础设施公募 REITs 可以对外借入款项，借款用途限于基础设施项目日常运营、维修改造、项目收购等②。而在类 REITs 产品中专项计划及私募基金层面均不可对外借款。对基础设施公募 REITs 设立前，基础设施项目已存在对外借款的，应当在基础设施基金成立后以募集资金的形式予以偿还。基础设施公募 REITs 对外借入的款项，通过专项计划，可以提供给项目公司实际使

① 《基金指引》第 18 条第 1 款规定：基础设施项目原始权益人或其同一控制下的关联方参与基础设施基金份额战略配售的比例合计不得低于本次基金份额发售数量的 20%，其中基金份额发售总量的 20% 持有期自上市之日起不少于 60 个月，超过 20% 部分持有期自上市之日起不少于 36 个月，基金份额持有期间不允许质押。原始权益人或其同一控制下的关联方拟卖出战略配售取得的基础设施基金份额的，应当按照相关规定履行信息披露义务。

② 《基金指引》第 28 条第 2 款第 1 句规定：基础设施基金直接或间接对外借入款项，应当遵循基金份额持有人利益优先原则，不得依赖外部增信，借款用途限于基础设施项目日常运营、维修改造、项目收购等，且基金总资产不得超过基金净资产的 140%。

用。而在类 REITs 产品中,则由私募基金层面提供股东借款供项目公司予以替换存量债务或用于项目实际运营。

(二)结构搭建流程

在结构搭建顺序上,首先是将基础设施资产装入项目公司(项目公司可为多个),具有实际控制关系或统一控制关系的专项计划管理人、公募基金管理人应同时分别设立基础设施专项计划及基础设施公募基金。其次是由基础设施公募基金作为专项计划资产支持证券持有人募资资金向基础设施专项计划进行资金划付,由基础设施专项计划向原项目公司股东划付项目公司股权交易价款以受让项目公司股权,并可根据底层基础设施资产运营需求,提供相应的股东借款用于基础设施的日常运营、维修改造、项目收购等。

通过上述产品结构的比较分析及结构搭建流程的梳理,针对基础设施公募 REITs 涉税问题可分为如下两个阶段进行分析研究:

1. 阶段一:基础设施公募 REITs 前期资产重组。
2. 阶段二:基础设施公募 REITs 设立及存续。

二、基础设施公募 REITs 前期资产重组阶段涉税分析

根据《基金指引》的要求,基础设施公募 REITs 在结构搭建过程中应对基础设施项目资产价值予以充分衡量及体现,以广泛调动各类社会资本积极参与,有助于存量资产的盘活,促进基础设施高质量发展。因此,如何在节约时间成本及资金成本的基础上,将拟入池的基础设施项目资产、项目公司股权注入专项计划,并将基础设施项目资产运营收入产生的现金流稳定地通过专项计划分配给基础设施公募 REITs 的投资人,需要在前期重组阶段,就对资产的重组剥离方式及税费进行充分分析及测算。前期重组阶段的税务筹划对控制基础设施公募 REITs 整体发行成本起到关键性的作用。

基础设施公募 REITs 从其发行架构及现金流稳定、安全的角度出发,应对项目公司的资产重组目标先进行明确界定,即项目公司除拟入池的基础设施项目资产外,无其他资产、负债或法律纠纷,底层资产产生现金流符合预期要求且持续、稳定。资产重组整体方案操作可行性高,且交易合法规范,符合发行要求,同时重要的是税负合理,成本可控。

基础设施公募 REITs 的前期重组阶段涉税问题与类 REITs 产品前期重组阶段

的涉税问题高度一致。由于目前基础设施公募REITs尚未有成功发行案例，笔者根据以往类REITs产品项目经验，以高速公路类基础设施项目为例，对相应的资产剥离环节及适用的税收政策进行如下分析。

（一）重组方案的选择

假设：在某高速公路基础设施公募REITs项目中，项目底层资产为由某高速公路集团投资建设并享有的其高速公路收费权、高速公路附属权益以及高速公路资产，上述资产在某高速公路集团财务报表中按固定资产、投资性房地产、无形资产（土地使用权）进行财务核算，并对路面整治养护工程、固定资产装修工程等费用按长期待摊费用核算。同时，为建设该高速公路依靠外部融资弥补项目建设资金的缺口，已经产生短期借款、应付账款、长期借款、其他应付款（股东借款等）等负债。

在上述高速公路资产剥离过程中，可采用的方案有：

一是以底层资产增资到项目公司；

二是将底层资产划转至项目公司；

三是将底层基础设施资产的项目公司进行分立处理。

1. 方案一：出资入股

某高速公路集团将其持有的高速公路资产以出资入股方式注入至全资子公司，后续将该全资子公司股权转让给专项计划以完成资产注入基础设施公募REITs。

本方案下，某高速公路集团公司应先获取有效内部决议（董事会、股东会），并对基础设施资产进行资产评估后，将基础设施资产转让至其全资子公司名下。在未来资产交割时，除企业所得税特殊税务性重组（如选择）为重组业务完成当年企业所得税年度申报时，向主管税务机关提交书面备案资料外，土地增值税、增值税、契税涉及免税事项的应及时申请减免税备案，以获取减免税备案税务事项通知书作为免税证明。

增资入股方案在适用时，需要考虑的问题主要有以下几个。

（1）增值税适用政策不明确，或存在较高税负

根据国家税务总局公告2011年第13号《关于纳税人资产重组有关增值税问题的公告》《增值税暂行条例》及实施细则，以及财政部、国家税务总局《关于全面推开营业税改征增值税试点的通知》（财税〔2016〕36号）的相关规定，纳税人在资产重组过程中，通过合并、分立、出售、置换等方式，将全部或者部分实物资产以及与其相

关联的债权、负债和劳动力一并转让给其他单位和个人,不属于增值税的征税范围,其中涉及的货物转让,不征收增值税。

上述规定针对资产重组过程中符合资产、债权、负债、人员一并转让的情况下不征收增值税,并未明确提及以出资入股方式是否适用增值税免征税政策。据笔者了解,部分税务机关认为出资入股不属于资产重组的方式之一,应视同销售服务、无形资产或者不动产予以缴纳增值税。如某高速公路集团公司资产所在地主管税务机关认为以资产出资入股不适用前述增值税免征税政策,则某高速公路集团公司将面临缴纳高额增值税的风险。

(2)企业所得税适用递延政策,存在较高税负

因出资入股不适用并购重组企业所得税特殊性税务处理的政策,或面临较高的所得税税负。但出资入股属于非货币性投资,可以根据《关于非货币性投资企业所得税政策问题的通知》财税〔2014〕116 号)分期确认所得,享受 5 年内分期纳税的优惠。

(3)土地增值税

某高速公路集团公司由于是项目的建设单位,企业名称、经营范围如包含“房地产开发”等字样,有房地产开发资质,可能被认定为房地产开发企业,将无法适用《关于继续实施企业改制重组有关土地增值税政策的通知》(财税〔2018〕57 号)中暂不征土地增值税的规定。值得注意的是,土地增值税并购重组的优惠政策财税〔2018〕57 号文,已于 2020 年 12 月 31 日到期,截至 2021 年 6 月国家税务总局暂未发布延续优惠的政策文件。

(4)契税

根据《关于继续支持企业事业单位改制重组有关契税政策的通知》(财税〔2018〕17 号)的规定,同一投资主体内部所属企业之间土地、房屋权属的划转,包括母公司与其全资子公司之间土地、房屋权属的划转,免征契税,即某高速公路集团公司以土地、房屋权属向其各全资子公司出资入股,视同划转,可享受免征契税的税收优惠。值得注意的是,财税〔2018〕17 号文已于 2020 年 12 月 31 日到期,截至 2021 年 6 月国家税务总局暂未发布延续优惠的政策文件。

(5)印花税

某高速公路集团公司将以土地、房屋权属向其全资子公司出资入股,既涉及不动产转移环节的印花税,还涉及全资子公司注册资本增加的印花税,应按阶段缴纳相应印花税。(见表 3-10-1)

表 3－10－1　出资入股方案预估操作时间

序号	阶段	所用时间
1－1	设立 100% 全资子公司	2～3 周
1－2	资产评估报告	2～3 周
1－3	增资协议和股东决议	1 周
2	工商变更登记	1 周
3	核定税收＋减免税备案	2～3 周
4	资产过户	1～2 周

2. 方案二：存续分立

某高速公路集团公司进行存续分立，分立出某高速公路集团公司及项目公司两家公司，某高速公路集团公司股东分别持有 2 家公司 100% 的股权，基础设施资产通过分立剥离至项目公司名下，后续某高速公路集团公司股东将项目公司股权转让给专项计划以完成资产注入基础设施公募 REITs。

在本方案下，公司分立前应聘请会计师事务所编制资产负债表及财产清单，由公司董事会制订分立方案，分立方案应确定分立基准日并对分立后公司之间的资产划分、负债承担、注册资本金的确定、人员安排、资产交割及分立后的组织架构和运营作详尽安排。

待分立方案经股东会决议同意后，由被分立公司和分立出来的各公司的法定代表人共同签署分立协议，对分立方案涉及的双方权利义务关系予以明确约定。同时，公司应在股东会决议作出之日起 10 日内通知债权人，并于决议作出 30 日起在报纸上公告。分立公告应当包括：分立各方的名称、分立形式、分立前后各公司的注册资本和实收资本。

完成上述步骤后，需要对资产进行实际交割。在交割时，除企业所得税特殊税务性重组（如选择）为重组业务完成当年企业所得税年度申报时，向主管税务机关提交书面备案资料外，土地增值税、增值税、契税涉及免税事项的应及时申请减免税备案，以获取减免税备案税务事项通知书作为免税证明。

本方案在适用时，需要考虑的问题主要有：

（1）土地增值税

被分立企业某高速公路集团公司由于是项目的建设单位，经营范围内如包含“房地产开发”事项或具备房地产开发资质（或存在一种情况）即应被认定为房地产开发企业,无法适用财税〔2018〕57 号文暂不征土地增值税的规定。

(2)企业所得税

企业所得税方面,可适用并购重组企业所得税的特殊性税务处理,但需要企业在重组后的连续 12 个月内不改变重组资产原来的实质性经营活动,同时原股东需出具承诺书承诺不转让所取得的股权。同时,进行特殊性税务处理,应具备一定的商业合理性。

(3)增值税

可适用国家税务总局公告 2011 年第 13 号《关于纳税人资产重组有关增值税问题的公告》《增值税暂行条例》及实施细则,以及财政部、国家税务总局《关于全面推开营业税改征增值税试点的通知》(财税〔2016〕36 号)的相关规定,不征收增值税。

(4)契税

按照财税〔2018〕17 号文的相关规定,公司分立时资产转移至新分立的公司,可免契税。但该文件于 2020 年 12 月 31 日到期,截至 2021 年 6 月,暂无其他优惠政策。

(5)印花税

根据《关于企业改制过程中有关印花税政策的通知》(财税〔2003〕183 号)的相关规定,分立环节注册资本分至新公司不再缴印花税,政策比较明确。但土地从被分立企业转移过户至新分立的企业是否免征印花税,政策尚不明确。分立过程如表 3 - 10 - 2 所示。

表 3 - 10 - 2　本方案预估操作时间:周期为 4 ~ 5 个月

序号	阶段	所用时间
1 - 1	清产核资、资产评估	2 ~ 3 周
1 - 2	公司名称核准、股东会决议、分立协议、资产分割清单、债权债务担保说明	2 周
2	登报公示	45 天
3	工商变更登记 + 新公司设立	3 周
4	核定税收 + 减免税备案	2 ~ 3 周
5	资产过户	1 ~ 2 周

3. 结论

通过上述方案对比可以看出，出资入股方案较存续分立方案更节省时间，也更便于操作，但将面临政策不明确存在高额税负的风险。对于大多数基金设施项目而言，其多在集团公司名下，且集团公司对外投资涉及的股东及子公司较多，同时在集团公司多为国资企业的情况下，分立方案所花费的时间成本高，且对集团公司的整体架构及业务影响较大。即使存续分立方案可以降低相应的税负，但是在符合特殊性税务处理的条件下，项目公司的股权需要由原股东继续持有12个月后才能进行变更，从项目整体安排来看，更增加了时间成本。（见表3－10－3）

表3－10－3　出资入股与存续分立方案对比

	出资入股	存续分立
税收政策	优惠政策较少，部分税种政策不明确	优惠政策更多，税收政策较出资入股方式更明确
现金缴税压力	剥离环节综合税费较高，企业缴税现金压力大，且会提前占用企业现金流	理想情况下，几乎可以做到免税剥离，无须占用企业现金流
操作周期	时间较短，不需要另成立公司	需另成立公司，除正常办证时间外，多45天公示期
连带责任	子公司无须为母公司出资入股前经营行为承担连带责任	分立出的新公司需为被分立公司分立前的经营活动承担连带责任
劳动力转移	享受税收优惠的前提下，企业需要符合劳动力转移要求	享受税收优惠的前提下，企业需要符合劳动力转移要求

因此，对于基金设施项目的实际控制方存在较为复杂的股权结构情况下，可重点考虑通过出资入股的方案对项目实施税收筹划。

（二）重组方案涉及的主要政策

在出资入股方案下，主要涉及的税种及政策。（见表3－10－4）

表 3－10－4 主要涉及的税种及政策

税种	税基	税率	缴纳主体	政策文件
企业所得税	收入总额－原计税基础	25%	基础设施原始权属方	财政部、国家税务总局《关于企业重组业务企业所得税处理若干问题的通知》(财税〔2009〕59号),财政部、国家税务总局《关于促进企业重组有关企业所得税处理问题的通知》(财税〔2014〕109号)
增值税	市场评估价－购置原价	5%或9%	基础设施原始权属方	财税〔2016〕36号文的附件二《营业税改征增值税试点有关事项的规定》
土地增值税	市场评估价－开发成本及费用	30%～60%	基础设施原始权属方	《关于继续实施企业改制重组有关土地增值税政策的通知》
契税	出售底层资产的价格	3%	项目公司	《关于继续支持企业事业单位改制重组有关契税政策的通知》
印花税	产权转移书据记载金额(双方) 实收资本的增加额(项目公司)	0.05%	双方	财政部、国家税务总局《关于企业改制过程中有关印花税政策的通知》

三、基础设施公募REITs设立及存续期间涉税分析

(一)基础设施公募REITs设立期间税务问题

1.申请注册前的税务核查

根据《基金指引》的要求,在基础设施公募REITs申请注册前,基金管理人应当聘请符合条件的律师事务所就基础设施项目合法合规性、基础设施项目转让行为合法性、主要参与机构资质等出具法律意见书,聘请符合条件的会计师事务所对基础设施项目财务情况进行审计并出具报告。在法律尽调及财务尽调中,税务核查都是不可缺少的部分。根据笔者以往项目经验,税务核查的内容,应主要包括以下几个方面:

(1)对基础设施项目及公司现行税种、税目、税率的了解;

(2)对最近3年纳税申报表、汇算清缴报表的审阅;

(3)对公司3年内完税情况进行核实,对公司税费计算、财务处理进行核对;

(4)对公司享受的税收优惠政策及税务主管部门的批准文件的核实、对税收优惠政策适用的账务处理进行核对;

(5)对企业享受财政补贴的批文、其他涉税事务文件的核实、对税收优惠政策适用的账务处理进行核对;

(6)对公司正在进行的税务行政复议/法律诉讼进行分析;

(7)对公司税务检查中的遗留税务问题及其他现存/潜在的税务风险分析;

(8)对公司历次分立、合并、资产重组的股东会决议、重组协议、重组相关财务凭证、免税备案等的核实等。

2. 专项计划受让项目公司股权的涉税分析

如基础设施公募 REITs 设立需要对基础设施底层资产进行资产重组,在基础设施公募 REITs 设立后,专项计划受让项目公司的股权时的转让价格如何确定,成本如何确定,将对基础设施公募 REITs 整体发行成本产生实质影响。

如前期重组阶段,选择存续分立方案,在企业所得税方面,不论选择适用特殊性税务处理还是一般性税务处理,针对股权投资成本的影响不大。

这是由于无论是特殊性税务处理还是一般性税务处理,仅能在原有注册资本范围内对分立出来的两家企业进行注册资本的确定,即使采用一般性税务处理,其在分立过程中也仅是根据各项资产及负债的公允价值对资产转移进行了纳税处理,并根据每家分立出来的公司资产及负债对被分立企业原有资产及负债的占比对两家公司的注册资本进行了分配处理。在适用一般性税务处理过程中,实际资产转移过程中缴纳的税费仅调整了该项资产的计税基础,并无法体现在股权投资成本中。因此,当原股东将项目公司股权再次转让给专项计划时,如对股权评估价值较高,将在股权转让环节产生较高税负。

如前期重组阶段,与存续分立方案仅在资产转让的层面进行税务处理,对提高股权投资成本并无实际明显作用不同,选择出资入股方案,可以资产评估价值对股权投资成本进行约定。因此,在出资过程中需要综合二次股权转让的价格对本次出资的股权投资成本进行合理策划,可以达到综合降低税负的作用。

(二)基础设施公募 REITs 存续期间的涉税分析

1. 基础设施公募 REITs 涉税主体

公募证券投资基金,是指通过公开发售基金份额,将众多不特定投资者的资金汇集起来,形成独立财产,委托基金管理人进行投资管理,基金托管人进行财产托管，由基金投资人共享投资收益、共担投资风险的集合投资方式。在公募证券投资基金设立、运营、分配期间，主要存在以下几类涉税主体：

（1）基金，即具体的基金产品。证券投资基金为独立的会计核算主体，单独建账、独立核算，单独编制财务会计报告，基金财产独立于基金管理人、基金托管人的固有财产。基金在运作过程中取得财产或收益并入基金财产，同时以基金财产列支管理费、托管费等相关费用。基金合同终止时，对剩余基金财产进行清算，并按基金份额持有人所持份额比例进行分配。

（2）基金份额持有人即基金投资者，是基金的出资人、基金资产的所有者和基金投资回报的受益人。投资人主要包括个人投资者、机构投资者、合格境外机构投资者。

（3）基金管理人是基金产品的募集者和管理者，其主要职责就是按照基金合同的约定，负责基金资产的投资运作，在有效控制风险的基础上为基金投资者争取最大的投资收益。基金管理人在基金运作中具有核心作用，基金产品的设计、基金份额的销售与登记、基金资产的管理等重要职能多半由基金管理人或基金管理人选定的其他服务机构承担。

2. 基础设施公募 REITs 的适用税收政策

由于基础设施公募 REITs 不同于类 REITs 产品，公募 REITs 采用的“公募基金 + 基础设施 ABS”模式不是债权型 REITs，但也不是纯粹的股权型 REITs。该模式既包含了债权属性，也包含了股权属性，也即我们所说的公募 REITs 非债非股，似债似股。

公募 REITs 上述融资属性决定了其产品在落地过程中，不仅要遵循公募 REITs 相关规则，还要参照现存的债券方面的相关规则，股权方面相关规则以及基金法、基金运作管理办法等公募基金方面的相关规则、ABS 相关规则等。因此，针对基础设施公募 REITs 应适用的税收政策，笔者仅根据我国现有公募证券投资基金相关的税收政策予以总结如下，并以此作为后续分析的依据：

（1）所得税税收政策

①企业所得税

根据《关于企业所得税若干优惠政策的通知》（财税〔2008〕1 号）第 2 条的规定，对证券投资基金从证券市场中取得的收入，包括买卖股票、债券的差价收入，股权的股息、红利收入，债券的利息收入及其他收入，暂不征收企业所得税。

香港市场机构投资者通过基金互认从内地基金分配取得的收益，根据《关于内地与香港基金互认有关税收政策的通知》(财税〔2015〕125 号)的规定,由内地上市公司向该内地基金分配股息红利时,对香港市场投资者按照 10% 的税率代扣所得税;或发行债券的企业向该内地基金分配利息时,对香港市场投资者按照 7% 的税率代扣所得税,并由内地上市公司或发行债券的企业向其主管税务机关办理扣缴申报。该内地基金向投资者分配收益时,不再扣缴所得税。

②个人所得税

根据《关于证券投资基金税收问题的通知》(财税字〔1998〕55 号)第 3 条第 3 项《关于开放式证券投资基金有关税收问题的通知》(财税〔2002〕128 号)第 2 条第 3 款的规定,对基金取得的股票的股息、红利收入,债券的利息收入由上市公司、发行债券的企业和银行在向基金支付上述收入时代扣代缴 20% 的个人所得税。

(2)印花税

根据现行印花税暂行条例及实施细则中列举的有关应税合同及《关于资金账簿印花税问题的通知》(国税发〔1994〕25 号)中资金账簿的规定,目前公募基金本身在募集和运营过程中并不涉及印花税问题。

(3)增值税

由于公募证券投资基金属于资产管理产品的一种,根据《关于明确金融　房地产开发　教育辅助服务等增值税政策的通知》(财税〔2016〕140 号)、《关于资管产品增值税政策有关问题的补充通知》(财税〔2017〕2 号)以及《关于资管产品增值税有关问题的通知》(财税〔2017〕56 号)的规定,2017 年 7 月 1 日(含)以后,资管产品运营过程中发生的增值税应税行为,以资管产品管理人为增值税纳税人,按照 3% 的征收率缴纳增值税。

虽然根据上述税收法规的规定,基金为纳税义务人,但是《证券投资基金法》明确规定基金财产投资的相关税收,由基金份额持有人承担,基金管理人或者其他扣缴义务人按照国家有关税收征收的规定代扣代缴,因此实际的税负由基金份额持有人承担。

3. 基础设施公募 REITs 各涉税主体涉税情况分析

(1)基金管理人

①企业所得税

根据现行证券投资基金的监管规定,基金管理人取得的收入主要包括管理费收入及咨询费收入等,其所得税处理如下:

对于基金管理人,其取得的管理费收入及咨询收入等应作为公司的企业所得税应税收入按照25%的税率缴纳企业所得税。

对证券投资基金管理人运用基金买卖股票、债券的差价收入,暂不征收企业所得税。(财税〔2008〕1号)

②增值税

A. 管理费收入

根据财税〔2016〕36号文附件一第1条的规定,在中华人民共和国境内销售服务、无形资产或者不动产的单位和个人,为增值税纳税人。同时,根据税目注释中有关金融服务中直接收费金融服务以及商务辅助服务中企业管理及鉴证咨询服务的注释要求,基金管理人取得的上述管理费收入及咨询服务收入,为增值税一般纳税人应纳按照6%的税率适用一般计税方法计算缴纳增值税。

B. 证券投资基金运营收入

根据财税〔2016〕140号文第4条的规定,资管产品运营过程中发生的增值税应税行为,以资管产品管理人为增值税纳税人。

同时,根据财税〔2017〕2号文的补充规定,2017年7月1日(含)以后,资管产品运营过程中发生的增值税应税行为,以资管产品管理人为增值税纳税人,按照现行规定缴纳增值税。对资管产品在2017年7月1日前运营过程中发生的增值税应税行为,未缴纳增值税的,不再缴纳;已缴纳增值税的,已纳税额从资管产品管理人以后月份的增值税应纳税额中抵减。此外,根据财税〔2017〕56号文规定,资管产品管理人运营资管产品过程中发生的增值税应税行为,暂适用简易计税方法,按照3%的征收率缴纳增值税。

根据《关于租入固定资产进项税额抵扣等增值税政策的通知》(财税〔2017〕90号)的规定,自2018年1月1日起,资管产品管理人运营资管产品提供的贷款服务、发生的部分金融商品转让业务,按照以下规定确定销售额:提供贷款服务,以2018年1月1日起产生的利息及利息性质的收入为销售额;转让2017年12月31日前取得的股票(不包括限售股)、债券、基金、非货物期货,可以选择按照实际买入价计算销售额,或者以2017年最后一个交易日的股票收盘价(2017年最后一个交易日处于停牌期间的股票,为停牌前最后一个交易日收盘价)、债券估值(中债金融估值中心有限公司或中证指数有限公司提供的债券估值)、基金份额净值、非货物期货结算价格作为买入价计算销售额。

根据公募证券投资基金的现行政策,结合基础设施公募REITs的结构特点及实际运营要求,可能产生的应纳增值税的收入可以归纳如表3-10-5所示。

表 3－10－5 基础设施公募 REITs 运营收入

金融商品转让价差收入①	利息收入（保本）	分红收入（非保本）
证券投资基金管理人运用基金买卖股票、债券免征增值税； 金融商品转让，按照卖出价扣除买入价后的余额为销售额。适用 3% 的税率计算缴纳增值税； 转让金融商品出现的正负差，按盈亏相抵后的余额为销售额。若相抵后出现负差，可结转下一纳税期与下期转让金融商品销售额相抵，但年末时仍出现负差的，不得转入下一个会计年度； 金融商品的买入价，可以选择按照加权平均法或者移动加权平均法进行核算，选择后 36 个月内不得变更	1）取得的利息收入按照“贷款服务”3% 的税率适用一般计税方法计算缴纳增值税； 2）投资于国债、地方政府债取得的利息收入免征增值税； 3）金融机构投资于金融债（含政策性金融债）取得的利息收入免征增值税	持有期间（含到期）取得的非保本的上述收益，不属于利息或利息性质的收入，不缴纳增值税

（2）基础设施公募 REITs 投资人

①所得税

A. 投资人为公司

根据财税〔2008〕1 号文的规定，对投资者从证券投资基金分配中取得的收入，暂不征收企业所得税。

香港市场投资者通过基金互认从内地基金分配取得的收益，由内地上市公司向该内地基金分配股息红利时，对香港市场投资者按照 10% 的税率代扣所得税；或发行债券的企业向该内地基金分配利息时，对香港市场投资者按照 7% 的税率代扣所得税，并由内地上市公司或发行债券的企业向其主管税务机关办理扣缴申报。该内地基金向投资者分配收益时，不再扣缴预提所得税。香港市场的企业投资者通过基金互认买卖内地基金份额取得的转让差价所得，暂免征收企业所得税。

B. 投资人为个人

对于公募证券投资基金取得股息红利所得，根据《关于实施上市公司股息红利差别化个人所得税政策有关问题的通知》（财税〔2012〕85 号）、《关于继续实施全国中小企业股份转让系统挂牌公司股息红利差别化个人所得税政策的公告》（财政

① 《基金指引》第 26 条规定：基础设施基金除投资基础设施资产支持证券外，其余基金资产应当依法投资于利率债，AAA 级信用债，或货币市场工具。

部、税务总局、证监会公告　2019 年第 78 号)、《关于上市公司股息红利差别化个人所得税政策有关问题的通知》(财税〔2015〕101 号)的规定,可适用股息红利差别化待遇。

根据财税〔2002〕128 号文[根据财政部、税务总局《关于继续有效的个人所得税优惠政策目录的公告》(财政部、税务总局公告 2018 年第 177 号),该文个人所得税优惠政策继续有效]的规定,对个人投资者买卖基金份额取得的差价收入,在对个人买卖股票的差价收入未恢复征收个人所得税以前,暂不征收个人所得税。

根据财税〔2015〕125 号文,香港市场个人投资者通过基金互认从内地基金分配取得的收益,由内地上市公司向该内地基金分配股息红利时,对香港市场投资者按照 10% 的税率代扣所得税;或发行债券的企业向该内地基金分配利息时,对香港市场投资者按照 7% 的税率代扣所得税,并由内地上市公司或发行债券的企业向其主管税务机关办理扣缴申报。该内地基金向投资者分配收益时,不再扣缴所得税。

根据《关于继续执行沪港、深港股票市场交易互联机制和内地与香港基金互认有关个人所得税政策的公告》(财政部公告 2019 年 93 号),对内地个人投资者通过沪港通、深港通投资香港联交所上市股票取得的转让差价所得和通过基金互认买卖香港基金份额取得的转让差价所得,自 2019 年 12 月 5 日起至 2022 年 12 月 31 日止,继续暂免征收个人所得税。

C. 投资人为合伙企业

如果是合伙企业,适用合伙企业所得税规定,根据《关于合伙企业合伙人所得税问题的通知》(财税〔2008〕159 号)的规定,合伙企业从证券投资基金分配及转让中取得的所得作为合伙企业的生产经营所得。根据先分后税原则,分配至投资人层面,根据投资者类型不同,按照个人所得税或企业所得税的规定缴纳相应所得税。

②增值税

A. 基金分红收益

根据财税〔2016〕140 号文件的规定,金融商品持有期间(含到期)取得的非保本的收益,不属于利息或者利息性质的收入,不征收增值税。

B. 基金份额转让收益

如果公司或合伙企业转让持金融商品(包括债券、股票、其他类金融商品、外汇转让、非货物期货转让价差收入、金融衍生产品、基金、信托、理财产品等各类资产管理产品),增值税一般纳税人取得的转让价差收入按照金融商品转让适用 6% 的税率缴纳增值税(增值税小规模纳税人适用3%的征收率,按照简易计税方法计算缴纳增值税)。

个人从事金融商品转让业务免征增值税。

C. 基金份额赎回收益

由于封闭式证券投资基金具有明确的到期日,因此封闭式基金份额赎回收益按照财税〔2016〕140号文的相关规定,属于持有至到期取得的收益,如封闭式基金投资不承诺全额收回本金,则基金份额赎回收益不缴纳增值税;若承诺全额收回本金,则基金份额赎回收益需要适用"贷款服务"6%的税率按照一般计税方法缴纳增值税(增值税小规模纳税人适用3%的征收率,按照简易计税方法计算缴纳增值税)。

③印花税

根据《关于对买卖封闭式证券投资基金继续予以免征印花税的通知》(财税〔2004〕173号),买卖基金单位暂不征收印花税;

根据财税〔2015〕125号文,对香港市场投资者通过基金互认买卖、继承、赠与内地基金份额,按照内地现行税制规定,暂不征收印花税。

综上,可以看出,基础设施公募REITs在设立及运营过程中涉及的税种、税目繁多,对基础设施公募REITs项目发行成本影响非常大,对项目现金流的影响也非常大,在本专题分析之外,尚有项目公司涉税问题、利润分配及可分配现金流的问题没有讨论。因该部分涉及基金会计核算及可分配现金流测算的具体问题,本团队将于以后进行讨论。通过本部分及后续基金会计核算及可分配现金流部分的讨论,将对项目前期重组、设立及运营、利润分配全流程环节呈现完整的闭环研究,有利于我们从整体上对公募REITs有更加深入的认识。

专题十一

国央企业推进公募 REITs 重点关注问题解析

赵 冲 葛 宏

一、首批 9 单项目原始权益人企业性质情况汇总

通过沪深两交易所公布的首批 9 单项目资料,我们研究统计出首批项目原始权益人股权性质情况。(见表 3 – 11 – 1)

表 3 – 11 – 1 首批 9 单项目原始权益人企业性质情况

序号	项目	主要原始权益人	股权结构情况	企业性质
1	平安广州交投广河高速公路封闭式基础设施证券投资基金	广州交通投资集团有限公司	广州市国资委 100% 控股	国有控股
2	浙商证券沪杭甬杭徽高速封闭式基础设施证券投资基金	浙江沪杭甬高速公路股份有限公司、杭州市交通投资集团有限公司	浙江省国资委间接控股 60%、杭州市国资委直接控股 90%	国有控股
3	中金普洛斯仓储物流封闭式基础设施证券投资基金	普洛斯中国控股有限公司	中国香港企业	外资企业
4	博时招商蛇口产业园封闭式基础设施证券投资基金	招商局蛇口工业区控股股份有限公司	国务院间接控股 58.14%	央企

续表

序号	项目	主要原始权益人	股权结构情况	企业性质
5	富国首创水务封闭式基础设施证券投资基金	北京首创股份有限公司	北京市人民政府间接持股46.37%	国有控股
6	中航首钢生物质封闭式基础设施证券投资基金	首钢环境产业有限公司	北京市国资委间接持股100%	国有控股
7	东吴苏州工业园区产业园封闭式基础设施证券投资基金	苏州工业园区科技发展有限公司	苏州工业园区管委会及苏州省财政厅间接控股合计100%	国有控股
8	红土创新盐田港仓储物流封闭式基础设施证券投资基金	深圳市盐田港集团有限公司	深圳市国资委直接控股100%	国有控股
9	华安张江光大园封闭式基础设施证券投资基金	上海光全投资中心(有限合伙)	上海市浦东新区国资委间接持股41.2%	国有控股

从表3-11-1中可以看出,首批9单项目中除“中金普洛斯”项目外,主要原始权益人的企业性质均为国央企业,不同于市场普遍认为的国央企业推进公募REITs项目不积极、不愿与社会公众分享优质资产等情况,首批项目充分体现了国央企业积极支持基础设施公募REITs试点相关工作,大力推进我国基础设施项目发展的立场。

二、国央企业在推进基础设施公募REITs项目中重点关注的问题

(一)公募REITs项目是否必须资产出表

国家发展和改革委员会(以下简称国家发改委)认可公募REITs项目可进行并表管理,也即公募REITs项目并非必须资产出表,原始权益人可根据实际情况进行选择。

国家发改委于2020年11月27日发布的《关于进一步做好基础设施领域不动产投资信托基金试点有关工作的通知》第2条第2款规定:“发起人(原始权益人)发行基础设施REITs后拟并表管理的,须对发起人(原始权益人)拟持有的基金份

额、持有基金份额的期限与转让条件、继续承担特许经营责任等情况进行详细说明,并在 REITs 发行申购日之前向社会公开披露。”根据上述规定可以看出,国家发改委是认可公募 REITs 项目资产可以由原始权益人并表管理的,也就是说公募 REITs 项目资产也是可以不出表的,与之前的类 REITs 项目保持了一致。

(二)出表型项目是否会导致资产管理规模缩水或国有资产流失

1. 资产出表不会最终导致资产管理规模缩水

原始权益人在进行资产重组时,为了在项目公司层面设置股债比,通常会搭配资产总值三分之二的负债整体转让。假设原始权益人拟进行公募 REITs 项目的基础设施资产评估总值为 9 亿元,一般的做法是将该资产重组至项目公司的同时剥离 6 亿的负债至项目公司,之后原始权益人将项目公司股权转让给专项计划时,出表资产净值为 3 亿元,而原始权益人从专项计划处收到的股权转让款恰好为资产总值的三分之一即 3 亿元(项目公司层面搭建 1∶2 的股债比是类 REITs 项目以及公募 REITs 项目的常规操作,其主要是为了项目公司向专项计划回款时的税筹考虑)。也就是说,原始权益人管理的资产规模总量不会因为开展公募 REITs 项目将基础设施资产转让给专项计划而缩水,只是在财务报表上,资产形式从固定资产或股权、负债等形式转化为现金资产的形式。

另外,原始权益人从专项计划处获取的股权转让款,可以用于投资新的基础设施项目。根据国家发改委于 2021 年 2 月 22 日发布的《引导社会资本参与盘活国有存量资产中央预算内投资示范专项管理办法》规定:对盘活存量资产、使用回收资金支持新增投资等已取得实质进展的项目,根据工作进展情况,相应给予投资支持。以项目前期工作费方式安排的中央预算内投资,单个项目不超过 500 万元,且东、中、西和东北地区支持比例分别不超过项目前期工作费总额的 30%、40%、50%、50%;以投资补助或资本金注入方式安排的中央预算内投资,以盘活存量资产回收资金采用资本金方式用于新项目的资金数额为基数,东、中、西和东北地区支持比例分别不超过 30%、40%、50%、50%,也即原始权益人除了获取募集资金外,还可以通过投资新项目的形式获取国家补助,进一步扩大管理资产的规模。

2. 资产出表不会导致国有资产流失

原始权益人将底层基础设施资产打包成股 + 债的形式转让给专项计划,其转让价格的最终依据还是资产的评估值,可能会发生在资产转让后,基础设施由于政策性或市场性等原因产生增值,即基础设施资产后续评估值大于转让时的评估值,也就是俗称的“卖便宜了”，此时能否算成国有资产产生流失？我们认为，此种情况与“低价贱卖”以致国有资产流失是不同的，公募 REITs 项目操作过程中资产转让价的依据是专业评估机构对基础资产进行全面评估后给出的评估价值，资产转让过程中会根据股债结构设置最终确定转让价格，但不会低于资产评估值进行低价转让。因此在资产转让过程中不存在低价出售，至于后续资产是否会产生增值，是不可预期的政策性或市场性事件。在资产转让时，不应强加给基础设施资产原持有人判断后续资产价值波动情况的义务。原始权益人在向专项计划转让基础资产时，只要其依法履行了资产评估、签署转让协议、进场交易等正常转让手续，就不应因为后续资产升值而认定其转让行为导致国有资产流失。

3. 出表型项目是否会导致原始权益人丧失资产管理权

公募基金管理人通过专项计划间接持有项目公司以及基础设施资产后，因基础设施的运营管理事务属专业领域，管理人无法自行管理，根据《公开募集基础设施证券投资基金指引（试行）》（中国证券监督管理委员会公告〔2020〕54 号）的相关规定，其可以采用两种方式对基础设施资产进行管理：（1）设立专门的子公司承担基础设施项目运营管理职责；（2）委托外部管理机构负责运营管理职责。

在实际操作中，可以通过委托原始权益人或其关联企业作为运营管理机构，实际承担运营和管理基础设施职责的方式，继续保持原始权益人对基础设施资产的管理权。运营管理机构承担的管理责任包括但不限于：（1）为基础设施项目购买足够的财产保险和公众责任保险；（2）制定及落实基础设施项目运营策略；（3）签署并执行基础设施项目运营的相关协议；（4）收取基础设施项目租赁、运营等产生的收益，追收欠缴款项等；（5）执行日常运营服务，如安保、消防、通讯及紧急事故管理等；（6）实施基础设施项目维修、改造等。可以看出，运营管理机构基本上需负责基础设施日常经营管理的各项职责，由原始权益人或其关联企业担任运营管理机构，可以确保国央企业持续对基础设施的运营管理，不会实际丧失管理权。

4. 资产转让过程是否必须进场交易

（1）从企业性质层面来看，国有参股企业资产转让过程无须进场交易

《企业国有资产交易监督管理办法》（以下简称 32 号令）第 3 条规定：“本办法所称企业国有资产交易行为包括：（一）履行出资人职责的机构、国有及国有控股企业、国有实际控制企业转让其对企业各种形式出资所形成权益的行为（以下称企业产权转让）；（二）国有及国有控股企业、国有实际控制企业增加资本的行为（以下称企业增资），政府以增加资本金方式对国家出资企业的投入除外；（三）国有及国有

控股企业、国有实际控制企业的重大资产转让行为(以下称企业资产转让)。”

32号令第4条规定:“本办法所称国有及国有控股企业、国有实际控制企业包括:(一)政府部门、机构、事业单位出资设立的国有独资企业(公司),以及上述单位、企业直接或间接合计持股为100%的国有全资企业;(二)本条第(一)款所列单位、企业单独或共同出资,合计拥有产(股)权比例超过50%,且其中之一为最大股东的企业;(三)本条第(一)、(二)款所列企业对外出资,拥有股权比例超过50%的各级子企业;(四)政府部门、机构、事业单位、单一国有及国有控股企业直接或间接持股比例未超过50%,但为第一大股东,并且通过股东协议、公司章程、董事会决议或者其他协议安排能够对其实际支配的企业。”

从上述规定可以看出,仅国有控股企业进行国有资产交易时,需遵照32号令的相关规定,履行进场交易程序,而对于国有参股企业(国有性质的股东不实际支配企业)的资产交易行为,32号令是没有强制要求入场交易的。

(2)从公募REITs项目是否采用并表管理模式层面来看,并表项目资产转让过程无须进场交易

32号令第31条规定:“以下情形的产权转让可以采取非公开协议转让方式:……(二)同一国家出资企业及其各级控股企业或实际控制企业之间因实施内部重组整合进行产权转让的,经该国家出资企业审议决策,可以采取非公开协议转让方式。”

公募REITs项目涉及的资产交易环节一般有两个:一是拟入池底层资产在原始权益人集团内部的重组环节;二是原始权益人将资产转让给专项计划环节①。对于第一个原始权益人集团内部的重组环节,因符合32号令的关于非公开协议转让的规定,可不进场交易。

采用不出表模式管理的公募REITs项目,基于原始权益人持有公募基金份额的比例、期限和转让转让条件,继续承担经营责任等方面的特殊安排,原始权益人为专项计划的实际控制人、最终权益人和实际承担投资风险的投资人。在原始权益人将资产转让给专项计划环节,实际上是原始权益人与原始权益人作为实际控制人、最终权益人和实际承担投资风险的投资人的专项计划之间因原始权益人实施内部重组整合进行的国有产权转让,符合32号令关于非公开协议转让的相关规

---

① 部分公募REITs项目为搭建股债比,会在专项计划下设全资子公司作为特殊国的载体(简称SPV),由SPV收购项目公司股权,本专题为行文简便性考虑,不再单独指出SPV,统一以“专项计划”代替,特此说明,下同。

定，可采取非公开协议转让方式。

综上，仅在国有控股企业采用出表模式发行公募 REITs 项目时，资产转让过程需履行进场交易程序。国有控股企业采用并表模式发行公募 REITs 项目以及国有参股公司发行公募 REITs 项目时，资产转让过程无须履行进场交易程序。

5. 公募 REITs 项目是否具有融资成本优势

国央企业最大的融资优势就是融资渠道丰富且融资成本低，如通过信贷、债券以及各种非标项目等基本上都能融到低成本资金，尤其是发达地区的企业，第一批强 AAA 主体目前中期债券的成本普遍集中在 3% ~4%。

公募 REITs 项目因涉及参与主体较多，还存在最低派现率要求等，初看之下融资成本似乎不占优势。然而实际上，公募 REITs 项目在融资成本方面也是有其自身独特优势的。比如与银行贷款相比，银行放贷给基础设施多数是在建设初期，项目未进入实质运营，基础设施项目的价值为完全体现，因此银行贷款金额与基础设施资产的实际价值未必能匹配，且即便基础设施资产价值已确定，银行贷款额度还是需要在资产价值上进行打折的。而公募 REITs 项目融资阶段处于基础设施运营稳定期，资产价值已全部体现，并且原则上融资规模可以达到资产价值的 100%，也即在公募 REITs 项目中资产融资效率是大于其他任何融资渠道的，相同的资产，通过公募 REITs 方式实际获取的融资金额会超过其他融资渠道，超额的资金部分足以覆盖其融资成本。

另外，公募 REITs 项目最终确定发行利率是在募集阶段，前期申报及注册阶段时无须确定发行利率，发行前原始权益人可以根据市场形势进行选择，如果市场利率不符合原始权益人的预期，即便注册成功也可以选择不发行产品。

6. 公募 REITs 项目需履行的信息披露义务是否会导致国有资产涉密信息被公开

证监会的《公开募集基础设施证券投资基金指引（试行）》、沪深两交易所的《公开募集基础设施证券投资基金业务办法（试行）》以及其业务指引第 1 号、第 2 号等相关规则均对公募 REITs 项目的信息披露制定了明确的规则，公募基金管理人、专项计划管理人及财务顾问在进行信息披露时需严格遵守上述各项规则的要求，不能自行加重原始权益人的披露义务，同时会与原始权益人进行充分的协商沟通，确保对国有资产涉密部分不进行公开披露。

除上述各项重点关注问题外，国央企业在面临公募 REITs 项目时还会对项目操作的复杂性，协调各级部门的沟通成本等问题存在顾虑。然而我们认为，公募

REITs 项目整体来讲,对国央企业的助力作用远大于其操作中所面临的一些困难和问题,如公募 REITs 项目可以帮助国央企业实现资本金的溢价退出,募集款项置换银行贷款后释放的贷款额度为新建项目进行借贷提供了基础,另外还可以依据前文中提到的政策申请国家对新建项目的补助,通过新建更多优质资产,增加资产管理规模,进一步扩大市场占有量,有效地解决了因"缺少项目资金本"而导致的投资增速变低的问题等。

在经济下行压力较大情况下,要加大有效投资,又要去杠杆,这几方面很难达成闭合的三角形,而公募 REITs 为这个三角形闭合从而进行良性循环提供了可行性方案,是值得国央企业去重点研究关注的。

专题十二

由地方金融监管规范看类金融业务的发展走向(一)

赵 冲 葛 宏

金融机构合规业务系汉盛律所的重要法律服务范围之一,此类合规业务开展的对象通常包括:融资租赁、典当、小额贷款、融资担保公司、商业保理公司、P2P 网贷等互金企业以及私募投资基金等。笔者团队多年来持续为上述各类金融企业提供法律服务,结合上述实践经验以及对各地方类金融监管政策的理解,笔者团队拟连载《类金融机构合格业务手册》系列文章,对商业保理机构、小贷机构、融资担保机构、融资租赁机构以及私募基金的风险防范关注重点进行解析,旨在厘清各类机构风险防范重点及防范措施,敬请关注。本专题作为本系列文章的序言篇,主要介绍各地方金融监管规范及类金融业务的发展走向。对于金融业务来说,监管意味着约束,也意味着对其身份的肯定和发展的关切。

自 2017 年 7 月全国第五次金融工作会议设立国务院金融稳定发展委员会,确定了未来 5 年的金融改革四大原则"回归本源、结构优化、强化监管、市场导向"以来,传统金融业务以金融服务实体,去杠杆、去通道、去影子银行,防范系统性金融风险为目标,围绕证券融资发行交易制度改革、直接融资改革和金融机构治理结构改革稳步推进。

而传统金融业务回归本源对市场需求的挤压,会不会造成进一步的融资难、融资贵,以及更加隐秘而脱离监管的影子银行,会不会因为牌照的紧缺而加剧倒壳、借壳现象一度为市场所担忧。

如何解决该等问题成为为期 5 年的本轮金融改革下半场重要议题,随着 2019 年以来多地金融办升格金融监管局,各地陆续出台地方金融监管条例并形成央地金融协调机制,融资租赁、保理、金交所、小贷和 P2P 等新规不断,方案逐渐明朗,即不回避传统金融业务挤压出的市场寻求新路径的现实需求，在类金融业务中选择具有相对较好的前期发展基础的类型，结合国际上“沙盒监管”理念和本土实践，将之纳入地方金融监管体系，并通过协调机制，实现分工明确下的金融监管全国“一盘棋”。

由此，今后能够正常合规开展的所谓“类金融业务”，其实已经等同于“地方金融业务”。既不在一行两会监管下，也不在地方金融监管局监管下的主体和产品类型，将面临长期清理和动荡，对于从业者和投融资业务相关方来说，选择该等行业和产品将面临较大风险。有幸被纳入地方金融监管的类金融类型，也终于可以结束多年的灰色状态，通过主体备案获得事实上的牌照、通过产品备案和信息披露获得业务指导以缓解非法集资、非法经营风险。

本专题结合近期有代表性的地方金融监管条例和融租、保理等新规，以及业界关心的若干热点，分析新的监管形势下类金融业务的发展走向。

一、属人管辖下的地方金融管辖对象

当前纳入各地金融监管范畴的主体原则上是“7 +4”，“7”指“小额贷款公司、融资担保公司、区域性股权市场、典当行、融资租赁公司、商业保理公司、地方资产管理公司”，“4”指“投资公司、社会众筹机构、开展信用互助的农民专业合作社、地方各类交易场所”。

针对各地市场实际情况，围绕上述原则，各地又有微调，如深圳地方金融监管局的管辖范畴不含农民专业合作社，上海不含地方各类交易场所，浙江对“4”类机构去除了投资公司和社会众筹机构，增加了民间融资服务企业及法律法规和国务院授权的其他组织。

各地的上述监管范畴也是逐步形成的，如深圳在 2017 年 10 月就已明确设立地方金融监管，而直到 2018 年才将融资租赁、保理、典当等类金融业务划入其负责监管范围；浙江在《浙江省地方金融条例》征求意见稿时未将农民专业合作社纳入，后考虑到浙江地区农村金融市场发展的实际状况，在正式稿中加入。

此外，由上述各地立法可见，当前“7 +4”监管仍然是以主体监管为立足点，即首先以主体资格来判断监管对象，进而在该对象项下的业务规制内来约定其产品行为，而非以实际从事的产品类型来作为监管立足点。

虽然业界有不同声音，但我们认为当下采用该种属人管辖原则更为高效，且与传统金融的牌照制更为衔接。

二、地方金融业务边界

进入主体监管范畴的地方金融组织,能够从事哪些业务,或禁止从事哪些业务,在各地的法规中也有不同表述。

以上海为例,《上海市地方金融监督管理条例》第 18 条规定:“地方金融组织应当依法规范经营,严守风险底线,禁止从事下列活动:(一)吸收存款或者变相吸收存款;(二)出借、出租许可证件或者试点文件;(三)非法受托投资、自营或者受托发放贷款;(四)国家和本市禁止从事的其他活动。”

其中第 3 条禁令,令我们想起银保监会自 2018 年 4 月起履行监管融资租赁、商业保理、典当行这三类“类金融机构”的监管职责以来,所出台的首份针对商业保理业务的监管文件《关于加强商业保理企业监督管理的通知》(银保监办发〔2019〕205 号)中对商业保理“七不准”要求中的“发放贷款或受托发放贷款”条款。可见,依据银保监办发〔2019〕205 号文件对上海本地保理企业进行规范和核查的监管经验,在随后的上海地方金融监管条例中得以体现。

这一规定无疑会对上海本地类金融机构的通道业务作出较大限制。

然而并非所有地域都作出了同等严格的规范,如山东省地方金融监督管理局《关于印发〈山东省小额贷款公司(试点)管理办法〉的通知》(鲁金监字〔2016〕9 号)中给予了小贷公司较宽的业务范围:“小额贷款公司应当以贷款业务为主,根据自身实际和条件,按照省级监管机构批准的业务范围,经营下列部分或全部业务:(一)发放小额贷款;(二)开展小企业发展、管理、财务等咨询业务;(三)股权投资;(四)委托贷款;(五)不良资产收购处置;(六)金融产品代理销售(应取得相应资质);(七)其他经批准的业务。”2019 年 11 月 18 日山东省金融监管局进一步发布《关于促进全省小额贷款公司持续健康发展的通知》(鲁金监发〔2019〕11 号),对前述规范作出了补充规定,“小额贷款公司不得提供房地产场外配资,不得用于法律法规和监管部门禁止的其他用途。小额贷款公司发放的贷款不得用于从事债券、股票、金融衍生品、资产管理产品等投资”,这意味着除此以外,山东省内的小贷公司依然可以正常从事委托贷款发放等其他地区禁止从事的业务。

更进一步地,鲁金监发〔2019〕11 号文还规定,“小额贷款公司除开展放贷业务外,上年度分类评级 I 级、注册资本不低于 1 亿元的,经批准可以开展股权投资、票据贴现等业务,相关业务操作须符合金融监管部门要求,股权投资业务比例不得超过注册资本的 30%,票据贴现业务必须坚持贸易背景真实性,严禁资金空转”。由于票据贴现当前仍属于银行和财政部备案的企业集团财务公司特许经营业务，2019年的《全国法院民商事审判工作会议纪要》也从司法角度申明其严肃性，2019年年底还在地方文件中提及类金融机构从事特定金融机构专属的票据贴现业务的。虽然此间仍有解释空间（不直接从事票据贴现，而是以不介入交易的方式从事票据信息中介业务），但笔者认为今后面对山东地区的小贷公司从事票据贴现业务，需尤其谨慎，避免被地方规定误导而介入上位法监管范畴。

此外，部分地方法规也存在一些非常特殊的规定，如鲁金监发〔2019〕11号文也有一些其他地方所没有的禁令，如"严禁现金收息，严禁在借款合同外向借款客户收取任何形式的顾问、咨询、评估、管理等费用……中间业务、代理业务服务收费以及与贷款行为无关的服务收费，应按照市场化规则规范管理"。（按照市场化规则收取中间业务、服务费，与前述顾问咨询费间的差异仍有待明确）

笔者认为，对于地方性法规规章中不涉及中国人民银行和银保监会（以下简称一行两会）监管的部分，至少需要遵照地方规范，而对于地方性法规规章允许但与一行两会监管重叠部分，需避免法规适用错误给交易各方带来的风险。

三、对主体和业务的强制备案、信息披露

此轮地方金融立法，一方面是填补多层次资本市场和金融市场中的监管不力部分，另一方面呼应了地方金融发展的要求。二者的平衡与协调程度决定了类金融业务在各地的不同政策土壤。

结合前期关于功能监管、行为监管与机构监管的争论，本轮地方金融立法大多以主体和业务的强制备案与信息披露作为着力点，首先以强制备案实现事实上的属人牌照管理，以强制信息披露实现形式上的业务规范管理。

前期基础薄弱的类金融机构，大多在本轮监管中被清洗，而能够按照监管要求予以规范且不影响业务发展的，将通过主体和业务的双备案，获得监管层和行业协会的认可，大大降低其政策环境风险。

虽如此，我们也依然要看到当前双备案的内容存在值得商榷之部分：

例如，2020年8月1日起施行的《浙江省地方金融条例》第18条第2、3款则对民间借贷规定了严格的备案制度："民间借贷具有下列情形之一的，借款人应当自合同签订之日起十五日内，将合同副本和借款交付凭证报送设区的市地方金融工作部门或者其委托的民间融资公共服务机构备案：（一）单笔借款金额或者向同一出借人累计借款金额达到三百万元以上；（二）借款本息余额达到一千万元以上；

(三)累计向三十人以上特定对象借款。出借人有权督促借款人履行前款规定的备案义务,也可以自愿履行。"

我们认为,首先,需要明确纯粹的民间借贷并不涉及类金融业务,因此在《浙江省地方金融条例》中予以规范有越权之虞,"一刀切"地要求300万元以上所有民间借贷都去备案也存在落地和执行的困难;其次,如果上述规定是对类金融机构从事的借贷行为所作出的规范,那么就等于默许类金融机构从事放贷业务(虽然实质上尚不可完全避免,尤其是某些名义为保理、融资等类金融业务实为借贷业务),而对类金融机构从事的其他名义上的非借贷业务(有可能构成实质上的借贷)却不作该等备案要求,将进一步加剧监管漏洞;最后,即使对特定借款或业务需要备案,也应由类金融机构承担备案义务较好,因为类金融业务中,借款人有可能是类金融机构(如类金融机构募资时),也有可能是其他主体(如类金融机构投资时),全部要求由借款人承担备案义务,没有区分业务类型,会给类金融机构以外的其他主体造成过多的负担,而且由于该等主体本身不在地方监管的属人监管对象内,也不利于上述规范的落地执行。

基于此,我们认为,对哪些主体和哪些行为进行强制备案和信息披露,基于各地金融发展与监管的现实,也考验各地金融监管的智慧。类金融机构以及交易类金融产品其他主体,必须意识到双备案的政策导向,及时调整业务操作,同时也应视之为规范机遇,消除长期发展所要避免的合规不确定状态,尤其对于金交所等地方交易场所内发行自主管理产品、存在非自有资金募集或受托投资的情况,通过双备案无疑会大大降低非法集资等合规风险。

专题十三

由地方金融监管规范看类金融业务的发展走向(二)

赵 冲 葛 宏

一、金融消费者权益保护下的亮点与遗憾

2020 年 4 月公布的《上海市地方金融监督管理条例》第 1 条,明确将“维护金融消费者和投资者合法权益”作为该部法例的立法目的之一,全文共 8 次提及消费者权益保护,不仅要求地方金融组织对金融消费者如实充分地披露风险,还要求开展适当性教育、不得设置违反公平原则的交易条件,保障金融消费者和投资者的财产权、知情权和自主选择权等合法权益,及时处理消费争议,并要求行业自律组织“督促会员开展金融消费者和投资者适当性教育,开展纠纷调解,维护金融消费者和投资者合法权益”。

相较于浙江、天津等地立法,上海的该部条例首次将金融消费者权益保护提到了和规范地方金融组织、化解金融风险同等的高度,体现了上海建设金融中心实践中的经验总结,即如不强调对金融消费者的保护,则难以以市场化规则来规范金融交易行为,进而对地方金融组织的主体监管将难以取得实质成效。

当然此间仍有部分内容需要得到上位法的确认,一个是金融消费者和消费行为的定义,另一个是地方金融监管法规对于各类金融交易行为民事效力的影响。

“金融消费者”的规范体系源自《消费者权益保护法》、国务院办公厅《关于加强金融消费者权益保护工作的指导意见》(国办发〔2015〕81 号)和《中国人民银行金融消费者权益保护实施办法》(银发〔2016〕314 号),12 月 27 日,央行拟以人民银行令的方式将后者升级为部分规章并发布《中国人民银行金融消费者权益保护实施办法(征求意见稿)》,2020 年 9 月 15 日,央行正式发布《中国人民银行金融消费者权益保护实施办法》(中国人民银行令〔2020〕第 5 号),而银发〔2016〕314 号和其升

级修订稿，均将“金融消费者”明确定义为“指购买、使用金融机构提供的金融产品和服务的自然人”。

由此可见，上海地方金融立法所代表的金融消费者权益保护重心从消费者保护角度来说具有进步意义，但也留下了遗憾，即对于企业和机构投资者来说，似乎仍被立法者视为平等的交易主体而未纳入核心考量范畴，笔者认为这与金融交易的实际情况有所出入。当然是否将企业和机构投资者也纳入金融消费者范畴其实也不是问题的关键，如能对地方金融组织进行切实有效的监管，也能够从金融产品的供给端来解决交易风险处置问题。

从主体到行为，有了规范之后，更为重要的是如地方金融组织违反了规范，将产生怎样的后果。

二、地方金融规制下可能的风险处理机制

近年来，随着金融审判的初步建立，对违反金融监管规范会对已经做出的交易行为产生怎样的民事效力影响，存在较大争议，传统观点援引原《合同法》规范，认为绝大多数金融监管规范够不上“法律法规”的层级，不可以原《合同法》第 52 条“违反法律、行政法规的强制性规定”为由宣告合同无效；在一些涉及上市公司、公众理财产品的诉讼和仲裁案件中，这样的认识正在被打破，理由同样来自原《合同法》第 52 条，“损害社会公共利益”也可以作为合同无效理由，新的解读称“金融监管秩序”的稳定与有效属于社会公共利益，因此违反了金融监管规范，就是对社会公共利益的损害，因此可以作为合同无效的事由。

在 2008 年金融危机后对金融严监管的世界浪潮，和当下国内涉众(类)金融消费纠纷的突出矛盾的大背景下，我们必须正视这样的趋势，该趋势有其内在的合理性。

在类金融领域，违反监管措施对民事行为效力的影响，在接下来的金融改革中亟待解决，我们不认为原《合同法》第 52 条“损害社会公共利益”有更进一步扩大解释将地方金融监管秩序也纳入其内的空间，或许出路在于进一步将涉及公众发行证券、资产管理产品等国务院监管金融产品的行为，明确引导至一行两会监管规范中，在上层金融制度中予以规范。而这个金融乱象重灾区交由一行两会解决后，留待地方金融监管可为的或许更多的是投资者教育、信息披露、机构核查与创新型行政执法。

而各地也的确为地方金融监管局配置了处罚权，以上海为例，在常规的行政执

法权和处罚权外,《上海市地方金融监督管理条例》还规定"经市地方金融监管部门负责人批准,对可能被转移、隐匿或者损毁的文件资料、电子设备等证据材料,以及相关经营活动场所、设施,可以予以查封、扣押""地方金融管理部门开展现场检查的,执法人员不得少于二人,应当出示行政执法证件和检查通知书。地方金融管理部门可以根据监管需要聘请律师事务所、会计师事务所等第三方机构参与监督检查。有关单位和个人应当配合检查,如实说明有关情况并提供文件资料,不得妨害、拒绝和阻碍"。事实上,前期联合律所等专业第三方对于保理和融租的核查,已经充分证明了专业核查的可行性和有效性。

而对于查出问题的地方金融组织,在传统司法裁判和惩戒之外,地方金融监管或可作出更多的尝试。以上海为例,"市地方金融监管部门应当建立地方金融组织的信用档案,依法将地方金融组织及其从业人员的信用信息向本市公共信用信息服务平台归集,同时报送金融信用信息基础数据库。地方金融组织违反本条例规定造成严重后果或者严重不良社会影响,或者被处以市场禁入的,应当将其列入严重失信主体名单。市地方金融监管部门应当公布严重失信主体名单,并同时公布名单的列入、移出条件和救济途径。地方金融组织被列入严重失信主体名单的,有关部门可以依法对其法定代表人、董事、监事或者高级管理人员、实际控制人实施联合惩戒"。

我们认为,基于上层立法和司法的稳定需求,各地方金融监管局对地方金融组织的监管中,拥有更为灵活的创新空间,如第三方专业机构介入核查、行业自律、信用公示、联合惩戒等柔性执法或在该领域拥有更广阔而务实的落地可能。

此外,《上海市地方金融监督管理条例》规定的实控人清偿承诺规范也颇具特色("地方金融组织的股东依照法律规定以其认缴的出资额或者认购的股份为限对地方金融组织承担责任。地方金融组织可以建立控股股东或者实际控制人承担剩余风险责任的制度安排,控股股东或者实际控制人可以出具书面承诺,在地方金融组织解散或者不再经营相关金融业务后,承担地方金融组织的未清偿债务。地方金融组织可以将控股股东或者实际控制人是否承诺承担剩余风险责任的情况向社会公示。"),虽然依然是自愿承诺,但的确在清偿方案中多了一个选项。

三、融租和保理的新生态环境

地方金融"7+4"组织中,融租和保理无疑是受到相当关注的,且二者分别在2020年5月和2019年10月由银保监会分别出台新的监管规则(《融资租赁公司监督管理暂行办法》和《关于加强商业保理企业监督管理的通知》)，结合《民法典》的最新规定，银保监会负责高层立法、地方金融监管局负责一线执法的新的融租和保理的新的生态环境正在形成。

首先，两个新规的出台均着力于回归业务本源、消除影子银行和通道风险，尤其是融租公司。

针对《融资租赁公司监督管理暂行办法》的出台，银保监会有关部门负责人表示，目前，融资租赁行业“空壳”“失联”企业数量较多，约72%的融资租赁公司处于空壳、停业状态，部分公司经营偏离主业，给行业带来一定的不良影响。针对这些问题，应加强监管引导，通过分类处置推动融资租赁行业“减量增质”。行业人士多认为，该规定的出台，将加快行业洗牌。而保理虽然也在文件中被要求回归主业，但随后紧接着的要求更好服务实体经济的表述，和《民法典》将其列入有名合同的动作，以及保理业务具有的与应收账款等供应链融资先天贴近的优势，让人对其接下来在非标融资市场中的表现有更高的期待。

其次，对融资和保理的业务行为，均采用正面描述和负面清单的规范方式。

对融租公司的正面业务描述中，未明确是否可以经申请兼营从事与业务有关的保理业务，市场多数对该点持谨慎态度，但明确了可以从事“固定收益类证券投资业务”。负面清单方面，规定了五条业务禁令：(1)非法集资、吸收或变相吸收存款；(2)发放或受托发放贷款；(3)与其他融资租赁公司拆借或变相拆借资金；(4)通过网络借贷信息中介机构、私募投资基金融资或转让资产；(5)法律法规、银保监会和省、自治区、直辖市地方金融监管部门禁止开展的其他业务或活动。

对商业保理公司的正面业务描述中，明确规定“商业保理业务是供应商将其基于真实交易的应收账款转让给商业保理企业，由商业保理企业向其提供的以下服务：保理融资；销售分户(分类)账管理；应收账款催收；非商业性坏账担保。商业保理企业应主要经营商业保理业务，同时还可经营客户资信调查与评估、与商业保理相关的咨询服务”。

对保理公司规定七条业务禁令：(1)吸收或变相吸收公众存款；(2)通过网络借贷信息中介机构、地方各类交易场所、资产管理机构以及私募投资基金等机构融入资金；(3)与其他商业保理企业拆借或变相拆借资金；(4)发放贷款或受托发放贷款；(5)专门从事或受托开展与商业保理无关的催收业务、讨债业务；(6)基于不合法基础交易合同、寄售合同、权属不清的应收账款、因票据或其他有价证券而产生的付款请求权等开展保理融资业务；(7)国家规定不得从事的其他活动。

对比上述负面清单,可见制定的思路还是统一的,即重点规范融资行为,通过对融租和保理公司资金来源方式的规范,来试图消除影子银行的顽疾,如结合金交所融资业务,融租或保理充当通道的传统模式将受到一定程度遏制(当然,部分业务会实际上转移给同受融租或保理控制的其他壳公司代为进行,这样的规避动作,依然有赖于执法监督的进一步深化),负面清单中二者的不同,基本上同样是为了前述目的,而基于二者业务特点的精准打击,如对保理公司融入资金的来源禁令较融租公司宽,这与当前保理公司因其业务特点而本身具有较宽的融资渠道(或通道业务委托人)是一致的,并不意味着融租公司在该方面更宽松,如融租公司后续的融资渠道或通道业务拓宽,政策应大概率会跟进。二者其他方面的不同,是对于虚构底层资产的态度。由于虚构的融租租赁合同在《民法典》中已被规定为无效合同,此次融租新规未予以特别强调,而保理新规对于底层资产的排除,作出更全面的规范,即不仅是虚构底层资产,不合法的、权属不清的、非交易性的金融债权(票据或其他有价证券产生的付款请求权)均不在合规的底层资产范围内,之前部分保理公司从事的基于票据所作的保理业务,今后将不得不重新回到基于应收账款的保理业务。

再次,非常显著地,融租和保理新规均采用了指标监管体系,监管指标分别为:融租资产占比(60%);风险资产倍数(8倍);固收证券投资占比(20%)。单一业务集中度(30%);单一主体集中度(50%);关联交易限制(单一30%,全部50%)等;保理则为:单一集中度(50%)、关联交易限制(40%)、不良资产管理、风险准备金率(1%),以及业务杠杆(10倍)等。我们认为,该等数目化管理,将更加有效地从规范融租、保理公司自身的公司金融和财务角度,起到规范其业务的目的,与传统金融机构监管方式也更为贴近。

最后,我们不得不再提一下新的地方金融监管体系对于P2P业务的影响。P2P业务本身属于信息中介业务,而不应被纳入类金融组织范畴,但由此在"沙盒监管"理念下已基本形成的"7+4"类金融主体格局中,P2P似乎更加难以入围,融租、保理、金交所等也纷纷与P2P断联。

2020年6月15日,广东省金融监管局公告,根据《网络借贷信息中介机构业务活动管理暂行办法》的规定,网络借贷信息中介机构实施备案登记管理。目前,广东省正按照国家统一部署,稳妥有序推进P2P网贷风险整治,但还未有一家机构(含外地平台在粤分支机构)完成整改验收并通过备案登记。这样的零验收、零备案并非广东专属,或也并非一个短期现象。

综上所述,由国务院金融稳定委员会牵头,银保监会顶层立法,当地政府作为第一责任人,地方金融监管局作为主要承办人下的央地协调金融监管机制正在形成。正如私募基金业这几年所经历的过程一样,今后,类金融业务或面临一系列改革,并需要在过程中熟悉和习惯监管的存在。与民间游资走得近的,长期习惯于通道业务的,未来的日子会比较难过,而与实体经济靠得近的,主动管理业务做得好的,将在接下来走上台面做业务的日子里,获益良多。无监管无保障,有监管得发展——这是我们观察中国金融监管多年所必须承认的底层逻辑。

专题十四

区块链与ABS的创新火花：华宝证券—欧冶区块链通宝1号资产支持专项计划

赵　冲　葛　宏　余　瑞

2019年10月24日，习近平总书记在中央政治局第十八次集体学习时指出，区块链技术应用已延伸到数字金融、物联网、智能制造、供应链管理、数字资产交易等多个领域。目前，全球主要国家都在加快布局区块链技术发展，我国在区块链领域拥有良好基础，要加快推动区块链技术和产业创新发展，积极推进区块链和经济社会融合发展。习近平总书记强调，区块链技术的集成应用在新的技术革新和产业变革中起着重要作用，我们要把区块链作为核心技术自主创新重要突破口，加快推动区块链技术和产业创新发展。

2019年12月27日，由上海汉盛律师事务所担任法律顾问的中国宝武钢铁集团有限公司（以下简称中国宝武集团或中国宝武）首单区块链ABS"华宝证券—欧冶区块链通宝1号资产支持专项计划"成功设立。这是中国宝武及旗下金融科技平台公司欧冶金服应用区块链技术，通过上交所将产业链的优质资产数字化、标准化、证券化，首次面向公开市场输出产品和服务模式。

"华宝证券—欧冶区块链通宝1号资产支持专项计划"是区块链技术与资产证券化碰撞出的创新火花，是宝钢集团、汉盛律师切实贯彻落实区块链技术和金融产业共同发展政策的重要举措。

一、区块链简介

什么是区块链？从科技层面来看，区块链涉及数学、密码学、互联网和计算机编程等很多科学技术问题。从应用视角来看，区块链是一种去中心化、不可篡改、可追溯、多方共同维护的分布式数据库，能够将传统单方维护的仅涉及自己业务的多个孤立数据库整合在一起，分布式地存储在多方共同维护的多个节点上，任何一方都无法完全控制这些数据，只能按照严格的规则和共识进行更新，从而实现了可信的多方间的信息共享和监督，避免了烦琐的人工对账，提高了业务处理效率，降低了交易成本。区块链通过集成 P2P 协议、非对称加密、共识机制、块链结构等多种技术，解决了数据的可信问题；通过应用区块链技术，无须借助任何第三方可信机构，互不了解、互不信任的多方可实现可信、对等的价值传输①。

（一）区块链的发展历程

提及区块链，不得不提及比特币，2008 年金融危机时，一个叫中本聪的人，在某网站上发布了《比特币：一种点对点的电子现金系统》。他提出了一种全新的电子化支付思路——建立完全通过点对点技术实现的电子现金系统，从而创建一种全新的去中心化的点对点交易模式。

2009 年 11 月 3 日比特币正式问世，该系统正式运行，比特币区块链中的第一个区块诞生，该区块又名“创世区块”。这种新型的、去中心化的数字货币在最初问世时虽未引起轩然大波，仅在电子货币行业因其创新性的设计得到了业内资深人士的认可，但随着人们的深入研究与比特币的应用，比特币与其底层技术区块链，开始展现出超乎想象的影响力。从问世至 2017 年，短短不到 10 年，比特币便从最初单枚价值不到 1 美分，攀升至最高的 19,850 美元。2014 年，“区块链 2.0”成为一个关于去中心化区块链数据库的术语。对这个第二代可编程区块链，经济学家们认为它是一种编程语言，可以允许用户写出更精密和智能的协议②。因此，当利润达到一定程度的时候，就能够从完成的货运订单或者共享证书的分红中获得收益。区块链 2.0 技术跳过了交易和“价值交换中担任金钱和信息仲裁的中介机构”。它们被用来使人们远离全球化经济，使隐私得到保护，使人们“将掌握的信息兑换成货币”，并且有能力保证知识产权的所有者得到收益。第二代区块链技术使存储个人的“永久数字 ID 和形象”成为可能，并且对“潜在的社会财富分配”不平等提供解决方案③。

2016 年 1 月 20 日，中国人民银行数字货币研讨会宣布对数字货币研究取得阶

---

① 邵奇峰等：《区块链技术：架构及进展》，载《计算机学报》2018 年第 5 期。

② 张宇：《区块链智联世界：去中心化的信用中介 2.0》，载《经贸实践》2017 年第 22 期。

③ 李赫：《区块链 2.0 在积分通兑中的应用初探》，载《中国金融电脑》2018 年第 2 期。

段性成果。会议肯定了数字货币在降低传统货币发行等方面的价值,并表示央行在探索发行数字货币。中国人民银行数字货币研讨会上的发言大大增强了数字货币行业信心。这是继 2013 年 12 月 5 日央行五部委发布关于防范比特币风险的通知之后,第一次对数字货币表示明确的态度。

2016 年 12 月 20 日,数字货币联盟——中国 FinTech 数字货币联盟及 FinTech 研究院正式筹建①。如今,比特币仍是数字货币的绝对主流,数字货币呈现了百花齐放的状态,常见的有比特币 bitcoin、莱特币 litecoin、狗狗币 dogecoin、达世币 dashcoin,除了货币的应用之外,还有各种衍生应用,如以太坊 Ethereum、阿希 Asch 等底层应用开发平台以及 NXT、SIA、比特股、巴比特 MaidSafe、瑞波 Ripple 等行业应用②。

(二)区块链的四大特征及其意义

区块链作为被赋予超值期望的新兴技术,有以下四个显著特征。

1. 去中心化

我们传统的交易方式,往往依赖于第三方可信机构的中央数据库进行彼此身份、信息确认,从而开展交易。交易过程中,我们的用户数据、个人信息、交易记录,均会被这个具有唯一记账权的中心化大账本随意存储并分析。而区块链技术就是一个由世界范围内成千上万台电脑组成的分布式账本,即接入的每一台电脑设备均为一个账本。在区块链这个系统中,每一个交易动作都会在全网广播,并被这些分布在世界范围内的各个账本进行验证、传递和管理记录。

区块链通过分布式数据存储的"大账本",构建了一个去中心化的数据库。在这里我们可以说:区块链技术创造了一种新的记账方式——分布式记账。这整个记账过程,不会涉及中心化的第三方,也不会在一个中心化服务器中存储任何数据。

2. 不可篡改

传统的记账法有单式记账法,由一个人记账,绝对中心化;复式记账是双边记账,相互确认,但记账手续繁杂;区块链则是多点同时记账,能够快速且有效地实现准确记账。因为区块链是由世界范围内志愿者组成的区块链网络系统,参与进来的电脑设备非常多。在整个网络系统中,每十分钟内发生的交易都会被所有设备

---

① 耿秋治:《我国数字货币创新与发展》,载《河北金融》2017 年第 8 期。

② 李文森等:《数字货币可以履行货币职能吗?》,载《新理财》2017 年第 6 期。

确认、清算,并存储在一个首尾相连的区块结构上,这样就形成了一个链条。每一个区块都得对此前的区块事实进行确认,并进行有效的时间戳加盖行为。

由于整个系统内的账本数量非常之多,且都加盖了时间戳,想要对账本内的事实进行篡改或删除,则必须众目睽睽之下,对系统内超过51%的账本所记录的事实进行篡改或删除,而这在拥有成千上万个账本且数量还在不断增长的区块链系统内几乎很难实现。如此一来,人们就无法肆意操控修改网络数据,避免主观人为的数据变更。

3. 透明开放

相对于现在很多技术的封闭性和保密性,区块链的技术基础是开源的,任何人都可以免费下载、运行、使用,并创造开发新应用。

与此同时,区块链上的数据,都是经过区块链系统中所有参与记账的账本,进行验证、传递和管理,并被永久保存的。每一个人都知道其中发生的事情,所有的交易也都会被人们见证。因而这些数据能够对所有人开放,任何人在任何时候都可以进行浏览查看。不像以往,这些数据仅存在于传统系统那样的中心化机构中,里面的数据能够被第三方随意控制和使用,人们却无从得知也无法阻止。

4. 安全性

随着互联网技术的发展,我们的身份在网络上越来越透明,个人信息也总是会被"人肉"、被窃取、被泄露,这使得大量垃圾信息充斥着我们的生活,而这源于我们在互联网上进行的一切交易活动和社交活动——App需要注册登录,邮箱需要设置密码,朋友圈、微博可以定位……

除了普通网络用户,金融信贷机构、通讯公司等平台,它们中心化的大数据库掌握着大量机密数据,而他们也只是依靠脆弱的防火墙进行数据加密和保护,但这有可能被黑客随时攻击并窃取数据,造成不可估量的损失。

区块链技术则是使用了公钥基础设施来搭建安全平台,公钥基础是非对称加密算法的一种高级形式,即用户拥有两个功能不同的密钥,一个是用来加密的公钥,另一个是用来解密的私钥。解密的这把私钥仅且只有你一个人拥有,从而保证了他人无法轻易窃取你的个人数据。

这种非对称加密算法的好处,用通俗的例子来解释,就是你有一把家里的钥匙,如果丢了,家里就有失窃的可能,因为捡到钥匙的人可以通过这把钥匙来打开你家房门。但如果使用非对称加密钥匙,就是你家锁门是一把钥匙,开门又需要另一把不同于锁门的钥匙,那么即使你丢了锁门的钥匙,家里也不会有失窃的可能。

由此可见，区块链技术足以使我们现有的社会形式发生翻天覆地的变化，而看似复杂的区块链，其主要构思却非常简单易懂，那就是帮助我们可以直接、安全地将钱转出和接收，中间无须经过银行、支付平台这样的第三方机构，这将直接影响我们从信息互联网时代向价值互联网时代转变和迈进。

不仅如此，区块链的功能运作更是一场完美的大规模协作，在助力我们创造更高效益的同时，还能帮助我们最大限度地控制自己的数据、财产以及参与度，这将使得我们每一个人的权益，都能得以发挥和被保护。

二、资产证券化简介

资产证券化一般是指将原始权益人/发起人不易流通的存量资产或可预见的未来收入构造和转变成为资本市场可销售和流通的金融产品的过程，是一种以资产信用为支持的，重新包装现金流的高级投资银行技术，属于以资产信用为支持的直接融资模式。破产隔离、有限追索是传统资产证券化的主要法律目标。

资产证券化被认为是“优化金融资源配置、用好增量、盘活存量”的重要手段，对促进经济结构调整、支持实体经济发展有重要作用，对资产证券化发起机构而言，是一种新的融资手段、一种资产管理的高级手段、一种风险管理的新工具。

（一）中国资产证券化的操作模式概述

目前，中国资产证券化主要有以下四种操作模式：(1)银保监会、中国人民银行审批监管的信贷资产证券化；(2)证监会监管的证券公司、基金子公司资产证券化（资产支持专项计划）；(3)在中国银行间市场交易商协会注册的资产支持票据（ABN）；(4)银保监会监管的项目资产支持计划。这种操作模式是按照监管部门的不同进行业务模式划分，资产支持专项计划模式、信托计划模式、资产支持票据（ABN）模式以及项目资产支持计划模式，对应的监管部门分别是证监会、银保监会、银行间市场交易商协会。另外还存在一些民间模式，不受上述部门的监管，没有标准的业务规则，或许称之为类资产证券化业务更为合适，典型的例子是陆金所。

（二）中国资产证券化发展历程

2004年10月21日，证监会发布《关于证券公司开展资产证券化业务试点有关问题的通知》，标志着由证监会监管的资产证券化业务开始试点，当时该业务被习惯性地称为企业资产证券化业务(以区别在同一时期开始试点的由原银监会及中国人民银行监管的信贷资产证券化业务)。企业资产证券化业务,最初是以券商专项资产管理计划作为特殊目的载体(SPV),由证监会负责审批,在上海或者深圳交易所上市交易的。

2005 年 8 月,中金公司作为计划管理人和主承销商发行了第一单企业资产证券化产品——中国联通 CDMA 网络租赁费收益计划,标志着企业资产证券化业务正式开闸。随后,莞深收益、网通 01 - 10、远东 01 等资产支持证券相继发行。截至 2006 年年底,共发行九只企业资产证券化产品,累计发行额度约为 265 亿元,基础资产涉及网络租赁收益权、应收账款、高速公路收费权、融资租赁收费权、水电收益权、BT 债权、污水处理收费权、上网电费收费权等。

之后美国爆发次贷危机,并引发了一场全球性金融危机,资产支持证券 MBS 被认为是罪魁祸首。为了防范风险,我国监管部门叫停了资产证券化业务。直到 2011 年,金融危机基本结束之后,资产证券化业务才得以重启。但是在此之前的 2009 年,证监会颁布了《证券公司企业资产证券化业务试点指引(试行)》(已失效),从专项计划、计划管理人、原始权益人、投资人、专项计划设立申请、信息披露等角度对企业资产证券化业务进行了规范。

2011 年重启后发行的第一单企业资产证券化产品为 11 远东 01 - 05,之后又发行了宁公控 01 - 06、侨城 01 - 06、13 隧道 01 - 03 等 27 支产品,基础资产涉及融资租赁、污水处理收费、公园入园凭证、隧道专营收益权、小贷资产、铁路运营专线收费权、供热收费权等十多类资产。2014 年,国务院下发《关于取消和下放一批行政审批项目的决定》(国发〔2014〕5 号),取消了证监会的专项投资行政审批权,专项资产管理计划因此无法继续获得批准,企业资产证券化业务也随之暂停。

2014 年 11 月 19 日,证监会发布了《证券公司及基金管理公司子公司资产证券化业务管理规定》及配套工作指引,将特殊目的载体由之前的专项资产管理计划变更为资产支持专项计划;取消事前行政审批,改为事前由交易所核查,事后在中国证券投资基金业协会(以下简称基金业协会)备案;实行基础资产负面清单管理,负面清单由基金业协会制定并负责定期更新;授予了基金子公司计划管理人资格;另外,增加了机构间私募产品报价与服务系统作为合格的挂牌、转让场所。

之后,基金业协会和沪深交易所亦相继出台了相关的业务规则。2014 年 12 月 4 日,中信证券作为计划管理人发行了备案制的首单企业资产证券化产品——中和农信 2014 年第一期公益小额贷款资产支持专项计划次级资产支持证券。自此,企业资产证券化业务正式进入备案制时代。

(三)传统资产证券化的不足

同股权、债务和贷款等传统融资方式相比,ABS 产品呈现出结构复杂、参与主体众多、操作环节烦琐、数据传递链条长、数据及现金流传递分配过程复杂、信用触发性条款设置保障安全性等特异性产品特征。在传统的资产证券化的不同环节中,不管是资产的转售交割和现金流打包—分割—重组—分配环节,还是证券登记结算流通环节,都依赖于高度中心化的中介机构的信用。传统资产证券化过程中,主要存在两方面的不足:

一方面是产品的信息不对称,导致其定价不合理。传统的资产证券化复杂产品结构和基础资产构成,造成了产品的信息不对称性。对于传统的 ABS 产品的底层资产的真实性和风险等级,产品的发行者比普通投资者掌握更多资产信息,投资者对产品抱有一种不信任的态度。结果是 ABS 产品定价不合理,常常被低估,在提高企业融资成本的同时严重影响 ABS 产品的流动性。

另一方面是产品内外部增信机制和强势中心化机构的存在,催生了高昂的交易成本。资产证券化过程中后期的现金流管理和信用机制条件触发后的后期管理都需要大量的人工投入。在一个中心化运行框架下,由权威的中介机构收集并保存各种信息,然后向社会公布的信息传输方式既降低了数据的公开透明性和数据的可获得性,又使得数据的传输效率低下,成本高昂。

三、区块链与资产证券化结合的创新性

区块链的底层设计系统的核心支撑——密码学和共识算法,再加上点对点网络和运行逻辑流程的设计,共同实现了中本聪去中心化的构想。区块链的去中介化分布式存储,可使供应链上的每一笔交易被不可更改地记录在区块上并开放给所有参与者。资产证券化被认为是区块链的绝佳实践场景,其应用深入资产证券化的各个环节。

(一)基础资产池的筛选

基础资产的筛选是资产证券化过程中关键的一环,优质的基础资产可以有效地控制产品的风险敞口。基础资产若不具备良好的收益及稳健的现金流表现,证券端的产品表现也将非常不稳定,时时面临被降级的风险。目前区块链在资产证

券化领域的应用多着眼于基础资产形成过程，所有资产的真实性都由所有参与节点确认，增加产品的信息透明度。同时，在循环购买的资产证券化结构中，区块链的多重签名技术可提高循环购买的安全性和效率。通过设置多重签名，可约定至少获得两个参与主体如资产服务机构和计划管理人的一致签名同意后才可决定资金流向，实现多方共同决策。

（二）基础资产转让

信用机制是市场经济正常运行的基础，而传统的契约机制因存在诸多弊端而极易引发道德风险，为防控风险会产生诸多额外成本如谈判成本、签约成本、监督成本和追责成本等。工业革命、电气革命和信息革命这历史上的三大革命，无一不是因为显著降低了社会运行成本才颠覆了原有的基础设施架构，渗透到社会生活的方方面面，形成新的社会范式。区块链的核心的支撑就是密码学和共识算法，二者的共同点是都经过数学的严密论证。数学是纯粹的形式和结构且不依赖任何的真实世界的物理理念，因而可被作为纯粹的信息进行跨文化交流，是人类文明的最大公约数。资产的每一次转让信息都完整地记录在区块链上，可有效地回溯和追踪资产所有权，防止“一笔多卖”，即“双花”现象。区块链上的交易通过程序代码实现，在区块中内置智能合约，满足预设条件后交易自动强制执行，提高了资产转让的效率和便利性。

（三）基础资产存续期监控

区块链实现交易记录实时上链并共享给所有的节点，其开放共享的特性天然满足了信息披露的要求。每笔资产的详情都实时记录在区块链上，区块链的开放共享特性实现了多方参与主体在资产存续期内对资产池的信息跟踪和共同监管，并提高了资产证券化发行过程的效率。对计划管理人而言，可为其资产尽调的真实性提供保障、降低尽调成本；对评级机构而言，可对每一笔资产的风险收益进行分析，而不必因技术限制采用抽样调查的方式；对于资产服务机构而言，可实时掌握资产的还款和违约情况；对于投资者而言，减少了信息不对称性，增加其对基础资产的信任。

（四）二级市场的证券交易

区块链技术在中国资产证券化市场中的应用存在巨大潜力，资产证券化的各个领域，包括证券化产品的设计与发行，证券交易、清算结算等各流程、各环节，都可以通过区块链技术被重新设计和简化，带来一系列潜在优势，包括提高效率、缩短处理时间、加大透明度、降低成本和确保安全。

二级市场流动性不足一直是制约资产证券化市场发展的重要障碍，基础资产的基本情况和交易记录等信息全部被记录在不可篡改的区块链上，开放给所有投资者，为资产证券化的交易提供了一个公开透明的交易环境，使资产估值和定价变得有据可依。同时，区块链的应用能提高证券登记、交易与结算的效率，满足穿透式监管和审计要求。

四、华宝证券—欧冶区块链通宝 1 号资产支持专项计划

（一）项目基本情况介绍

"华宝证券—欧冶区块链通宝 1 号资产支持专项计划"是中国宝武及旗下金融科技平台公司欧冶金服应用区块链技术，通过上交所将产业链的优质资产数字化、标准化、证券化，首次面向公开市场输出产品和服务模式。欧冶商业保理有限责任公司（以下简称原始权益人或欧冶保理）受让以宝山钢铁股份有限公司为债务人的"通宝债权"发行"华宝证券—欧冶区块链通宝 1 号资产支持专项计划"（以下简称本项目或专项计划）。华宝证券有限责任公司担任专项计划管理人，并聘任上海汉盛律师事务所（以下简称汉盛或本所）担任专项计划法律顾问。汉盛指派赵冲律师为本项目负责人兼主承办人。

本项目主要参与方包括：

计划管理人：华宝证券有限责任公司（以下简称管理人或华宝证券）；

原始权益人：欧冶保理；

单一债务人：宝山钢铁股份有限公司（以下简称债务人或宝钢股份）；

资产服务机构：上海欧冶金融信息服务股份有限公司（以下简称资产服务机构或欧冶金服）；

通宝结算单位：东方付通信息技术有限公司（以下简称东方付通）；

以上主体均为中国宝武下属控股公司，股权关系如图 3－14－1 所示。

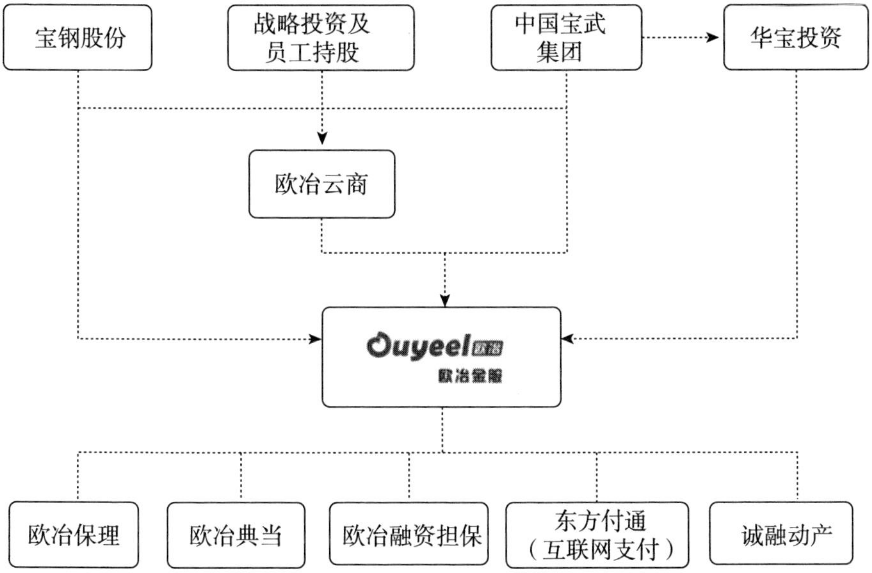

图 3-14-1 中国宝武股权关系

中国宝武由原宝钢集团有限公司和武汉钢铁(集团)公司联合重组而成。2019年9月19日,中国宝武对马钢集团实施联合重组。中国宝武注册资本527.9亿元,资产规模超8300亿元。产能规模约9000万吨,位居中国第一、全球第二,是国有资本投资公司试点企业。2018年,中国宝武继续保持行业领先地位,实现钢产量6725万吨,营业总收入4386.2亿元,利润总额338.37亿元,位列《财富》世界500强第149位。

中国宝武以"成为全球钢铁业引领者"为愿景,以"共建高质量钢铁生态圈"为使命,以"诚信、创新、协同、共享"为价值观,致力于通过改革和发展,构建在钢铁生产、绿色发展、智慧制造、服务转型、效益优异等五方面的引领优势,打造以绿色精品智慧的钢铁制造业为基础,新材料产业、智慧服务业、资源环境业、产业园区业、产业金融业等相关产业协同发展的格局,形成"亿吨宝武""万亿营收"能力,打造若干个千亿级营收、百亿级利润的支柱产业和一批百亿级营收、十亿级利润的优秀企业。正是因为本次资产支持专项计划有实力雄厚的中国宝武做后盾,所以本次资产支持专项计划才能达到上海证券交易所的批准。也正因如此,本资产支持专项计划才能更加得到投资者的信任。

本专项计划交易结构及方案(见图3－14－2、图3－14－3):

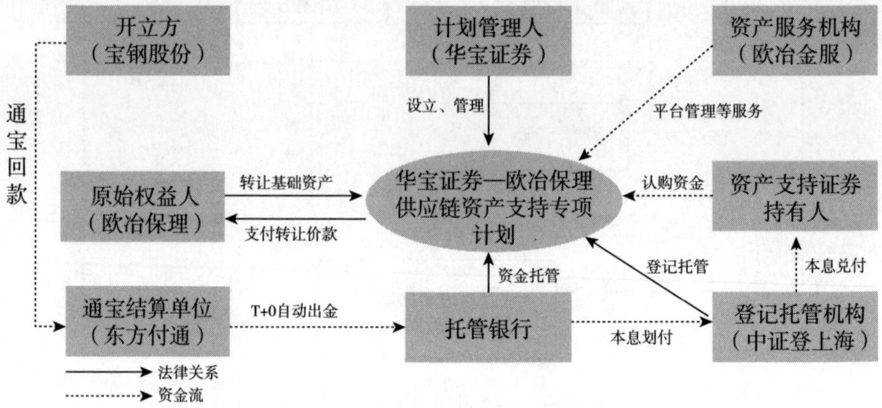

图3－14－2　专项计划交易结构

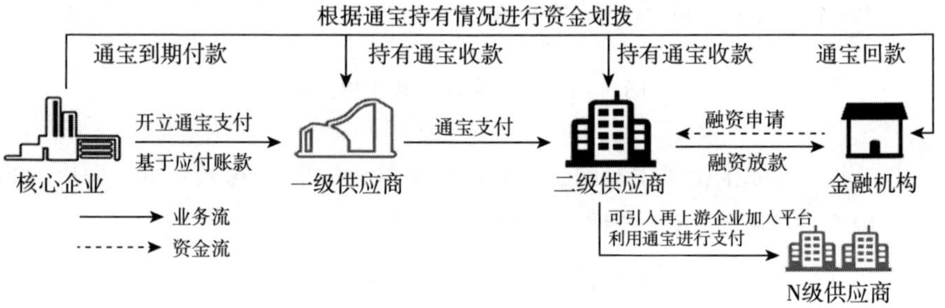

图3－14－3　专项计划交易方案

1.宝钢股份与供应商签署基础交易合同,约定供应商向宝钢股份销售货物或提供服务,宝钢股份依约负有向供应商支付货款或服务费用的债务,从而形成基础交易合同项下应收账款债权。

2.宝钢股份在通宝平台上签署《平台合作协议》并向供应商开立通宝,供应商在通宝平台上签署《平台在线规则》,注册成为通宝平台用户并接受通宝。宝钢股份按照通宝上记载的兑付日期向最终持有人履行通宝项下应收账款的付款义务。(如图3－14－4所示)

3.通宝持有人作为融资方向欧冶保理申请保理融资,原始权益人发放保理融资款项后,即取得该应收账款债权(简称通宝债权)。

4.原始权益人将作为基础资产的通宝债权让与专项计划从而发行资产支持证券,投资人购买资产支持证券。

5.通宝兑付日前或兑付日,债务人宝钢股份将足额资金充值到其东方付通账户，用于兑付当期应兑付通宝。

6. 资产服务机构欧冶金服向东方付通出具指令，告知通宝兑付的日期、持有人信息及金额等要素。

7. 东方付通按照欧冶金服出具的指令，对开立方东方付通支付账户进行资金的扣划，并支付至专项计划的东方付通过渡账户，当日自动出金到专项计划托管账户。

通宝　　通宝开立凭证

通宝编号：T19110663604　开立日期：2019/11/06

开立方	全称	宝山钢铁股份有限公司	接收方	全称	[redacted]
	税号	91310000631696382C		税号	91310113133492539R
开立金额	（大写）陆佰叁拾壹万壹仟壹佰陆拾伍元陆角肆分			亿 千 百 十 万 千 百 十 元 角 分	¥ 6 3 1 1 1 6 5 6 4
兑付日期	2020年04月22日				
区块链存证编号	74c5b57178ed3bbc09f7596590f79d20024a3ea955c45df7ec583b49e4b6e063		区块链存证时间	2019-11-06 15:45:51	
开立方确认并同意：开立方承诺于兑付日期前在开立方东方付通支付账户备足资金，对本通宝的最终持有人履行兑付义务并就逾期兑付承担责任；并认可所开立通宝在通宝平台中被拆分、流转以及用于[illegible]的效力。该付款义务的履行不受通宝流转开立方与接收方、[illegible]及其他相关方之间任何商业纠纷的影响，开立方不就[illegible]抗辩。			经办员	倪夏	
			审核员	刘斌	
开立方电子签章			接收方电子签章		

通宝开立电子凭证

合同章　合同章

记账建议：
1、开立方记账：借：应付账款-接收方　贷：应付账款-通宝编号
2、接收方记账：借：应收账款-通宝编号　贷：应收账款-开立方

图 3-14-4　通宝开立凭证

（二）区块链技术在本项目中的应用

1. 通宝

通宝指开立方通过欧冶金服运营的在线金融服务系统开立的，基于开立方与接收方之间真实贸易合同关系和债权债务关系的应收账款债权凭证。开立人不可撤销地承诺将按照通宝项下的开立金额，通过东方付通在通宝兑付日（不晚于应收账款到期日）履行对最终持有人的付款义务。通宝包含合同、物流、发票、税务、保理等全量信息，并以数字形式展现和流转。通宝可以在通宝平台进行拆分、流转、融资。

通宝的出现，解决了商票难追、难贴现、难流转等问题，并在实践中实现了中小微企业分享优质核心企业信用的良好社会效应。

2. 通宝平台

本项目中，区块链技术主要应用在通宝平台上，通宝业务底层，最早采用同济

大学梧桐链，从 2019 年 9 月起，在央行贸易金融区块链上运行。

截至目前，通宝平台共有 5 个区块链共识节点（区块链节点是指区块链网络中的计算机，包含矿机、服务器等，节点的主要功能是向区块链网络内广播信息及存储信息，它的存在有助于确认交易的有效性，通常情况下，节点越多，网络越安全。其中，共识节点参与交易验证，存储区块链的完整副本；查询节点不参与交易验证，但按照在线协议，具备查询功能。区分共识节点和查询节点，是为了提高交易验证和账本存储效率。），其中 4 个共识节点在中国宝武体系内部，1 个共识节点为外部监管节点。除共识节点外，还引入提供融资服务的合作银行，作为查询节点，由此真正实现去中心化，保证通宝平台上信息不被篡改或伪造。传统中心化的应用都是由一台服务器集中管理，如要篡改或伪造信息，只需改变集中管理的服务器上的信息；而像通宝平台这类去中心化的应用，是由很多台服务器管理存储信息，并且相互验证，相关数据、信息被篡改或伪造的概率大大降低。通宝平台的这一特性有助于保证平台上交易信息的真实性，提升通宝平台参与方的信任，也便于进一步吸引外部金融机构加入通宝平台提供通宝融资等服务。

本项目基础资产为应收账款债权，依托于通宝平台，借助于区块链技术，以实现基础资产相关的信息、数据不可伪造和篡改。与未采用区块链技术的同类平台相比，通宝平台有如下优势：

（1）充分利用了区块链技术不可篡改的特征以保障业务真实可靠。通宝平台中运行的业务，不仅仅通过运营手段保障其真实性，也利用区块链技术手段，在链上实现了流转过程、交易结果、背景信息的可追溯性，最大限度地避免了供应链金融中相关应收账款存在瑕疵，甚至应收账款不真实的业务风险。

（2）应用合约技术接入监管体系，保障平台合规。通宝平台通过智能合约技术，将符合监管要求的平台规则使用合约逻辑进行代码定义，最终实现合约规则在监管母链与业务子链的自动运行，以技术手段重新定义了与监管层的接入方式，完成了平台运行标准的统一，保障了平台业务运行的合规。

（三）本项目的重大意义

1. 对专业化建设具有引领作用

本项目在交易结构设计、资金归集方式等方面实现了重大突破。

（1）创新引入第三方资产服务机构进行基础资产管理

资产服务机构是基础资产的管理者，负责相应的基础资产档案的建立及保管，收取基础资产产生的本金和利息现金流，将基础资产回收款转付至专项计划，对过期欠账进行催收等事项。目前国内基础资产证券化发展尚处于初级阶段，为便于基础资产的管理，资产服务机构都由原始权益人自行承担。但该模式存在基础资产与资产服务机构自有资产或其他受托资产相混同的风险。目前企业资产证券化项目出现风险事件的项目中由资产服务机构引起的占比较高。本专项计划项目团队在设计交易结构时，创新引入第三方资产服务机构欧冶金服进行基础资产的管理，真正做到了基础资产与原始权益人资产相隔离，更好地保障投资者的利益。

（2）创新引入第三方结算机构进行回收款归集

目前国内的资产证券化项目中，资产服务机构最重要的职责即基础资产回收款的归集和转付。本项目创新引入第三方结算机构东方付通对基础资产的回收款进行清单及划转，基础资质回收款无须按照通宝流转次数对各级供应商进行逐级清分，而是直接由债务人东方付通账户划转至专项计划东方付通过渡账户中并于当日支付至专项计划托管户中，杜绝了基础资产回收款混同风险。并且保证基础资产回收款在通宝兑付日当日即划转至专项计划托管户，真正实现了基础资产的实时归集。

2. 本项目具有良好的社会效果

2019 年 10 月 24 日，中共中央政治局就区块链技术发展现状和趋势进行第十八次集体学习，习近平总书记着重强调：要推动区块链和实体经济深度融合，解决中小企业贷款融资难、银行风控难、部门监管难等问题。

本项目以欧冶保理受让中小微企业持有的通宝债权发行 ABS，实现良性循环，是响应中央号召，推动产融结合，向公开市场输出产业链优质资产的重要实践。实现了运用金融科技能力、赋能钢铁生态圈的目标。区块链技术的运用，对核心企业来说，使得供应链全程可视化，业务流与资金流高度匹配，供应商审计一览无余；对金融机构来说，解决了真实贸易背景难题，同时，跨区域融资时，只需关注核心企业信用，可以实现中小微企业分享优质核心企业信用的良好社会效应。

五、区块链资产证券化的未来发展

（一）区块链资产证券化的应用前景

从区块链的特性及实践应用来看，债权类资产是区块链最适合的 ABS 领域，未来区块链技术有望广泛应用于各类债权类资产的 ABS 项目中，如贷款类债权、保理融资债权、企业债权、应收账款债权、租赁债权等。下面以贸易融资和消费金融区块链 ABS 类型为例,具体分析区块链技术在资产证券化领域的应用前景①。

1. 应用于贸易融资资产证券化领域

国内贸易融资资产证券化业务既能够有效解决中小企业融资难问题,又能够推动商业银行的持续发展。因为银行信用的介入,基础资产信用质量较高,故在近期发展迅速。适合作资产证券化的贸易金融基础资产类型有信用证、保理、保函和票据等,区块链技术可以降低这些资产贸易背景的真实性风险,有效提高票据市场风险的防控能力,保障票据资产证券化产品的安全性与真实性②。

2. 应用于消费金融资产证券化领域

消费金融类贷款具有单笔金额小、分散度高、期限短、超额利差丰厚等特征,具备良好的资产证券化特质,是我国资产证券化市场重要的基础资产类型之一。随着我国居民消费观念的转变,越来越多的消费金融类贷款细分领域不断迸发,但快速发展的同时风险事件也频繁发生。区块链技术可以拓宽消费金融行业发展空间,防范行业风险并促进消费金融行业保持高速增长态势。在互联网消费金融中,信用问题是影响消费金融融资的重要障碍,而区块链无须借助第三方就能对交易双方的信用历史进行真实呈现,有效解决相关问题。一方面,区块链技术的引入有望从根本上解决消费金融业务面临的欺诈风险防控难题,使得中小平台也可以提供"低门槛 + 低利率"的消费金融产品,形成与巨头性企业持续竞争的实力;另一方面,区块链技术在物联网领域的应用可以有效解决抵押物评估和管理难题,大大拓宽行业发展空间,使行业在相当长的时期内保持高速增长态势③。

(二)区块链资产证券化快速发展面临的风险和挑战

区块链资产证券化的快速发展离不开区块链技术的发展,而区块链技术的快速发展受以下方面的制约。

1. 区块链技术自身存在瓶颈

一是区块链技术需实现足够的处理和存储规模,才能满足金融市场中的大规模交易的需求。账本中不断添加的交易数据也对系统存储能力提出更高的要求。二是多个区块链技术方案、新旧系统并行,带来互联互通性和技术标准化方面的问

① 温胜辉:《区块链在资产证券化领域的应用前景探究》,载《金融创新》2018 年第 3 期。

② 刘瑜恒、周沙骑:《证券区块链的应用探索、问题挑战与监管对策》,载《金融监管研究》2017 年第 4 期。

③ 巴洁如:《区块链技术的金融行业应用前景及挑战》,载《金融理论与实践》2017 年第 4 期。

题。三是区块链技术的信息管理和系统安全仍存在问题。系统参与者在账本中共享信息,且几乎不可能对信息进行更改,因此确保共享信息的正确性,对错误和欺诈信息的处理措施是系统运行的重要基础。此外,区块链系统同样存在端点(节点)安全性问题,其分布式结构使端点更易遭到攻击,在市场应用与推广之前,需进一步评估系统安全管理流程和控制措施的有效性①。

2. 区块链应用存在潜在的安全风险

因为区块链每个节点都拥有全链总账,一旦区块链系统被黑客攻陷,不仅被攻陷节点的信息被窃取,全链储存的总账信息都可能被复制。如果证券区块链技术大规模应用,那么风险安全隐患将不容忽视,这些隐患可能会给整个交易市场和金融市场的基础设施带来较大影响。

3. 区块链技术部分构成要素的法律基础仍存空白

一是账本中同步并向参与者公布的记录,其法律效力如何认定,是否可以作为确定基本义务和履行义务的依据尚未确定。二是与数字令牌和数字资产相关的权利义务关系,在现行法律框架中并未明确界定,需通过详细分析确定法律适用问题。三是智能合约的执行需具备健全的法律基础。区块链技术的广泛应用,离不开智能合约,所谓智能合约就是以数字编码的形式定义承诺,一切交易都由代码强制执行。《民法典》确立了合同订立、修改、终止和争议处理等领域的基本原则,其中一些经典原则与智能合约的自动执行相冲突。智能合约的形式及其内容的效力,还没有得到法律和司法的正式认可,其作为数字编码的形式体现出来的合同文本尚无法确知。

4. 监管难度空前

区块链技术采用去中心化的技术设计,避免了传统中心化经济系统结构中的诸多问题,但去中心化也意味着主体不明确,监管难以对主体进行有效控制。一是去中心化及不具名性的特征加大了审查难度。二是智能合约存在漏洞。事实证明智能合约体系可能被黑客攻击。三是去中心化系统与中心化体系的协调存在障碍。随着区块链技术的发展及去中心化理念的传播,传统的金融机构等实体与区块链平台之间的界限必将模糊化。

(三)对区块链资产证券化的建议

作为未来金融科技的底层技术,区块链具有很强的战略意义。在未来金融科

---

① 李礼辉:《区块链监管需要"两手抓"》,载《英大金融》2017年第2期。

技探索上,国内金融业应加强顶层设计,加快推动区块链技术研发、实践和应用,积极参与区块链金融的国际合作和国际区块链联盟及标准的创设,以争取国际金融战略制高点,提升我国金融核心竞争力,让金融更好地为实体经济服务。

同时,资产证券化是盘活存量资产的重要金融手段之一,面临新兴技术引入的诸多挑战,谨慎之余也应充满信心、积极应对。资产证券化各参与方对资产证券化的发展起着至关重要的作用,在众多参与机构中,律师事务所在资产证券化项目中一直扮演着重要的角色,主导交易结构设计、并负责全流程的合法合规事项等。因此,在区块链资产证券化发展迅速的背景下,除了有关部门完善监管手段、健全区块链治理体系和监管体系,汉盛律师更要用自身的专业知识、执业技能,推动中国资产证券化市场稳定有序的前行,这是我们资产证券化项目律师的使命,任重而道远。

Part

04

第四篇

企业上市

专题一

企业赴美上市指南

李玉玲　周英帅

美国是世界上最具影响力的资本市场之一。从新设立的、最小的公司到最大的公司,都可在美国资本市场找到对应的板块进行上市融资。美股市场资金池深,流动性高,证券市场层次丰富,能满足不同企业的融资需求,且融资速度较快。美国的资本市场是以投资人选择为导向,以注册制为原则,赴美上市成功的关键在于企业的基本面和投资人的认可。

一、美国资本市场构成

(一)全国性的证券市场

纽约证券交易所(NYSE)、全美证券交易所(AMEX)、纳斯达克证券交易所(NASDAQ)、场外交易市场(OTC)。

(二)区域性的证券市场

费城证券交易所(PHSE)、太平洋证券交易所(PASE)、辛辛那提证券交易所(CISE)、中西部证券交易所(MWSE)、芝加哥期权交易所(Chicago Board Options Exchange)等。

其中,中国企业赴美上市的主要资本市场包括:

1. 纽约证券交易所(NYSE),即纽交所。纽交所是美国也是世界上规模最大、组织最健全、管理最严密的证券交易所。国内的大型企业或传统型企业通常选择去纽交所挂牌,比如阿里巴巴、东方航空、中国人寿、中国石化、中通等。

2. 纳斯达克证券交易所,即纳斯达克。纳斯达克是成长速度最快的股票交易市场,也是首家电子化的股票市场。按照上市公司大小分为全国板和中小板。世界很多知名企业都在纳斯达克挂牌,包括苹果、谷歌、微软、亚马逊、英特尔、星巴克等,还有国内的互联网巨头百度、京东、网易、新浪、携程、金山云等,比较受科技企业青睐。面向的企业多是具有高成长潜力的公司。

3. 全美证券交易所。AMEX 曾经是美国第三大交易所,运行成熟与规范,股票和衍生证券交易突出。上市条件比纽交所低,许多传统行业及国外公司在此股市上市。NYSE 于 2008 年兼并了 AMEX,现在的 AMEX 又称为 NYSE American。在 NYSE American 交易的公司大部分是小盘股。

4. 场外交易市场。OTC 是纳斯达克直接监管的市场,与纳斯达克具有相同的交易手段和方式。它对企业的上市要求比较宽松,并且申请上市的时间较短、费用相对较低,主要满足成长型中小企业的上市融资需求,有些类似于新三板。

二、中国企业赴美上市的主要途径

(一)首次公开发行(Initial Public Offerings,IPO)

1. 首次公开发行,是指股份公司首次向社会公众公开招股的发行方式。一般来说,首次公开上市完成,注册书或招股说明书(Registration Statement on F-1 美国境外公司/S-1 美国境内公司)生效后,这家公司或企业就可以申请到证券交易所或报价系统挂牌交易。

美股 IPO 市场上,有两类主流的承销方式,即券商包销 IPO(Firm Commitment)和券商代销 IPO(Best Efforts)。“Firm Commitment”承销方式,就是指在 IPO 发行时,承销商先以自有资金购买计划发行的全部或部分证券,然后再将所购买的证券向投资者转售,若承销期满之后仍存在未售出证券,则由承销商自己持有。采用这种方式也就意味着只要公司将股票交割给承销商了,发行就成功了,剩下的压力转移给了承销商。“Best Efforts”承销方式,就是指 IPO 发行时,承销商代理发售相关证券,承销期满后若未出售完毕,则将剩余部分退还给发行人,若投资者在价格区间内认购不足,则 IPO 发行失败。

我国境内实体企业一般在海外设立离岸公司或购买壳公司(上市主体),然后通过资本安排和契约设计将境内资产或权益注入上市主体,然后以上市主体在美国资本市场上市融资。该上市主体通常注册在英属维京群岛(BVI)或开曼群岛(Cayman Islands)等世界著名避税岛屿,以享受税收优惠,同时能够规避我国政府对于企业海外上市的严格规制。

2. 企业赴美 IPO 主要采取以下两种架构：

(1)红筹架构，是指中国境内的公司(不包含中国香港特区、澳门特区和台湾地区)在境外设立离岸公司(通常是开曼群岛或英属维京群岛)，然后将境内公司的资产注入或转移至境外公司，以实现境外控股公司在海外上市融资目的的结构，模式如图 4－1－1。

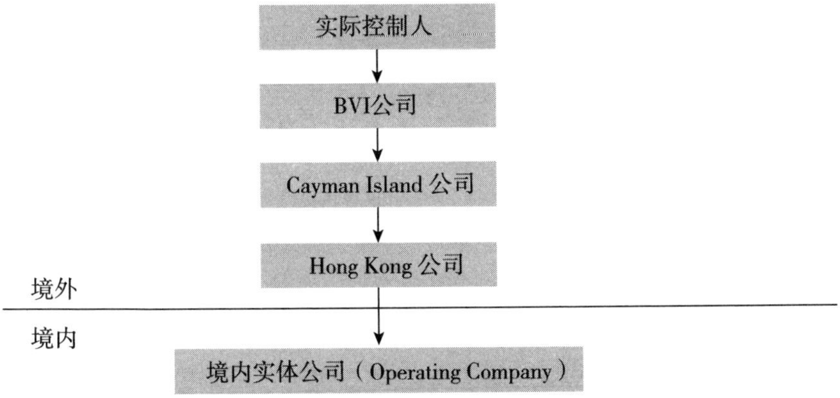

图 4－1－1　红筹架构

(2) VIE 架构，VIE 是指可变利益实体(Variable Interest Entity)，其本质是境内主体为实现在境外上市采取的一种方式。VIE 架构其实是红筹模式的一种特殊形式，在国内被称为"协议控制"，即通过一系列协议控制境内企业权益的模式代替直接控股或收购境内资产，最终达到境内权益间接在境外上市的目的，基本架构见图 4－1－2。

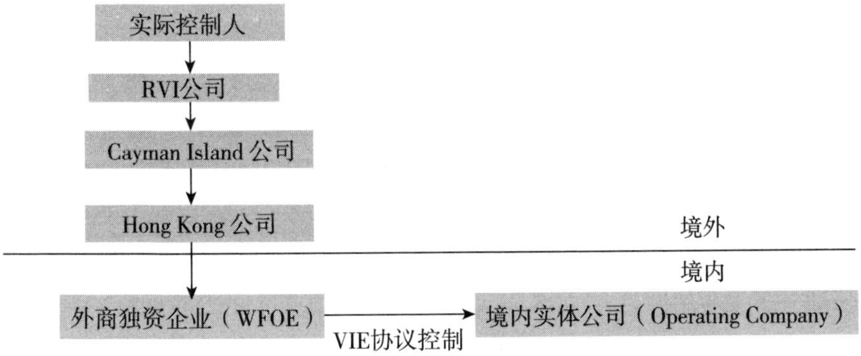

图 4－1－2　VIE 架构

VIE 架构的优越性主要有以下几个方面：

外汇流通优势：

税收优势。VIE 能成功规避现行的不可自由兑换的外汇管理制度。在英属维京群岛或开曼群岛设立离岸公司，可享受巨额免税以及低成本的股权转让，可同时在我国香港特区或其他国家及地区申请挂牌上市。

有效规避本国法律法规限制及政府部门监管。通过在英属维京群岛或开曼群岛设立公司，用国内资产反向包装，最终使其整体资产打包在海外上市，既有效避免了国内监管机构对外资进入的监管（如外商投资产业指导目录中有关限制外资进入的行业），也使国内企业可以在美国资本市场成功上市并融资。

设立香港公司优势：

税收优惠。上述架构 Cayman Island 公司在香港注册一个全资子公司，再经由香港公司在内地注册设立一个外商独资企业（WFOE）。之所以必须要经由香港而不是直接在内地注册，是因为香港的特殊性。根据 2008 年 1 月 1 日起新生效的《企业所得税法》规定，在中国境内没有机构场所的境外 PE 获得的股息性质的所得需要在中国缴纳 10% 的预提所得税（税收协定另有优惠的除外）。由于我国内地和香港特区之间有关避免双重征税的安排规定，对香港公司来源于内地的符合规定的股息所得可以按 5% 的税率来征收预提所得税。因此，很多红筹架构都把直接持有境内公司权益的公司设在香港以享受内地和香港之间有关股息所得的预提所得税优惠。

（二）Reverse Merger 反向并购（借壳上市）

反向并购俗称借壳上市，是一种简化快捷的上市方式，是指国内企业在美国购买一家上市公司作为“壳”公司，然后由该“壳”公司反向收购该国内企业，以实现融资功能。反向并购由于成本低收效快而备受资本市场欢迎，然而风险巨大，涉及利益主体众多，利益关系复杂，容易发生财务账目不实、资产注入不实、信息披露不实等问题，而引发 SEC 调查。

如果购买的是在 OTC 交易的“壳”公司，并且购买后有后期升主板的打算，NASDAQ 和 NYSE 都要求在换壳之后，公司必须申报至少 1 年的年报才能递交申请，除非在升主板的同时，公司能完成规模 4000 万或以上的公募融资。因此，在升主板之时，公司通常还会进行一次融资。

借壳上市过程中，国内资产注入“壳”公司的过程一般也通过 VIE 架构来完成。

（三）SPAC（特殊目的并购公司）并购上市融资

SPAC（Special Purpose Acquisition Company），即特殊目的并购公司，特殊点在

于 SPAC 只有现金,没有其他任何资产,所以又被称为现金上市,上市后再去筛选资产,给资产方股票或现金对价,通过并购装入优质资产,从而获得股价增长。

SPAC 在上市时有两大类角色:(1)发起人。发起人通常由投资领域资深人士或商界精英团队组成一个 Sponsor Team,Sponsor Team 通常包括投行券商、律所等专业机构,帮助设立 SPAC 公司,认购优先股,按照交易所规定和流程操作 SPAC 上市募资。(2)公众投资者。和普通 IPO 一样,公众投资者可以是机构也可以是个人投资者。

SPAC 有一定的监管限制,包括:(1)SPAC 需将超过 90% 的 IPO 募资存放在第三方托管账户中(除非公司已完成交易金额相当于募资额 80% 的并购交易);(2)公司完成首次注册声明的 24 个月后,如果没有完成上述并购,那么 IPO 募资需要原路返还给投资者(相当于 SPAC 失败)。上述两条监管规则意味着 SPAC 如果在 2 年内并购成功,投资人持有的 SPAC 股票就会视资产情况而涨;如果失败,投资者就相当于进行了一次定期存款,可获得较低的利息收益。

就公司股权架构而言,SPAC 美股上市并没有其他区别,公司仍需要根据自身情况,决定选择股权控制架构或搭建 VIE 架构。

具体股权架构请见图 4 - 1 - 3。

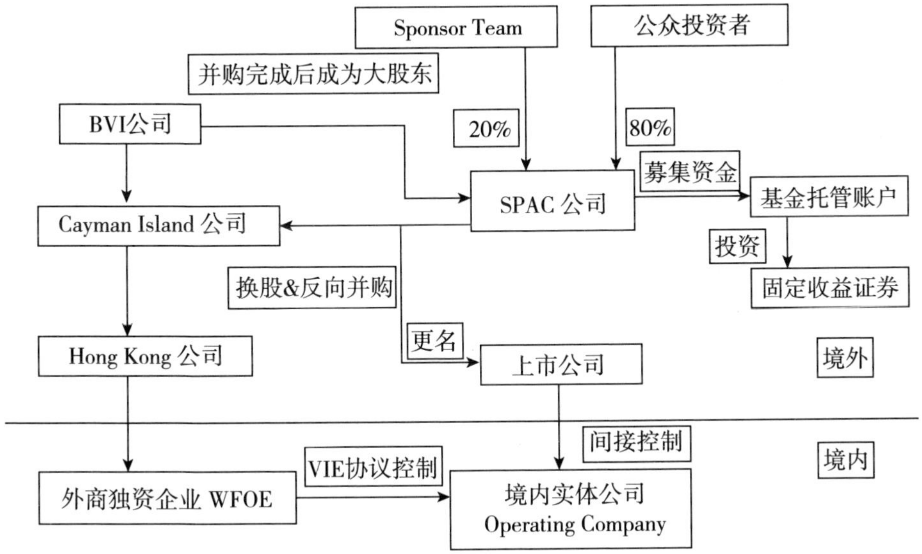

图 4 - 1 - 3 SPAC 模式

SPAC 模式因已经取得上市的平台,所以不用担心上市是否成功,等配额完成,马上可以进行交易,整个交易比直接上市节省了 1 年的时间。SPAC 的优点在于:无须明确商业计划也可实现上市;对 SPAC 的投资没有合格投资者的限制;SPAC IPO 在并购之前实现;SPAC 的退出模式只需减持股票即可。这种模式的缺点是:在 SPAC 模式下,最终成交价格是并购双方谈出来的,所以被并购公司的股份价格可能会卖得比 IPO 价格低。

(四)直接上市(Direct Listing,DL)

直接上市指不通过上市流程发行新股或筹集资金,又不需要承销商,只要简单地登记现有股票,便可在资本市场上自由交易。DL 是 IPO 的一种替代选择,优势在于可以让公司的股票直接面向公众发售,过程简单,节省可能高达上亿美元的承销费用,还可以避免 IPO 的"锁定期"。但是弊端也存在,其一就是缺乏券商作为中间环节会导致股票的波动率更高,其二就是缺乏流动股份,少量的流通股份在波动率的影响下,会给公司的估值造成偏差。

(五)美国存托股证挂牌(American Depository Receipts,ADR)

美国存托股证是美国商业银行为协助外国证券在美国交易而发行的一种可转让证书。通常代表非美国公司可公开交易的股票和债券。

(六)私募资金和美国证券法 144A 条例

私募资金是一种避免美国证券法要求的注册,又能在美国出售证券的做法。美国证监会 1990 年采纳的 144A 条例允许将某些符合条件的证券出售给合格机构投资人,而不需要履行证券法的披露义务。与 144A 条例关联的交易必须符合基本条件:

1. 该证券必须只能出售给合格机构投资人;

2. 证券发行时,该证券不能与美国的任一证券交易所或是在如纳斯达克的券商询价系统报价的证券属同一种类;

3. 卖家和未来的买家必须有权利获得发行公司的一些从公众渠道尚未得知的信息;

4. 卖家必须确认,买家知道卖家可以依据 144A 条例来免除证券法的登记要求。

不过,符合 144A 条例的交易有一定限制,如只能出售给机构投资人,合格机构投资人一般包括美国银行、信用社和注册券商。

三、纳斯达克及纽交所上市条件

美国资本市场上市标准主要有三项：权益标准、上市证券的市值标准、净利润标准。企业只要满足其中一项标准即可。以下以纳斯达克资本市场和纽交所中小板上市要求为例进行说明。

(一)纳斯达克资本市场财政和流动性标准(见表4－1－1)

表4－1－1　纳斯达克资本市场

纳斯达克资本市场首次公开发行上市核心要素	股本/权益标准	股票的市值标准	净收入标准
交易所规则	5505(a)和5505(b)(1)	5505(a)和5505(b)(2)	5505(a)和5505(b)(3)
股票持有人权益	500万美元	400万美元	400万美元
无受限公众持股数市值	1500万美元	1500万美元	500万美元
运营历史	2年		
股票上市市值		5000万美元	
可持续经营产生的净利润(最近一个财政年度或者最近三个财政年度中的两个财政年度)			75万美元
无受限公共持股数	100万股	100万股	100万股
无受限整股股东数(整份持有人)	300	300	300
做市商	3	3	3
竞价/买入价或收盘价	4美元 3美元	4美元 2美元	4美元 3美元

1. 目前已有股票交易的公司，如果该公司只符合股票市值标准，公司需要在申请纳斯达克上市前90个连续交易日内的股票市值达到5000万美元和4美元美股

买入价的要求。

2. 此处纳斯达克上市标准进行修改并于 2019 年 8 月起生效，所有股票不得包括由于任何原因而设有转售限制的股票，包括公众持有股、股票市值、整股股东的计算。另外，整股股东要求也进行了修改，所有符合整股股东的最低人数中，至少有一半整股股东个人持有无受限股票价值最少为 2500 美元。

3. 使用收盘价的标准的前提是该公司必须：3 年内的平均收入达到每年 600 万美元，净有形资产达到 500 万美元，或者净有形资产达到 200 万美元并且有 3 年的运营历史。除了满足这三条的其中一条，然后还要满足其他的资本和流动性的要求。

除了上述要求，如果股票于申请日在美国场外市场进行交易，那么，此股票在纳斯达克申请交易前的 30 个交易日中至少有一半时间的交易，要符合最低日均 2000 股的交易量要求(包括 ADR 项下股票在主板市场的交易量)，除非券商同意"firm commitment"并且公开发行至少 400 万美元的股票。

(二)纽约证券交易所中小板块上市要求：财政和流动性标准

表 4-1-2　需要满足以下五组条件之一组

	标准 1	标准 2	标准 3	标准 4a	标准 4b
税前收入	75 万美元				
市值			5000 万美元	7500 万美元	
总资产和总收入					7500 万美元
公众持股市值	300 万美元	1500 万美元	1500 万美元	2000 万美元	2000 万美元
股票持有人权益	400 万美元	400 万美元	400 万美元		
每股最低价格	3 美元	3 美元	2 美元	3 美元	3 美元
营业历史		2 年			

表 4-1-3　并且满足以下条件之一

	选择 1	选择 2	选择 3
公众股东人数	800	400	400
公众持股总股数	500,000	1,000,000	500,000

续表

	选择 1	选择 2	选择 3
（之前 6 个月的）每日交易量			2000 股

参阅继续上市标准和纽约证券交易所市场公司指南，了解包括治理标准在内的全部细节。

1. 必须满足上一个财政年度或最近三个财政年度中的两个要求。

2. 公众股东和公众持股量不包括任何直接或间接持有股份的高级职员、董事、控股股东或其他集中持股（10% 以上）的附属公司或家族股东。

四、赴美上市团队主要成员

（一）财务顾问（Financial Advisor or Consulting Company，FA）

其最早入场。FA 在公司上市前就其资本结构、公司上市组织架构和业务重组等提供意见，引进战略投资者或项目合作。FA 也会对企业进行一次较为详细的尽职调查（Due Diligence，DD）并提前锁定企业的财务风险，使企业达到可审计的状态，并协助管理层顺利通过审计。对于赴美上市的企业来说，财务梳理及调整要符合美国的会计准则要求。

（二）审计师（Auditor）

一般由国际会计师事务所承担，他们负责出具公司筹备期间的财务审计报告，并就公司的内部控制情况进行评价，出具审计报告，以保证企业的财务数字真实、准确、完整。

（三）承销商/券商（Underwriter）

券商会对发行人进行一些初步的尽调、预测，包括市值、投资人的热衷度、商业模式等一系列评估，负责拟定承销安排和条例，制定承销价差，承销价格，首次发行价格，以及协调定夺招股说明书等。

（四）律师团队（Lawyer Team）

1. 发行人律师（美国、离岸地、中国）；

2. 承销商律师(美国、中国)。

境内外律师负责法律尽职调查,出具股权结构法律意见书和股份公司设立法律意见书,协助企业就改制法律问题与监管机构沟通,并拟定公司章程。中国及离岸地的律师会帮助企业完成赴海外架构的搭建。发行人的美国律师会起草注册书提交 SEC 和交易所审核。律师在整个上市过程当中的作用是非常大的,因为后期的申报以及与监管部门(如 SEC、交易所和 FINRA)的对接沟通全部都是通过发行人美国律师完成的。

(五)股票代理人(Transfer Agent)

专门从事股票、债券、委托表决权证书等证券的所有权转让代理业务。一般而言,股票代理业务包括在股权证书上签字、在股东名册上登记股票所有权转移事项、保管股东名册、保管股权证书、分配股票等。

(六)做市商(Market Maker)

做市商是指在证券市场上,由具备一定实力和信誉的证券经营法人作为特许交易商,不断向公众投资者报出某些特定证券的买卖价格,并在该价位上接受公众投资者的买卖要求,以其自有资金和证券与投资者进行证券交易。做市商通过这种不断买卖来维持市场的流动性,满足公众投资者的投资需求。

(七)格式转换商(Edgar Agent or Printer)

在注册书提交前,必须由 Edgar Agent 转换为监管机构要求的标准格式进行提交。

(八)评估中介机构

根据公司的经营情况、资本结构和组织架构、发展计划等对公司的股票价值等提供评估价格。

五、赴美上市的时间及流程

上市准备时间因企业而异,有时也与企业高层的性格特点以及中介机构的专业程度有很大关系。从前期的法律架构、理账、审计,以及后续的申报,一般可以控制在 12 ~ 18 个月结束。当然也有特例,最有名的就是万达体育上市:从第一天不公开申报到最后挂牌只用了60天。

(一)财务顾问(FA)入场(视企业财务状况而定,一般为1~3个月)

其要取得最近3年财务报告及运营计划书,并对企业进行初审及财务梳理。财务顾问需了解该公司的产业管理、财务管理、业务管理、企业管理、行政管理、经营团队、公司历史、组织架构、发展潜力等。确定拟上市公司符合SEC和拟挂牌交易所首次公开的发行方式、上市规范与资格审查要求。公司最近3年财务报告及营运计划,需要通过SEC注册会计师的“风险评估”审查。确保审计报告能为审计师认可,商业模式和财务模型的利润预期相匹配。最后,承销商出具“承销意见书”并与财务顾问完成“上市委托协议书”的签署。

(二)境内外律师和境外审计(视情况,一般为3~4个月)

1. 搭建海外上市架构,37号文登记备案。

2. 境内律师出具法律意见书。

3. 离岸公司律师出具法律意见书。

4. 境外会计师事务所入场审计。

5. 各方配合发行人美国律师撰写注册书S-1(境内公司)/F-1(境外公司)。其中,各方审阅注册书并修改,提出意见(一般为1~2个月)。

6. 完成SEC注册书审批及拟挂牌交易所注册程序,取得上市身份(stock market status)及代码(ticker symbol)

(三)问询及回复(一般为2~3个月)

SEC进行发行审核,交易所进行上市审核。发行人递交S-1/F-1后,SEC及拟挂牌交易所会对注册书提出问题。SEC问题一般会持续3~4轮,每轮间隔时间15~20天(回复期限),交易所问题一般1~2轮,企业依次对每轮审核意见作出答复。如果企业为海外上市公司上市结构,以及上市主体位于Cayman Islands或BVI,则该企业之年度审计报告有效期为9个月,审计师仍需增加一个半年度审计报告。SEC审核结束后,出具新股发行注册函8-A12B,并将函件副本送于交易所。

(四)路演、股票登记、敲钟等(一般为1~2个月)

企业安排路演融资等事宜,路演结束后,向SEC递交修改后的注册书(Amended S-1/F-1)，含有发行价格区间，SEC 出具注册书生效函(Notice of Effectiveness)。通常在下一个交易日，发行人即可在交易所 IPO 上市。上市后，发行人向 SEC 递交 424B4 文件，即注册书终稿，含发行价，通常在 IPO 当日递交。

六、赴美上市的成本

这里主要谈下 IPO 的成本。公司来美国上市，最大的一个优势就是信息透明化。每一家上市公司的注册书里面，都会清楚地列明所有机构团队的费用。根据企业规模和所属行业的不同有较大的差异，通常可以分为三大类，即发行费用、重组费用和维护费用。

(一)发行费用

主要包括投行承销费用(通常是融资额的 4%～7%)、律师费、审计费、财务顾问费、印刷费、路演费、SEC 注册费、交易所申请费等。发行费用除承销费用外，其他费用在 100 万～500 万美元。

(二)重组费用

主要包括中概股海外架构的搭建费、资产剥离/收购费，各公司协议的起草及更新费、相关合规费及政府登记、税费等，这部分费用在 50 万～150 万美元。

(三)维护费用

主要包括 IPO 成功上市后上市主体的维护费用，即律师费、财务顾问费、审计费以及其他相关合规费用。这部分费用在 20 万～100 万美元。

专题二

企业 IPO 的数据合规要求及审核要点探析

韩雪松　郑贤凯

一、数据合规总体形势

（一）数据领域整体法律环境

自 2015 年国家提出推行大数据战略以来，我国数字经济蓬勃发展，2020 年数字经济规模便已高达 39.2 万亿，占 GDP 比重 38.6%。“数据”作为数字经济发展的核心生产要素，已成为国家重要资产和基础战略资源。数据也被认为是未来企业最重要的资产之一，具有重大的经济价值。

与此同时，国内外数据安全形势严峻，企业数据泄露、违规收集个人信息、违法买卖个人信息等安全事件频发。为了更好地规范数据活动、保护数据权益，各国陆续颁布了多项数据法案，如欧盟的《一般数据保护条例（GDPR）》（以下简称欧盟 GDPR）、美国的《加州消费者隐私保护法（CCPA）》（以下简称美国CCPA）、英国的《数据保护法》、德国的《联邦数据保护法》等。

在我国，《数据安全法》（以下简称《数安法》）、《个人信息保护法》（以下简称《个保法》）已于 2021 年 9 月 1 日、11 月 1 日相继生效实施，与此前颁布的《民法典》以及《网络安全法》（以下简称《网安法》）等法案共同构筑了我国个人信息与数据保护的法律规范体系。随着数据立法的逐步成熟，数据安全行政监管力度也不断加强，数据领域执法实践呈现常态化。例如 2019 年，中华人民共和国国家互联网信息办公室（以下简称国家网信办）联合中华人民共和国工业和信息化部（以下简称工信部）、公安部、市场监督管理总局（以下简称市场监督局）等多部门成立 App 违法违规收集使用个人信息专项治理工作组，该专项治理工作组对网民举报存在个人信息收集使用问题的 App 进行评估，经评估发现包括 wifi 万能钥匙、墨迹天气等 40 款 App 在个人信息收集方面存在问题，并于 2019 年 7 月 16 日向上述 40 款 App 运营者发出了整改通知；市场监督局自 2019 年 4 月 1 日至 9 月 30 日开展为期 6 个月的“守护消费”暨打击侵害消费者个人信息违法行为专项执法行动，重点涉及房产租售、装饰装修、教育培训等领域，行动期间，全国市场监管部门共立案查办各类侵害消费者个人信息案件 1474 件、查获涉案信息 369.2 万条、罚没款 1946.4 万元、移送公安机关案件 154 件；除此之外，公安部于 2018 年、2019 年、2020 年连续开展“净网 2018”“净网 2019”“净网 2020”专项行动，旨在依法严厉打击侵犯公民个人信息、黑客攻击破坏等网络违法犯罪活动。

（二）企业 IPO 数据合规审查现状

1. 各板块数据合规问询概况

（1）创业板与科创板

随着数据立法的逐步完善及行政监管力度的增强，数据安全问题逐渐从幕后走向台前，“数据合规”也被纳入上市审核机构的问询范围，企业申请上市或挂牌过程中接受中国证券监督管理委员会发行审核委员会（以下简称发审委）或交易平台关于数据合规问题的问询逐渐增多，尤其是在计算机通信、互联网、软件和信息技术服务等新一代信息科技领域。

例如，2019 年 10 月 11 日，发审委审核北京墨迹风云科技股份有限公司首发（创业板）未获通过，被认为是国内首个因“数据采集合规性存疑”致使 IPO 受阻的案例；2019 年 11 月 14 日，定位于“企业大数据服务提供商”的博拉网络股份有限公司因科创板上市委第 46 次审议会议审核不通过而终止发行，在此前上交所的三轮问询中均不同程度地涉及该企业数据合规的相关内容。

（2）其他板块合规问询概况

除创业板与科创板之外，主板上市企业也在上市申请过程中被要求解释其如何确保数据获取的准确性与可靠性，其信息系统是否安全可靠以及是否开展 IT 审计。新三板挂牌企业同样面临数据合规问询以及数据安全风险，如北京瑞智华胜科技股份有限公司在 2017 年申请新三板挂牌过程中被要求说明数据采集、使用的合法合规性，后因涉嫌特大数据泄露案件，于 2018 年 11 月终止挂牌。

事实上在国内外的投融资、IPO 等领域，数据合规风险一直存在，不仅有拟上市企业因数据不合规致 IPO 被否，还有不少企业在并购过程中因忽视数据尽调、未能及时发现系统漏洞继而留下数据安全隐患，造成网络安全或数据泄露事件，给企业带来了巨大的商业损失。例如，2018 年 11 月，万豪国际酒店集团公司（以下简称万豪国际）公开披露其旗下喜达屋酒店客房预订系统数据泄露事件，致使 3.39 亿酒店客户信息被黑客窃取，波及 700 万英国居民、3000 万欧洲经济区国家的居民。据英国信息专员办公室（Information Commissioner's Office，ICO）调查，万豪国际在 2016 年 9 月收购了喜达屋酒店，而该酒店客房预订系统因黑客攻击造成的数据漏洞自 2014 年 7 月起便已存在，但万豪国际直到 2018 年才发现此漏洞。针对此次事件，英国 ICO 对万豪国际作出了 1.1 亿欧元的巨额罚款。

2. 数据合规审查的主要特征

企业在申请上市过程中涉及数据合规的问询问题几乎涵盖了数据全生命周期的管理活动，如数据权属、数据源合规、数据使用与共享、数据委托处理、数据跨境等。数据合规审查问询总体呈现以下特征：

（1）对象的广泛性

数据合规审查已成为全行业全领域企业面临的普遍挑战。不仅互联网企业面临日趋严格的数据合规审查，传统企业的业务经营如涉及大量用户数据，或在其业务运营中运用云计算、大数据等技术，在申请 IPO 过程中也将面临发审委数据合规方面的问询。

（2）问询的针对性

在《数安法》及《个保法》颁布之前发审委的问询相对笼统与概括，其审核关注点主要在于企业数据来源是否合规、是否建立数据安全内控制度。随着数据安全及个人信息保护法律法规不断完善，发审委的问询变得更为具体和有针对性，问询问题逐渐细化到企业是否建立数据供应商甄选机制，是否建立数据防泄露机制、备份机制与到期数据处理机制等具体制度，以及该等制度是否实际有效执行。

（3）审核的全面性

发审委的数据合规问询覆盖数据全寿命周期。相较于公司日常运营中"权衡数据合规要求与商业运营需求"的合规标准而言，发审委对拟上市企业的数据合规审查标准往往更为严苛，其数据收集、存储、使用、共享、跨境、数据安全制度以及与商业伙伴的合作业务模式均被纳入发审委审查的范围。

二、数据法规理论综述

数据领域的立法是以个人信息及非个人信息等数据客体为主要研究对象，以数据收集、存储、使用、加工、传输、提供、公开等数据全生命周期的处理活动为主要研究内容,以数据分级分类保护、数据安全审查、数据风险评估、数据出境监管等制度为主要研究特色,调整数据主体与数据处理者之间法律关系的法律规范。

(一)数据法律渊源

数据领域的法律渊源既包括法律、行政法规、部门规章、司法解释及地方立法文件(地方性法规、地方政府规章)等正式渊源,也包括数据领域的国家及行业标准、相关司法案例等非正式渊源。

1. 正式渊源

(1)国家法律层面

2017 年 6 月 1 日,《网安法》开始生效施行,作为我国第一部全面规范网络空间安全管理的基础性法律,建立了关键信息基础设施安全保护制度以及关键信息基础设施重要数据跨境传输的规则,为数据保护制度体系的建立奠定了基础。2021 年 1 月 1 日生效的《民法典》设专章规定了"隐私权和个人信息保护"。2021 年 9 月 1 日,《数安法》正式生效,作为我国第一部以数据为保护对象的法律,《数安法》构建了数据分类分级保护、数据风险评估等制度。随即《个保法》也于 2021 年 11 月 1 日起开始施行,《个保法》建立了以"告知 + 同意"为核心的个人信息处理规则,确立了个人信息处理活动应遵循的总体原则。以上四部法律相辅相成,推动我国数据安全治理和个人信息保护逐步规范化与体系化。

刑事立法层面,自 2009 年 2 月 8 日《刑法修正案(七)》增设了"出售、非法提供公民个人信息罪""非法获取计算机信息系统数据、非法控制计算机信息系统罪"等罪名后,相关司法解释也相继发布,包括:2014 年 10 月 10 日起实施的《关于审理利用信息网络侵害人身权益民事纠纷案件适用法律若干问题的规定》(已于 2020 年修正)、2017 年 6 月 1 日起实施的《关于办理侵犯公民个人信息刑事案件适用法律若干问题的解释》、2021 年 8 月 1 日起实施的《关于审理使用人脸识别技术处理个人信息相关民事案件适用法律若干问题的规定》等。

(2)行政法规、部门规章等

2020 年 4 月 27 日,国家网信办、工信部、公安部、国家发改委、国家安全部等 12 个部门联合发布了《网络安全审查办法》,细化落实了关键信息基础设施运营者采购网络产品和服务的安全审查机制;2021 年 7 月 10 日,国家网信办会同有关部门对其进行了修订,在审查范围中增加了"数据处理者开展数据处理活动"。2021 年

9月1日,作为《网安法》的另一重要配套法规,国务院发布的《关键信息基础设施安全保护条例》也正式生效。2021年10月29日、11月14日,国家网信办又陆续发布了《数据出境安全评估办法(征求意见稿)》《网络数据安全管理条例(征求意见稿)》[以下简称《网络数据条例(征)》]两部配套规章,对《数安法》《个保法》中重点关注的数据安全评估、数据出境监管等制度作出了细化规定。

(3)地方性立法

由于不同区域的数字经济及数据产业发展情况存在差异,部分数字化发展步伐较快的地区率先开展地方性数据立法尝试,对所辖区域的数据处理活动进行规范。2019年8月1日,贵州省率先在数据安全方面制定地方性法规,发布了《贵州省大数据安全保障条例》;2019年8月29日,上海市政府发布了《上海市公共数据开放暂行办法》,该办法是国内首部专门针对政府数据开放的地方政府规章,2021年9月30日上海市人大常委会办公厅又公布了《上海市数据条例(草案)》,2021年11月25日上海市第十五届人大常委会第三十七次会议通过了该条例,自2022年1月1日起生效施行;2021年6月29日通过的《深圳经济特区数据条例》是国内数据领域第一部综合的地方性立法,首次以地方立法形式提出数据领域的公益诉讼制度,规定对"大数据杀熟"违规行为最高可罚5000万元,该条例也于2022年1月1日起正式生效。

2. 非正式渊源

数据领域的国家标准、行业标准、地方标准等是最主要的非正式渊源。2013年2月1日起正式实施的《信息安全技术　公共及商用服务信息系统个人信息保护指南》是我国关于个人信息保护的首个国家标准,明确了个人敏感信息和一般个人信息的区分规制原则。2018年5月1日,《信息安全技术　个人信息安全规范》正式实施,该标准是我国个人信息保护领域最重要、应用最广泛的国家标准;2019年,全国信息安全标准化技术委员会对《信息安全技术个人信息安全规范》进行了修订,修订版本于2020年3月6日正式发布,具体规定了个人信息的定义及范围、收集、保存、使用、委托处理、共享、转让、公开披露、安全事件处置以及组织管理要求等事项。

此外,《信息安全技术　大数据安全管理指南》《信息安全技术　个人信息去标识化指南》《个人信息告知同意指南(征求意见稿)》《信息安全技术　数据出境安全评估指南(征求意见稿)》《信息安全技术　人脸识别数据安全要求》等配套国家标准也相继生效或发布,为企业数据合规提供了更加详细和具体的指引。

(二)数据法律客体

根据《数安法》第 3 条的规定,数据是指任何以电子或者其他方式对信息的记录。数据按“可识别性”划分,可分为个人信息和非个人信息;按“重要程度”划分,可分为重要数据和非重要数据。

1. 个人信息

《个保法》第 4 条规定:“个人信息是以电子或者其他方式记录的与已识别或者可识别的自然人有关的各种信息,不包括匿名化处理后的信息。”《民法典》第 1034 条对个人信息进行了列举,包括自然人的姓名、出生日期、身份证件号码、生物识别信息、住址、电话号码、电子邮箱、健康信息、行踪信息等。

个人信息与隐私的区别:

根据《民法典》第 1032 条的规定:“自然人享有隐私权。……隐私是自然人的私人生活安宁和不愿为他人知晓的私密空间、私密活动、私密信息。”

个人信息与隐私并非简单的“包含与被包含”关系,而是两个不同维度的法律概念。首先,隐私必然是未公开的,一旦公开便不再称之为隐私,而个人信息则不然,很多个人信息都是公开的,如姓名、性别、国籍、民族等,隐私侧重于隐匿,而个人信息侧重于识别;其次,个人信息也无法包括“自然人私人生活安宁和不愿为他人知晓的私密空间、私密活动”等尚未形成记录的隐私。

2. 敏感个人信息

《个保法》第 28 条第 1 款规定:“敏感个人信息是一旦泄露或者非法使用,容易导致自然人的人格尊严受到侵害或者人身、财产安全受到危害的个人信息,包括生物识别、宗教信仰、特定身份、医疗健康、金融账户、行踪轨迹等信息,以及不满 14 周岁未成年人的个人信息。”可以看出,只要是涉及儿童(不满十四周岁)的个人信息,不论何种信息,均属敏感个人信息的范畴,在法律上受到更严格的特殊保护。此前,国家网信办于 2019 年发布的《儿童个人信息网络保护规定》就已经对儿童个人信息保护作了专门规定,《个保法》的实施从法律层面进一步强化了对儿童个人信息等敏感个人信息的保护力度,规定个人信息处理者只有在具有特定的目的和充分的必要性并采取严格保护措施的情形下,方可处理敏感个人信息,且应当取得个人的单独同意或儿童的监护人同意。

3. 重要数据

《数安法》要求国家数据安全工作协调机制统筹协调有关部门制定重要数据目

录，各地区、各部门应当按照数据分类分级保护制度确定本地区、本部门以及相关行业、领域的重要数据具体目录。《网络数据条例（征）》进一步明确了重要数据的定义和范围，即重要数据是指一旦遭到篡改、破坏、泄露或者非法获取、非法利用，可能危害国家安全、公共利益的数据；重要数据范围涵盖了可能影响国家政治、国土、军事、经济、文化、社会、科技、生态、资源、核设施、海外利益、生物、太空、极地、深海等安全的数据，具体范围如下：

（1）未公开的政务数据、工作秘密、情报数据和执法司法数据；

（2）出口管制数据，出口管制物项涉及的核心技术、设计方案、生产工艺等相关的数据，密码、生物、电子信息、人工智能等领域对国家安全、经济竞争实力有直接影响的科学技术成果数据；

（3）国家法律、行政法规、部门规章明确规定需要保护或者控制传播的国家经济运行数据、重要行业业务数据、统计数据等；

（4）工业、电信、能源、交通、水利、金融、国防科技工业、海关、税务等重点行业和领域安全生产、运行的数据，关键系统组件、设备供应链数据；

（5）达到国家有关部门规定的规模或者精度的基因、地理、矿产、气象等人口与健康、自然资源与环境等国家基础数据；

（6）国家基础设施、关键信息基础设施建设运行及其安全数据，国防设施、军事管理区、国防科研生产单位等重要敏感区域的地理位置、安保情况等数据。

4. 国家核心数据

根据《数安法》的规定，关系国家安全、国民经济命脉、重要民生、重大公共利益等数据属于国家核心数据，实行更加严格的管理制度；对于违反国家核心数据管理制度，危害国家主权、安全和发展利益的，最高可罚1000万元，并可追究刑事责任。

5. 关键运营者信息数据

《网安法》设专节规定了关键信息基础设施保护制度，要求关键信息基础设施的运营者收集和产生的个人信息与重要数据（以下简称关键运营者信息数据）原则上应当在境内存储；因业务需要，确需向境外提供的，应当按照国家网信部门会同国务院有关部门制定的办法进行安全评估。国家对关键信息基础设施实行重点保护，根据《关键信息基础设施安全保护条例》的规定，“关键信息基础设施”是指公共通信和信息服务、能源、交通、水利、金融、公共服务、电子政务、国防科技工业等重要行业和领域的，以及其他一旦遭到破坏、丧失功能或者数据泄露，可能严重危害国家安全、国计民生、公共利益的重要网络设施、信息系统等。

除了上述数据分类以外,还存在一些特定领域或行业的数据概念,如《数安法》中提及的“政务数据”,《网络数据条例(征)》中提及的“公共数据”,《个人金融信息保护技术规范》中规定的“个人金融信息”,《汽车数据安全管理若干规定(试行)》中规定的“汽车数据”,《工业和信息化领域数据安全管理办法(试行)》(公开征求意见稿)中提及的“工业数据、电信数据”等。

(三)数据法律主体

数据法律规范主要调整的是数据主体(提供数据的一方)与数据处理者(处理数据的一方)之间的权利义务关系。同时,数据处理者在开展数据处理活动过程中也要面临数据监管方的监督。

1. 数据处理者

《民法典》第 111 条规定:“自然人的个人信息受法律保护。任何组织或者个人需要获取他人个人信息的,应当依法取得并确保信息安全,不得非法收集、使用、加工、传输他人个人信息,不得非法买卖、提供或者公开他人个人信息。”《数安法》第 32 条第 1 款规定:“任何组织、个人收集数据,应当采取合法、正当的方式,不得窃取或者以其他非法方式获取数据。”综上,不论是对于个人信息还是非个人信息类的数据,数据处理者均可以由自然人、法人或非法人组织构成。

数据处理者与数据控制者的区分

根据欧盟 GDPR 第 4 条(7)的规定,“控制者”是指能单独决定或共同决定个人数据处理目的与方式的自然人、法人、公共机构、行政机关或其他组织;“处理者”是指为数据控制者处理个人数据的自然人、法人、公共机构、行政机关或其他组织。

然而,我国的《网安法》《数安法》《个保法》等法律均未明确区分数据控制者与数据处理者,而是笼统地称之为“网络运营者”“重要数据的处理者”“个人信息处理者”。因此,现行数据法律规范中提及的处理者可以理解成“广义的数据处理者”,其指代的主体范围包括“数据控制者”以及“狭义的数据处理者”。对此,国家网信办于 2021 年 11 月 14 日发布的《网络数据条例(征)》也表达了类似观点,该条例第 73 条第 5 项规定:“数据处理者是指在数据处理活动中自主决定处理目的和处理方式的个人和组织。”

2. 数据主体及权利

《数安法》第 7 条明确规定："国家保护个人、组织与数据有关的权益……"作为提供数据的一方，数据主体的范畴也包括自然人、法人及非法人组织；而关于数据权利属性，目前主要有三种学说：隐私权说、人格权说、财产权说。从我国现行数据立法文件来看，对于个人信息的数据主体，主要强调其享有的人格权；而对于非个人信息的数据主体，则更多地体现为数据权利的财产权属性。

（1）个人信息数据主体及其权利

个人信息的数据主体仅指自然人，对其个人数据享有知情同意权、修改权、可携带权、被遗忘权等人格权益。

①知情同意权。《个保法》第 44 条规定："个人对其个人信息的处理享有知情权、决定权，有权限制或者拒绝他人对其个人信息进行处理；法律、行政法规另有规定的除外。""法律、行政法规另有规定的"主要是指《个保法》第 13 条中规定的事先征得个人信息主体授权同意的几种例外情形，下文中将会作详细列举。

②修改权。《个保法》第 46 条第 1 款规定："个人发现其个人信息不准确或者不完整的，有权请求个人信息处理者更正、补充。"《民法典》第 1037 条同样规定了个人信息主体享有查询复制权、变更修改权和删除权。

③可携带权。数据可携带权这一概念的提出是源自欧盟 GDPR，该法案第 20 条规定，数据可携带权是指个人信息数据主体有权将其个人数据从一个数据处理者处无障碍地转移到另一个数据处理者处或用于个人留存，主要表现为复制个人信息、获取个人信息副本的权利。《个保法》第 45 条第 1 款规定："个人有权向个人信息处理者查阅、复制其个人信息……"

④被遗忘权。被遗忘权是指个人信息的数据主体要求数据处理者永久删除其个人数据的权利，主要体现为注销个人账户、删除个人数据的权利。《个保法》第 47 条规定："有下列情形之一的，个人信息处理者应当主动删除个人信息；个人信息处理者未删除的，个人有权请求删除：（一）处理目的已实现、无法实现或者为实现处理目的不再必要；（二）个人信息处理者停止提供产品或者服务，或者保存期限已届满；（三）个人撤回同意……"《网络数据条例（征）》还进一步规定了删除个人信息的期限要求，该条例第 22 条规定：出现法定删除情形的，数据处理者应当在 15 个工作日内删除个人信息或者进行匿名化处理；删除个人信息从技术上难以实现，或者因业务复杂等原因，在 15 个工作日内删除个人信息确有困难的，数据处理者不得开展除存储和采取必要的安全保护措施之外的处理，并应当向个人作出合理解释。

(2)非个人信息的数据主体及其权利

区别于个人信息的数据主体只能是自然人,非个人信息的数据主体可以是自然人、法人或非法人组织,其权利性质主要体现为财产权,包括对数据占有、使用、处分、收益的权能。《民法典》第127条规定:"法律对数据、网络虚拟财产的保护有规定的,依照其规定。"这表明数据与其他财物一样,受到法律的保护。

关于个人信息类数据的财产权问题

对于个人信息是否具备财产权属,在学术界仍存争议,如在欧盟GDPR和德国的相关数据法案中均未提及个人信息财产权的保护问题。在我国,从《民法典》的体例编排来看,个人信息是人格权的客体;《刑法》第253条也规定个人信息原则上禁止"出售或提供给他人"。因此我们认为,"个人信息"在我国尚无法直接构成财产权的客体。对此,2021年11月25日通过的《上海市数据条例》也给出了相近的观点,该条例第12条规定:"本市依法保护自然人对其个人信息享有的人格权益。本市依法保护自然人、法人和非法人组织在使用、加工等数据处理活动中形成的法定或者约定的财产权益,以及在数字经济发展中有关数据创新活动取得的合法财产权益。"当然,这并不意味着"凡涉及个人信息的数据均不能流通或交易",《个保法》规定了"匿名化处理后的信息"不属于个人信息的范畴,表明个人信息在经过合法处理后仍有可能具备财产权属性。

3. 数据监管部门

结合《网安法》等网络安全法规的实施情况及数据保护领域的执法实践来看,网络安全及数据保护领域的行政执法活动主要以国家网信办、工信部、公安部以及市场监督总局等四部委为主。例如,公安部自2018年开始开展"净网"系列专项行动;网信办、工信部、公安部、市场监督总局,于2019年1月联合开展了App违法违规收集使用个人信息专项治理;市场监督总局于2019年4月开展了"守护消费"暨打击侵害个人信息违法专项行动;工信部于2019年11月开展了信息通信领域App侵害用户权益专项行动。

随着《数安法》《个保法》的推行实施,数据安全及个人信息保护监管职责进一步明确,基本确立了"国家网信部门统筹协调、国家安全部门承担其职责内数据安全监管、行业主管部门负责本行业安全监管"的数据监管体系。根据《数安法》第6条的规定,国家网信部门依照本法和有关法律、行政法规的规定,负责统筹协调网络数据安全和相关监管工作;公安机关、国家安全机关等依照本法和有关法律、行政法规的规定,在各自职责范围内承担数据安全监管职责;工业、电信、交通、金融、自然资源、卫生健康、教育、科技等主管部门承担本行业、本领域数据安全监管职责。《个保法》第 60 条第 1 款规定:"国家网信部门负责统筹协调个人信息保护工作和相关监督管理工作。国务院有关部门依照本法和有关法律、行政法规的规定,在各自职责范围内负责个人信息保护和监督管理工作。"

(四)数据法律行为

数据法律行为主要是指数据全寿命周期的各类处理活动。欧盟 GDPR 对于"数据处理"的定义较为广泛,是指对数据或数据集合所作的任何一项或一组操作,如收集、储存、记录、修改、结构化、组织、查阅、检索、使用、传输或以其他方式利用、排列或组合、限制、销毁或删除。我国《数安法》第 3 条第 2 款规定:"数据处理,包括数据的收集、存储、使用、加工、传输、提供、公开等。"《个保法》第 4 条第 2 款规定:"个人信息的处理包括个人信息的收集、存储、使用、加工、传输、提供、公开、删除等。"综上可知,数据处理活动基本可以涵盖从数据输入、数据利用到数据输出的全过程数据行为。

本部分以"个人信息"为例,主要从法律层面列举其相关的数据行为规范。

1. 一般性原则

(1)合法正当原则

《个保法》第 5 条规定:"处理个人信息应当遵循合法、正当、必要和诚信原则,不得通过误导、欺诈、胁迫等方式处理个人信息。"第 10 条规定:"任何组织、个人不得非法收集、使用、加工、传输他人个人信息,不得非法买卖、提供或者公开他人个人信息;不得从事危害国家安全、公共利益的个人信息处理活动。"

(2)最小必要原则

《个保法》第 6 条规定,"处理个人信息应当具有明确、合理的目的,并应当与处理目的直接相关,采取对个人权益影响最小的方式。收集个人信息,应当限于实现处理目的的最小范围,不得过度收集个人信息"。《网络数据条例(征)》也指出"处理个人信息要限于实现处理目的的最短周期、最低频次"。

(3)公开透明原则

《个保法》第 7 条规定:"处理个人信息应当遵循公开、透明原则,公开个人信息处理规则,明示处理的目的、方式和范围。"对于"个人信息处理规则"的具体内容,《网络数据条例(征)》进行了列举,包括但不限于以下内容:

依据产品或者服务的功能明确所需的个人信息，以清单形式列明每项功能处理个人信息的目的、用途、方式、种类、频次或者时机、保存地点等，以及拒绝处理个人信息对个人的影响；

个人信息存储期限或者个人信息存储期限的确定方法、到期后的处理方式；

个人查阅、复制、更正、删除、限制处理、转移个人信息，以及注销账号、撤回处理个人信息同意的途径和方法；

以集中展示等便利用户访问的方式说明产品服务中嵌入的所有收集个人信息的第三方代码、插件的名称，以及每个第三方代码、插件收集个人信息的目的、方式、种类、频次或者时机及其个人信息处理规则；

向第三方提供个人信息情形及其目的、方式、种类，数据接收方相关信息等；

个人信息安全风险及保护措施；

个人信息安全问题的投诉、举报渠道及解决途径，个人信息保护负责人联系方式。

(4)及时响应原则

《个保法》要求个人信息处理者建立便捷的个人行使权利的申请受理和处理机制，及时响应个人信息主体的权利请求。《网络数据条例(征)》细化了对权利请求响应的规定，根据该条例第 23 条的规定，个人提出查阅、复制、更正、补充、限制处理、删除其个人信息的合理请求的，数据处理者应当履行以下义务：

提供便捷的支持个人结构化查询本人被收集的个人信息类型、数量等的方法和途径，不得以时间、位置等因素对个人的合理请求进行限制；

提供便捷的支持个人复制、更正、补充、限制处理、删除其个人信息、撤回授权同意以及注销账号的功能，且不得设置不合理条件；

收到个人复制、更正、补充、限制处理、删除本人个人信息、撤回授权同意或者注销账号申请的，应当在 15 个工作日内处理并反馈。

2. "告知 + 同意"前提

个人信息处理活动应以"告知 + 同意"为前提。根据《个保法》的规定，处理个人信息应当取得个人同意，处理敏感个人信息应当取得个人的单独同意或未成年人的监护人同意，该同意应当在充分知情的前提下自愿、明确作出；当个人信息的处理目的、处理方式和处理的个人信息种类发生变更的，应当重新取得同意，并同步修改个人信息处理规则。个人有权撤回其同意，个人信息处理者应当提供便捷的撤回同意的方式，个人信息处理者不得以个人不同意处理其个人信息或者撤回同意为由,拒绝提供产品、服务或者干扰个人正常使用服务。

(1)"告知"事项

根据《个保法》第 17 条的规定,个人信息处理者在处理个人信息前,应当以显著方式、清晰易懂的语言真实、准确、完整地向个人告知下列事项:

个人信息处理者的名称或者姓名和联系方式;

个人信息的处理目的、处理方式,处理的个人信息种类、保存期限;

个人行使本法规定权利的方式和程序等。

(2)"同意"规则

根据《网络数据条例(征)》第 21 条的规定,处理个人信息应当按照服务类型分别向个人申请处理个人信息的同意,不得通过以下手段或行为取得个人同意:

使用概括性条款取得同意;

以改善服务质量、提升用户体验、研发新产品等为由,强迫个人同意处理其个人信息;

通过误导、欺诈、胁迫等方式获得个人的同意;

通过捆绑不同类型服务、批量申请同意等方式诱导、强迫个人进行批量个人信息同意。

(3)例外情形

《个保法》还规定了事先征得个人信息主体授权同意的几种例外情形,主要包括:

为订立、履行个人作为一方当事人的合同所必需,或者按照依法制定的劳动规章制度和依法签订的集体合同实施人力资源管理所必需;

为履行法定职责或者法定义务所必需;

为应对突发公共卫生事件,或者紧急情况下为保护自然人的生命健康和财产安全所必需;

为公共利益实施新闻报道、舆论监督等行为,在合理的范围内处理个人信息;

依照本法规定在合理的范围内处理个人自行公开或者其他已经合法公开的个人信息等。

3. 具体处理行为规定

《民法典》第 1038 条概括规定了个人信息处理者不得泄露或篡改,不得擅自向他人提供其收集、存储的个人信息等行为规范,《个保法》对个人信息收集、存储、使用、对外提供等具体处理行为作了更细化的规定。

(1)个人信息收集

个人信息收集除要满足“告知 + 同意”基本准则外,《个保法》第 26 条还规定了在公共场所采集个人信息的特别要求:“在公共场所安装图像采集、个人身份识别设备,应当为维护公共安全所必需,遵守国家有关规定,并设置显著的提示标识。所收集的个人图像、身份识别信息只能用于维护公共安全的目的,不得用于其他目的……”

(2)个人信息存储

个人信息的存储需遵循“保存时间最小化”原则,即个人信息的保存期限应当为实现处理目的所必要的最短时间。个人信息处理者应当根据个人信息的处理目的、处理方式、个人信息的种类以及对个人权益的影响、可能存在的安全风险等,采取相应的保护措施,防止未经授权的访问以及个人信息泄露、篡改、丢失;一旦发生或者可能发生个人信息泄露、篡改、丢失的,个人信息处理者应当立即采取补救措施,并通知履行个人信息保护职责的部门和个人。

(3)个人信息使用

针对过度的用户画像、大数据杀熟、算法歧视等热点现象,《个保法》给予了回应,规定个人信息处理者利用个人信息进行自动化决策的,不得对个人在交易价格等交易条件上实行不合理的差别待遇;通过自动化决策方式向个人进行信息推送、商业营销,应当同时提供不针对其个人特征的选项,或者向个人提供便捷的拒绝方式。例如,为个人提供的产品或服务搜索结果,不应全部为基于个性化推荐的结果,而没有其他一般性的搜索结果。

(4)个人信息对外提供

个人信息公开、转让、委托处理等均属于对外提供的范畴。根据《个保法》的相关规定,个人信息处理者向其他个人信息处理者提供其处理的个人信息的,应当向个人告知接收方的名称或者姓名、联系方式、处理目的、处理方式和个人信息的种类,并取得个人的单独同意。接收方应当在上述处理目的、处理方式和个人信息的种类等范围内处理个人信息。接收方变更原先的处理目的、处理方式的,应当依照《个保法》规定重新取得个人同意。

个人信息处理者原则上不得公开其处理的个人信息,除非取得个人的单独同意。个人信息处理者因合并、分立、解散、被宣告破产等原因需要转移个人信息的,应当向个人告知接收方的相关信息。个人信息处理者委托处理个人信息的,应当与受托人约定委托处理的目的、期限、处理方式、个人信息的种类、保护措施以及双方的权利和义务等，未经个人信息处理者同意，受托人不得转委托他人处理个人信息；委托合同不生效、无效、被撤销或者终止的，受托人应当将个人信息返还个人信息处理者或者予以删除，不得保留。

三、数据合规典型 IPO 案例

（一）墨迹天气

北京墨迹风云科技股份有限公司（以下简称墨迹天气）成立于 2010 年，是一家面向 C 端大众用户、B 端企业及政府用户提供综合性气象解决方案的气象服务平台，主营业务为基于互联网平台的气象信息服务和广告信息服务，主要运营的产品为查询气象信息的手机端应用，即墨迹天气 App。

1. 案情介绍

成立于 2010 年的墨迹天气，2012 年注册用户便超过了 1 个亿，2015 年累积 4.7 个亿、日活 3500 万。2016 年，墨迹天气正式向深交所提交拟首次公开发行股票并在创业板上市的申请。2016 年 12 月 16 日，墨迹天气向证监会报送了创业板招股书（申报稿），历时 2 年零 10 个月才得以上会。

2019 年 10 月 11 日，据证监会发布的第十八届发审委 2019 年第 142 次会议审核结果公告显示，墨迹天气首发申请上会被否。证监会指出，墨迹天气被否的原因主要包括互联网信息服务的经营许可资质欠缺、过度依赖广告、与股东存在较多关联交易、数据合规性存疑等问题。

2. 质询情况

关于上述发审委提出的几点被否原因，其中对于第一点许可资质问题，发审委的主要审查点在网络出版服务许可证、信息网络传播视听节目许可证、互联网药品信息服务资格证书等资质证书上，该等证书与墨迹天气主营业务中涉及医疗、药品的广告发布密切相关；而对于第二、三点问题，则是着重于墨迹天气本身的盈利模式，即能否在“免费 + 广告”的商业模式下保持持续盈利能力。

第四点则是本案例分析的重点，即墨迹天气所面临的数据合规问题。针对该问题，发审委指出，墨迹天气通过自主收集及第三方途径获取用户数据及标签，并利用数据进行商业化变现，墨迹天气于 2019 年 7 月 16 日收到 App 专项治理组发出的关于 App 收集使用个人信息相关问题的通知，App 专项治理工作组要求墨迹天气就收集使用个人信息中存在的问题进行整改。发审委因此要求墨迹天气说明以下问题：

(1)墨迹天气获取用户数据及标签的过程及方法,是否对用户有明示提示,用户授权在法律上是否完备,是否明确告知收集信息的范围及使用用途,墨迹天气获取用户数据的手段及方式是否合法合规;

(2)墨迹天气使用用户数据是否合法合规,尤其是商业化变现的合规性,结合相关媒体报道的墨迹天气上传用户隐私等情况,对照《网安法》《关于办理侵犯公民个人信息刑事案件适用法律若干问题的解释》等法规和司法解释,说明报告期墨迹天气是否存在侵犯用户隐私或数据的情况,是否存在法律风险或潜在法律风险;

(3)墨迹天气数据获取、使用、处理等过程的内部控制制度及执行情况,对数据安全和个人隐私的保护措施与手段,是否出现过个人信息、隐私泄露事件,是否存在纠纷或潜在纠纷;

(4)日益加强的数据行业监管及个人隐私保护政策对墨迹天气业务的影响及相关应对措施;

(5)墨迹天气针对 App 专项治理工作组通知指出问题的整改情况及整改效果,是否获得主管部门的认可,是否面临被处罚的风险。

3. 律师评析

从上述询问中可以看出,发审委关注的数据合规范围较为广泛,从用户数据的采集阶段到存储以及使用阶段,从网络运行安全的技术措施到行政监管的最新动态,均全方位进行了问询覆盖。

(1)数据采集的合规性

发审委首先关注数据来源的合法性,尤其是涉及个人信息及重要数据的采集问题,发审委不仅关注用户数据采集在程序上是否合规,还对具体的数据采集手段进行了问询。以墨迹天气的药品类广告为例,在其 App 界面中位于"生活指数"区域的医疗药品广告,会根据用户所在的地理位置推荐附近的药店,用户地理位置数据属于个人敏感信息,是发审委关注的重点。

由于墨迹天气首发申请上会之时,《数安法》《个保法》等数据法规尚未颁布,发审委询问的主要依据是《网安法》的第 41 条第 1 款,"网络运营者收集、使用个人信息,应当遵循合法、正当、必要的原则,公开收集、使用规则,明示收集、使用信息的目的、方式和范围,并经被收集者同意"的规定。一方面,发审委对于"采集用户数据时是否有明示提示、是否明确告知收集的范围与使用用途"的询问,主要从用户授权的形式是否充分、完备进行考量,以及是否涉及侵犯用户的个人信息或超范围收集个人信息。另一方面,发审委还质询了墨迹天气获取用户数据的具体手段及方式,比如是通过用户自主填写采集,还是 SDK 或爬虫等技术手段,不同的数据采集手段对应着不同的数据合规风险及安全措施。

(2)数据的存储与使用

除数据收集的合规性以外,发审委同样关注用户数据的安全存储与合规使用。发审委对于数据使用合规性的询问主要依据《网安法》第 41 条第 2 款“网络运营者……不得违反法律、行政法规的规定和双方的约定收集、使用个人信息,并应当依照法律、行政法规的规定和与用户的约定,处理其保存的个人信息”,以及《关于办理侵犯公民个人信息刑事案件适用法律若干问题的解释》的相关规定。一方面,发审委从“网络运行安全”切入,重点关注墨迹天气对数据安全和个人隐私的保护措施与手段,要求其对照《网安法》等法律法规进行技术整改,比如贯彻网络安全等级保护制度,从技术层面确保数据安全存储、做到合规尽责。另一方面,发审委着重关注墨迹天气用户数据商业化变现的合规性,要求其结合相关媒体报道的墨迹天气上传用户隐私等情况,说明其对于用户数据使用的合法合规性。

(二)旷视科技

北京旷视科技有限公司(以下简称旷视科技)创立于 2011 年,是一家人工智能产品和解决方案公司,以人脸识别、物品识别检测为大众所知,在国内计算机视觉领域被誉为“AI 四小龙”之一。

1. 案情介绍

旷视科技早在 2019 年年初便计划赴美上市,因外部因素被迫中断。此后其着手赴我国香港特区上市,并于 2019 年 8 月递交了初步招股申请书,但在 2020 年 2 月,港交所官网显示,旷视科技因上市申请半年未有进展导致其 IPO 申请失效,旷视科技的 IPO 之路再度受阻。

2021 年年初,旷视科技转战科创板上市。2021 年 3 月 13 日,上交所正式受理旷视科技的 IPO 申请,并于 2021 年 4 月 12 日对旷视科技进行了首轮问询,上交所要求旷视科技说明其技术、业务及产品(或服务)中涉及数据采集、清洗、管理、运用的具体环节,以及不同环节涉及的数据的具体类型,文字、图像、视频等具体情况;相关数据来源和合规性;保证数据采集、清洗、管理、运用等方面的合规措施;至今面临的数据合规方面的诉讼或纠纷等。2021 年 5 月 27 日,旷视科技提交了总计 560 页的首轮问询答复,回应了上交所提出的涉及数据合规方面的问题。旷视科技科创板上市首发虽然于 2021 年 9 月 9 日获科创板上市委员会审议通过,但进入注册阶段却遭遇了罕见的二轮问询。截至2022年1月8日,旷视科技申请上市仍处在注册阶段。

2. 质询情况

(1)上交所审核阶段的数据合规问询

根据招股说明书,旷视科技的人工智能核心技术中包括系统层及算法层,涉及数据的处理、清洗和管理能力,算力的共享、调度和分布式能力,以及算法的训练、推理及部署能力。2021年4月12日,上交所科创板上市审核中心下发关于旷视科技首次公开发行存托凭证并在科创板上市申请文件的审核问询函,针对数据合规方面要求旷视科技说明以下问题:①旷视科技技术、业务及产品(或服务)中涉及数据采集、清洗、管理、运用的具体环节,不同环节涉及的数据的具体类型,文字、图像、视频等具体情况;②旷视科技自身核心技术(如算法的训练、系统的搭建等)是否涉及大量的数据的应用,如是,相关数据的来源及其合规性;③旷视科技对外提供的产品(或服务)是否涉及数据的采集运用,如是,说明数据的来源及其合法合规性;④旷视科技保证数据采集、清洗、管理、运用等方面的合规措施;⑤旷视科技的数据来源中是否包含向供应商采购,如是,请说明是否在相关合同中约定数据合规的条款或措施,并结合《民法典》《网安法》《个人信息安全规范》《数据安全法(草案)》《个人信息保护法(草案)》等相关规定,说明相关措施能否切实保证旷视科技不出现数据合规风险或法律纠纷;⑥结合旷视科技的产品交付及部署模式,说明其产品(或服务)中涉及用户的个人数据的情形和场景,该等数据的运用、管理及其合规性;⑦旷视科技产品至今是否面临数据合规方面的诉讼或纠纷,并请结合相关公开报道,说明其数据的合规性。

2021年5月27日,旷视科技提交了首轮问询答复,对上交所问询中涉及数据合规的回复摘要如下:①报告期内,旷视科技的数据来源中不包含向供应商采购数据的情形。旷视科技的数据采集方式中虽然包含“配合式采集”,但该等采集方式下,供应商仅在旷视科技设计的模拟场景下,提供人员及管理服务,主要包含场地的选取和提供、模拟场景的搭建、被采集人员(模特)招募、拍摄设备管理、项目现场秩序维护等全流程项目执行支持等,配合旷视科技进行数据采集,并非供应商独立采集数据而后销售给旷视科技。②对于提供配合式采集服务的供应商,旷视科技会与供应商签订公司标准的数据服务协议,在协议中供应商承诺确保其向旷视科技提供的服务符合中国法律法规和/或可能涉及的相关国家/地区法律法规要求;涉及个人数据的,符合适用地法律。供应商提供数据采集服务且需要取得相关数据主体书面授权同意时,均承诺按照法律法规要求,取得数据主体书面签署的授权书。③鉴于提供配合式采集服务的供应商已在数据服务协议中承诺遵守"中国法律法规和/或可能涉及的相关国家/地区法律法规要求;中国或其他有关国家/地区适用的隐私、数据安全法规的要求"并取得数据主体书面签署的授权书,且旷视科技对该等配合式采集供应商采取一系列合规控制措施。截至本回复出具日,未发现违反《民法典》《网安法》《个人信息安全规范》《数据安全法(草案)》《个人信息保护法(草案)》关于个人信息采集相关规定的情形或出现法律纠纷,未发现数据合规风险。截至本补充法律意见书出具之日,旷视科技未面临数据合规方面的诉讼或纠纷。④业务及产品(或服务)面向消费物联网、城市物联网、供应链物联网三大核心场景,前述场景涉及的业务及产品不直接面向个人用户。其中,供应链物联网场景下不涉及个人数据,城市物联网与消费物联网场景下涉及个人数据。⑤旷视科技在数据安全与合规方面,已获得多项国内外权威认证认可。旷视科技多个自有信息系统(如云端 SaaS 服务平台)已取得网络安全等级保护备案证明(第 3 级),并且已获得 ISO/IEC27001:2013 信息安全管理体系认证及 ISO/IEC27701:2019 隐私信息管理体系认证。

(2)申请注册阶段的数据合规问询

旷视科技科创板上市申请进入注册阶段,证监会于 2021 年 10 月 28 日向旷视科技下发了发行注册环节反馈意见落实函,该落实函要求旷视科技进一步说明关于数据合规、小贷类客户、员工持股及高管等共八个问题。其中对于数据合规方面的问询,证监会要求旷视科技说明以下问题:①结合报告期内获取数据方式、来源等,按照《数安法》等相关规定,说明获取、处理及使用数据的合法性;②报告期内获取数据量及达到产品性能需求数据量的对应关系及合理性;③说明报告期内应履行而未履行网络安全审查产品或服务对应的具体交易金额、其中尚未履行相关合同金额的,是否存在因网络安全审查事项而导致违约情况,并补充披露网络安全审查对发行人经营的影响情况。

旷视科技经过两个月的准备,于 2021 年 12 月 27 日提交了长达 100 页的回复,但依旧未能打消证监会在数据安全方面的疑虑。证监会随即于 2021 年 12 月 29 日,再次就数据合规问题发问:"请发行人说明与蚂蚁集团、客户合作协议的具体内容,对相关数据具体使用方式,并结合数据管理相关法律规定进行逐项比对说明使用蚂蚁集团、客户数据的合规性。"截至 2022 年 1 月 8 日,旷视科技仍未作答复。

3. 律师评析

通过查阅证监会、上交所多轮问询的内容来看,营收和数据安全是旷视科技被质询的两个焦点问题，而对于数据安全的审查主要集中在用户个人信息收集的合规性、对外提供 AI 产品或技术过程中的数据主体身份以及处理人脸信息的特别合规风险。

(1)个人信息收集的合规性

审核机构首要关注的是旷视科技 AI 业务中数据全生命周期的处理过程及算法训练的数据源问题。根据旷视科技的答复文件，其涉及个人信息收集与处理的范围仅限于产品研发阶段，主要通过公开数据渠道以及配合式采集两种方式获取个人信息类数据进行算法训练。在旷视科技的产品交付客户之后，由客户自主控制其收集的终端用户数据，旷视科技无法对客户的收集行为进行任何方式的接入或获取。

在旷视科技披露的两种数据采集方式中，第一种数据采集方式“公开数据集”是指公共网络渠道上已发布的公开可用数据，通常由外部企业、学术研究机构等自行制作并发布公开。根据《个保法》第 27 条的规定，“个人信息处理者可以在合理的范围内处理个人自行公开或者其他已经合法公开的个人信息；个人明确拒绝的除外。个人信息处理者处理已公开的个人信息，对个人权益有重大影响的，应当依照本法规定取得个人同意”。第二种数据采集方式“配合式采集”主要是指与第三方公司合作获取或从第三方公司间接获取数据的情况，此种数据采集方式仍需严格遵守《个保法》中明确规定的“告知 + 同意”原则，征求个人信息主体的单独同意，同时需根据与第三方公司的数据交互方式与合作模式，判断旷视科技应履行的合规义务范围。

(2)数据处理者的界定问题

对于旷视科技在何范围内承担数据处理者的合规义务，审核机构也提出了相关质询。该等质询实质上是需要判断旷视科技的数据主体身份或判断其在何业务范畴内属于“数据处理者”。例如，上节中提到旷视科技在产品研发阶段存在数据收集行为，即在产品研发与测试业务范畴需承担数据处理者的合规义务。

在上交所的首轮质询回复中，旷视科技对此前一篇“揭露售楼处人脸识别”的媒体报道作出了回应，该篇报道曾激发社会大众对规范使用人脸识别技术的广泛探讨。报道指出，多家房产企业的售楼处装载了由旷视科技供应的摄像头，对访客进行无感抓拍及人脸识别，以针对不同客户来源给予不同的优惠政策。旷视科技反驳了该报道中的“数据处理者责任”，也否认了曾有过数据合规方面的诉讼或纠纷。旷视科技在答复中提道：“虽然部分媒体报道声称旷视科技的产品(如安全摄像头)未经授权收集人脸信息，但该等报道混淆了旷视科技在相关事件中的角色。

在该等业务场景下，旷视科技仅为产品提供方，并非相关个人信息的收集者和使用者。如新闻报道《被售楼处人脸识别拍到，买房多花30万？有人被迫戴头盔看房》，深圳某电子商务有限公司（以下简称深圳某电商）并非直接向旷视科技购买相关产品，而是通过某第三方购买获得。在此负面报道的场景中，旷视科技仅是摄像头硬件设备的生产者，既未参与该等人脸识别系统的设计与开发，也无法接触、处理（亦从未接触和处理）相关数据。旷视科技与前述某第三方签订的合作协议中已明确要求，该等第三方及其客户（深圳某电商即为第三方的客户）应以合法方式使用产品（包括但不限于已获得被收集个人信息主体的明示同意等），不以任何违反法律或侵犯第三方合法权利的方式使用旷视科技的产品；从合同角度，旷视科技已明确声明相关硬件产品的合规使用要求，以向相关方合理提示该等相关方需履行的法定义务。新闻报道中的深圳某电商等相关企业作为所涉人脸识别系统的搭建者、控制者，应自行对其相关行为负责。"

根据《网络数据条例（征）》第73条第5项的规定："数据处理者是指在数据处理活动中自主决定处理目的和处理方式的个人和组织。"上述报道中，旷视科技认为其仅为产品提供方，并非数据处理者，不应对报道中所涉人脸识别系统的搭建者、控制者的相关数据处理行为负责。

（3）处理人脸信息的特别合规义务

《个人信息安全规范》早已明确规定，人脸信息属于个人敏感信息，收集个人敏感信息时应获得个人信息主体的明示同意。2021年4月23日出台的《信息安全技术　人脸识别数据安全要求（征求意见稿）》指出，收集人脸识别数据时应向数据主体告知收集规则，并征得数据主体明示同意；人脸识别数据不应用于除身份识别之外的其他目的。《个保法》也对人脸信息收集有专门的规定，该法第26条规定："在公共场所安装图像采集、个人身份识别设备，应当为维护公共安全所必需，遵守国家有关规定，并设置显著的提示标识。所收集的个人图像、身份识别信息只能用于维护公共安全的目的，不得用于其他目的；取得个人单独同意的除外。"这些法律、规范的出台，旨在杜绝人脸信息在个人信息主体不知情的情况下被违法收集，充分保障个人信息主体的知情同意权。

2021年8月1日起生效施行的最高人民法院《关于审理使用人脸识别技术处理个人信息相关民事案件适用法律若干问题的规定》，广泛适用于信息处理者违反法律、行政法规的规定或者违反约定处理人脸识别信息所引起的民事案件。对于旷视科技及其他AI企业寻求IPO之前，建议针对其业务中所涉及的人脸信息收集、存储、使用、传输、提供、公开等行为,按照相关法律法规的规定进行合规排查与整改,重点排查以下类目:①是否公开了人脸信息的处理规则,是否明示了人脸信息处理的目的、方式、范围;②基于个人同意处理人脸信息的,是否按照法律、行政法规的规定征得自然人或者其监护人的单独同意,是否违反数据处理者明示或者双方约定的处理人脸信息的目的、方式、范围等;③是否存在"要求自然人同意处理其人脸信息才提供产品或者服务"的情形,是否存在"以与其他授权捆绑等方式要求自然人同意处理其人脸信息"的情形,是否存在"强迫或者变相强迫自然人同意处理其人脸信息"的情形;④是否采用格式条款与自然人订立合同,是否要求自然人授予其无限期限、不可撤销、可任意转授权等处理人脸信息的权利;⑤是否采取应有的技术措施或者其他必要措施确保其收集、存储的人脸信息安全,以确保人脸信息不被泄露、篡改、丢失;⑥是否违反法律、行政法规的规定或者双方的约定向他人提供人脸信息,是否违背公序良俗处理人脸信息;在违反法律规定、公序良序或双方约定处理人脸信息的情况下,是否支持了自然人对其人脸信息的删除请求等;⑦是否在宾馆、商场、银行、车站、机场、体育场馆、娱乐场所等经营场所、公共场所违反法律、行政法规的规定使用人脸识别技术进行人脸验证、辨识或者分析。

四、数据合规问询要点梳理

通过对过往 IPO 申请企业招股说明书、审查反馈意见、问询函、发审委会议审核公告等文件中涉及数据合规内容的梳理和总结,可以看出在企业上市申报过程中,审核机构最关注的三个方面是数据源、数据处理行为以及数据安全措施。将上述三个方面问题进行细化,则主要涉及数据来源的合规性、数据内部处理行为、数据外部流转行为、数据安全技术及管理措施、数据监管制度的响应等五类问题,这五类数据合规问题应是未来拟上市企业数据合规的治理重点。

(一)数据来源的合规性

1. 数据权属问题

数据权属重点关注拟上市企业所涉相关数据信息的产权归属及其法律依据。

主要问询点包括:拟上市企业对相应数据的权利,是否存在期限、范围、用途等限制。

2. 数据收集方式

数据收集主要涉及自行收集的数据以及第三方的数据源。其中,自行收集数据应依照《数安法》《个保法》等相关法律的规定明确告知收集的目的、使用的范围等，遵循最小必要、合法正当等原则；而对于来自第三方的数据，在采集、共享、委托处理等方面，均应尽到合理的审查义务，确保数据的来源具有合法基础、不存在违法情形。

主要问询点包括：拟上市企业获取个人信息等数据的来源、获取途径及授权方式；是否存在采用特殊互联网手段（或技术）采集法律法规规定不属于公开的社会信息或需要特殊许可、信息主体同意等前置程序方可获取数据的情形；拟上市企业自行收集个人信息时，是否在隐私政策中明示收集信息的目的、方式、范围及使用用途，并经个人信息主体同意，是否收集未成年人信息并取得其监护人的明示同意；拟上市企业在业务运营过程中，是否存在向第三方购买底层数据并在外购数据的基础上持续开发等情况，如存在向数据供应商购买数据的情形，拟上市企业应说明供应商授权其使用相关数据是否经过终端用户或者其他第三方同意，授权是否完备合规，个人信息获取是否合法；拟上市企业是否建立完善的供应商评价体系，以及供应商甄选、数据源核验以及合同合规性审核的内控措施。

（二）数据内部处理行为

数据内部处理行为主要是指企业内部的数据存储、使用以及自动化决策等数据处理行为。

1. 数据存储

在数据存储方面，要求拟上市企业安全且完整地保存数据，确保经过加工处理的数据与原始数据的同一性、真实性与准确性。

主要问询点包括：拟上市企业数据存储的环境是否安全，是否采用了必要的技术手段；是否对数据进行分级分类管理；对个人敏感信息、重要数据是否进行了备份；对获取的数据进行深度挖掘、建模、分析处理提供的数据，是否存在与原始数据不匹配、不准确导致数据失真的情形。

2. 数据使用

数据使用是一个动态的过程，要求拟上市企业使用数据的全过程都不存在无权处理或者越权处理的行为，且相关业务的开展方式及相关数据的使用方式符合有关行政监管部门的要求。

主要问询点包括：对于不同层级人员的数据访问是否设定了不同的权限；对数据的使用是否超过必要的限度；委托第三方处理时是否获得个人信息主体的明确

授权,是否监督其在授权范围内使用数据等;相关行业是否允许第三方机构处理相关数据,是否需取得有关主管部门批准。

3. 自动化决策

《个保法》明确规定,通过自动化决策方式向个人进行信息推送、商业营销,不得对个人在交易价格等交易条件上实行不合理的差别待遇,应当同时提供不针对其个人特征的选项,或者向个人提供便捷的拒绝方式。

主要问询点包括:拟上市企业运用用户画像、大数据算法等技术从事自动化决策或个性化推荐时是否涉及侵犯用户个人隐私或其他侵权风险,拟上市企业的大数据相关技术的使用、数据相关服务的开展是否合法合规,是否存在纠纷或潜在纠纷。

(三)数据外部流转行为

数据外部流转分为以共享、交易等方式进行的一般境内流转,以及数据跨境流转。

1. 境内流转

数据流转较为常见的行为是数据共享,共享个人数据需要明确告知个人信息主体,并且要保证数据共享期间的安全。

主要问询点包括:拟上市企业的数据是否存在转授权或交易给第三方使用的情况,如存在,是否经过了个人信息主体的明示同意;相关授权流程是否完备,是否在《用户协议》或《隐私政策》等文件中明确其向第三方共享该数据的目的与范围;是否存在各方相互共享数据的情形或共用混合的数据池;数据流转或共享是否采取了充分的脱敏手段等。

2. 跨境流转

数据跨境主要涉及两个方面的监管要求:一是须符合出境地区的数据合规;二是须符合入境地区的数据合规。

主要问询点包括:拟上市企业是否从事境外数据的获取、处理、提供等涉外服务,如有,欧盟 GDPR、美国 CCPA 等数据法规对于拟上市企业未来的业务经营是否存在影响,是否存在被处罚的风险;是否存在向境外直接提供数据产品或服务,是否存在数据存储在国外服务器或在国外地区能够访问境内数据的情形,如有,该等数据出境行为是否符合我国数据安全及个人信息保护等法律法规,尤其是对我国网络安全审查、数据出境评估等数据监管制度的执行情况。

(四)数据安全技术及管理措施

支撑企业数据安全主要依靠两个维度的措施保障:一是在技术层面保障数据运行的安全;二是在管理层面确保数据安全体系及应急处理机制的健全性。

1. 技术措施

在技术层面,要求拟上市企业相应的技术措施安全可靠,保证数据不会被篡改和破坏,并且有能力抵御攻击。

主要问询点包括:是否采取必要的数据加密、数据备份、数据脱敏等技术措施防止个人信息泄露与损毁;是否获得国家的相关技术认证或资质,以确保企业在数据保护方面能够获得国家认可的能力;是否需要进行信息安全等级保护测评;运营系统和财务系统的数据是否衔接,IT 审计是否实施到位。

2. 管理措施

在管理层面,主要审查数据安全保证体系及应急响应制度的完备性,要求企业从制度层面对数据安全形成全流程的部署。数据安全相关制度及措施,包括但不限于数据的备份机制、防范数据窃取及泄露的措施、对用户隐私数据加密措施以及对到期数据的处理机制等。

主要问询包括点:拟上市企业需说明在开展业务、日常运营过程中是否获取或有可能获取国家秘密、保密信息、个人信息,是否存在泄露该等秘密、隐私信息的情况或潜在风险;是否已建立完善的防止数据泄密、保障网络安全以及隐私保护的内部管理制度,该等制度的执行是否有效,该等执行是否留下记录;针对可能发生的数据泄露事件及相关数据纠纷,是否制定应急处置方案和纠纷解决机制,并定时进行演练;对于数据安全事件、涉及个人信息的投诉及侵权纠纷等,是否制定了相应处理、备案及报告流程;是否定期开展网络数据方面的风险评估、安全审计。

(五)数据监管制度的响应

对数据领域监管制度的响应是指拟上市企业对其业务所涉及的国内外数据领域有关法律制度的适用及执行。就企业 IPO 数据合规问询而言,监管机构不仅关注到已生效的数据合规法律相关要求,而且要求拟上市企业就正在制定的法律法规也做到风险的预估。通过对《网安法》《数安法》《个保法》《网络数据条例(征)》的研究梳理,现阶段法律层面主要规定了四项数据监管制度,内容涵盖“数据分级分类、数据风险评估、数据安全审查以及数据出境监管”,其中后两项制度尤其值得拟赴港股或海外上市的企业格外关注。

1. 数据分级分类制度

在《数安法》《个保法》颁布之前,《网安法》已明确提出网络运营者应按照网络安全等级保护制度的相关要求,采取数据分类、重要数据备份和加密等措施,履行信息保护义务,确保网络数据安全。《数安法》首次从法律层面完整地提出"数据分级分类保护制度",该法第21条第1款规定:"国家建立数据分类分级保护制度,根据数据在经济社会发展中的重要程度,以及一旦遭到篡改、破坏、泄露或者非法获取、非法利用,对国家安全、公共利益或者个人、组织合法权益造成的危害程度,对数据实行分类分级保护。"《个保法》也提出了"个人信息分类管理"的相关规定,要求个人信息处理者应根据个人信息的处理目的、处理方式、个人信息的种类以及对个人权益的影响、可能存在的安全风险等,对个人信息实行分类管理。

法律规定对不同级别的数据应采取不同的保护措施,对个人信息和重要数据进行重点保护,对核心数据实行严格保护。但对于具体应按照什么标准或方法对数据进行分级、分类,法律层面暂未作规定。国家网信办2021年发布的《网络数据条例(征)》指明了数据"分级"的基本原则,即按照数据对国家安全、公共利益或者个人、组织合法权益的影响和重要程度,将数据分为一般数据、重要数据、核心数据;具体需由各地区、各部门按照国家有关要求和标准,组织制定出相应区域、领域重要数据和核心数据目录,上报国家网信部门。

2. 数据风险评估制度

根据法律规定,重要数据处理者及个人信息处理者均有按规定开展风险评估的义务。具体而言,《数安法》提出了对重要数据处理活动的风险评估规定,该法第30条规定:"重要数据的处理者应当按照规定对其数据处理活动定期开展风险评估,并向有关主管部门报送风险评估报告。风险评估报告应当包括处理的重要数据的种类、数量,开展数据处理活动的情况,面临的数据安全风险及其应对措施等。"《个保法》则相应规定了个人信息处理活动的风险评估要求,并且列明了个人信息保护影响评估的主要事由:包括处理敏感个人信息,利用个人信息进行自动化决策,委托处理个人信息、向其他个人信息处理者提供个人信息、公开个人信息,向境外提供个人信息等。同时列举了个人信息保护影响评估的主要评估内容,如个人信息的处理目的、处理方式等是否合法、正当、必要,对个人权益的影响及安全风险,所采取的保护措施是否合法、有效并与风险程度相适应等。

《数安法》《个保法》仅对风险评估的事由、内容作了列举,但对于评估频次的规定尚不明晰,一方面《数安法》要求重要数据处理者“定期”开展风险评估,另一方面《个保法》规定个人信息处理者在“处理敏感个人信息、委托处理、向境外提供个人信息”等法定事由出现时须开展影响评估。据此可以推断,数据风险评估包括“定期评估”和“非定期的单项评估”,定期评估是符合特定条件的数据处理者在每个法定周期内需开展的常态化风险评估工作,单项评估则因法定事由触发数据安全评估机制。

《网络数据条例(征)》也综合考虑了这两类评估机制,该条例第32条对此作了相应的细化规定:“处理重要数据或者赴境外上市的数据处理者,应当自行或者委托数据安全服务机构每年开展一次数据安全评估,并在每年1月31日前将上一年度数据安全评估报告报设区的市级网信部门……数据处理者开展共享、交易、委托处理、向境外提供重要数据的安全评估……”值得注意的是,《网络数据条例(征)》还单独规定了“利用生物特征进行个人身份认证”这一评估事由,该条例第25条规定:“数据处理者利用生物特征进行个人身份认证的,应当对必要性、安全性进行风险评估……”

3. 数据安全审查制度

数据领域的安全审查制度首度于《数安法》中提出,此前涉及国家安全审查主要以网络安全审查制度为主。《网安法》第35条规定:“关键信息基础设施的运营者采购网络产品和服务,可能影响国家安全的,应当通过国家网信部门会同国务院有关部门组织的国家安全审查。”

《网安法》中规定的安全审查主体均仅限于“关键信息基础设施运营者”,而《数安法》规定的安全审查对象则更为广泛,该法第24条第1款规定:“国家建立数据安全审查制度,对影响或者可能影响国家安全的数据处理活动进行国家安全审查。”国家网信办于2021年修订的《网络安全审查办法》(2022年2月15日起生效实施)有关“适用范围”的规定中,也在“关键信息基础设施运营者采购网络产品和服务”的基础上,增加规定了“数据处理者开展数据处理活动,影响或可能影响国家安全的,应当进行网络安全审查”。《网络安全审查办法》同时明确指出,掌握超过100万用户个人信息的网络平台运营者赴国外上市,必须向网络安全审查办公室申报网络安全审查。

4. 数据出境监管制度

数据出境是指数据处理者将其在中国境内运营中收集或产生的数据,通过开展业务、提供服务或产品、委托处理等方式提供给境外的自然人或组织的活动。需要注意的是,数据出境的形式不限于数据境外存储,还包括境外访问、浏览等(在互联网上已公开的数据除外)。根据《网络数据条例(征)》第35条的规定,数据处理者因业务等需要确需向境外提供数据的,应当根据法律、行政法规或者国家网信部门规定,满足下列条件之一:(1)数据处理者和数据接收方均通过国家网信部门认定的专业机构进行的个人信息保护认证;(2)按照国家网信部门制定的关于标准合同的规定与境外数据接收方订立合同,约定双方权利和义务;(3)通过国家网信部门组织的数据出境安全评估。

对于"数据出境安全评估制度",在《网安法》《数安法》《个保法》均进行了规定。《网安法》最早从法律层面对数据出境安全评估作出规定:关键信息基础设施的运营者在我国境内运营中收集和产生的个人信息和重要数据应当在境内存储;因业务需要,确需向境外提供的,应当按照国家网信部门会同国务院有关部门制定的办法进行安全评估。《数安法》《个保法》分别对重要数据、个人信息的出境监管要求作了进一步重申,即法律明确禁止关键信息基础设施运营者未经批准向境外提供境内重要数据和个人信息;除了关键信息基础设施运营者以外,《个保法》还规定"处理个人信息达到国家网信部门规定数量的个人信息处理者"也同样适用于数据出境安全评估规定。2021年10月29日国家网信办发布的《数据出境安全评估办法(征求意见稿)》对《个保法》第40条所规定的"达到国家网信部门规定数量"的具体数量级别进行了明确,提出"达到规定数量"应从两个不同维度的标准进行衡量:一是处理个人信息达到100万人的个人信息处理者;二是累计向境外提供超过10万人以上个人信息或者1万人以上敏感个人信息。

根据《数据出境安全评估办法(征求意见稿)》的规定,所有数据处理者均应当在数据出境前进行风险自评估,即数据处理者在向境外提供数据前,无论是关键信息基础设施运营者或其他数据处理者,所处理的数据类型无论个人信息、非个人信息、重要数据或普通数据,均应事先开展数据出境风险自评估工作。对于特定主体,除开展风险自评估外,还需向国家网信部门申报数据出境安全评估;且数据出境评估结果的有效期为两年,两年届满,数据处理者如需继续开展原数据出境活动,应当在有效期届满60日前重新申报评估。《数据出境安全评估办法(征求意见稿)》还进一步规定,向境外提供个人信息和重要数据的数据处理者,应当每年定期向设区的市级网信部门报告上一年度数据出境情况,在每年1月31日前编制数据出境安全报告。

五、数据合规风险及法律责任

拟上市企业数据合规的风险除了 IPO 审核不通过以外，还可能面临诸多法律责任。我国数据领域的基础立法已基本确立，初步构建了民事、行政和刑事责任相结合的立体保护框架。《数安法》第 52 条规定："违反本法规定，给他人造成损害的，依法承担民事责任；违反本法规定，构成违反治安管理行为的，依法给予治安管理处罚；构成犯罪的，依法追究刑事责任。"

（一）行政处罚

《数安法》《个保法》对数据违法行为规定了多项行政处罚条款，对不履行规定保护义务、交易来源不明的数据、拒不配合国家机关进行数据调取、违反国家核心数据管理制度及数据出境管理要求等行为，均设定了严格的罚则：对单位最高可罚 5000 万元，并可以视违法程度责令违规企业暂停相关业务、停业整顿、吊销相关业务许可证或者吊销营业执照；对个人最高可罚 1000 万元，并可以对其采取"职业禁入"限制，对构成违反治安管理行为的给予治安管理处罚，相关违法行为将记入信用档案并予以公示。

《数安法》第 45 条明确规定，在开展数据处理活动的组织、个人不履行数据安全保护义务或者未采取必要的安全措施的，由有关主管部门责令改正，对违规单位给予警告，可以并处 5 万～50 万元的罚款，对直接负责的主管人员可以处 1 万～10 万元的罚款；拒不改正或者造成大量数据泄露等严重后果的，处 50 万～200 万元的罚款，并可以责令暂停相关业务、停业整顿、吊销相关业务许可证或者吊销营业执照，对直接负责的主管人员和其他直接责任人员处 5 万～20 万元的罚款。违反国家核心数据管理制度，危害国家主权、安全和发展利益的，由有关主管部门处 200 万～1000 万元的罚款，并根据情况责令暂停相关业务、停业整顿、吊销相关业务许可证或者吊销营业执照。

《个保法》第 66 条规定了违规处理个人信息的法律责任，对于违法处理个人信息，或者处理个人信息未履行法律规定个人信息保护义务的，由履行个人信息保护职责的部门责令改正，给予警告，没收违法所得，对违法处理个人信息的应用程序，责令暂停或者终止提供服务；拒不改正的，并处 100 万元以下罚款，对直接负责的主管人员和其他直接责任人员处 1 万～10 万元的罚款。有前款规定的违法行为，情节严重的，由省级以上履行个人信息保护职责的部门责令改正，没收违法所得，并处5000万元以下或者上一年度营业额5%以下罚款,并可以责令暂停相关业务或者停业整顿、通报有关主管部门吊销相关业务许可或者吊销营业执照;对直接负责的主管人员和其他直接责任人员处10万~100万元的罚款,并可以决定禁止其在一定期限内担任相关企业的董事、监事、高级管理人员和个人信息保护负责人。

(二)民事纠纷

数据处理行为损害他人合法权益的,应依法承担民事责任,相关主体可依法提起民事诉讼。实践中主要包括个人侵权之诉、企业间的商事纠纷以及公益诉讼。

1. 个人侵权之诉

早在《个保法》出台之前,2013年修订的《消费者权益保护法》对于个人的民事救济权利就作出了相关规定,该法首次明确了消费者享有的个人信息受保护的权利,且规定了侵害消费者个人信息合法权益的,应停止侵害、恢复名誉、消除影响、赔礼道歉并赔偿损失。《民法典》专章规定了个人隐私权和个人信息保护,从民事基本法层面进一步明确了个人信息保护的民事救济权利。

2. 企业间的商事纠纷

企业间关于数据领域的诉讼,主要体现为不正当竞争、合同、侵权等纠纷。例如,2019年腾讯向天津滨海市新区人民法院提起诉讼,诉称抖音旗下的视频社交App多闪(以下简称多闪App)超范围使用腾讯数据,构成不正当竞争,侵犯了用户合法权益,据此向法院申请了行为禁令。法院最终裁定抖音立即停止将微信/QQ开放平台授权登录服务提供给多闪App使用的行为。

3. 公益诉讼

《个保法》第70条明确了数据领域的公益诉讼制度,该条规定:"个人信息处理者违反本法规定处理个人信息,侵害众多个人权益的,人民检察院、法律规定的消费者组织和由国家网信部门确定的组织可以依法向人民法院提起诉讼。"实际上此前已有关于个人信息的公益诉讼案例,2017年12月11日,江苏省消费者权益保护委员会就曾依据《消费者权益保护法》第37条的规定,对百度公司涉嫌违规获取消费者个人信息行为,提起过消费民事公益诉讼。

(三)刑事犯罪

涉及数据领域的刑事犯罪主要体现在《刑法》规定的侵犯公民个人信息罪、非法侵入计算机信息系统罪、拒不履行信息网络安全管理义务罪、非法获取计算机信息系统数据、非法控制计算机信息系统罪等罪名。近几年，侵犯公民个人信息类犯罪处于高发态势。例如，2018 年 8 月，北京瑞智华胜科技股份有限公司涉嫌非法窃取用户个人信息 30 亿条，公司法定代表人、董事周某及监事黄某、梁某均因涉嫌非法获取计算机信息系统数据罪被绍兴市越城区人民检察院批捕。2019 年 7 月 15 日，中国裁判文书网披露的林某非法获取计算机信息系统数据、非法控制计算机信息系统二审刑事判决书显示，作为证券经纪人的林某侵入证券公司等机构的计算机系统，非法获取公民个人信息共计 400 余万条，福建省福州市中级人民法院终审判决林某犯非法侵入计算机系统罪、侵犯公民个人信息罪，数罪并罚有期徒刑 5 年 2 个月。

六、企业数据合规建议

在《数安法》《个保法》等法律陆续生效、《网络安全审查办法》《网络数据条例（征）》等配套规章相继发布之际，无论是寻求 IPO 的大型企业还是普通中小企业，都可能要应对行政执法监管，面临数据侵权诉讼甚至刑事控告，企业及相关负责人需增强对数据安全及个人信息保护方面的法律意识，深刻理解数据分级分类、风险评估、安全审查、出境监管等各项数据监管制度，积极灌输数据安全意识、主动开展数据风险评估、系统制定数据合规策略，以妥善应对审核机构问询，有效降低因数据违规引发的行政处罚、民事赔偿、刑责追究以及商业利益损失风险。

（一）灌输数据安全意识

寻求上市的企业往往会为了追求快速抢占市场和扩张规模，而采用“业务先行、合规后补”的经营理念，这种风险意识的缺乏是数据不合规的源头。因此，数据安全意识的灌输应放在企业数据合规的首位予以强调。一是要密切关注数据领域立法动态，开展数据法律法规宣贯，尤其是对《数安法》《个保法》两部法律的适用问题，互联网企业还需额外关注《网安法》及配套法规；对于业务范围涉及数据跨境传输的企业，不仅要遵守我国《网安法》《数安法》《个保法》等法律规定，还要特别注意数据输入地区的法律规定。比如，欧盟 GDPR，美国 CCPA、新加坡的《个人数据保护法》（Personal Data Protection Act, PDPA）等。二是要树立全员数据安全理念，定期开展数据合规专题讲座，强调数据保护对于维护企业商誉的重要性，加强员工数据安全意识与能力。《网络数据条例（征）》实际上对于重要数据处理者的数据安全教育培训作出了硬性规定，该条例第 30 条规定：“重要数据的处理者，应当制定数据安全培训计划,每年组织开展全员数据安全教育培训,数据安全相关的技术和管理人员每年教育培训时间不得少于二十小时。"

(二)开展数据风险评估

拟上市企业首先需自查业务目前所涉的数据资源,根据所开展的数据处理活动,判断属于何种法律主体身份,包括是否属于重要数据处理者、个人信息处理者、关键信息基础设施的运营者等,如《网络数据条例(征)》就明确要求重要数据的处理者应当成立数据安全管理机构,在识别其重要数据后的15个工作日内向设区的市级网信部门备案;其次要根据《数安法》《个保法》等法律规定,对数据全寿命周期的潜在风险环节进行全面梳理,评估其当前实际业务开展情况与数据法规要求之间的差距。对于重要数据、个人信息处理者,还应根据监管要求建立常态化的数据风险评估制度。

对于数据驱动型的企业,数据风险评估应贯穿企业运营的始终,包括日常运营中的数据安全及合规性评价,企业投融资中的网络安全与数据合规尽职调查、数据资产估值、数据权属转移的合同条款、交割后的业务数据整合等,以及企业申报IPO前的数据治理工作,均应注重对数据风险的合规评估与事前防范,否则企业在日常运营或资本化运作中极可能面临难以估量的合规成本和经济损失。

(三)制定数据合规策略

基于上述数据法规的系统梳理以及数据风险的综合评估,拟上市企业可进一步制定兼容数据法规要求及自身业务特点的数据合规策略,具体可从以下几个方面着手。

1. 定制度

针对数据全寿命周期的各个处理环节,制定相应的数据安全管理制度,按照国家及行业数据目录在企业内部建立或细化相对应的数据保护目录,形成全套的文件体系,匹配法律法规监管要求。

2. 设机构

按需设立数据安全管理机构或数据合规专岗,落实企业数据合规策略和具体实施计划,与业务部门协作,有效贯彻数据安全管理制度及流程等内控文件。对于大型互联网平台,根据《个保法》的要求,还需成立主要由外部成员组成的独立机构对个人信息保护情况进行监督。

3. 融流程

根据数据安全管理制度、数据保护目录，细化形成数据管理流程及操作指引，将数据合规管理融入具体可执行的操作流程，将合规控制、风险控制以及绩效控制相结合，注重事前数据风险管控与事中数据风险监督，对可预见的风险进行有效动态控制与防范。

4. 控风险

全过程监控数据的收集、存储、使用、加工、传输、提供、公开等数据处理活动，对潜在风险点进行持续滚动跟踪，定期开展数据合规审计，对所处理的重要数据的种类及数量、开展数据处理活动的情况、数据安全风险及其应对措施等进行定期核查与评估，持续强化风险等级预警、应急处置等工作，不断提升员工的风险意识教育以及外部风险承受能力。

七、结语

企业数据合规是一个常态化、动态化的过程，企业数据合规不仅要聚焦上市申报阶段，扎实做好数据尽调工作，还应贯穿其数据处理的全过程，密切关注数据领域立法动态、定期开展数据风险评估、不断完善数据管理制度。上市申报及披露过程会将企业数据合规问题无限放大，因此，建议拟上市企业从确定上市这一长期目标之始，便着手布局覆盖数据全寿命周期的合规治理工作，将数据合规相关人员的参与前置至产品或业务的研发、策划阶段，及早实现企业数据全面合规，确保 IPO 审核的顺利通过及企业的可持续发展。

参考文献

1. 何渊主编：《数据法学》，北京大学出版社 2020 年版。

2. 黄道丽、胡文华：《中国数据安全立法形势、困境与对策——兼评〈数据安全法（草案）〉》，载《北京航空航天大学学报（社会科学版）》2020 年第 6 期。

专题三

科创板上市审核之企业股权历史沿革

殷　豪

上交所自2019年3月22日开始受理科创板企业发行上市申请至今,已有近百家企业提交了发行上市申请文件,且已有多家拟科创板上市企业回复了上交所的审核问询。2019年4月23日,上交所就首轮问询及回复情况回答了记者提问。根据上交所的答记者问,目前所披露的招股说明书质量参差不齐,还存在一些比较突出的共性问题,与试点注册制改革要求以及市场各方期待还有一定差距,主要表现为如下五个“不够”:一是对科技创新相关事项披露不够充分;二是企业业务模式披露不够清晰;三是企业生产经营和技术风险揭示不够到位;四是信息披露语言表述不够友好;五是文件格式和内容安排不够规范。上交所同时表示:受理发行上市申请后,按照科创板试点注册制改革的要求,坚持以信息披露为核心,针对招股说明书存在的突出问题,通过一轮或多轮问询,督促发行人说清楚、讲明白,努力问出一个真公司。

审核问询函一般包括发行人股权结构和上市公司董事、监事和高级管理人员(以下简称董监高)等基本情况、核心技术、业务、公司治理与独立性、财务会计信息与管理层分析、风险因素和其他事项等七部分。审核问询函第一部分“关于发行人股权结构、董监高等基本情况”包括发行人的股权历史沿革。根据笔者的实务经验,笔者就审核问询函中关于发行人股权历史沿革关注重要问题进行简要分析。

一、发行人历次股权转让所履行的程序是否合法合规,是否存在纠纷或潜在纠纷

根据《科创板首次公开发行股票注册管理办法(试行)》(以下简称《科创板管

理办法》)的规定,科创板股票发行条件之一是发行人股东持有的发行人股份权属清晰,合法合规,没有纠纷或潜在纠纷。

发行人历史沿革中各类股东性质不一样,股权转让适用的法律规定也不一样。根据中国相关法律法规的规定,股东主要有国有全资企业、国有控股企业、国有参股企业、国资委、财政局、集体企业、农民专业合作社、个人、个人独资企业、合伙企业、外商投资企业、契约型基金、信托计划、资管计划、职工持股会和工会持股等类型。

对于发行人是国有企业、集体企业改制而来的或历史上存在挂靠集体组织经营的企业,若改制过程中法律依据不明确、相关程序存在瑕疵或与有关法律法规存在明显冲突,原则上发行人应在招股说明书中披露有权部门关于改制程序的合法性、是否造成国有或集体资产流失的意见。国有企业、集体企业改制过程不存在上述情况的,保荐机构、发行人律师应结合当时有效的法律法规等,分析说明有关改制行为是否经有权机关批准、法律依据是否充分、履行的程序是否合法以及对发行人的影响等。根据江苏联瑞新材料股份有限公司问询回复披露的信息,2015 年 6 月 9 日,江苏省人民政府办公厅出具关于确认江苏联瑞新材料股份有限公司历史沿革等事项合规性的函,确认江苏联瑞新材料股份有限公司及江苏省东海硅微粉厂历史沿革及改制等事项履行了相关程序,并经主管部门批准,符合国家法律法规和政策规定。

对于发行人历史沿革中存在的其他类型的股东,则需要根据股东性质适用的法律来判断发行人历次股权转让所履行的程序是否合法合规。

需要关注发行人历史沿革中的股权继承问题。笔者承办的佩蒂股份上市项目,中国证监会反馈意见中提到"发行人 2004 年因股东陈某解去世,由陈某解女儿陈某琳继承陈某解原持有佩蒂宠物 30% 的股权,其余继承人放弃继承权。请发行人补充披露相关股权继承安排是否存在纠纷或潜在纠纷。请保荐机构、律师核查并发表意见"。因此,对于发行人历史沿革中存在股权继承问题的,需根据《民法典》有关继承的相关法律法规规定核查股权继承是否合法有效、是否存在纠纷或潜在纠纷。

为确保发行人股东持有的发行人股份权属清晰,需要核查发行人包括但不限于历次股权演变的协议、章程、股东会决议、工商登记变更、股权转让价款支付凭证和股权转让方纳税凭证等文件,就历史沿革中的有关情况与发行人董事、管理层以及股东进行访谈与沟通等。另外,对于控股股东、实际控制人设立在国际避税区且持股层次复杂的，保荐机构和发行人律师应当对发行人设置此类架构的原因、合法性及合理性，持股的真实性，是否存在委托持股、信托持股，是否有各种影响控股权的约定，股东的出资来源等问题进行核查，说明发行人控股股东和受控股股东、实际控制人支配的股东所持发行人的股份权属是否清晰。

二、发行人历次出资是否合法合规，是否存在纠纷或潜在纠纷

根据《公司法》的规定，股东可以用货币出资，也可以用实物、知识产权、土地使用权等可以用货币估价并可以依法转让的非货币财产作价出资；对作为出资的非货币财产应当评估作价，核实财产，不得高估或者低估作价。

公司增资是企业发展过程中比较常见的一种法律行为，而减资则比较复杂。根据《公司法》的规定，公司需要减少注册资本时，必须编制资产负债表及财产清单；公司应当自作出减少注册资本决议之日起10日内通知债权人，并于30日内在报纸上公告，债权人自接到通知书之日起30日内，未接到通知书的自公告之日起45日内，有权要求公司清偿债务或者提供相应的担保。如果发行人历史沿革中存在减资事项，需核查减资是否符合《公司法》的规定，是否存在纠纷或潜在纠纷。

为确保发行人历次出资合法合规，需要核查发行人包括但不限于验资报告、出资凭证、非货币财产出资的评估报告和技术出资的技术来源等文件，就出资的有关情况与发行人董事、管理层以及股东进行访谈与沟通等。另外，历史上存在出资瑕疵的，应当在申报前依法采取补救措施，对出资瑕疵事项的影响及发行人或相关股东是否因出资瑕疵受到过行政处罚、是否构成重大违法行为及是否构成科创板发行上市的法律障碍，是否存在纠纷或潜在纠纷进行核查。

三、发行人股东人数是否存在累计超过200人的情形

根据《公司法》的规定，设立股份有限公司，应当有2人以上200人以下的发起人。根据《证券法》的规定，向特定对象发行证券累计超过200人的，为公开发行。因此，如果发行人股东人数超过200人，就存在违反《公司法》和《证券法》规定的情形。实务中，发行人股东人数是否超过200人，需要根据发行人各股东的设立时间和目的、股权或权益结构变化、间接股东与发行人相关各方的关系等情况核查并判断。

四、发行人历史上存在工会、职工持股会持股或者自然人股东人数较多等情形的，发行人应当如何进行规范

发行人控股股东或实际控制人存在职工持股会或工会持股情形的，应当予以

清理。对于间接股东存在职工持股会或工会持股情形的，如不涉及发行人实际控制人控制的各级主体，发行人不需要清理，但应予以充分披露。对于工会或职工持股会持有发行人子公司股份，经保荐机构、发行人律师核查后认为不构成发行人重大违法违规的，发行人不需要清理，但应予以充分披露。

对于历史沿革涉及较多自然人股东的发行人，保荐机构、发行人律师应当核查历史上自然人股东入股、退股（含工会、职工持股会清理等事项）是否按照当时有效的法律法规履行了相应程序，入股或股权转让协议、款项收付凭证、工商登记资料等法律文件是否齐备，并抽取一定比例的股东进行访谈，就相关自然人股东股权变动的真实性、所履行程序的合法性，是否存在委托持股或信托持股情形，是否存在争议或潜在纠纷发表明确意见。对于存在争议或潜在纠纷的，保荐机构、发行人律师应就相关纠纷对发行人控股权权属清晰稳定的影响发表明确意见。发行人以定向募集方式设立股份公司的，中介机构应以有权部门就发行人历史沿革的合规性、是否存在争议或潜在纠纷等事项的意见作为其发表意见的依据。

五、报告期内，发行人实际控制人是否发生变更情形

根据《科创板管理办法》的规定，科创板股票发行条件之一是发行人最近 2 年实际控制人没有发生变更，不存在导致控制权可能变更的重大权属纠纷。

相当一部分的科技创新企业存在股权分散的问题。一方面，科技创新企业在创业初期通常会选择股权激励的方式保持核心团队的稳定，导致股权在一定程度上被稀释；另一方面，科技创新企业在技术研发中存在大量资金需求，为解决资金缺口和维持公司的正常经营发展，企业通常在申请上市前存在多轮的外部融资行为，导致发行人的股东所持有的股权相对比较分散。实务操作中，发行人股东大多通过签署一致行动协议和表决权差异安排来实现控制权的稳定性和持续性。

在确定发行人实际控制人时，应当本着实事求是的原则，尊重发行人的实际情况，通过对公司章程、协议或其他安排以及发行人股东大会（股东出席会议情况、表决过程、审议结果、董事提名和任命等）、董事会（重大决策的提议和表决过程等）、监事会及发行人经营管理的实际运作情况的核查对实际控制人进行认定。发行人股权较为分散但存在单一股东控制比例达到 30% 的情形的，若无相反的证据，原则上应将该股东认定为控股股东或实际控制人。发行人共同实际控制人签署一致行动协议的，应当在协议中明确发生意见分歧或纠纷时的解决机制。

需要注意的是，实际控制人为单名自然人或有亲属关系多名自然人，实际控制

人去世导致股权变动,股权受让人为继承人的,通常不视为公司控制权发生变更。其他多名自然人为实际控制人,实际控制人之一去世的,保荐机构及发行人律师应结合股权结构、去世自然人在股东大会或董事会决策中的作用、对发行人持续经营的影响等因素综合判断。

六、股权激励是否合法合规,是否存在超 200 人的情形

发行人可在首发申报前实施员工持股计划,或者在首发申报前制定期权激励计划并在上市后实施,对员工进行股权激励。发行人如实施员工持股计划,符合下列要求之一的,在计算公司股东人数时,按一名股东计算;不符合下列要求的,在计算公司股东人数时,穿透计算持股计划的权益持有人数:

1. 员工持股计划遵循“闭环原则”。员工持股计划不在公司首次公开发行股票时转让股份,并承诺自上市之日起至少 36 个月的锁定期。发行人上市前及上市后的锁定期内,员工所持相关权益拟转让退出的,只能向员工持股计划内员工或其他符合条件的员工转让。锁定期后,员工所持相关权益拟转让退出的,按照员工持股计划章程或有关协议的约定处理。

2. 员工持股计划未按照“闭环原则”运行的,应由发行人员工持有,依法设立、规范运行,且已经在基金业协会依法依规备案。

七、发行人历史沿革中的对赌情形,对赌是否合法合规,是否影响发行人控制权稳定

对赌协议涉及的对赌内容,主要包括公司业绩对赌和公司上市时间对赌(对于非上市公司而言)。根据《公司法》相关规定和最高人民法院相关司法判例,投资机构和公司控股股东、实际控制人对赌有效,和公司对赌无效。

投资机构在投资时约定对赌协议情形的,原则上要求发行人在申报前清理对赌协议,但同时满足以下要求的对赌协议可以不清理:一是发行人不作为对赌协议当事人;二是对赌协议不存在可能导致公司控制权变化的约定;三是对赌协议不与市值挂钩;四是对赌协议不存在严重影响发行人持续经营能力或者其他严重影响投资者权益的情形。

八、发行人申报前后新增股东的,应当如何进行核查和信息披露

发行人申报前,通过增资或股权转让产生的股东,保荐机构、发行人律师应主

要考察申报前一年新增的股东,全面核查发行人新股东的基本情况、产生新股东的原因、股权转让或增资的价格及定价依据,有关股权变动是不是双方真实意思表示,是否存在争议或潜在纠纷,新股东与发行人其他股东、董事、监事、高级管理人员、本次发行中介机构负责人及其签字人员是否存在亲属关系、关联关系、委托持股、信托持股或其他利益输送安排,新股东是否具备法律、法规规定的股东资格。

发行人申报后,通过增资或股权转让产生新股东的,原则上发行人应当撤回发行上市申请,重新申报。但股权变动未造成实际控制人变更,未对发行人控股权的稳定性和持续经营能力造成不利影响,且符合下列情形的除外:新股东产生系因继承、离婚、执行法院判决或仲裁裁决、执行国家法规政策要求或由省级及以上人民政府主导,且新股东承诺其所持股份上市后 36 个月之内不转让、不上市交易(继承、离婚原因除外)。在核查和信息披露方面,发行人申报后产生新股东且符合上述要求无须重新申报的,应比照申报前一年新增股东的核查和信息披露要求处理。除此之外,保荐机构和发行人律师还应对股权转让事项是否造成发行人实际控制人变更,是否对发行人控股权的稳定性和持续经营能力造成不利影响进行核查。

九、发行人股东中存在信托计划、资管计划和契约型基金持股情形

发行人的股东为信托计划、资管计划持股或契约型基金(“三类股东”)的,应从以下方面核查披露相关信息:(1)核查确认公司控股股东、实际控制人、第一大股东不属于“三类股东”;(2)核查确认发行人的“三类股东”依法设立并有效存续,已纳入国家金融监管部门有效监管,并已按照规定履行审批、备案或报告程序,其管理人也已依法注册登记;(3)发行人应根据《关于规范金融机构资产管理业务的指导意见》(银发〔2018〕106 号)披露“三类股东”相关过渡期安排,以及相关事项对发行人持续经营的影响;(4)保荐机构及律师应对发行人控股股东、实际控制人,董事、监事、高级管理人员及其近亲属,中介机构及其签字人员是否直接或间接在“三类股东”中持有权益进行核查并发表明确意见;(5)应核查确认“三类股东”已作出合理安排,可确保符合现行锁定期和减持规则要求。

除上述需要关注的重要问题外,发行人改制、历次股权转让时、未分配利润转增股本时,控股股东、实际控制人是否缴纳相关个人所得税,以及发行人股东中私募股权基金是否按照《私募投资基金监督管理暂行办法》及《私募投资基金管理人登记和基金备案办法(试行)》等相关法律法规履行登记备案程序等也是发行人科创板上市需要关注的事项。

十、结语

发行人科创板上市，除本专题提及的需关注的企业股权历史沿革重要问题外，发行人的土地和房屋权属、关联交易和同业竞争、财务规范性、业务经营的合法合规性、知识产权、税务和财政补贴、外汇情况、劳动关系和社会保险、环境保护以及诉讼、仲裁和行政处罚等也是科创板上市关注的重要问题。

专题四

律师从事证券业务对财务事项的注意义务

殷　豪

2017 年 6 月 27 日,中国证券监督管理委员会(以下简称中国证监会)出具行政处罚决定书,认定北京市某律师事务所(以下简称某律所)在为欣泰电气上市提供法律服务过程中未勤勉尽责,违反依法制定的业务规则,出具含有虚假记载的文件,对某律所进行了行政处罚。某律所因不服中国证监会的行政处罚,向北京市第一中级人民法院提起诉讼。北京市第一中级人民法院作出(2018)京01 行初 106 号一审判决后,某律所不服一审判决,向北京市高级人民法院(以下简称北京高院)提起上诉。某律所上诉主要理由包括其已尽到了勤勉尽责义务,欣泰电气存在财务虚假记载行为与其是否勤勉尽责无关。北京高院于 2021 年 4 月 23 日作出(2018)京行终 4657 号行政判决,维持了一审判决。北京高院认为:"在审计报告对公司应收账款存在虚假记载的情况下,律师事务所如果以审计报告为据主张免除法律责任的,需要律师事务所有证据证明自己已对财务会计专业问题尽到一般注意义务和对财务会计资料所反映的企业经营合规性和法律风险尽到了核查和验证等特别注意义务。"

北京高院的上述判决,对从事证券业务的律师具有较大的影响。律师从事证券业务涉及财务相关事项时,如何履行核查和验证义务,如何证明已经履行了特别注意义务和一般注意义务,律师的责任和义务边界如何确定。对于上述问题,由于相关法律法规的规定并不明确,笔者根据从事证券业务实务经验,在对(2018)京行终 4657 号行政判决简要分析基础上,提出了实务操作建议,以期抛砖引玉,供相关人士参考。

一、律师从事证券业务的法定义务和责任

《证券法》规定了律师从事证券业务的法定义务和责任。在《证券法》的基础上,《律师事务所从事证券法律业务管理办法》(以下简称《证券业务管理办法》)对律师从事证券业务的法定义务和责任进行了细化规定。在《证券业务管理办法》的基础上,《律师事务所证券法律业务执业规则(试行)》(以下简称《证券业务执业规则》)对律师事务所及其指派的律师从事证券法律业务开展核查和验证等进行了明确规定。另外,根据《证券法》的规定,《公开发行证券公司信息披露的编报规则第12号——公开发行证券的法律意见书和律师工作报告》对法律意见书的范围和内容进行了明确规定。根据上述《证券法》等相关规定,律师从事证券业务的法定义务和责任主要如下:(1)律师必须严格履行法定职责,保证所出具文件的真实性、准确性和完整性;律师应当勤勉尽责,对所依据的文件资料内容的真实性、准确性、完整性进行核查和验证,制作、出具的文件不得有虚假记载、误导性陈述或者重大遗漏。(2)律师事务所及其指派的律师从事证券法律业务,在进行核查和验证前,应当编制核查和验证计划,明确需要核查和验证的事项,并根据业务的进展情况,对其予以适当调整;律师进行核查和验证,应采用面谈、书面审查、实地调查、查询和函证、计算、复核等方法。(3)律师在出具法律意见时,对与法律相关的业务事项应当履行法律专业人士特别的注意义务,对其他业务事项履行普通人一般的注意义务;律师从国家机关、具有管理公共事务职能的组织、会计师事务所、资产评估机构、资信评级机构、公证机构直接取得的文书,可以作为出具法律意见的依据,但律师应当履行上述注意义务并加以说明。(4)律师应当归类整理核查和验证过程中形成的工作记录和获取的材料,并对法律意见书等文件中各具体意见所依据的事实、国家相关规定以及律师的分析判断等作出说明,形成记录清晰的工作底稿。从以上规定可以看出,律师从会计师事务所直接取得的文书,如审计报告等,对与法律相关的业务事项仍然需要履行法律专业人士特别的注意义务,对其他业务事项履行普通人一般的注意义务。

二、会计师事务所出具的审计报告可以作为律师出具法律意见的依据,但律师应履行相应的注意义务

根据(2018)京行终4657号行政判决,北京高院认为:"对于会计师事务所出具的审计报告,律师事务所及律师出具相应法律意见可以将其作为依据,对审计报告

中涉及财务会计专业性、完整性、一致性等问题履行普通人的注意义务，但对审计报告中涉及法律风险的问题仍需秉持职业怀疑精神，本着独立、勤勉的态度履行相应的核验义务，并留存相应的证据，以证明自己履行了与关注问题性质相匹配的注意义务。"从以上判决内容可以看出，律师将会计师事务所出具的审计报告作为出具相应法律意见的依据，但律师同时需要对审计报告中涉及财务会计专业性等问题履行一般注意义务，需要对审计报告中涉及的法律问题履行特别注意义务，但(2018)京行终4657号行政判决没有进一步明确如何才能判断律师已经履行了一般注意义务和特别注意义务。无论是拟在上海证券交易所(以下简称上交所)和深圳证券交易所(以下简称深交所)主板上市的企业，还是拟在上交所科创板或深交所创业板上市的企业，律师都需对拟上市公司的最近3年财务会计文件中有无虚假记载、资产质量、资产负债结构、持续盈利能力、现金流量、内部控制制度、会计基础工作规范及财务报表的编制符合企业会计准则和相关会计制度、关联关系及关联交易、净利润、净资产、无形资产、未分配利润、股本、税务、重大债权债务和重大资产变化及收购兼并等重要财务事项发表法律意见。另外，审计报告包括资产负债表、利润表、现金流量表和股东权益变动表等内容。具体而言，资产负债表包括流动资产、非流动资产、流动负债、非流动负债和股东权益等内容，利润表包括营业收入、营业成本、税金及附加、销售费用、管理费用、财务费用、营业外收入和营业外支出等内容，现金流量表包括经营活动产生的现金流量、投资活动产生的现金流量和筹资活动产生的现金流量等内容，股东权益变动表包括股东投入、股份支付、利润分配、资本公积转增股本等内容。因此，审计报告的内容和律师出具的法律意见书关于财务事项的内容在很大程度上是一致的。最近几年发生的拟上市公司和上市公司财务造假案，律师存在未核查重大资产、重大业务合同、关联关系和关联交易以及重大债权债务等情况。如在(2020)京行终7520号案件中，北京高院认为："……香榭丽财务状况的真实性是涉案收购项目的基础，本案也系因粤传媒在收购香榭丽过程中相关披露文件存在虚假记载引发，该虚假记载又可直接归因于香榭丽制作虚假合同、虚增利润。故上诉人勤勉尽责的义务范围，应当包括截至2013年6月30日香榭丽已经签署但履行完毕的重大合同。……关于被诉处罚决定有关勤勉尽责的认定。上诉人二审期间所持的对虚假合同认定证据包括鉴定意见及重大担保事项的质疑，以及主张对香榭丽的广告阵地及屏幕进行了实地查验，均可归结为对被诉处罚决定有关勤勉尽责义务认定的质疑。……"实务中，财务事项主要包括财务真实性、财务规范性、会计处理准确性和盈利能力等。对于律师而言，需要对财务真实性和财务规范性履行特别注意义务，对会计处理准确性和盈利能力事项履行一般注意义务。

三、律师如果履行了相应的注意义务，即使所引用的审计报告因虚假记载导致法律意见出现错误，律师无须承担法律责任

根据(2018)京行终4657号行政判决，北京高院认为："如果审计报告出现虚假记载，律师事务所出具的法律意见援引审计报告的意见而出现错误，并不代表律师事务所一定会承担法律责任，只要律师事务所有证据证明自己在援引审计报告的意见时尽到了相应的注意义务，即使法律意见存有虚假内容，仍无须承担法律责任；如果审计报告存在虚假记载，法律意见直接援引审计报告的意见和结论，且律师事务所不能提供充分而有效的证据证明自己在出具法律意见时履行了相应的注意义务，则律师事务所不能因审计报告具有法律效力而免除法律责任。"根据《证券法》第163条的规定，证券服务机构为证券的发行、上市、交易等证券业务活动制作、出具审计报告及其他鉴证报告、资产评估报告、财务顾问报告、资信评级报告或者法律意见书等文件，应当勤勉尽责，对所依据的文件资料内容的真实性、准确性、完整性进行核查和验证；其制作、出具的文件有虚假记载、误导性陈述或者重大遗漏，给他人造成损失的，应当与委托人承担连带赔偿责任，但是能够证明自己没有过错的除外。另外，2021年3月9日，最高人民法院审判委员会副部级专职委员刘贵祥在解读《最高人民法院工作报告》直播访谈中谈及财务造假时表示："在有些财务造假案件中，中介机构对企业的财务造假活动，因为核查手段等限制没有发现，在这种情况下，人民法院也强调责任追究的过罚相当，责任与过错相一致，而不是采取'一刀切'，不问过错程度一律承担全部连带责任。"从(2018)京行终4657号行政判决、《证券法》的规定和最高人民法院审判委员会专职委员的观点可以看出，律师履行了法律法规规定的勤勉尽责义务，律师的相关法律责任可以减轻甚至被免除。

四、律师如何履行对财务事项的注意义务

根据我们的实务经验，我们建议：(1)律师从事证券业务，应尽可能与会计师和券商同时开始对公司进行尽职调查，与会计师和券商同步获取公司相关财务资料，包括但不限于会计凭证、会计账簿和其他会计资料。律师在法律尽职调查过程中，需要与会计师和券商及时沟通财务和法律问题。同时，律师应以律所名义会同会

计师和券商向相关第三方发询证函,作为律师发表法律意见的依据之一。实务中有些法律问题隐藏在财务数据里,而会计师非法律专业人士,需要律师从财务数据里发现法律问题。如公司关联方和关联交易的确认,公司的部分关联方和关联交易并不能直接根据《企业会计准则第36号——关联方披露》《上市公司信息披露管理办法》和上交所以及深交所的上市规则等规定进行确认,需要通过公司的财务数据和交易对方信息进行判断。又如公司股东对公司出资后又从公司转出出资,这不仅需要会计师从财务数据中发现股东转出出资的事实,也需要律师根据公司的具体情况判断该等转出出资属于抽逃出资还是股东借款等。(2)律师需要掌握一定的财务专业知识。对于最近几年拟上市公司和上市公司发生的财务造假,如虚构业务、虚构银行存款、虚构销售合同、提前确认收入、费用资本化、会计政策和会计估计变更以及关联交易非关联化等,律师应该有重点的予以关注。财务造假涉及订单、合同、收发货物单据、发票、内部流转记录、成本计算、银行收付款凭证等,要虚构完整的证据链是很难的。律师充分用好面谈、书面审查、实地调查、查询和函证、计算、复核等尽职调查手段,在一定程度上是可以发现公司财务造假行为的。如在天能科技财务造假案中,中国证监会于2013年9月25日出具的(2013)46号行政处罚决定书也明确指出:“天能科技三个工程项目未进行招投标程序,是天能科技财务造假成功的重要因素之一,如果某律所及某律师在工作中履行基本的审慎注意义务,在法律意见和律师工作报告中对合同的合法性、有效性以及合同债权存在的风险进行说明和提示,对天能科技发行申报过程中的财务造假成功将产生明显的阻断作用。”(3)严格依照《证券业务管理办法》《证券业务执业规则》编制并执行核查和验证计划,并制作工作底稿。核查和验证计划、工作底稿等,应当依照《证券业务管理办法》《证券业务执业规则》中的要求进行制作。如根据(2018)京行终4657号行政判决,北京高院认为:“工作底稿是律师履行工作职责的重要载体,也是判断律师在提供法律服务过程中是否勤勉尽职的重要凭据。”又如在(2020)京行终7520号案件中,北京高院认为:“工作底稿亦是判断律师是否勤勉尽责的重要证据。本案中,某律所的工作底稿仅保留了十家公司的业务合同或订单,且仅对合同原件进行了形式上的核验;对重大担保事项的核查方式亦仅限于让香榭丽提供所有对外担保合同并作出相关承诺等,工作底稿中也并未记载对香榭丽的广告阵地和屏幕进行现场核查的内容,相应核查方法亦与某律所制定的《核查计划》确定的核查方法存在出入。”

五、结语

律师作为证券市场投资者的“看门人”,应勤勉尽责,对财务事项履行法律法规规定的特别注意义务和一般注意义务,而不能仅依赖会计师出具的审计报告,从而能够有效避免和充分控制律师从事证券业务的法律风险。

专题五

拟上市公司与关联方共同投资问题

殷　豪

实务中,拟上市公司存在因业务发展需要,为了激励公司关联方,与公司关联方共同对外投资设立公司,形成利益共同体的情况。而拟上市公司是否可以与关联方共同投资,随着资本市场变化,中国证监会的审核要求也在不断变化中。出于避免同业竞争、减少关联交易、防止损害中小股东利益等因素的考虑,在过去相当长时间里,中国证监会通过窗口指导或者保代培训方式,明确要求拟上市公司不能与其控股股东、实际控制人、董事、监事、高级管理人员及其亲属直接或者间接共同设立公司。随着2019年上海证券交易所(以下简称上交所)科创板试点注册制,对拟上市公司在经营中存在与其控股股东、实际控制人或董事、监事、高级管理人员的相关共同投资行为,对拟上市公司应当如何披露以及中介机构核查应当重点关注方面进行了明确规定,拟上市公司与关联方共同投资得以正式破冰。2019年3月,中国证监会也发布《首发业务若干问题解答》(以下简称《首发问题解答》),规定拟在继续实施核准制的沪深交易所其他板块上市,在符合条件的情况下拟上市公司与关联方可以共同投资设立公司。

为了让大家了解拟上市公司与关联方共同投资问题的监管发展进程,本专题首先简要介绍核准制背景下的相关规定和核准的参考上市案例,然后简要介绍注册制背景下的相关规定和审核通过上市案例。

一、《首发问题解答》发布实施前，核准制背景下关于拟上市公司与关联方共同投资的相关规定和参考案例简析

(一)核准制背景下拟上市公司与关联方共同投资的相关规定

根据中国证监会于2018年6月发布的《首发审核非财务知识问答》(以下简称《首发审核问答》)第20条的规定，由于董事及高级管理人员对公司经营决策具有重大影响，如上述人员与发行人共设子公司，公司管理层有可能通过将公司优势资源向该子公司集中，间接向高管输送利益，从而损害发行人及中小股东利益。对此，在审核中应注意发行人子公司股东的适格性。对于发行人存在与其董事、监事、高级管理人员及其亲属直接或间接共同设立公司情形的，应要求发行人进行清理。对于发行人与其控股股东、实际控制人及其亲属直接或间接共同设立公司的，应要求发行人进行清理，尤其应注意实际控制人通过持股公司与发行人共同设立公司的情形。

中国证监会于2019年3月发布并于2020年6月修订的《首发问题解答》第20条规定，发行人如存在与其控股股东、实际控制人、董事、监事、高级管理人员及其亲属直接或者间接共同设立公司情形，发行人及中介机构应主要披露及核查以下事项：

1. 发行人应当披露相关公司的基本情况，包括但不限于公司名称、成立时间、注册资本、住所、经营范围、股权结构、最近一年又一期主要财务数据及简要历史沿革。

2. 中介机构应当核查发行人与上述主体共同设立公司的背景、原因和必要性，说明发行人出资是否合法合规、出资价格是否公允。

3. 如发行人与共同设立的公司存在业务或资金往来的，还应当披露相关交易的交易内容、交易金额、交易背景以及相关交易与发行人主营业务之间的关系；中介机构应当核查相关交易的真实性、合法性、必要性、合理性及公允性，是否存在损害发行人利益的行为。

4. 如公司共同投资方为董事、高级管理人员及其近亲属，中介机构应核查说明公司是否符合《公司法》第148条的规定，即董事、高级管理人员未经股东会或者股东大会同意，不得利用职务便利为自己或者他人谋取属于公司的商业机会，自营或者为他人经营与所任职公司同类的业务。

从上述中国证监会的规定可以看出，《首发审核问答》明确规定发行人不得与公司董事、监事、高级管理人员及其亲属直接或间接共同设立公司，也不得与公司

控股股东、实际控制人及其亲属直接或间接共同设立公司。而《首发问题解答》则明确规定符合一定条件时，发行人可以与其控股股东、实际控制人、董事、监事、高级管理人员及其亲属直接或者间接共同设立公司。

需要关注的是，《首发问题解答》发布实施前，拟上市公司是否可以与公司董事、监事和高级管理人员以外的普通员工共同投资设立公司？从中国证监会的审核实务看，拟上市公司可以与普通员工共同投资设立公司，如2017年9月上市的世纪天鸿和2017年11月上市的宏达电子等上市公司。

（二）《首发问题解答》发布实施前，核准制下拟上市公司与普通员工共同投资的案例简析

世纪天鸿于2017年9月在深圳证券交易所（以下简称深交所）创业板上市。世纪天鸿上市审核过程中，中国证监会反馈意见："发行人子公司天梯志鸿的少数股东为员工持股平台，请发行人说明该股权架构设置的合理性，是否存在损害拟上市公司体系利益或输送利益的风险。"

宏达电子于2017年11月21日在深交所创业板上市。宏达电子上市审核过程中，中国证监会反馈意见："招股说明书披露发行人控股子公司及参股公司的情况，相关公司设立时间较短，且股东包含较多自然人。请发行人补充说明：(1)结合发行人控股子公司少数股东近五年履历，说明报告期内上述少数股东与发行人之间的资金、业务往来，是否存在发行人控股子公司的少数股东与发行人之间的利益输送行为；(2)发行人是否存在应披露而未披露的关联方或关联交易；(3)上述公司设立背景及发行人出资目的，历史沿革及资产重组情况，是否履行了完备程序及其合法合规性；(4)相关自然人股东的基本情况、最近五年履历、是否发行人员工、与发行人是否存在关联关系或其他利益安排；(5)上述公司出资的合法合规性，是否存在出资不实或其他违法违规情形，请保荐机构、律师核查并发表意见。"

从中国证监会的反馈意见可以看出，如果拟上市公司与普通员工共同投资设立公司，拟上市公司需关注如下问题：

1. 拟上市公司需要说明股权架构设置的合理性，如世纪天鸿反馈回复："天梯志鸿的业务定位为教育信息化业务，为鼓励员工共同创业，因此设立多百教育为员工持股平台，具有其合理性。"

2. 拟上市公司与普通员工之间不要发生资金、业务等往来，避免被中国证监会认定拟上市公司与普通员工之间存在利益输送的事实。

3. 普通员工持有拟上市公司控股子公司的股权应真实持股,避免代持和其他利益安排。

4. 拟上市公司与控股子公司存在关联交易的,应注意关联交易真实性、必要性和公允性等问题。

二、注册制背景下拟上市公司与关联方共同投资的相关规定和参考案例简析

(一)上交所科创板和深交所创业板关于拟上市公司与关联方共同投资的相关规定

根据《上海证券交易所科创板股票发行上市审核问答(二)》(以下简称《科创板上市审核问答》)第 8 条的规定,发行人如存在与其控股股东、实际控制人、董事、监事、高级管理人员及其亲属直接或者间接共同设立公司情形,发行人及中介机构应主要披露及核查以下事项:

1. 发行人应当披露相关公司的基本情况,包括但不限于公司名称、成立时间、注册资本、住所、经营范围、股权结构、最近一年又一期主要财务数据及简要历史沿革。

2. 中介机构应当核查发行人与上述主体共同设立公司的背景、原因和必要性,说明发行人出资是否合法合规、出资价格是否公允。

3. 如发行人与共同设立的公司存在业务或资金往来的,还应当披露相关交易的交易内容、交易金额、交易背景以及相关交易与发行人主营业务之间的关系。中介机构应当核查相关交易的真实性、合法性、必要性、合理性及公允性,是否存在损害发行人利益的行为。

4. 如公司共同投资方为董事、高级管理人员及其近亲属,中介机构应核查说明公司是否符合《公司法》第 148 条的规定,即董事、高级管理人员未经股东会或者股东大会同意,不得利用职务便利为自己或者他人谋取属于公司的商业机会,自营或者为他人经营与所任职公司同类的业务。

根据深交所《创业板股票首次公开发行上市审核问答》(以下简称《创业板上市审核问答》)第 20 条的规定,发行人如存在与其控股股东、实际控制人、董事、监事、高级管理人员及其亲属直接或者间接共同设立公司情形,发行人及中介机构应主要披露及核查以下事项:

1. 发行人应当披露相关公司的基本情况,包括但不限于公司名称、成立时间、注册资本、住所、经营范围、股权结构、最近一年又一期主要财务数据及简要历史沿革。

2. 中介机构应当核查发行人与上述主体共同设立公司的背景、原因和必要性，说明发行人出资是否合法合规、出资价格是否公允。

3. 如发行人与共同设立的公司存在业务或资金往来的，还应当披露相关交易的交易内容、交易金额、交易背景以及相关交易与发行人主营业务之间的关系。中介机构应当核查相关交易的真实性、合法性、必要性、合理性及公允性，是否存在损害发行人利益的行为。

4. 如公司共同投资方为董事、高级管理人员及其近亲属，中介机构应核查说明公司是否符合《公司法》第 148 条的规定，即董事、高级管理人员未经股东会或者股东大会同意，不得利用职务便利为自己或者他人谋取属于公司的商业机会，自营或者为他人经营与所任职公司同类的业务。

从《科创板上市审核问答》和《创业板上市审核问答》的具体规定内容来看，与中国证监会发布的《首发问题解答》相关规定基本一致。中国证监会发布的《首发问题解答》理论上仅适用于上交所主板以及深交所主板和中小板，而不适用于已实施注册制试点的上交所科创板和深交所创业板。核准制和注册制的规定趋同，也为全市场实施注册制奠定了良好的制度基础。

（二）注册制背景下拟上市公司与关联方共同投资的案例简析

天智航于 2020 年 7 月 7 日在上交所科创板上市。天智航上市审核过程中，上交所审核问询："……(2)与关联方共同投资参股安徽国健顺泰医疗服务有限公司的原因和商业必要性，与发行人业务的关联性，国健顺泰筹建骨科医院的进程，未来是否会存在潜在的关联交易……(4)发行人与关联方共同投资是否可能构成对关联方的利益输送。"

2020 年 9 月 24 日，上交所科创板股票上市委员会审议通过北京凯因科技股份有限公司(以下简称凯因科技)发行上市。凯因科技上市审核中，上交所审核问询："招股说明书披露，潘某 2017 年 9 月前曾为发行人共同实际控制人之一。潘某与发行人出资设立君亦达，持股比例分别为 65%、35%，君亦达与潘某出资设立先为达，持股比例分别为 25.08%、20.08%，潘某为君亦达、先为达的法定代表人。君亦达无实际业务，先为达主要进行代谢及免疫新药研发。请发行人说明：(1)潘某离任董事和副总经理、担任首席科学顾问的原因，目前潘某在发行人处具体发挥的作用情况，2017 年 9 月退出公司的原因，潘某退出公司后对生产经营、技术研发的影响；(2)公司与潘某共同出资设立君亦达、先为达的原因，潘某出资君亦达、先为达的资金来源,是否存在股份代持的情形;(3)君亦达、先为达董事和高级管理人员提名和任免情况,公司是否能对其实现控制,先为达业务开展的具体情况,公司参与其经营的方式;(4)公司在2017年投资参股君亦达并于当年全额计提减值的原因;(5)先为达是否从事与发行人同类或相似业务,是否与发行人存在竞争,潘某在先为达、君亦达的持股和任职情况与发行人是否存在利益冲突。"

从上交所的审核问询可以看出,结合科创板和创业板的相关规定,如果拟上市公司与关联方共同投资设立公司,拟上市公司需关注如下问题:

1. 合理解释拟上市公司与关联方共同投资设立公司的原因和必要性。如天智航审核问询回复:"……综上,参股国健顺泰具有合理的原因以及商业的必要性,有助于推进发行人公司战略发展,是对公司服务板块业务发展的重要补充。"

2. 关于拟上市公司与关联方共同投资设立公司时的出资是否合法合规问题,建议拟上市公司履行内部董事会和股东大会审议程序以及相关政府批准或备案手续。

3. 关于拟上市公司与关联方共同投资设立公司时的出资价格是否公允问题,如拟上市公司溢价出资,建议聘请专业的评估机构或者估值机构对拟投资目标公司进行估值,并以估值金额为标准说明拟上市公司的出资价格公允。

4. 如拟上市公司与共同设立的公司存在业务或资金往来的,建议完善拟上市公司关联交易管理制度等内控制度,对关联交易严格执行相应的审议和审批程序。如天智航审核问询回复:"发行人与关联方共同投资均系各方基于市场判断和战略规划作出的投资决策,均是基于公允合理的市场条件,不构成对关联方的利益输送。此外,针对可能发生关联交易,发行人制定了关联交易管理制度等内控制度,对关联交易严格执行相应的审议和审批程序,不会构成对关联方的利益输送。"

5. 对于作为拟上市公司关联方的董事和高级管理人员,需要履行竞业禁止的义务。因此,拟上市公司与其董事、高级管理人员及其近亲属共同对外投资,需要拟上市公司股东会或股东大会审议通过。

6. 拟上市公司确定共同投资的关联方时,应考虑关联方的具体背景,避免产生新的同业竞争和关联交易等问题。

7. 与拟上市公司共同投资的关联方应真实持股,不存在代持或其他利益安排。

三、结语

中国证监会和沪深交易所割裂了对拟上市公司的审核和对上市公司的日常监

管,对拟上市公司与关联方共同投资有着比较严格的信息披露要求和审核规定,而对于上市公司而言,只需要履行沪深交易所上市规则规定的审议程序和信息披露程序。中国证监会实施注册制,并不等同于所有拟上市公司都能成功上市,实施注册制的上交所科创板和深交所创业板均有拟上市公司被终止上市审核。对于有计划与公司关联方共同投资的拟上市公司,应尽早根据中国证监会和沪深交易所的规定合规进行共同投资,避免对上市造成影响。

专题六

境内企业以 VIE 架构境外上市需关注重要问题

殷　豪

VIE 的全称是“Variable Interest Entities”,即协议控制架构。VIE 一般是指境外注册的上市主体(境外上市主体一般设立在开曼,本专题中简称开曼上市主体)与境内运营实体相分离,开曼上市主体通过协议的方式控制境内运营实体,开曼上市主体合并境内运营实体的收入和利润等,以使开曼上市主体经营业绩等符合境外证券交易所上市要求。根据香港联交所的统计数据,2017 年有 55 家中资新股香港上市,其中有 8 家通过 VIE 架构模式在我国香港特别行政区上市。

导致境内企业以 VIE 架构境外上市的原因主要有两个:一是境内产业政策对外商投资准入的限制,二是境内企业不符合境内上市审核标准。《外商投资准入特别管理措施(负面清单)(2021 年版)》及之前的《外商投资产业指导目录》将境内部分产业确定为限制外商投资产业和禁止外商投资产业。对于限制外商投资产业和禁止外商投资产业,直接引进外商投资是有法律和政策障碍的。因此,对于急需融资的上述产业,如互联网产业等,创造性地以 VIE 架构方式解决了发展过程中的融资资金问题,同时通过境外上市方式给境外投资者获取回报和投资退出的途径。

境内企业以 VIE 架构境外上市的另外一个重要原因是不符合境内上市审核标准。境内上市对境内企业的历史沿革、利润规模、资产规模、股权激励、董事和管理层、主营业务、关联交易、同业竞争、独立性、规范运作和募集资金用途等均有严格要求,对于属于新经济中的新兴企业,往往达不到境内上市审核标准。境内上市审核标准导致境内上市以境内传统企业上市为主。

根据我们的实务经验,以 VIE 架构境外上市需关注如下重要问题。

一、《个人所得税法》和 CRS 下个人所得税筹划问题

2018 年 8 月 31 日发布的《个人所得税法》首次引入反避税条款。根据《个人所得税法》第 8 条的规定，有下列情形之一的，税务机关有权按照合理方法进行纳税调整：

1. 个人与其关联方之间的业务往来不符合独立交易原则而减少本人或者其关联方应纳税额，且无正当理由；

2. 居民个人控制的，或者居民个人和居民企业共同控制的设立在实际税负明显偏低的国家（地区）的企业，无合理经营需要，对应当归属于居民个人的利润不作分配或者减少分配；

3. 个人实施其他不具有合理商业目的的安排而获取不当税收利益。

税务机关依照前款规定作出纳税调整，需要补征税款的，应当补征税款，并依法加收利息。限于篇幅，本专题不对上述反避税条款进行详细说明。

在 VIE 架构下，中国居民个人设立 British Virgin Islands（BVI），英属维尔京群岛公司，BVI 公司从开曼上市主体取得的投资等收益，BVI 公司的利润只要不分配到个人股东层面，在现行税法下，中国居民个人无须缴纳个人所得税。因此，中国居民个人设立 BVI 公司，并将从开曼上市主体取得的收益留存在 BVI 公司，客观上起到了延税的作用。而根据《个人所得税法》，税务机关有权按照合理方法进行纳税调整，有可能以 BVI 公司无合理经营需要为理由对其取得的利润未对中国居民个人进行分配或减少分配，视同中国居民个人取得股息、红利，而要求中国居民个人缴纳 20% 的个人所得税。

《个人所得税法》反避税条款的设置，结合根据 Common Rebortirg Standard（CRS），共同中投准则，金融账户涉税信息交换，传统的中国居民个人设立 BVI 公司避税已不适应税务规则的改变。《个人所得税法》还没有发布配套的行政法规和部门规章，我们需要进一步跟进国家关于个人所得税的最新规定。结合《个人所得税法》和 CRS 的相关规定，需要重视个人境外投资个人所得税筹划问题。

二、建立 VIE 架构下境外公司商业实质问题

根据《关于非居民企业间接转让财产企业所得税若干问题的公告》（国家税务总局公告 2015 年第 7 号）的规定，非居民企业通过实施不具有合理商业目的的安排，间接转让中国居民企业股权等财产，规避企业所得税纳税义务的，应按照《企业

所得税法》第47条的规定,重新定性该间接转让交易,确认为直接转让中国居民企业股权等财产。VIE架构下的并购重组时有发生,应合理建立境外公司的商业实质,以避免适用国家税务总局公告2015年第7号的规定。

现以香港公司为例说明如何建立VIE架构下境外公司商业实质。根据《关于在内地使用香港居民身份证明有关问题的公告》(国家税务总局公告2016年第35号)的规定,我国香港特别行政区税务主管当局为香港居民就某一公历年度出具的居民身份证明书,可用作证明该香港居民在该公历年度及其后连续两个公历年度的香港居民身份。从上述规定可以看出,香港公司需要根据我国香港特别行政区税务主管当局的规定,证明自身具有商业实质,以获得香港税收居民证明,享受《内地和香港特别行政区关于对所得避免双重征税和防止偷漏税的安排》项下的税收优惠,同时符合国家税务总局公告2015年第7号文关于合理商业目的的规定。

根据我们的实务经验,香港公司申请香港税收居民证明,我国香港特别行政区税务主管当局主要审查香港公司如下内容:

1. 开曼上市主体的集团架构;
2. 香港公司的董事安排和高管安排;
3. 香港公司的办公场所和必要的办公设施;
4. 香港公司的雇员安排;
5. 香港公司的银行账户;
6. 香港公司的商业活动;
7. 香港公司的日常管理文件情况等。

三、VIE架构下境内运营实体的法律风险问题

VIE架构是一个妥协监管的产物,并不是一个在法律上无懈可击的架构。境内运营实体以VIE架构境外上市时,其工商登记的股东仍然为境内自然人股东或境内机构股东。根据《公司法》第32条的规定,公司应当将股东的姓名或者名称向公司登记机关登记;登记事项发生变更的,应当办理变更登记;未经登记或者变更登记的,不得对抗第三人。从《公司法》的上述规定可以看出,虽然境内运营实体工商登记的股东及其配偶与开曼上市主体等境外公司签署了独家购股权协议、股权质押协议和配偶同意函等文件,由于未办理工商登记,该等协议对第三人不具有法律约束力。

境内运营实体工商登记的股东发生婚姻、继承或债权债务纠纷,该等股东的配

偶、遗产继承人或债权人可能会对境内运营实体的股权或资产主张权利。如果上述权利主张获得相关法院的支持，则开曼上市主体的主营业务、主营业务收入和持续经营能力都有可能受到严重影响，从而导致投资于开曼上市主体的中小股东利益受损。

另外，VIE 架构下的内部纷争也可能会导致境内运营实体出现严重的法律风险，如双威教育因控制权争夺引发境内运营实体的资产被转移及退市。

综上所述，应对境内运营实体工商登记的股东的婚姻、继承和债权债务可能导致的纠纷以及境内运营实体的控制架构进行合法合规的安排，以避免该等事项对开曼上市主体的影响。

四、境内运营实体的机构股东境外投资及购汇问题

境内运营实体的机构股东需要根据《外汇管理条例》、《企业境外投资管理办法》、《境外投资管理办法》和《对外投资备案（核准）报告暂行办法》等法律法规规定，办理境外投资核准或备案手续以及外汇登记手续。

《关于进一步引导和规范境外投资方向的指导意见》把境外投资分为鼓励开展的境外投资、限制开展的境外投资和禁止开展的境外投资。因此，部分境内运营实体的机构股东由于种种原因可能无法获得境外投资核准或备案。实务中，存在境内运营实体的机构股东通过同一控制或非同一控制的境外机构代为持有开曼上市主体股份的情形。

另外，境内运营实体的机构股东应尽量提前与其开户银行沟通，取得开户银行对其购汇境外投资的支持，避免境内运营实体的机构股东在办理完毕对外投资核准或备案手续以及外汇登记手续后由于银行原因而无法实质性境外投资。

五、拟香港联交所上市的 VIE 架构必要性问题

根据香港联交所上市决策相关规定，开曼上市主体只可于必要的情况下以合约安排解决任何外资拥有权的限制。因此，在境内运营实体从事的产业属于《外商投资准入特别管理措施（负面清单）（2021 年版）》规定的产业的情况下，开曼上市主体不能直接收购境内运营实体，使境内运营实体成为外资控股的公司，开曼上市主体可根据香港联交所上市决策相关规定以合约安排解决外资拥有权的限制。

另外需要注意的是，如果境内运营实体既从事《外商投资准入特别管理措施（负面清单）（2021 年版）》规定的产业，又从事其他相关产业的话，其他相关产业需

重组到WFOE,境内运营实体应仅从事《外商投资准入特别管理措施(负面清单)(2018年版)》规定的产业。

六、返程投资外汇登记问题

根据《关于境内居民通过特殊目的公司境外投融资及返程投资外汇管理有关问题的通知》(汇发〔2014〕37号)的规定,境内居民以境内外合法资产或权益向特殊目的公司出资前,应向外汇管理局申请办理境外投资外汇登记手续。为顺利办理返程投资外汇登记,根据汇发〔2014〕37号文的规定,实务中,在香港公司设立后和申请设立WFOE(Wholly Foreign Owned Enterprise,外商独资企业)前,境内运营实体的股东需要办理返程投资外汇登记。

境内运营实体的股东办理返程投资外汇登记需要提供主要材料如下:

1. 返程投资外汇登记申请书;
2. 境外投资外汇登记表;
3. 境内外合法资产或权益的相关文件;
4. 不对开曼上市主体进行投资的境内运营实体股东的放弃外汇登记承诺函;
5. 与境外投资方签署的投融资意向书;
6. 开曼上市主体及境外各公司的注册文件;
7. 境外投资方的注册文件等。

七、我国法律法规关于VIE架构的主要限制性规定

2009年9月28日,原新闻出版总署、国家版权局、全国"扫黄打非"工作小组办公室发布《关于贯彻落实国务院〈"三定"规定〉和中央编办有关解释,进一步加强网络游戏前置审批和进口网络游戏审批管理的通知》(新出联〔2009〕13号),禁止外商以独资、合资、合作等方式在中国境内投资从事网络游戏运营服务。外商不得通过设立其他合资公司、签订相关协议或提供技术支持等间接方式实际控制和参与境内企业的网络游戏运营业务。

2011年8月25日,商务部发布《实施外国投资者并购境内企业安全审查制度的规定》,规定外国投资者不得以任何方式实质规避并购安全审查,包括但不限于代持、信托、多层次再投资、租赁、贷款、协议控制、境外交易等方式。

2015年1月19日,商务部发布《外国投资法(草案征求意见稿)》,草案征求意见稿对协议控制及其处理进行了具体规定。根据草案征求意见稿的规定,对于本

法生效前既存的以协议控制方式进行的投资,如在本法生效后仍属于禁止或限制外国投资领域,应当如何处理,理论界和实务界有以下几种观点:

1. 实施协议控制的外国投资企业,向国务院外国投资主管部门申报其受中国投资者实际控制的,可继续保留协议控制结构,相关主体可继续开展经营活动。

2. 实施协议控制的外国投资企业,应当向国务院外国投资主管部门申请认定其受中国投资者实际控制;在国务院外国投资主管部门认定其受中国投资者实际控制后,可继续保留协议控制结构,相关主体可继续开展经营活动。

3. 实施协议控制的外国投资企业,应当向国务院外国投资主管部门申请准入许可,国务院外国投资主管部门会同有关部门综合考虑外国投资企业的实际控制人等因素作出决定。

《民办教育促进法实施条例》规定了任何社会组织和个人不得通过兼并收购、协议控制等方式控制实施义务教育的民办学校,实施学前教育的非营利性民办学校。

上述规定和《外国投资法(草案征求意见稿)》以及民促法实施条例等的陆续出台,意味着国家正逐步加强以 VIE 架构境外融资和上市的境内企业的合法合规监管。

八、结语

境内企业以 VIE 架构境外上市,除本专题提及的需关注的重要问题外,VIE 架构协议及其内容、最高人民法院关于 VIE 架构的判决、VIE 架构的内部控制、VIE 架构内部关联交易和转移定价以及股权激励等事项均应予以关注,并采取合法合规的措施避免相关风险。

专题七

家族信托作为拟上市公司股东需注意事项

殷 豪

家族信托是家庭财富保护、传承和管理的一个重要金融工具。根据中国银行保险监督管理委员会于2018年8月17日发布实施的《关于加强规范资产管理业务过渡期内信托监管工作的通知》(以下简称《信托监管通知》)的规定,家族信托是指信托公司接受单一个人或者家庭的委托,以家庭财富的保护、传承和管理为主要信托目的,提供财产规划、风险隔离、资产配置、子女教育、家族治理、公益(慈善)事业等定制化事务管理和金融服务的信托业务。家族信托财产金额或价值不低于1000万元,受益人应包括委托人在内的家庭成员,但委托人不得为唯一受益人。

从《信托监管通知》的规定可以看出,家族信托以家族财富的保护、传承和管理为主要信托目的,与以投融资为主要目的的商事信托不一样,同时也认可家族信托可包含商事信托和慈善信托的次要目的。另外,从《信托监管通知》也可以看出,相较于其他财富保护、传承和管理工具,家族信托具有财产规划、风险隔离、资产配置、子女教育、家族治理、公益(慈善)事业、合法节税、股权集中、代际顺利交接等优势。这也是越来越多的中国高净值家族设立家族信托的原因。信托登记数据显示,2020年一季度末,家族信托存续规模已突破1000亿元大关,成为信托行业第四大特色业务。另外,信托登记数据显示,2020年信托行业家族信托规模同比增长超80%。

长期以来,中国证监会基于拟上市公司股权清晰和股权稳定等因素,对家族信托作为拟上市公司的股东持审慎监管态度。鉴于科创板注册制推行和境内资本市场的实际需求,在拟上市公司满足股权清晰和股权稳定的前提下,中国证监会和沪深证券交易所认可了家族信托作为拟上市公司股东的公司股权架构。家族信托可以作为拟上市公司股东,对于持有拟在中国境内上市的家族企业的高净值家族是个重大利好。在现有上市监管框架下,高净值家族设立家族信托应符合中国证监会和沪深证券交易所对拟上市公司的上市监管要求。我们根据自身的实务经验,就设立家族信托持有拟上市公司股权需要注意的重要事项,提出一些建议,供拟通过家族信托持有拟上市公司的高净值家族参考。

一、以夫妻双方共同财产设立家族信托问题

根据《民法典》的规定,除夫妻双方另有约定外,夫妻在婚姻关系存续期间所取得的财产应归夫妻双方共同所有,法律另有明确规定属于夫妻一方的财产除外。《民法典》第 1062 条第 2 款同时规定:“夫妻对共同财产,有平等的处理权。”另外,根据《民法典》第 301 条的规定,处分共有的不动产或者动产以及对共有的不动产或者动产作重大修缮、变更性质或者用途的,应当经占份额三分之二以上的按份共有人或者全体共同共有人同意,但是共有人之间另有约定的除外。

因此,夫妻一方以夫妻共同财产设立家族信托,除非取得另一方明确同意或双方之间有明确的约定,否则夫妻一方不得以夫妻共同财产设立家族信托。因此,夫妻一方以夫妻共同财产设立家族信托时,应由双方共同设立。至于共同设立的方式,可以由夫妻双方作为共同委托人设立家族信托,也可以在夫妻一方同意的情况下由另一方作为委托人设立家族信托,以防范以夫妻共同财产设立家族信托的效力不确定性风险。另外,如果夫妻双方均同意设立家族信托,可以由夫妻双方分别设立两个独立的家族信托,以避免夫妻离婚导致的上市公司实际控制人变更等情形。

还需要注意的是,《信托法》规定了信托无效、被撤销和信托财产被强制执行等情形,设立家族信托也需要注意避免出现该等法律风险。

二、家族信托委托人等的确定应考虑拟上市公司实际控制人认定问题

《科创板首次公开发行股票注册管理办法(试行)》(以下简称《科创板注册管理办法》)和《创业板首次公开发行股票注册管理办法(试行)》第 12 条均规定,控股股东和受控股股东、实际控制人支配的股东所持发行人的股份权属清晰,最近 2 年实际控制人没有发生变更,不存在导致控制权可能变更的重大权属纠纷。根据《首次公开发行股票并上市管理办法》第 12 条的规定,发行人最近 3 年内实际控制人没有发生变更。从以上规定可以看出,对于拟科创板和创业板上市的拟上市公司,最近 2 年实际控制人不能发生变更,而拟主板和中小板上市(深交所中小板已于 2021

年4月6日与主板合并)的拟上市公司,最近3年实际控制人不能发生变更。

根据《首发业务若干问题解答》的规定,实际控制人的配偶、直系亲属,如其持有公司股份达到5%以上或者虽未超过5%但是担任公司董事、高级管理人员并在公司经营决策中发挥重要作用,保荐机构、发行人律师应说明上述主体是否为共同实际控制人。根据《上海证券交易所科创板股票发行上市审核问答(二)》[以下简称《科创板发行上市审核问答(二)》]的规定,实际控制人的配偶、直系亲属,如其持有公司股份达到5%以上或者虽未超过5%但是担任公司董事、高级管理人员并在公司经营决策中发挥重要作用,除非有相反证据,原则上应认定为共同实际控制人。因此,拟上市的家族企业实际控制人的配偶和直系亲属如符合上述规定,实际控制人及其配偶和直系亲属应认定为共同实际控制人。

根据凯赛生物(证券代码:688065)《招股说明书(申报稿)》,凯赛生物最初认定公司实际控制人为XIUCAI LIU(刘修才)。XIUCAI LIU(刘修才)与XIAOWEN MA、CHARLIE CHI LIU于2019年10月签署《一致行动协议》,确认GLH Trust、GLH Holdings, LLC、Medy LLC及凯赛生物均由XIUCAI LIU(刘修才)所实际管理和控制,XIAOWEN MA、CHARLIE CHI LIU不可撤销的同意并承诺,在与凯赛生物相关事项中无条件与XIUCAI LIU(刘修才)保持一致行动。而上交所并不认可凯赛生物的该等实际控制人认定,上交所审核问询函中明确要求凯赛生物结合公司治理结构,规范运作情况,股东大会及董事会决议情况,董事、高级管理人员的提名及任免情况,说明刘修才的配偶及儿子持有公司股份达到5%以上,但未将其认定为发行人的共同实际控制人的理由是否充分,是否符合《科创板发行上市审核问答(二)》第5问的相关规定。在上交所的审核问询下,凯赛生物最终将实际控制人认定为XIUCAI LIU(刘修才)、XIAOWEN MA及CHARLIE CHI LIU。

实务中,拟上市公司实际控制人主要包括单一实际控制人、共同实际控制人和无实际控制人三种情形。上述共同实际控制人情形中,包括基于夫妻、父母子女等家庭成员关系认定为共同实际控制人,也有基于《一致行动协议》等约定而认定为共同实际控制人,而家族企业是基于夫妻、父母子女等家庭成员关系认定为共同实际控制人。因此,在设立家族信托时,应考虑实际控制人的配偶和近亲属在家族企业的持股和任职情况,基于家族企业实际控制人认定要求合理确定家族信托的委托人和保护人等。

三、家族信托持有拟上市公司股权的上市审核监管问题

（一）三生国健（证券代码：688336）

2020年6月23日，中国证监会出具同意三生国健首次公开发行股票注册的批复。根据三生国健《招股说明书（注册稿）》披露的信息，三生国健的实际控制人为LOU JING。三生国健为香港联合交易所主板上市公司三生制药下属控股子公司。2019年7月26日，香港联交所向三生制药发出书面通知，同意三生制药分拆三生国健在上交所科创板上市。

根据三生国健《招股说明书（注册稿）》披露的信息，三生制药上层股权架构如图4-7-1所示。

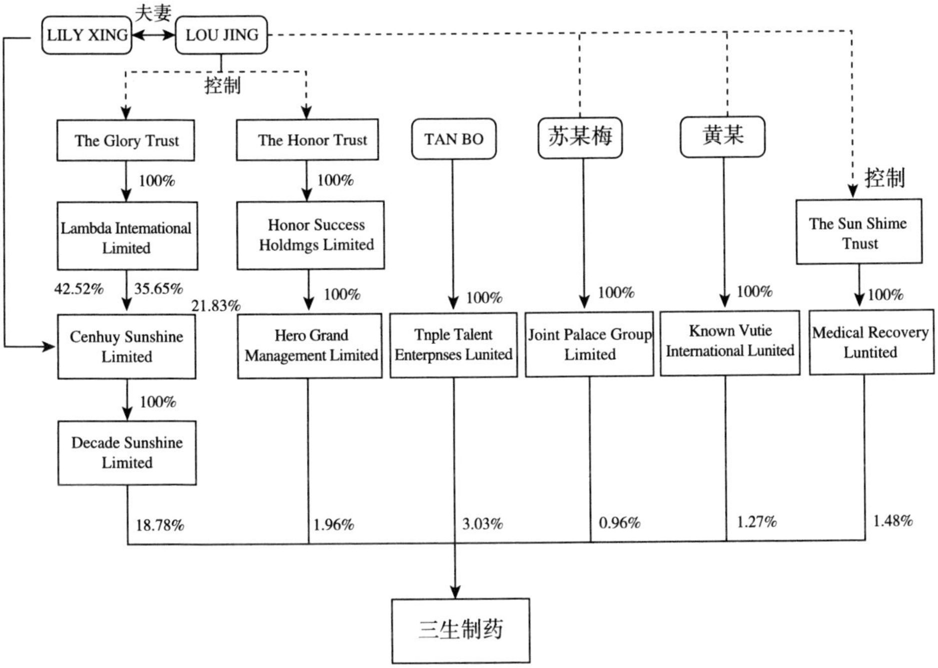

图4-7-1　三生制药股权架构

Hero Grand Management Limited直接持有三生制药1.96%的股份，The Honor Trust间接持有Hero Grand Management Limited 100%的股权，The Honor Trust的委托人为LOU JING，涉及The Honor Trust的投资职能、责任、权利及义务均归属于委托人及委托人已书面方式向受托人TMF（Cayman）Ltd.任命的决策人；Decade Sunshine Limited持有三生制药18.78%的股份，The Glory Trust、The Honor Trust及

LILY XING(系 LOU JING 之配偶)合计间接持有 Decade Sunshine Limited100% 的股权,其中 LILY XING 已将其持有的 Century Sunshine 42.52% 的股份对应的投票权委托给 LOU JING 行使;The Glory Trust 的唯一信托履行监督人为 LOU JING,受托人 TMF (Cayman) Ltd. 在作出 The Glory Trust 的投票决策时会遵循履行监督人 LOU JING 的意见。因此,LOU JING 通过 Decade Sunshine Limited 和 Hero Grand Management Limited 合计控制三生制药 20.74% 股份的表决权。另外,LOU JING 通过与 TAN BO、苏某梅、黄某签署《一致行动协议》等安排,合计控制三生制药 27.48% 股份的表决权,为三生制药的实际控制人。

由于三生国健为香港联交所上市公司三生制药分拆上交所科创板发行上市的公司,因此,三生国健实际控制人 LOU JING 虽然通过家族信托间接控制三生国健,但 LOU JING 该等间接控制并非通过普通离岸信托架构控制,而是通过受香港联交所监管的上市公司间接控制,也符合《科创板上市审核问答(二)》关于"三类股东"已纳入金融监管部门有效监管的要求。

另一个拟科创板上市的盛美股份也存在其实际控制人设立的家族信托通过美国纳斯达克上市公司 ACMR 间接控制的情形。盛美股份本次发行上市申请已获得美国 ACMR 董事会批准及授权,美国 ACMR 在其向美国证券交易委员会提交的文件中就盛美股份本次发行上市进行了信息披露。盛美股份的控股股东为 ACMR,实际控制人为 HUI WANG。上交所科创板股票上市委员会于 2020 年 9 月 30 日审议同意盛美股份发行上市(首发)。根据上交所官网公告信息,盛美股份至今尚未获得中国证监会注册,尚处于财报更新阶段。

(二)凯赛生物

2020 年 7 月 10 日,中国证监会出具同意凯赛生物首次公开发行股票注册的批复。根据凯赛生物《招股说明书(注册稿)》披露的信息,凯赛生物的实际控制人为刘修才、XIAOWEN MA 及 CHARLIE CHI LIU,控股股东为开曼群岛注册公司 CIB。

凯赛生物实际控制人通过 GLH Trust 和 DCZ Trust 这两个家族信托间接持有凯赛生物的股权。刘某才和 XIAOWEN MA 通过 GLH Trust 间接持股,CHARLIE CHI LIU 通过 DCZ Trust 间接持股。凯赛生物实际控制人原通过 GLH Trust 和 DCZ Trust 这两个家族信托间接持有凯赛生物的股权结构如图 4 - 7 - 2 所示。

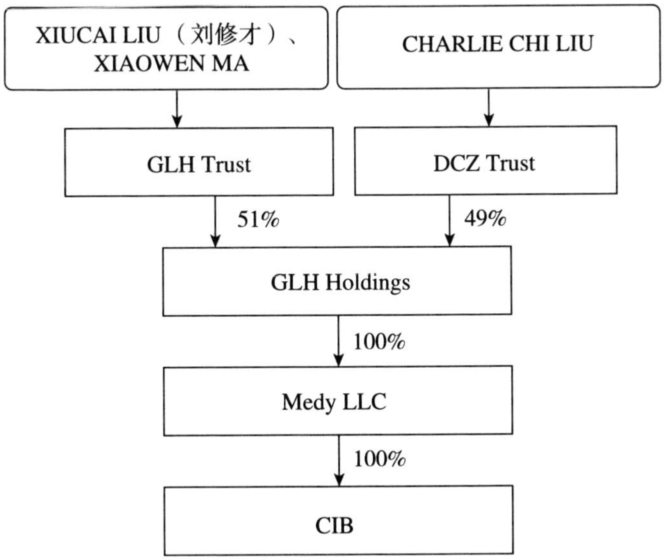

图 4－7－2 两个家族信托间接持有凯赛生物的股权结构

上交所对凯赛生物实际控制人通过家族信托间接持有凯赛生物股权的事项进行了审核问询。2020 年 4 月 9 日，Medy LLC 向刘修才、XIAOWEN MA 及 CHARLIE CHI LIU 转让 CIB 的 100% 股权。上述股权转让完成后，凯赛生物实际控制人通过 CIB 间接持有凯赛生物的股权结构如图 4－7－3 所示。

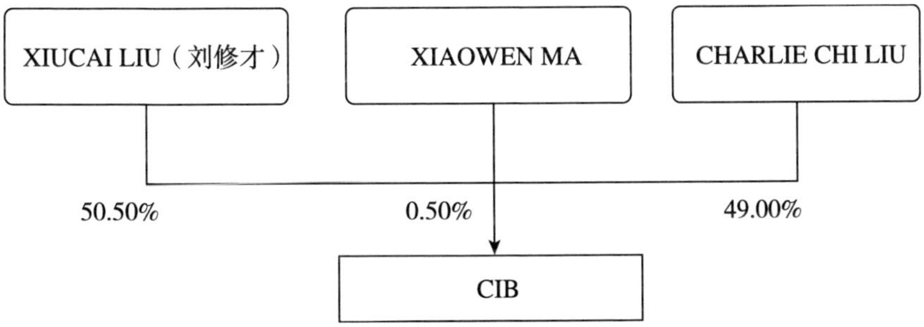

图 4－7－3 凯赛生物实际控制人通过 CIB 间接有凯赛生物的股权结构

由于凯赛生物实际控制人通过家族信托间接持有凯赛生物的股权，该等股权结构不符合《科创板注册管理办法》第 12 条第 2 项中关于“控股股东和受控股股东、实际控制人支配的股东所持发行人的股份权属清晰”的规定，也不符合《科创板发行上市审核问答（二）》关于“公司控股股东、实际控制人、第一大股东不属于‘三类股东'"的规定。在凯赛生物实际控制人拆除通过家族信托持股的股权结构后，上交所认可了变更后的股权结构，凯赛生物得以顺利上市。

（三）芯原股份

2020年7月21日，中国证监会出具同意芯原股份首次公开发行股票注册的批复。根据芯原股份《招股说明书（注册稿）》披露的信息，公司股权相对分散，不存在控股股东和实际控制人，公司第一大股东 Verisilicon Limited 持股比例为17.91%。

以戴某民及其配偶为委托人、其子女为受益人的信托基金合计持有 VeriSilicon Limited 9.658%的股份，间接持有发行人1.7295%股权。发行人律师认为："发行人不涉及《科创板注册管理办法》第十二条第（二）项的规定；作为发行人的第一大股东，VeriSilicon Limited 所持发行人股份权属清晰。"

由于认定芯原股份没有实际控制人和控股股东，戴某民及其配偶等通过设立家族信托间接持有芯原股份的股份，不适用《科创板注册管理办法》第12条第2项中关于"控股股东和受控股股东、实际控制人支配的股东所持发行人的股份权属清晰"的规定，也符合《科创板发行上市审核问答（二）》关于"公司控股股东、实际控制人、第一大股东不属于'三类股东'"的规定。

从上述通过家族信托间接持有拟上市公司股权的上市案例可以看出，拟上市公司中小股东通过家族信托持有拟上市公司股权不存在上市障碍；拟上市公司实际控制人通过家族信托持有境外金融监管机构监管的公司的股权，然后再通过受境外金融监管机构监管的公司持有拟上市公司股权亦不存在上市障碍；拟上市公司实际控制人通过普通离岸家族信托间接持有拟上市公司股权，在现阶段上市监管政策下存在上市障碍。

四、避免过度控制家族信托的问题

根据《全国法院民商事审判工作会议纪要》第93条的规定，当事人在信托文件中约定，委托人自主决定信托设立、信托财产运用对象、信托财产管理运用处分方式等事宜，自行承担信托资产的风险管理责任和相应风险损失，受托人仅提供必要的事务协助或者服务，不承担主动管理职责的，应当认定为通道业务。

如果家族信托被认定为通道业务，家族信托财产存在被家族信托当事人的债权人追索的风险。因此，设立家族信托，既要防范家族信托被穿透的风险，也要符合拟上市公司上市监管要求,通过设立不可撤销家族信托或设立离岸(境内)多层股权架构家族信托等家族信托持股架构方式避免可能的风险。

五、考虑到当前阶段上市审核监管要求,拟上市公司股东也可以在拟上市公司上市后再设立家族信托持股架构

英飞拓(证券代码:002528)实际控制人刘某怀于 2015 年 6 月 9 日将 JHL INFINITE LLC 的 30% 股权转让给 JZ LIU 家族信托(#D)(信托受托人 Anna Liu),随后刘某怀后又于 2015 年 7 月 16 日将 JHL INFINITE LLC 的 10% 股权转让给 JZ LIU 家族信托(#D)(信托受托人 Anna Liu)。

万向德农(证券代码:600371)实际控制人鲁某鼎于 2018 年 6 月基于慈善目的设立鲁冠球三农扶志基金,并将其持有的万向三农集团有限公司 6 亿元出资额对应的全部股权无偿授予鲁冠球三农扶志基金,导致鲁冠球三农扶志基金通过万向三农间接控制万向德农 48.76% 股权。鲁冠球三农扶志基金为鲁某鼎设立的慈善家族信托。

从上述上市公司案例可以看出,在符合上市公司监管、实际控制人认定和信息披露等要求的情况下,上市公司实际控制人通过设立家族信托架构,将一部分上市公司股份间接转让给家族信托,实现了家族财富保护、传承和管理。

另外,《证券非交易过户业务实施细则(适用于继承、捐赠等情形)》于 2020 年 4 月 30 日发布实施之前,证券非交易过户仅适用于继承、赠与、依法进行的财产分割、法人资格丧失等少数几种情形。《证券非交易过户业务实施细则(适用于继承、捐赠等情形)》发布实施后,证券非交易过户增加了“中国证监会认定的其他情形”等,使上市公司股东将其持有的上市公司股份装入家族信托有了操作空间。当然,上市公司股东设立家族信托持股架构,需要综合考虑家族信托架构设计、权益安排、税务规划、信息披露、实际控制人认定、股份变更登记和豁免要约收购等事项。

六、结语

高净值家族进行家族财富的保护、传承和管理时,一般会利用代持、婚前协议、赠与、遗嘱、保险和家族信托等工具。由于家族信托在家族财富保护、传承和管理中的特有优势,越来越多的高净值家族已设立或拟设立家族信托。对于拥有拟上市家族企业的高净值家族而言,在设计家族信托方案时,不仅需要考虑家族财富的保

护、传承和管理的问题,也要考虑拟上市公司后续上市的监管要求的问题。高净值家族应尽早规划,委任专业的家族和上市法律服务团队进行规划设计,避免影响拟上市公司后续上市计划。

专题八

红筹企业科创板上市需关注的重要问题

殷　豪

2018年11月5日，首届中国国际进口博览会在上海开幕，国家主席习近平出席开幕式并发表主旨演讲。国家主席习近平表示，为了更好发挥上海等地区在对外开放中的重要作用，将在上海证券交易所设立科创板并试点注册制，支持上海国际金融中心和科技创新中心建设，不断完善资本市场基础制度。

科创板不是简单增加一个上市板块，其核心在于制度创新和改革。科创板是资本市场制度改革的试验田，科创板"增量改革"成功后的经验将推动全面开启"存量改革"的大幕。科创板和现有的主板、中小板、创业板以及新三板均为多层次资本市场体系的重要组成部分，而科创板主要在发行、上市、信息披露、交易、退市等方面作出较多制度创新。其中一个制度创新就是允许符合条件的红筹企业科创板上市。

根据国务院办公厅转发证监会《关于开展创新企业境内发行股票或存托凭证试点若干意见的通知》(国办发〔2018〕21号)和《上海证券交易所科创板股票发行上市审核规则》(以下简称《上市审核规则》)的规定，红筹企业是指注册地在境外、主要经营活动在境内的企业。笔者认为这个定义不是很完整。根据笔者的实务经验，红筹企业完整的定义应该是注册地在境外、实际控制人为中国境内自然人或外籍华人、主要经营活动在境内的企业。

根据相关规定，以下几类红筹企业可以申请科创板股票发行上市：

1. 已在境外上市的红筹企业，市值不低于人民币2000亿元。上述市值按照红筹企业提交申请日前120个交易日平均市值计算，汇率按照中国人民银行公布的申请日前1日中间价计算。上市不足120个交易日的，按全部交易日平均市值计算。

2. 尚未在境外上市的满足如下财务指标之一的红筹企业：

(1)最近一年营业收入不低于人民币30亿元且估值不低于人民币200亿元;企业估值应参考最近三轮融资估值及相应投资人、投资金额、投资股份占总股本的比例,并结合收益法、成本法、市场乘数法等估值方法综合判定。

(2)营业收入快速增长,拥有自主研发、国际领先技术,同行业竞争中处于相对优势地位,预计市值不低于人民币100亿元。

(3)营业收入快速增长,拥有自主研发、国际领先技术,同行业竞争中处于相对优势地位,预计市值不低于人民币50亿元,且最近一年营业收入不低于人民币5亿元。

已申报科创板的红筹企业Ninebot Limited(九号机器人)适用的是"预计市值不低于人民币50亿元,且最近一年营业收入不低于人民币5亿元"的财务指标。

根据笔者的实务经验,就境内自然人控制的红筹企业和协议控制架构的红筹企业科创板上市需要关注的重要问题简述如下。

一、境内自然人控制的红筹企业科创板上市需关注的重要问题

境内企业为了境外上市,大部分是通过搭建红筹架构方式境外上市的,上市主体的全部或主要业务及资产在中国境内。境内企业实际控制人在开曼群岛等地注册成立拟在境外上市的上市主体,即红筹企业,红筹企业通过其控股子公司来间接收购境内企业。

红筹企业常见的股权架构如图4-8-1所示。

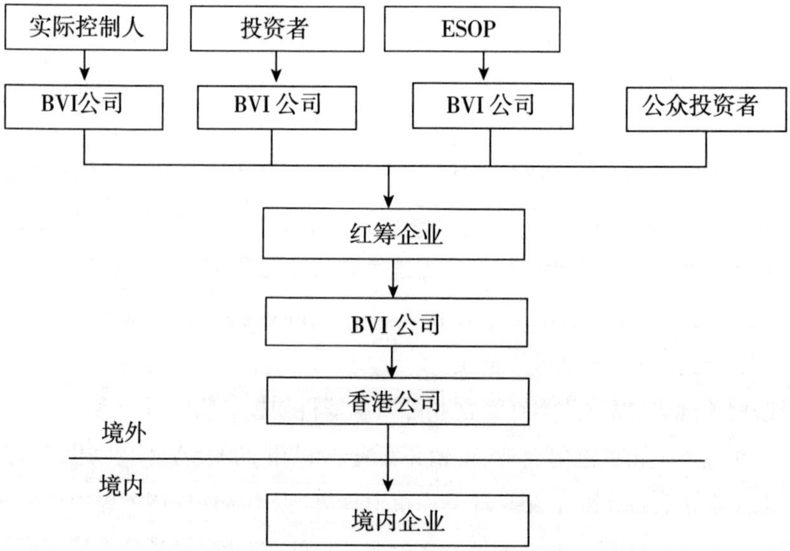

图4-8-1 红筹企业常见的股权架构

(一)红筹企业架构搭建过程中的境内审批问题

根据《关于外国投资者并购境内企业的规定》(以下简称十号文)的规定,境内公司、企业或自然人以其在境外合法设立或控制的公司名义并购与其有关联关系的境内的公司,应报商务部审批。实践中,至今无境内企业因搭建红筹架构需要而实施的境外企业关联并购境内企业获得商务部批准的公开案例。

因此,境内企业的实际控制人直接在境外设立红筹企业,然后由红筹企业间接收购境内企业是不可行的。实务中,比较常见的避免商务部关联并购审批的方式,包括但不限于境内企业的实际控制人办理海外移民取得外国国籍并设立红筹企业、由境内企业实际控制人具有外国国籍的近亲属设立红筹企业、境内企业实际控制人在境外成立家族信托来作为红筹企业的控股股东、利用十号文实施之前的外商投资企业收购境内企业、先把境内企业变更为中外合资企业后收购境内企业、委托持股和协议控制架构等方式。具体方式要根据境内企业实际控制人的家族具体情况而定。

根据《科创板首次公开发行股票注册管理办法(试行)》(以下简称《科创板管理办法》)的规定,发行人需最近2年公司实际控制人没有发生变更,也不存在导致控制权可能变更的重大权属纠纷。因此搭建红筹架构时,需要考虑红筹企业最近2年实际控制人没有发生变更等因素。

(二)红筹企业架构搭建过程中外汇登记问题

根据《外汇管理条例》的规定,境内个人向境外直接投资,应当按照国务院外汇管理部门的规定办理登记。笔者就相关项目和境内多个地方外汇管理部门沟通过,均被告知由于没有境内个人境外直接投资外汇登记的相关操作细则,因此目前不受理境内个人境外直接投资的外汇登记申请。我们在红筹企业上市法律意见书中也会明确披露该等外汇登记瑕疵问题,一般表述如下:某某已依照现行相关法律法规的规定,就其境外投资事宜要求外汇管理部门为其办理境外投资外汇登记,但因外汇管理部门的原因无法完成该项登记,某某的行为不存在违法情形;在将来外汇管理部门制定相应实施细则且受理相关登记申请之时,某某应当尽快办理境内个人对外直接投资的外汇登记手续。

根据《关于境内居民通过特殊目的公司境外投融资及返程投资外汇管理有关问题的通知》(汇发〔2014〕37号)的规定,境内居民以境内外合法资产或权益向特殊目的公司出资前,应向外汇局申请办理境外投资外汇登记手续。笔者办理的多个返程投资项目,均顺利办理了境外投资外汇登记手续。申请办理境外投资外汇登记手续需要向相关外汇管理部门和银行提交主要材料如下:

1. 返程投资外汇登记申请书;

2. 境外投资外汇登记表;

3. 境内外合法资产或权益的相关文件;

4. 不对红筹企业进行投资的境内运营实体股东的放弃外汇登记承诺函;

5. 与境外投资方签署的投融资意向书;

6. 红筹企业及境外各公司的注册文件;

7. 境外投资方的注册文件等。

(三)红筹企业间接收购境内企业的资金来源问题

根据十号文的规定,外国投资者并购境内企业设立外商投资企业,应自外商投资企业营业执照颁发之日起3个月内向转让股权的股东,或出售资产的境内企业支付全部对价。对特殊情况需要延长者,经审批机关批准后,应自外商投资企业营业执照颁发之日起6个月内支付全部对价的60%以上,1年内付清全部对价,并按实际缴付的出资比例分配收益。因此,如果境内企业是一家资产规模较大的企业,则红筹企业需要在短时间内募集大量资金去收购境内企业。由于境内外汇管制问题,境内企业实际控制人很难在短时间内将境内资金合法汇到红筹企业,由红筹企业支付收购境内企业的对价。实践中,一般采取境外过桥贷款的方式和红筹企业境外发行可转换优先股的方式募集红筹企业收购境内企业的资金。

(四)红筹企业间接收购境内企业的税收问题

根据《个人所得税法》的规定,个人财产转让所得等,适用比例税率,税率为20%。根据《股权转让所得个人所得税管理办法(试行)》的规定,个人将股权转让给其配偶、父母、子女、祖父母、外祖父母、孙子女、外孙子女、兄弟姐妹以及对转让人承担直接抚养或者赡养义务的抚养人或者赡养人的,可以按注册资本金额转让股权,从而不会产生缴纳个人所得税的义务。而红筹企业间接收购境内企业,并不符合《股权转让所得个人所得税管理办法(试行)》规定的可以不按公允价格转让股权的情形。因此,境内企业的实际控制人和其他股东如以公允价格将其持有的境内企业股权转让给红筹企业,境内企业的实际控制人和其他股东需要支付较大金额的个人所得税。

因此,应尽可能利用现有相关税收优惠政策合法降低红筹企业架构搭建过程中的税收成本。笔者最近操作的一家新三板挂牌企业拟摘牌后搭建红筹架构,该新三板企业有大量的未分配利润,如果红筹企业直接收购该新三板企业的股权,该新三板企业股东需要缴纳巨额的个人所得税。而根据《关于上市公司股息红利差别化个人所得税政策有关问题的通知》的规定,个人持股期限在 1 个月以内(含 1 个月)的,其股息红利所得全额计入应纳税所得额;持股期限在 1 个月以上至 1 年(含 1 年)的,暂减按 50% 计入应纳税所得额;持股期限超过 1 年的,股息红利所得暂免征收个人所得税。因此,在我们的建议下,该新三板企业在申请摘牌前将部分未分配利润进行了分配,从而降低了该新三板企业的净资产,红筹企业以相对较低的价格收购该新三板企业,该新三板企业股东应缴纳的个人所得税金额也相应减少。

(五)红筹企业员工股权激励问题

根据《关于境内个人参与境外上市公司股权激励计划外汇管理有关问题的通知》(汇发〔2012〕7 号)的规定,参与同一项境外上市公司股权激励计划的个人,应通过所属境内公司集中委托一家境内代理机构统一办理外汇登记、账户开立及资金划转与汇兑等有关事项,并应由一家境外机构统一负责办理个人行权、购买与出售对应股票或权益以及相应资金划转等事项。因此,红筹企业为境内企业员工实施股权激励,需根据汇发〔2012〕7 号文的规定办理相关外汇手续。目前红筹企业常见的股权激励方式主要有购股期权计划、股份奖励计划和股票增值权计划等。

根据《关于完善股权激励和技术入股有关所得税政策的通知》(财税〔2016〕101 号)的规定,享受递延纳税政策的股权激励需是境内居民企业实施的股权激励,因此红筹企业实施的股权激励不适用财税〔2016〕101 号文的规定。对于属于红筹企业股权激励对象的境内企业员工,其需要在获得红筹企业的股票时按照实际出资额低于公平市场价格的差额缴纳个人所得税。

二、协议控制架构的红筹企业科创板上市需关注的重要问题

协议控制架构,即"Variable Interest Entities"。红筹企业通过协议的方式控制境内运营实体,合并境内运营实体的收入和利润等,以使红筹企业经营业绩等符合科创板上市要求。

协议控制架构的红筹企业常见的股权架构如图 4 – 8 – 2 所示。

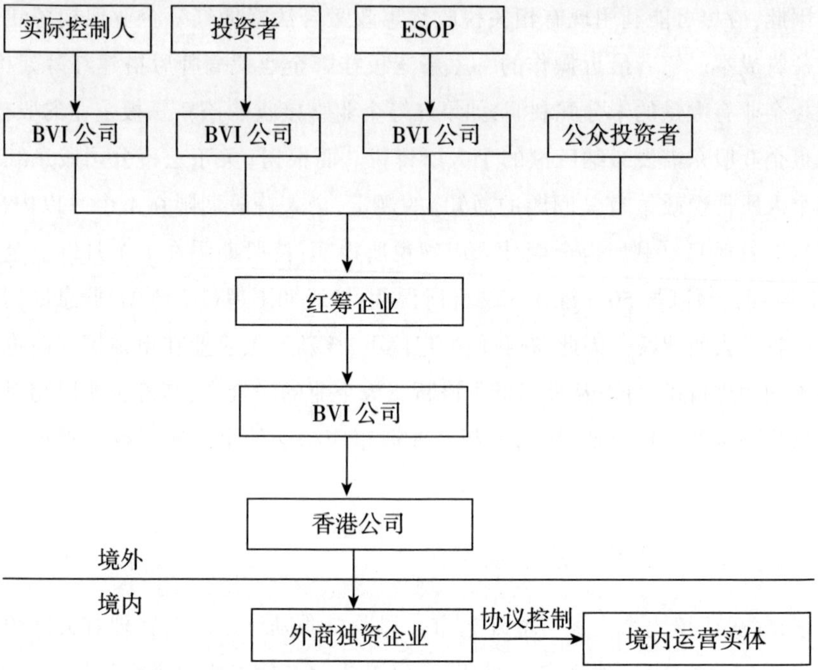

图 4 – 8 – 2　协议控制架构的红筹企业常见的股权架构

导致境内企业搭建协议控制架构的红筹企业的主要原因是境内产业政策对外商投资准入的限制。《外商投资准入特别管理措施(负面清单)(2021 年版)》及之前的《外商投资产业指导目录》将境内部分产业确定为限制外商投资产业和禁止外商投资产业。对于限制外商投资产业和禁止外商投资产业,直接引进外商投资是有法律和政策障碍的。因此,对于急需融资的上述产业,如互联网产业等,创造性地以协议控制架构方式解决了发展过程的融资资金问题,同时通过红筹架构境外上市方式给境外投资者获取回报和投资退出的途径。

根据我们的实务经验,对协议控制架构的红筹企业,除需要关注上述境内自然人控制的红筹企业的部分重要问题外,还需要关注如下问题。

(一)协议控制架构下境内运营实体的法律风险问题

协议控制架构是一个妥协监管的产物,并不是一个在法律上无懈可击的架构。境内运营实体被红筹企业协议控制,其工商登记的股东仍然为境内自然人股东或境内机构股东。根据《公司法》第 32 条第 3 款的规定,公司应当将股东的姓名或者名称向公司登记机关登记；登记事项发生变更的，应当办理变更登记；未经登记或者变更登记的，不得对抗第三人。从《公司法》的上述规定可以看出，虽然境内运营实体工商登记的股东及其配偶与红筹企业等境外公司签署了独家购股权协议、股权质押协议和配偶同意函等文件，由于未办理工商登记，该等协议对第三人不具有法律约束力。

如果境内运营实体工商登记的股东发生婚姻、继承或债权债务纠纷，那么该等股东的配偶、遗产继承人或债权人可能会对境内运营实体的股权或资产主张权利。如果上述权利主张获得相关法院的支持，则红筹企业的主营业务、主营业务收入和持续经营能力都有可能受到严重影响，从而导致投资于红筹企业的中小股东利益受损。另外，协议控制架构下的内部纷争也可能会导致境内运营实体出现严重的法律风险，如双威教育因控制权争夺引发境内运营实体的资产被转移及退市。

综上所述，应对境内运营实体工商登记的股东的婚姻、继承和债权债务可能导致的纠纷以及境内运营实体的控制架构进行合法合规的安排，以避免该等事项对红筹企业的影响。

（二）拟科创板上市的协议控制架构必要性问题

根据香港联交所上市决策相关规定，红筹企业只可于必要的情况下以合约安排解决任何外资拥有权的限制。因此，在境内运营实体从事的产业属于《外商投资准入特别管理措施（负面清单）（2021 年版）》规定的产业的情况下，红筹企业不能直接收购境内运营实体，使境内运营实体成为外资控股的公司，红筹企业可根据香港联交所上市决策相关规定以合约安排解决外资拥有权的限制。

虽然中国证监会和上交所暂时没有类似香港联交所的相关规定，但是如果红筹企业能够通过股权收购的方式解决协议控制架构问题，监管机构可能会要求拆除协议控制架构，以避免协议控制架构产生的各类风险。

（三）协议控制架构的税务问题

根据《企业所得税法》和《特别纳税调整实施办法（试行）》等相关规定，企业与其关联方之间的业务往来，不符合独立交易原则或不具有合理商业目的而减少企业或者其关联方应纳税收入或者所得额的，相关税务部门有权按照合理方法调整。因此，如果协议控制架构项下的交易被相关税务部门认定为不符合独立交易原则或不具有合理商业目的，红筹企业合并财务报表范围内的企业存在被相关税务部门进行纳税调整并承担额外税务负担的风险。

(四)中国法律法规对协议控制架构的限制性问题

2009 年 9 月 28 日,原新闻出版总署、国家版权局、全国“扫黄打非”工作小组办公室发布《关于贯彻落实国务院〈“三定”规定〉和中央编办有关解释,进一步加强网络游戏前置审批和进口网络游戏审批管理的通知》(新出联〔2009〕13 号),禁止外商以独资、合资、合作等方式在中国境内投资从事网络游戏运营服务。外商不得通过设立其他合资公司、签订相关协议或提供技术支持等间接方式实际控制和参与境内企业的网络游戏运营业务。2011 年 8 月 25 日,商务部发布《实施外国投资者并购境内企业安全审查制度的规定》,外国投资者不得以任何方式实质规避并购安全审查,包括但不限于代持、信托、多层次再投资、租赁、贷款、协议控制、境外交易等方式。2021 年 4 月 7 日,国务院发布《民办教育促进法实施条例》,规定了任何组织和个人不得通过兼并收购、协议控制等方式控制实施义务教育的民办学校、实施学前教育的非营利性民办学校。

三、结语

红筹企业科创板上市,除本专题提及的需关注的重要问题外,红筹企业合并报表范围内的企业的历史沿革、土地和房屋权属、关联交易和同业竞争、财务规范性、业务经营的合法合规性、知识产权、税务和财政补贴、外汇情况、劳动关系和社会保险、环境保护以及诉讼、仲裁和行政处罚等也是科创板上市关注的问题。红筹企业科创板上市,除应符合红筹企业注册地相关法律法规的规定外,也要符合科创板上市相关规定。

Part

05

第五篇

证券业务

专题一

解读A股“净利润+营业收入”退市指标

雷富阳　张　峰

退市制度是资本市场的基本制度,坊间流传“不能熟悉掌握退市规则的,不可以掌控和驾驭好上市公司”,细想也有道理,如果最大的风险(退市)都不知道何时会触发并作出有效预防,怎么可以把一家上市公司经营得好呢?

2020年12月底,沪深交易所在新《证券法》实施和注册制逐步推行的背景下,分别推出了新的退市规则。对于该退市规则,各方解读总结非常多,总结一句话,触发退市的情形越来越多了,退市的指标因素越来越明确,之前资本市场经常出现的规避退市的操作空间越来越少。

目前,A股退市有交易类、财务类、规范类以及重大违法类四类退市指标。而实务中,影响最大、经常被讨论和咨询最多的是财务类退市指标中“净利润+营业收入”指标。本专题将对该指标进行一个系统解读,并对上市公司如何经营以避免触发该指标提出一些专业建议。

一、新旧规则财务类强制退市标准的对比

以沪市主板为例(科创板、深市主板、创业板与沪市主板基本一致,文本略有差异),财务类强制退市标准的新旧规则对比如下。(见表5-1-1)

表 5-1-1　财务类强制退市标准的新旧规则对比

原规则	新规则
13.2.1　上市公司出现以下情形之一的,本所对其股票实施退市风险警示: (一)最近两个会计年度经审计的净利润连续为负值或者被追溯重述后连续为负值; (二)最近一个会计年度经审计的期末净资产为负值或者被追溯重述后为负值; (三)最近一个会计年度经审计的营业收入低于1000万元或者被追溯重述后低于1000万元; (四)最近一个会计年度的财务会计报告被会计师事务所出具无法表示意见或者否定意见的审计报告……	13.3.1　上市公司最近一个会计年度经审计的财务会计报告相关财务指标触及本节规定的财务类强制退市情形的,本所对其股票实施退市风险警示。上市公司最近连续两个会计年度经审计的财务会计报告相关财务指标触及本节规定的财务类强制退市情形的,本所决定终止其股票上市
14.1.1　上市公司出现下列情形之一的,由本所决定暂停其股票上市: (一)因最近两个会计年度的净利润触及第13.2.1条第(一)项规定的标准,其股票被实施退市风险警示后,公司披露的最近一个会计年度经审计的净利润继续为负值; (二)因最近一个会计年度的净资产触及第13.2.1条第(二)项规定的标准,其股票被实施退市风险警示后,公司披露的最近一个会计年度经审计的期末净资产继续为负值; (三)因最近一个会计年度的营业收入触及第13.2.1条第(三)项规定的标准,其股票被实施退市风险警示后,公司披露的最近一个会计年度经审计的营业收入继续低于1000万元; (四)因最近一个会计年度的审计意见类型触及第13.2.1条第(四)项规定的标准,其股票被实施退市风险警示后,公司披露的最近一个会计年度的财务会计报告被会计师事务所出具无法表示意见或者否定意见的审计报告; …… 14.3.1　上市公司出现下列情形之一的,由本所决定终止其股票上市: (一)因净利润、净资产、营业收入或者审计意见类型触及第14.1.1条第(一)项至第(四)项规定的标准,其股票被暂停上市后,公司披露的最近一个会计年度经审计的财务	13.3.2　上市公司出现下列情形之一的,本所对其股票实施退市风险警示: (一)最近一个会计年度经审计的净利润为负值且营业收入低于人民币1亿元,或追溯重述后最近一个会计年度净利润为负值且营业收入低于人民币1亿元; (二)最近一个会计年度经审计的期末净资产为负值,或追溯重述后最近一个会计年度期末净资产为负值; (三)最近一个会计年度的财务会计报告被出具无法表示意见或否定意见的审计报告; (四)中国证监会行政处罚决定书表明公司已披露的最近一个会计年度经审计的年度报告存在虚假记载、误导性陈述或者重大遗漏,导致该年度相关财务指标实际已触及第(一)项、第(二)项情形的; (五)本所认定的其他情形。 前款第(一)项所述"净利润"以扣除非经常性损益前后孰低为准,所述"营业收入"应当扣除与主营业务无关的业务收入和不具备商业实质的收入。 公司最近一个会计年度经审计的扣除非经常性损益前后的净利润孰低者为负值的,公司应当在年度报告或者更正公告中披露营业收入扣除情况及扣除后的营业收入金额;负责审计的会计师事务所应当就公司营业收入扣除事项是否符合前述规定及扣除后的营业收入金额出具专项核查意见公

续表

原规则	新规则
会计报告存在扣除非经常性损益前后的净利润孰低者为负值、期末净资产为负值、营业收入低于1000万元或者被会计师事务所出具保留意见、无法表示意见、否定意见的审计报告等四种情形之一； (二)因净利润、净资产、营业收入或者审计意见类型触及第14.1.1条第(一)项至第(四)项规定的标准，其股票被暂停上市后，公司未能在法定期限内披露最近一年的年度报告； ……	司未按本条第二款规定扣除相关收入的，本所可以要求公司扣除，并按照扣除后营业收入金额决定是否对公司实施退市风险警示

通过对比，在财务类指标方面，新旧退市规则的主要变动在于：

1. 原规则下连续3年亏损(净利润为负)，或者连续2年净资产为负，或者连续2年营业收入均低于1000万元，或者连续2年被审计机构出具无法表示意见或否定意见，则会被交易所决定暂停上市(而非直接退市，是否退市还要看之后一年的财务指标和审计意见)；而新规则修改为首年年扣非前/后亏损且营业收入低于1亿元，或者净资产为负或者被会计师事务所出具无法表示意见或否定意见，即被退市风险警告，之后一年出现前述任一情形或者被审计机构出具保留意见的审计报告或者未在法定期限内披露年报均会导致直接退市。

这个变化是非常大的，取消暂停上市阶段，因财务指标被退市风险警示后下一年度触发任一情形都会导致直接退市；另外，与原规则相比，新退市规则减少了指标的期限，而且对期限内财务指标没有了"连续"的要求，而是第二年交叉适用财务指标，只要触发一个指标即退市。新规则直接导致退市周期大幅缩短了，也很容易触及。

2. 原规则下财务指标持续、单向适用，新规则则对首年因任一指标被退市风险警示后，次一年度再触及任一指标均应当退市，财务指标的交叉适用一定程度上助力打通了"多元""畅通"的退市出口。

3. 新规则的交叉适用中引入了"保留意见、无法表示意见或否定意见的审计报告"或者"未在法定期限内披露年报"，即当上市公司因财务类指标被实施风险警示，次一年度即使财务类指标已经达标，但是被出具"保留意见、无法表示意见或否定意见的审计报告"或者"未在法定期限内披露年报"，同样会强制退市。

除了以上各点，本专题中，我们希望与大家共同特别关注的是退市新规取消原来的“净利润”“营业收入”等单一指标,而是新增了“净利润 + 营业收入”这一组合类财务退市指标,并且明确“净利润”指标为“扣非前后孰低为准”,“营业收入”指标更是几乎重新定义为扣除“与主营业务无关的业务收入和不具备商业实质的收入”后的“营业收入”。

下文将以这一组合财务指标为切入点,探讨退市新规中“财务类强制退市”的新意与关隘所在。

二、财务指标退市的新规则解读

(一)非经常性损益的含义与常见情形

退市新规中净利润指扣除非经常损益前后孰低的净利润。“非经常性损益”作为一项证券监管指标,其设置的主要目的在于,为报表使用者提供关于上市公司主营业务的持续盈利能力方面的信息(通过正常经营业务获得持续、稳定的收益的能力),帮助合理估计未来盈利趋势。

《公开发行证券的公司信息披露解释性公告第 1 号——非经常性损益》(中国证券监督管理委员会公告〔2008〕43 号,以下简称《非经损益信披公告》)规定,非经常性损益是指与公司正常经营业务无直接关系,以及虽与正常经营业务相关,但由于其性质特殊和偶发性,影响报表使用人对公司经营业绩和盈利能力作出正常判断的各项交易与事项产生的损益。

《非经损益信披公告》第 2 条规定:“非经常性损益通常包括以下项目:

(一)非流动性资产处置损益,包括已计提资产减值准备的冲销部分;

(二)越权审批,或无正式批准文件,或偶发性的税收返还、减免;

(三)计入当期损益的政府补助,但与公司正常经营业务密切相关,符合国家政策规定、按照一定标准定额或定量持续享受的政府补助除外;

(四)计入当期损益的对非金融企业收取的资金占用费;

(五)企业取得子公司、联营企业及合营企业的投资成本小于取得投资时应享有被投资单位可辨认净资产公允价值产生的收益;

(六)非货币性资产交换损益;

(七)委托他人投资或管理资产的损益;

(八)因不可抗力因素,如遭受自然灾害而计提的各项资产减值准备;

(九)债务重组损益;

(十)企业重组费用,如安置职工的支出、整合费用等;

（十一）交易价格显失公允的交易产生的超过公允价值部分的损益；

（十二）同一控制下企业合并产生的子公司期初至合并日的当期净损益；

（十三）与公司正常经营业务无关的或有事项产生的损益；

（十四）除同公司正常经营业务相关的有效套期保值业务外，持有交易性金融资产、交易性金融负债产生的公允价值变动损益，以及处置交易性金融资产、交易性金融负债和可供出售金融资产取得的投资收益；

（十五）单独进行减值测试的应收款项减值准备转回；

（十六）对外委托贷款取得的损益；

（十七）采用公允价值模式进行后续计量的投资性房地产公允价值变动产生的损益；

（十八）根据税收、会计等法律、法规的要求对当期损益进行一次性调整对当期损益的影响；

（十九）受托经营取得的托管费收入；

（二十）除上述各项之外的其他营业外收入和支出；

（二十一）其他符合非经常性损益定义的损益项目。"

非经常性损益项目正面列举清单虽已多达 21 项，但也仅是"通常包括"，并且设置了第 21 项作为兜底条款，可以合理判断，该 21 项并非非经常性损益的全部内容。实务中，判断是否为非经常性损益，主要依据是非经常性损益的定义和基本特征。

（二）非经常性损益的判断

根据《非经损益信披公告》对非经常性损益的定义，该指标的主要特征是：与主营业务无关性、性质特殊和偶发性、不能体现公司正常的经营业绩和盈利能力，即具备以下特征之一的收益项目应认定为非经常性损益：

1. 与主营业务无关；

2. 虽与主营业务相关，但属于性质特殊的偶发性交易（没有证据表明今后会有规律地定期发生此类交易）；

3. 虽与主营业务相关，但不能体现公司正常的经营业绩和盈利能力，且对当期损益影响重大。

同时要考虑是否符合监管政策导向、金额是否重大等因素。

从盈余的质量上看，退市新规明确净利润取扣除非经常性损益前后孰低值，将在一定程度上解决多年来上市公司通过外部输血、出售资产、持续依靠政府补贴、资产划拨等“盈余管理”手段规避退市的问题。

(三)营业收入

《企业会计准则第 14 号——收入》第 2 条规定:“收入,是指企业在日常活动中形成的、会导致所有者权益增加的、与所有者投入资本无关的经济利益的总流入。”

营业收入包括主营业务收入和其他业务收入,显然其他业务收入也是收入的一部分。“会计科目核算内容”对二者作出了区分:

“主营业务收入:本科目核算企业确认的销售商品、提供劳务等主营业务的收入。其他业务收入:本科目核算企业确认的除主营业务活动以外的其他经营活动实现的收入,包括出租固定资产、出租无形资产、出租包装物和商品、销售材料、用材料进行非货币性交换(非货币性资产交换具有商业实质且公允价值能够可靠计量)或债务重组等实现的收入。”

退市新规中专门明确规定营业收入“应当扣除与主营业务无关的业务收入和不具备商业实质的收入”,显然,从会计的逻辑上看,“营业收入”下的“主营业务收入”需要关注,而“其他业务收入”则更需格外留意。

(四)“营业收入”的扣除

为帮助上市公司做好退市新规下营业收入扣除事项相关工作,深交所和上交所分别于 2021 年 4 月 7 日和 6 日发布《关于退市新规下营业收入扣除事项的通知》和《关于落实退市新规中营业收入扣除相关事项的通知》(以下分别简称《深交所营业收入扣除通知》和《上交所营业收入扣除通知》)。要求在判断营业收入扣除事项时,基于“实质重于形式”原则,并且明确了“具体扣除项目”情况。

沪深交易所对扣除项目的规定基本一致,文本略有差异,以《上交所营业收入扣除通知》为例:

“二、具体扣除项目

(一)与主营业务无关的业务收入

与主营业务无关的业务收入是指与公司正常经营业务无直接关系,或者虽与正常经营业务相关,但由于其性质特殊、具有偶发性和临时性,影响报表使用者对公司持续经营能力做出正常判断的各项收入。包括但不限于以下项目:

1. 正常经营之外的其他业务收入。如出租固定资产、无形资产、包装物，销售材料，用材料进行非货币性资产交换或债务重组，经营受托管理业务等实现的收入。

2. 非金融机构的类金融业务收入。如担保业务收入、保理业务收入、小额贷款利息收入和拆出资金利息收入。

3. 新增的贸易等难以形成稳定业务模式的业务产生的收入。

4. 与上市公司现有正常经营业务无关的关联交易产生的收入。

5. 同一控制下企业合并产生的子公司期初至合并日的收入。

（二）不具备商业实质的收入

不具备商业实质的收入是指未导致未来现金流发生显著变化等不具有商业合理性的各项交易或事项产生的收入。包括但不限于以下项目：

1. 未改变企业未来现金流量的风险、时间分布或金额的交易或事项产生的收入。

2. 不具有真实业务的交易产生的收入。如以自我交易的方式实现的虚假收入，利用互联网技术手段或其他方法构造交易产生的虚假收入等。

3. 交易价格显失公允的交易产生的收入。

4. 审计意见中非标准审计意见涉及的收入。

5. 其他不具有商业合理性的交易或事项产生的收入。

（三）与主营业务无关的或不具备商业实质的其他收入。"

可见，以往保壳实践中常用的"拆房卖地""（顶着关联交易）溢价卖资产""大股东向上市公司低价注入资产""多方寻求政府补助"，甚至是曾经一度在上市公司中大行其道的"贸易等难以形成稳定业务模式产生的收入"等，这些非经常性的利润被扣掉之后，作为主业无关、无商业实质的收入也要再次被交叉剔除，保壳的"盈余管理"似乎又多了一门"营收管理"的功课。

市场上有意见认为营业收入指标容易被规避，为防止上市公司虚构收入规避退市，退市新规中又增加设计了如下安排：

一是要求公司判断是否触及此项指标时，营业收入中应扣除与主营业务无关的业务收入和不具备商业实质的收入，上市公司在年报中应当充分披露营业收入扣除情况及扣除后的营业收入金额，公司的董事、监事和高管应当承担相应的责任；

二是负责年报审计的会计师事务所应当就公司营业收入扣除事项是否符合规定及扣除后的营业收入金额是否准确出具专项核查意见，以明确区分会计责任与审计责任；

三是上市公司未按规定扣除相关收入的，交易所可以要求上市公司扣除，并按照扣除后营业收入决定是否实施退市风险警示；

四是交易所在监管实践中，还会视情况对上市公司营业收入扣除情况采取现场检查、提请其他监管机构检查等措施，保证规则的执行。

三、如何避免触发"净利润＋营业收入"退市指标——对上市公司的建议

（一）专注主营业务

退市新规"净利润＋营业收入"指标，所着意刻画、表征的是那些持续亏损且收入规模不足1亿元的公司，意在识别这些长期没有主业、持续经营能力不佳的上市公司。

对于专注主营业务的上市公司，监管上还是非常宽容的，甚至不要求其盈利，只要每年有1亿元以上的主营业务收入，就不会触发该退市指标。这可能是退市新规较原退市规则唯一的放宽之处。

（二）做好财务的规范性，不要因为"审计意见"被错杀

1. 财务退市指标中直接将"最近一个会计年度的财务会计报告被出具无法表示意见或否定意见的审计报告"交叉适用。

上市公司不仅要保证经营成果达到和实现上述指标的要求，还要保证财务规范、内控健全，否则只要退市风险警示后第二年的年报被出具无法表示意见或否定意见，其股票仍将直接终止上市，堵住以往退市实践中通过"报表式盈利"规避退市的空间，加大突击保壳难度。

2. 根据退市新规，上市公司第一年因为财务指标被退市风险警示的，第二年财务指标交叉使用，上市公司需要特别注意这些"多元""畅通"的出口。

（三）厘清退市新规口径下的财务概念，不要有错误认识

如上文所重点阐述的，退市新规财务指标中的"净利润"不是财务报表主表中的"净利润"，而是扣非前后孰低的净利润；"营业收入"也是扣除"与主营业务无关的业务收入和不具备商业实质的收入"后的营业收入，并且要求公司在经审计的扣除非经常性损益前后的净利润孰低者为负值时，应当在年度报告中披露营业收入扣除情况及扣除后的营业收入金额，年审会计师应当对营业收入扣除是否准确出

具专项核查意见等。

退市新规大大降低了退市的门槛,提高了退市的效率,极大地减少了人为操纵的空间。客观上对上市公司提出了更高的经营和规范性要求,值得每一个上市公司认真学习和思考。我们真心希望所有的上市公司都能够专注主业,规范运作,健康稳健经营,在预防触发退市指标的问题上不能够松懈,透彻学习理解政策和规则要点,不断咨询和请教专业人员,在经营过程中早做准备,毕竟预防大于治疗。切勿临时抱佛脚,搞出突击确认收入等涉嫌违规的情况。

专题二

上市公司公开发行可转换公司债券担保事项实务研究

雷富阳　顾绍宇

上市公司可转换公司债券,是指发行人(上市公司)依法发行、在一定期间内依据约定的条件可以转换成股份的公司债券,是一种兼具债券、股权和期权三重特征的金融衍生工具。随着我国证券市场的发展及再融资方式的多元化,可转换公司债券成为上市公司再融资的首选工具。出于对可转换公司债券持有人利益的保护,《上市公司证券发行管理办法》(以下简称《管理办法》)①对上市公司公开发行可转换公司债券的担保事项进行了规定。笔者结合工作经验,对担保事项的注意事项进行简要阐述。

一、上市公司公开发行可转换公司债券需要提供担保的情形

《管理办法》规定,公开发行可转换公司债券,应当提供担保,但一期末经审计的净资产不低于人民币15亿元的公司除外,即经审计的净资产低于人民币15亿元的公司,发行可转换公司债券,必须提供担保。

二、上市公司公开发行可转换公司债券的担保范围及担保方式

《管理办法》规定,提供担保的,应当为全额担保,担保范围包括债券的本金及

① 《管理办法》仅适用于A股主板和中小板上市公司;创业板上市公司适用《创业板上市公司证券发行管理暂行办法》,该暂行办法未对净资产不到15亿元的创业板上市公司发行可转债作出强制性担保要求。

利息、违约金、损害赔偿金和实现债权的费用。以保证方式提供担保的，应当为连带责任担保，且保证人一期经审计的净资产额应不低于其累计对外担保的金额。证券公司或上市公司不得作为发行可转债的担保人，但上市商业银行除外。设定抵押或质押的，抵押或质押财产的估值应不低于担保金额。估值应经有资格的资产评估机构评估。

根据上述规定，上市公司可以选择连带责任保证、抵押或质押财产的方式提供担保，但是必须保证是全额担保。在实务操作层面，我们需要关注两点：

第一，以保证方式提供担保的，保证人必须对债券的本金及利息、违约金、损害赔偿金和实现债券的费用承担连带责任保证。

第二，以抵押或质押财产提供担保的，担保物的担保价值不以账面价值为准，需要经有证券从业资格的资产评估机构评估，且要保证资产的评估价值不低于评估债务范围。根据我们的经验，监管机构在审核过程中，不仅会关注资产的评估价值要不低于担保价值，而且会关注在整个可转换公司债券存续期间内，该抵押或质押财产的评估价值也不能低于担保价值。

三、上市公司公开发行可转换公司债券提供担保的实操策略

实务操作中，上市公司市值低于15亿元的，通常会通过请外部担保机构提供担保的方式（外部担保）公开发行可转换公司债券。外部担保机构会根据担保价值收取一定比例的担保费。考虑到公开发行可转换公司债券的规模较大，周期较长，这笔担保手续费的金额也不小，动辄要几千万元。

从经济角度考虑，上市公司或者上市公司的大股东可以考虑通过选择连带责任保证、股票质押、资产抵押或质押的任一方式或者三者结合的方式（自行担保）公开发行可转换公司债券。表5－2－1是笔者通过上市公司公告查询到的部分上市公司通过大股东股份质押、保证方式为上市公司公开发行可转换公司债券的案例。

表5－2－1　相关案例

序号	公司名称	担保方式	发行规模（万元）	担保资产价值	是否已经通过证监会审核
1	英联股份	实际控制人提供无条件不可撤销的连带责任保证担保	21,400	质押股票市值8.69亿元，房产土地及不动产1.55亿元	证监会已受理并完成一轮意见反馈

续表

序号	公司名称	担保方式	发行规模（万元）	担保资产价值	是否已经通过证监会审核
2	奇精机械	股份质押和保证	33,000	初始质押财产对本次可转债本金的担保覆盖率为200%	已过会发行
3	钧达股份	股份质押和保证	3000	初始质押财产对本次可转债本金的担保覆盖率为150%	已过会发行
4	光华科技	股份质押和保证	24,930	出质人将持有的光华科技市值为4.16亿元的限售股份（以下简称质押股票），质押股票市值为发行规模3.20亿元的130%	已过会发行
5	大业股份	股份质押和保证	50,000	初始质押财产对本次可转债本金的担保覆盖率为200%	已过会发行

从上述案例中，我们看到股份质押和保证的方式，在实际操作中是可行的，且股份质押财产对可转债本金的担保覆盖率不低于130%。同时，笔者关注到，监管部门在审核此类担保方式时，通常会关注并要求申请人说明以下问题：(1)质押资产是否低于担保金额；(2)估值是否经有资格的资产评估机构评估；(3)保证人是否出具书面保证文件；(4)股票质押是否进行压力测试，追加机制、触发机制、补仓机制等设置是否合理且能够有效保障债权人的利益；(5)与担保相关的风险是否已在募集说明书中进行了充分揭示等。

此处，笔者继续延伸另一个相关问题，即上市公司能否以其自有资产为公开发行可转换公司债券提供担保。对此，我们也对上市公司公告进行了相关案例梳理，详见表5-2-2。

表 5-2-2 上市公司公告的梳理

序号	公司名称	担保方式	发行规模（万元）	担保资产价值	是否已经通过证监会审核
1	力盛赛车	采用土地、房产等不动产抵押担保	16,000	房屋及建筑物期末账面价值 29,705,190.83 元	否
2	百川股份	以自有的部分土地、房产、设备等资产作为本次可转换公司债券抵押担保的抵押物	52,000	固定资产 766,038,187.93 元,无形资产 107,068,810.74 元	否
3	华锋股份	采用土地、房产、机器设备等资产抵押和股份质押相结合的方式	48,000	将其拥有的部分房屋建筑物、土地及机器设备等为本次可转债不超过 2.7 亿元(含 2.7 亿元)的部分提供资产抵押担保,公司股东以其各自持有公司的股份为本次可转债不超过 2.1亿元(含 2.1 亿元)的部分提供股份质押担保	证监会已受理并完成一轮意见反馈
4	泰嘉股份	采用土地、房产、机器设备等资产抵押和实际控制人连带责任保证相结合的方式	20,000	房屋即建筑物期末账面价值 137,734,156.68 元,机器设备 121,214,309.96 元	
5	海鸥股份	采用土地、房产抵押和股票质押相结合的方式	24,240	固定资产 131,721,595.28 元,无形资产 30,583,901.06 元	证监会已受理并完成一轮意见反馈

从证监会的初步意见反馈来看,证监会并没有对上市公司以自有资产抵押这种方式提出问题,但是由于目前上述案例没有成功通过证监会核准的,上市公司以自有资产抵押方式提供担保存在不确定性。

笔者认为,上市公司以自有资产抵押方式提供担保必须跨越两个障碍。

第一,从法律规定上讲,根据《管理办法》第 20 条的规定,上市公司不得作为担保人,上市公司以自有资产抵押方式提供担保如果属于上市公司作为担保人的情形,则法律规定上不可行。

第二,从理论逻辑上讲,上市公司对外发行债券,在到期无法清偿时,本身也需要将自身资产用来偿债,资产抵押的意义何在?当然抵押手续会保证购买本次公开发行的可转换公司债券的债权人就抵押资产享有优先受偿的权利,这是否构成监管机构审核时的价值考量的一个方面,值得后续保持关注。

专题三

国有控股上市公司员工股权激励政策与法律实践

李　旻

近年来,为了深化推进国企薪酬制度改革,进一步建立健全长效的员工激励机制,从而激发和创造企业的活力与创造力,国家发改委、国资委等部门陆续出台了一系列的政策法规就国企员工激励进行了规范。本专题将重点围绕国有控股上市公司员工股权激励相关政策,就其法律实践部分的合规性审查及要求进行详细解读,以期为相关企业提供帮助。需要注意的是,民企的员工股权激励政策虽不在本专题涵盖范围中,但相关激励政策的制度改革也不乏可资借鉴之处,欢迎业界朋友探讨学习。

一、员工股权激励报批流程

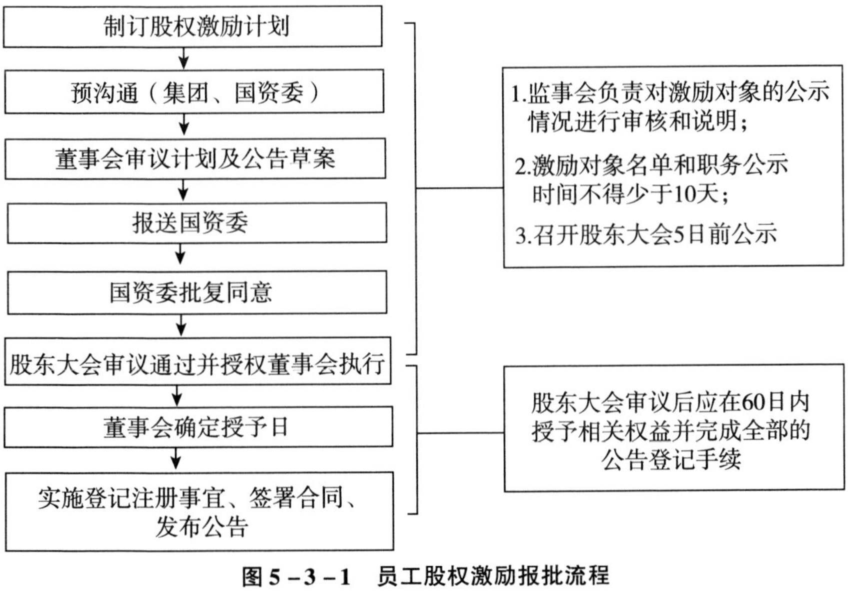

图 5－3－1　员工股权激励报批流程

在对员工进行股权激励前,企业需要符合最近一个会计年度财务报告未被注册会计师出具过否定意见,同时不存在被证监会处罚的情形。对内而言,公司董事会中的外聘董事需占半数以上,且外部董事全权负责公司薪酬考评委员会的工作。此外,整个国有控股上市公司员工股权激励报批流程需要经过激励对象、董事会、国资委和股东大会的同意,并经合法、合规公示。根据《上市公司股权激励管理办法》的规定,拟实施股权激励计划的上市公司,可以根据本公司实际情况,通过以下三种方式解决标的股票的来源:(1)向激励对象发行股份;(2)回购本公司股份;(3)法律、行政法规允许的其他方式。

二、员工股权激励的工具

(一)股票期权

股票期权是国有控股上市公司在员工股权激励中常用的一种工具,其是指上市公司在未来的一段时间内在满足一定条件后授予激励对象预先确定的价格,进而购买本公司一定数量股票的权利。激励对象有行权或不行权的选择权,但不得转让、抵押、质押担保和用以偿还债务。由于股票期权一般会按照公平市场的价格授予股权,因此其授予价格相对较高,但又因其无须实际出资,即便行权时的股价跌破发行价也并无任何利息损失。股权期权适用于未来股价有较大上升空间的新兴产业,激励对象决定不行权,相应期权注销作废即可实现退出。

(二)限制性股票

相对于股票期权,另一种股权激励的工具为授予限制性股票。所谓限制性股票指的是以低于二级市场的一定价格授予激励对象本公司的股票。该限制性的股票具有一定的限售期,在达到解除限售期的条件后,可分批次解除限售流通。虽然激励对象需要通过自筹资金购买股票,但由于限制性股票授予价格偏低,其一般不低于公平市场价格的50%,因此受让限制性股票的安全边际较大,实践中传统及股价稳健型企业适用该模式对员工进行股权激励。此外,但凡发生激励对象不行权或者行权条件未达标时,公司可以考虑通过股权回购的方式进行退出。

三、员工股权激励的五大要素

（一）激励对象

根据《国有控股上市公司（境内）实施股权激励试行办法》《中央企业控股上市公司实施股权激励工作指引》等文件的规定，激励对象主要分为两类人员，包括上市公司董事（不含独立董事和外部董事）、高管以及公司中层和核心技术骨干人员。需要注意的是，公司监事是被排除在外的。同时，单独或合计持有5%以上股份的股东及其近亲属，以及国有资产监管机构、证券监督管理机构等不得成为被激励的对象。

（二）激励总量及其分配

根据《上市公司股权激励管理办法》的规定，上市公司全部在有效期内的股权激励计划所涉及的标的股票总数累计不得超过公司股本总额的10%。非经股东大会特别决议批准，任何一名激励对象通过全部在有效期内的股权激励计划获授的本公司股票，累计不得超过公司股本总额的1%，上市公司在退出股权激励计划时，可以设置预留权益，预留比例不得超过本次股权激励计划授予权益数量的20%。

根据《国有控股上市公司（境内）实施股权激励试行办法》的规定，在股权激励计划有效期内授予的股权总量，应结合上市公司股本规模的大小和股权激励对象的范围、股权激励水平等因素，在0.1%～10%合理确定。但上市公司全部有效的股权激励计划所涉及的标的股票总数累计不得超过公司股本总额的10%。上市公司首次实施股权激励计划授予的权益所涉及的股票数量原则上应当控制在公司股本总额的1%以内。

根据《关于进一步做好中央企业控股上市公司股权激励工作有关事项的通知》的规定，中小市值上市公司及科技创新型上市公司，首次实施股权激励计划授予的权益数量占公司股本总额的比重，最高可以由1%上浮至3%。上市公司两个完整年度内累计授予的权益数量一般在公司总股本的3%以内，公司重大战略转型等特殊需要的可以适当放宽至总股本的5%以内。

综上，上市公司应结合自身经营情况，通过业绩和薪酬双对标的模式确定股权激励总量及分配规则。限制性股票的禁售期、行权限制期、每期权益的授予间隔期原则上不得少于相关测算年限。

(三)股权激励定价

根据《中央企业控股上市公司实施股权激励工作指引》的规定,境内上市公司定价基准日为草案公告日,应根据以下公平市场价格规则确定,不得低于下列价格较高者:(1)股权激励计划草案公布前1个交易日的公司股票交易均价;(2)股权激励计划草案公布前20个交易日、60个交易日或者120个交易日的公司股票交易均价之一。

根据《国有控股上市公司(境内)实施股权激励试行办法》的规定,在股权激励计划有效期内,每期授予的股票期权,均应设置行权限制期和行权有效期,行权限制期原则上不得少于2年,在限制期内不可以行权。行权有效期由上市公司根据实际确定,但不得低于3年。在行权有效期内原则上采取均速分批行权办法。

在股权激励计划有效期内,每期授予的限制性股票,其禁售期不得低于2年。禁售期满,根据股权激励计划和业绩目标完成情况确定激励对象可解锁(转让、出售)的股票数量。解锁期不得低于3年,在解锁期内原则上采取匀速解锁办法。

股权激励计划的有效期自股东大会通过之日起计算,一般不超过10年。超过行权有效期的,其权利自动失效,并不可追溯行使。

需要注意股票期权在行权时,行权价格不得低于公平市场价格,而限制性股票的行权授予价格不得低于公平市场价格的50%,且授予价格不低于股票的单位面值。但如果公平市场价格小于每股净资产的,授予价格不得低于60%。

(四)业绩考核

1. 公司业绩考核

一般来说,对公司的业绩考核主要分为常规指标和鼓励指标两类。其中,常规指标往往涉及股东对公司的价值创造、公司运营及风控、公司成长性几大方面。鼓励指标一般会将企业发展战略和技术研发能力作为衡量标准。授予相关权益时,上市公司应以自身历史业绩和同行业可比企业业绩作为对照依据。实务中的同业对标一般以证券监管部门或交易所发布的行业分类为准,对标企业一般不少于3家,应当综合考虑所处行业、企业规模、发展阶段等因素来予以确定。

2. 个人业绩考核

授予股权激励权益的前提条件不仅在于公司业绩的考核,对个人业绩同时需要进行考核并达标。言下之意,公司业绩和个人业绩的考核是取得股权激励权益的充分且必要条件。在满足授予条件并明确激励对象后，如果公司业绩没有达标，则公司将取消当期权益。与此同时，若公司业绩达标，但个人业绩未达标，也将取消该激励对象的个人权益，并最终由公司回购股权。只有当公司业绩和个人业绩均满足考核要求的基础上，激励对象才能够按照考核结果进行相应比例的行权，即考核的结果与行权系数相挂钩，考核分数越高，行权额度则越高。

四、相关政策法规

（一）股权权益类

1.《上市公司股权激励管理办法》（证监会令第 148 号）；

2.《国有控股上市公司（境内）实施股权激励试行办法》（国资发分配〔2006〕175 号）；

3.《关于规范国有控股上市公司实施股权激励制度有关问题的通知》（国资发分配〔2008〕171 号）；

4.《关于国有控股混合所有制企业开展员工持股试点的意见》（国资发改革〔2016〕133 号）；

5.《关于本市国有控股上市公司推进股权激励工作促进高质量发展的指导意见》（沪国资委分配〔2019〕303 号）；

6.《关于进一步做好中央企业控股上市公司股权激励工作有关事项的通知》（国资发考分规〔2019〕102 号）；

7.《中央企业控股上市公司实施股权激励工作指引》（国资考分〔2020〕178 号）。

（二）现金权益类

1.《国有科技型企业股权和分红激励暂行办法》（财资〔2016〕4 号）；

2.《张江国家自主创新示范企业股权和分红激励办法》（沪国资委分配〔2018〕301 号）。

专题四

“示范判决机制”,群体性证券纠纷解决的一剂良药

裴长利　高　雅

2018 年 11 月,最高人民法院(以下简称最高院)和中国证券监督管理委员会(以下简称证监会)联合印发《关于全面推进证券期货纠纷多元化解机制建设的意见》,其中提出对虚假陈述、内幕交易、操纵市场等违法行为引发的民事赔偿群体性纠纷,要求建立示范判决机制,通过示范判决所确立的事实认定和法律适用标准来宣示法律规则、统一法律适用。随后,上海与北京分别于 2019 年 1 月、4 月相继出台了上海金融法院《关于证券纠纷示范判决机制的规定(试行)》与北京市高级人民法院《关于依法公正高效处理群体性证券纠纷的意见(试行)》,就示范判决机制规定了具体的实操细则;2021 年 12 月,经过两年多的试点,上海金融法院于 2021 年 12 月发布了新的正式文件上海金融法院《关于证券纠纷示范判决机制的规定》,进一步完善了示范判决机制的程序规则。

本专题将对现有的示范判决机制进行介绍,并将其与以往多数人纠纷的主要处理机制——共同诉讼制度进行比较,同时结合域外的一些证券纠纷解决机制,对现有的示范判决机制进行评析。

一、上海法院与北京法院示范判决机制要点比较

示范判决机制是指法院在处理群体性证券纠纷中,选取具有代表性的案件先行审理、先行判决的纠纷解决机制。其中,在群体性证券纠纷中具有代表性的案件为示范案件,与示范案件有共通的事实争点和法律争点的案件为平行案件。法院对示范案件作出的判决对平行案件的处理具有一定的效力,以此达到宣示法律规则、统一法律适用的目的。

(一)适用范围

北京市高级人民法院《关于依法公正高效处理群体性证券纠纷的意见(试行)》第1条第1款规定:群体性证券纠纷,主要包括证券虚假陈述责任纠纷、证券内幕交易责任纠纷、操纵证券交易市场责任纠纷。第2条规定:凡属于北京市有管辖权的人民法院受理的因证券市场虚假陈述行为引发的民事赔偿群体性纠纷,适用本意见。证券内幕交易责任纠纷、操纵证券交易市场责任纠纷等其他群体性证券纠纷可以参照本意见处理。

上海金融法院《关于证券纠纷示范判决机制的规定》第4条规定:凡属于本院管辖范围,因证券市场虚假陈述、内幕交易、操纵市场等证券侵权行为引发的民事赔偿群体性纠纷,可以适用本规定,但依照最高院《关于证券纠纷代表人诉讼若干问题的规定》适用代表人诉讼程序进行审理的除外。其他群体性金融商事纠纷可以参照本规定处理。

上海法院与北京法院的示范判决机制的适用范围均主要集中于证券虚假陈述责任纠纷、证券内幕交易责任纠纷、操纵证券交易市场责任纠纷这三类证券纠纷,这也是基于最高院、证监会联合印发的《关于全面推进证券期货纠纷多元化解机制建设的意见》的要求。但上海法院同时规定了"其他群体性金融商事纠纷可参照处理"的条款,赋予了其他类型群体性纠纷适用示范判决机制的可能性。此外,上海市高级人民法院于2021年4月发布了上海市高级人民法院《关于群体性金融纠纷示范判决机制的规定》,将示范判决机制推广适用到了"因同一金融机构或金融产品引发的,诉讼标的为同一种类,一方当事人在十人以上的群体性纠纷",使得证券纠纷以外的其他群体性金融纠纷也具备了适用示范判决机制的条件。

证券违法行为引起的民事赔偿纠纷存在波及面广、牵涉人员众多且个案相似程度很高的特征,但具有此类特征的并不仅仅有证券虚假陈述责任纠纷、证券内幕交易责任纠纷、操纵证券交易市场责任纠纷这三类,很多金融产品一旦出现违约或侵权行为,都会出现群体性的纠纷;并且,也不仅仅在金融纠纷领域,其他如消费者权益纠纷、环境侵权纠纷等同样可能波及众多人员。如若示范判决机制未来在处理群体性纠纷方面展现出了较大的优势,其适用范围可以不仅仅局限在以上三类纠纷之中,而是推广到其他金融商事纠纷甚至所有群体性纠纷之中。上海市高级人民法院2021年4月的新规定就是一个突破。

(二)管辖

上海法院与北京法院的发文中均对被告提管辖权异议的权利进行了限制,对于已有生效民事裁定确认法院管辖权的,被告再以相同理由针对其他投资人提起的证券虚假陈述责任纠纷提出管辖权异议的,法院可以不再受理。该规定可以防止被告在后续诉讼中以提起管辖权异议的方式拖延诉讼程序、逃避民事责任,有利于群体性纠纷的及时解决。

(三)程序

上海金融法院《关于证券纠纷示范判决机制的规定》与北京市高级人民法院《关于依法公正高效处理群体性证券纠纷的意见(试行)》中均对示范判决机制的运行程序进行了规定,具体如图 5－4－1、图 5－4－2 所示。

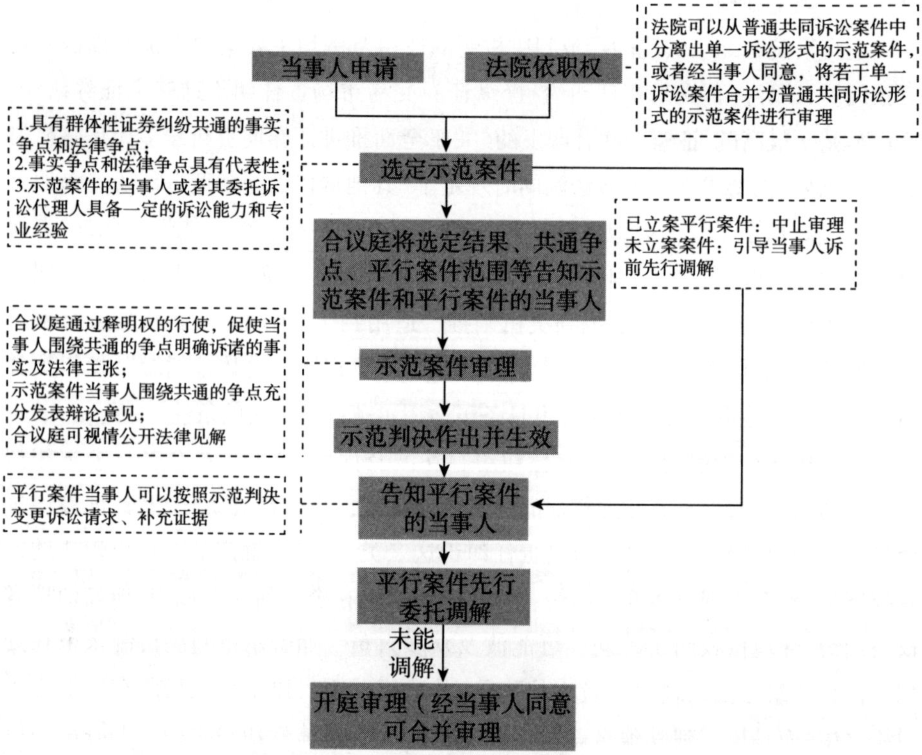

图 5－4－1　上海法院示范判决机制程序示意图

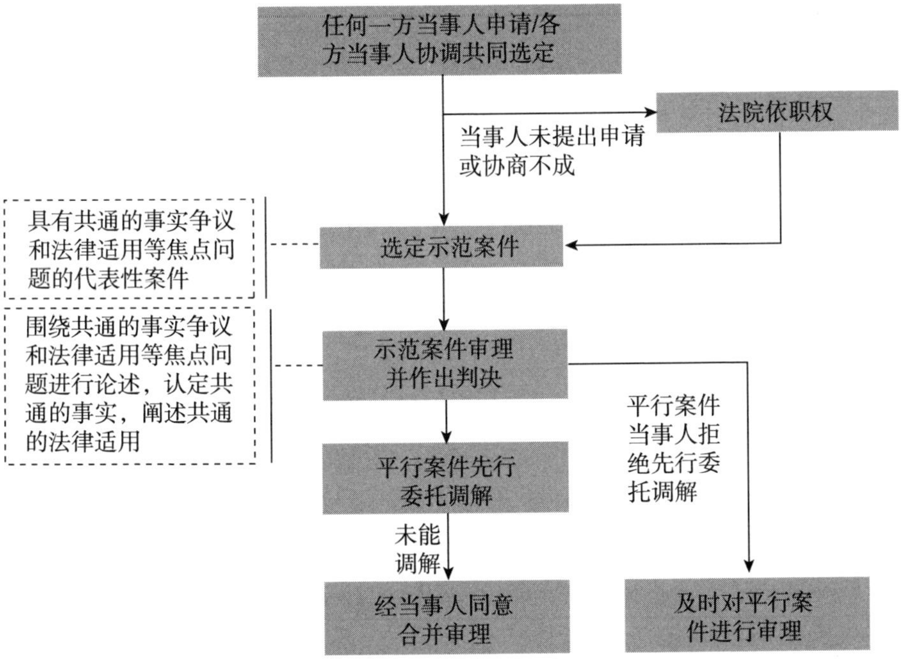

图 5－4－2　北京法院示范判决机制程序示意图

从上述示意图中可以看出，上海与北京的示范判决机制的运行程序差别不大，但上海法院的规定更加细致，尤其是对于示范案件审理的规定，还补充了法官可以适时公开心证的条款，从而在示范案件的审理中，当事人与法官可以就共通的法律争点与事实争点充分发表意见，以最大限度地保证示范判决的准确性与合理性，从而在未来的平行案件审理中发挥其“示范”的功能。

(四)示范判决的效力

根据上海金融法院《关于证券纠纷示范判决机制的规定》与北京市高级人民法院《关于依法公正高效处理群体性证券纠纷的意见(试行)》的规定，示范判决生效后对平行案件的效力主要体现在以下两个层面：

1. 在事实层面上，示范判决生效后，已为示范判决所认定的共通的事实，平行案件的当事人无须另行举证；

2. 在法律层面上，示范判决生效后，已为示范判决所认定的共通的法律适用标准，平行案件的投资人主张直接适用的，法院可予支持；另根据上海法院的规定：平行案件的被告主张直接适用，但原告对此有异议的，法院应予审查。

关于示范判决在事实层面上的效力，与最高人民法院《关于民事诉讼证据的若干规定》第10条第6项的规定一致，即赋予了生效判决事实部分“证明效”的效力，免除了平行案件当事人举证的义务。但若被告有新的证据足以推翻示范判决中认定的事实，根据上海金融法院《关于证券纠纷示范判决机制的规定》第41条的规定，示范判决认定的事实依然可以予以更正。因此可以说，在事实层面上示范判决的效力并未突破普通生效判决的效力。

而关于示范判决在法律层面上的效力，上海金融法院《关于证券纠纷示范判决机制的规定》与北京市高级人民法院《关于依法公正高效处理群体性证券纠纷的意见（试行）》均允许平行案件的原告直接援引示范判决认定的共通的法律适用标准作出判决。这是对普通生效判决效力的重大突破，也是示范判决之“示范”效力的重要体现，体现了示范判决机制宣示法律规则、统一法律适用的功能。

需要注意的是，上海法院同时规定若被告主张直接适用的，原告可以提出异议；北京法院则未就被告主张直接适用是否准许作出规定。也就是说，示范判决认定的法律适用标准的既判力仅及于被告方，如果投资人对此仍有争议，法院依然需要进行实体审查。

二、示范判决机制对我国多数人纠纷解决机制的突破

在示范判决机制出现前，我国的多数人纷争解决机制此前仅有《民事诉讼法》第56、57条规定的代表人诉讼制度，但由于根据法律规定，代表人在诉讼程序中对诉讼请求所做的一切实质性处分均需要经过其他当事人的同意，这就导致代表人在诉讼当中的行为备受掣肘，一切实质性行为均建立在其他当事人同意的前提下，这样一来，代表人诉讼制度高效、集中解决多数人纷争的功能大大减损，因此在2019年12月28日新《证券法》颁布之前，代表人诉讼制度在我国几乎被空置，我国在处理群体性案件时，多数还是运用《民事诉讼法》第55条规定的普通共同诉讼制度，即将所有同类案件在一个程序中合并审理，再分别作出判决。

相较于普通共同诉讼，示范判决机制在处理群体性证券纠纷方面至少存在以下三个方面的优势。

（一）示范判决在法律层面上的效力使平行案件的处理更为高效、精准

普通共同诉讼中法官只是将所有同类案件在一个程序中合并审理，因此理论上所有的案件法官依然要进行实体审理再单独作出判决，虽然实践中大多数情况

下法官还是会对共通的事实争点与法律争点进行相同的认定，但从诉讼流程上来看每个案件依然要单独举证、进行法庭调查、法庭辩论，并且仍然存在同案不同判的可能。

而示范判决则不同。示范判决认定的共通的事实，当事人无须再行举证；示范判决认定的共通的法律适用标准，平行案件的投资人可以直接主张适用，因此后续案件若无新的事实争点或法律争点，法院可直接参照示范判决进行裁判，从而免去了实体审查中的法庭调查、法庭辩论等环节，使得诉讼流程更加简洁。并且，在处理后续案件时，除非投资人提出异议，否则法院会按照示范判决宣示的法律规则进行裁判，也使得后续案件的审理更加精准，避免了同案不同判的问题。

（二）降低了投资人主张权利的难度

在普通共同诉讼中，每个案件均要单独准备起诉材料与相应证据，法官也要单独制作判决文书，并且普通共同诉讼的案件必须同时、同地开庭审理，因此存在着诸多限制。笔者就曾在实践中遇到过一批当事人共同委托律师一起提起普通共同诉讼，但案件审理完毕时，还有其他基于同样事由需要主张民事权利的当事人尚未提起诉讼，这些散落的个别当事人再要单独起诉主张权利就分外艰难。

而示范判决机制则大大提升了投资人主张权利的灵活度与简易度。在示范案件作出判决之后，投资人可以随时向法院登记立案，在主张权利的时间方面更加灵活。并且，投资人只需要提供必要的材料证明案件符合平行案件的要求，对于共通的事实争点与法律争点则无须再行举证和发表意见，这对于普通人而言显然降低了通过司法主张权利的难度。

（三）提升了群体性纠纷案件的审理质量

如前文所述，示范判决机制可以起到宣示法律规则、统一法律适用的功能，保证了平行案件的审理结果与示范案件的一致性；同时，在示范判决机制下对示范案件的审理质量作出了更高的要求，上海金融法院《关于证券纠纷示范判决机制的规定》与北京市高级人民法院《关于依法公正高效处理群体性证券纠纷的意见（试行）》均对示范案件中的专业支持进行了专章规定，允许当事人委托专业机构进行专业分析或损失核定，还允许申请专家辅助人对专业机构出具的核定意见进行质证、发表意见。并且，上海法院还特地规定了法官应促使当事人充分表达意见，并可视情公开法律见解。这一系列规定都有助于提升示范案件的审理质量，在示范判决机制下,也就提升了整个群体性纠纷案件的审理质量。

三、示范判决机制与域外群体性证券纠纷解决机制比较

从上述分析中可以看出,相较于以往完全以普通共同诉讼的方式解决群体性纠纷,示范判决机制的建立确实有助于提升群体性证券案件处理的效率与质量,也降低了投资人主张权利的难度。但这是否意味着我国的示范判决机制已经实现了此类案件处理时的效率最大化?笔者将先对域外的一些证券纠纷解决机制进行介绍,以作比较。

(一)德国投资人示范诉讼制度

2005年11月1日,德国政府颁布实施了《投资人示范诉讼法》,据此就证券纠纷领域可适用示范诉讼制度。我国目前建立的示范判决机制与德国的示范诉讼制度本质上十分相似,也是从具有共通的事实问题与法律问题的数个案件中选出一个案件作为示范案件,但在程序上以及示范裁决的效力上依然有较多不同,主要的不同之处包括:

1. 示范案件选定之后审理之前有专门的登记期间。德国在选定示范案件后,会在州高等法院的诉讼登记系统进行公告,有同样确认请求权需求的投资人可于公告之日起6个月内,以书面形式登记请求权。

2. 示范案件当事人以外的投资人的诉讼地位不同。在德国的投资人示范诉讼中,示范案件的原告为示范原告,而没有被选为示范原告的当事人均为示范诉讼的追加第三人。追加第三人在不与示范原告的陈述和行为相冲突的情况下,有权提出攻击、防御手段,有权有效进行所有诉讼行为;并且在对示范裁决不服时有权提起上诉。

3. 示范裁决的效力不同。示范裁决作出后,在裁决中对确认目标(请求权成立或排除要件是否存在或者请求法院澄清法律问题)对所有示范诉讼当事人均产生既判力,无论该当事人是否亲自主张了示范诉讼中确认的事实。除非因示范原告的故意或者重大过失导致有攻击、防御手段未能主张,否则追加第三人不得就示范裁决再次提出争议。

(二)美国证券集团诉讼制度

美国在群体性证券纠纷解决中适用最多的是集团诉讼制度。证券集团诉讼是

指由一个或部分投资人代表全体被侵权投资人,以集团的形式向法院提起民事侵权赔偿的行为。集团诉讼制度与示范诉讼制度或示范判决机制是完全不同的程序机制,其中最大的不同就是,无论是德国的示范诉讼还是我国的示范判决,都需要当事人主动登记/立案,主张权利,而美国集团诉讼则实行“退出制”,集团诉讼依法成立后,法院会通知其经合理努力所能发现的每一位成员,而每位成员除非在指定期日之前申请退出,否则判断无论有利与否,其效力均及于未申请退出的成员。

四、我国目前的示范判决机制的问题及其完善

基于上文对我国目前建立的示范判决机制的介绍,并结合域外的群体性证券纠纷解决机制,笔者认为,相较于以往一概以普通共同诉讼处理群体性纠纷的做法,示范判决机制的建立对于群体性纠纷的解决确实能起到统一法律适用、提高案件审理效率与质量的作用,但目前的架构还存在一些可能影响实操效果的地方。笔者认为,我国目前的示范判决机制还应从以下三个方面进行完善。

(一)设立平行案件公告登记制度

我国目前对于平行案件的处理方式是“尽量不立案”:已经立案的,中止审理;尚未立案的,引导诉前先行调解。这一做法也引起了一些质疑,笔者即看到有观点认为,示范案件的启动不应影响当事人起诉立案的权利。对此,笔者认为,法院的目的在于优先审理示范案件,示范判决作出之后再行审理平行案件,但案件一经立案就有审限的压力,因此只能尽量暂缓立案或是中止审理。但投资人主张民事赔偿的急切心情同样需要考虑,对于投资人提出的立案申请,法院不应拒绝,而应将其录入平行案件登记系统之中,在示范判决机制中一并作出处理。

与此同时,根据上文的介绍,德国专门设有公告登记程序,以供处于相同情形的投资人登记诉讼请求;美国更是直接要求法院努力寻找每一个投资人。而我国并没有规定这样的程序,这可能导致很多投资人对示范判决机制的启动毫不知情,也不知道应如何主张权利。因此,笔者认为,出于最大范围保护投资人民事权利的目的,法院在确定示范案件之后审理示范案件之前,可以效仿德国的制度,将示范案件的原、被告信息(原告个人隐私信息进行处理后再行公开)、管辖法院、诉讼请求内容、被告抗辩理由以及相应的证据和法律意见进行公告,公告期为1个月左右,公告期间投资人可以向管辖法院登记请求权并列入平行案件。这种登记不必像普通立案那样有过多要求,仅需提供证明符合平行案件要求的材料,且可以直接以邮

寄方式进行。

（二）赋予已登记立案的平行案件当事人在示范案件审理中表达意见的权利

我国示范案件一旦选定，其余投资人则退出示范案件的审理，无权参与程序并发表意见，但示范案件的审理结果将对其余投资人的权利产生实质影响，这不仅是对平行案件当事人程序权利的剥夺，也不利于示范判决“示范”效果的发挥。因此，笔者认为，应当赋予平行案件当事人参与程序的权利。对于在示范案件审理之前已经登记为平行案件的当事人，可以仿照德国的投资人示范诉讼制度，赋予其第三人的诉讼主体资格。

但是，考虑到平行案件的投资人过多，如果允许其像普通民事诉讼程序中的第三人那样参与庭审，显然会导致程序过于烦琐和冗长，甚至反而会造成程序的拖延乃至瘫痪。因此，笔者认为，可以从以下三个方面实现示范判决机制中诉讼效率与当事人程序参与权保障的平衡：首先，在对示范案件的诉讼请求内容、被告抗辩理由以及相应的证据和法律意见进行公告期间，允许平行案件的当事人向法院以书面形式补充提交证据与法律意见，对于法院认为有必要进行审查的，应当在之后的庭审中进行质证、辩论，甚至可以视情况要求该当事人到庭阐述并提交证据；其次，示范案件进行开庭审理时，法院应当全程视频公开庭审现场，以便平行案件的当事人充分了解庭审情况；最后，庭审之后还应设立 10 ~ 15 天的补充意见期间，平行案件的当事人认为庭审中示范案件当事人有所遗漏的，可以在此期间内向法院提交补充的法律意见。

（三）示范判决的效力应直接及于平行案件的双方当事人

从上述介绍中可以看出，无论是德国还是美国，其示范裁决/集团诉讼判决的效力的都直接及于所有平行案件的当事人，并且该效力不受判决结果的影响。反观我国，根据目前上海法院与北京法院对示范判决效力的规定，示范判决作出后并非直接对平行案件产生效力，平行案件依然要单独立案、开庭、判决，仅仅是在法庭调查与法庭辩论方面有所简化，这就难以显著提升群体性证券纠纷解决的效率。此外，我国的示范判决对事实争点的认定仅具有证明的效力，对于法律适用标准的认定仅对被告具有既判力，这样过于向投资人倾斜的规定可能会导致投资人滥用诉权，分散起诉，反复在后续案件的处理中提出新的要求，直至获得了满意的判决结果，反而影响了示范判决机制提高纠纷解决效率的功能，甚至可能造成不公正的裁判结果（如由于平行案件投资人可以在示范案件判决结果基础上不断提出新的要求，示范案件原告可能成为获偿比例最低的投资人，最终影响投资人入选示范案件的积极性）。

因此，笔者认为，在赋予已立案的平行案件当事人参与程序的权利的基础上，对示范判决的效力可作此规定：

1. 对于在示范案件审理之前已登记立案的平行案件，由于在示范案件的审理中已经赋予了当事人表达意见的机会，因此无论判决结果如何，示范判决的效力均应同时及于平行案件的所有当事人，除非其有证据证明其因示范案件当事人的故意或者重大过失导致有证据或法律意见未能提出。

2. 对于在示范判决作出后又后续立案的，原被告双方均有权提出适用示范判决中对事实争点与法律争点的认定；若原告对适用有异议的，考虑到其并未参与到此前示范案件的审理中，若原告有足以影响案件实体审理结果的新证据或新的法律意见的，法院应当进行审查。

五、结语

示范判决机制在2019年年初横空出世后，确实弥补了我国多数人纷争解决程序的空白，相较于以往只能以普通共同诉讼程序解决群体纠纷，示范判决机制在解决群体性证券纠纷方面确实实现了办案质量与效率的突破。但该突破尚不足以使此类纠纷解决的效率得到显著提升，尤其是对比域外的一些群体性证券纠纷解决机制，我国的规定仍然显得有些保守，没有做到诉讼效率的最大化，而且对平行案件的当事人在示范案件中充分表达意见的权利有失保护。

值得一提的是，在示范判决机制建立之后，我国又建立了证券纠纷代表人诉讼制度，最高院于2020年7月发布了《关于证券纠纷代表人诉讼若干问题的规定》，在原《民事诉讼法》中规定的代表人诉讼制度的基础上，对证券纠纷中的代表人诉讼制度的程序进行了特别规定，其中就有设置权利登记公告制度；而且规定代表人的权限为特别授权，其有权在诉讼中对全体原告的实体权利进行实质性处分，代表人诉讼的判决的效力可以及于该案件中的全体原告；甚至还效仿美国的集团诉讼制度，突破性地规定特别代表人诉讼适用“退出制”，即投资者保护机构受50名以上投资者委托，可以作为代表人参加诉讼，并为经证券登记结算机构确认的权利人依照前款规定向人民法院登记，但投资者明确表示不愿意参加该诉讼的除外。从这些程序设计来看,证券纠纷代表人诉讼制度相较于示范判决机制来看更具有突破性,在诉讼效率方面可能更高;但是突破性地给予代表人更多权限的同时,更加需要在代表人诉讼程序当中给其他原告更强的诉讼权利保护,而目前的代表人诉讼制度中体现更多的是法院的职权(如代表人变更或者放弃诉讼请求、承认对方当事人诉讼请求、决定撤诉,不再需要征得全体原告同意,而是由人民法院裁定是否准许),但并未充分赋予普通原告表达意见的机会。

当然,我国对群体性纠纷解决机制的探索才刚刚起步,而且面临着投资人风险承受能力相对较低、散户投资人而非专业机构投资人占比较高等诸多复杂因素,在起步阶段先行采用较为保守的方式推进也不无道理;但我们相信,在接下来适用于司法实践中必然会逐步放开,提高示范案件审理程序的开放性、扩大示范判决的效力,甚至在适用范围上也可能逐步扩大到其他符合波及面广、牵涉人数较多、个案相似度极高这三个特征的群体性纠纷中。

专题五

《关于进一步规范人民法院冻结上市公司质押股票工作的意见》之解析

赵　冲　顾明飞　戚　熠

一、引言

2021年年初，股票市场经历了大幅波动，导致股票质押式回购业务相关的案件数量大幅增长。笔者及团队将结合正在处理的案件情况，就此类案件撰写系列文章进行分享。本系列将针对股票质押式回购交易案件的业务类型、交易模式、案件推进难点和风险化解方式等进行梳理、总结和探讨。

本专题为股票质押式回购交易案件系列法评之第一篇。

二、《冻结质押股票意见》的出台背景

2021年3月1日，最高人民法院、最高人民检察院、公安部、证监会联合发布了《关于进一步规范人民法院冻结上市公司质押股票工作的意见》（以下简称《冻结质押股票意见》），并于2021年7月1日起施行。

2019年12月底，最高人民法院印发了《关于在执行工作中进一步强化善意文明执行理念的意见》（以下简称《善意文明执行意见》），《冻结质押股票意见》则是在其基础上，进一步规范了人民法院冻结质押股票的相关工作，完善质押股票处置变价流程。

近年来，通过质押上市公司股票进行融资的方式越发多见，且人民法院执行质押股票的情形也日益增多，在此情形下，《冻结质押股票意见》对于维护当事人、质权人的合法权益，保障证券市场健康有序发展具有重要意义。

三、《冻结质押股票意见》的实践意义

《冻结质押股票意见》创新了“标记”这一新型冻结方式，同时针对目前司法实践中存在的质押股票超标的额冻结、质权人无法自行变价以及被冻结股票披露信息不完整等突出问题，作了明确具体的规定，对实践中人民法院和协助机关更好地把握适用质押股票新型冻结方式，具有重要意义。

（一）新型冻结方式——“标记”

随着中国证券登记结算有限责任公司对现有冻结系统改造工作的推进，《冻结质押股票意见》正式推出“标记”这一概念。构建质押股票新型冻结方式思路最早在《善意文明执行意见》中提出，《冻结质押股票意见》则是在《善意文明执行意见》的基础上，进一步明确了“标记”的范围和操作方式。

“标记”作为质押股票新型冻结方式，区分于“冻结”。四部门负责人就《冻结质押股票意见》答记者问中明确：“冻结”是目的，“标记”为实现“冻结”这一目的的手段。

通过区分“标记”和“冻结”，人民法院通过标记的方式控制质押股票，同时标记质押股票的数量只与案件债权金额和执行费总额相关，与是否质押无关，因此在防止超标的查封的同时能有效地实现对质押股票进行监制。同时，上市公司在进行披露时，能够更准确、全面地披露和描述质押股票的冻结情况以及涉及的案件情况，给市场主体更加清晰、准确的预期。

“标记”作为一种针对已质押股票的特殊的冻结措施，同时兼具传统冻结对质押股票施加限制措施的重要功能，以及新型冻结的灵活性。

（二）量化冻结标准，避免超标的额查封

《冻结质押股票意见》规定，需要标记的股票数量，以案件债权额及执行费用总额除以每股股票的价值计算。每股股票的价值以冻结前一交易日收盘价为基准，结合股票市场行情，一般在不超过20%的幅度内合理确定。

结合标记的手段，由于质押股票新型冻结方式要求冻结的股票数量必须以案件债权金额和执行费以及股票价格作为计算依据，因此在使用新型冻结方式时不能对全部质押股票进行冻结，而只能进行标记，在标记后质押登记解除时标记的股票才能转为冻结状态，而未标记的质押股票则不受冻结和标记的影响，仍只属于质

押状态。

这一条文量化了冻结标准，克服了以往冻结数量随意性的缺陷。同时鉴于股票市场价值的波动情况，股票冻结后，如其价值发生重大变化的，经当事人申请，人民法院可以追加冻结或者解除部分冻结，有效地避免了因冻结数量产生的诸多争议。

（三）对于已被标记的质押股票，质权人可申请自行变价实现质押债权

根据传统的冻结方式，质押股票被冻结后，质权人无权按照协议约定自行进行变价，只能向首封法院申请参与分配，由首封法院强制处置后分配，或者在取得执行依据并申请执行后商请首封法院移送执行，再在执行中进行处置。但是，由于上市公司股票行情和价格波动较大，若质权人在法院冻结股票后无法根据协议自行变价，不仅会损害质权人的合法权益，也会因错失变价良机而损害债务人和案件债权人的合法权益。因此，传统的冻结方式存在效率较低、造成、司法资源浪费的可能。

但是，经引入了"标记"这一方式后，通过区分"标记"和"冻结"，将标记作为质权人申请自行变价的前提，允许质权人自行变价股票实现质押债权，有利于质权人及时实现债权。而且上市公司股票一般通过二级市场进行交易，有公开的交易价格，在人民法院监督下由质权人自行变卖股票，减少了恶意串通低价转移财产、损害案件债权人权益的问题。

因此，最高人民法院明确在质押股票新型冻结方式下，质押权人仍可以申请自行变价，而无须通过首封法院或者执行法院进行司法处置，这样在不损害案件债权人利益的基础上，也使已冻结质押股票的变价方式回归到了市场化运行规则上，最大限度降低了执行措施对质押股票市场的影响。

（四）对于已被标记的质押股票，人民法院可采取强制变价措施实现质押债权

如上所述，《冻结质押股票意见》规定了质押股票新型冻结方式下，质权人可以自行变价以维护质权人权益，同时《冻结质押股票意见》进一步明确了在执行程序中，人民法院可以对在系统中被标记的质押股票采取强制变价措施。此条明确了首封法院仍享有处置权，以避免质权人怠于行使权利而损害案件债权人以及其他当事人的权益。

在法院采取强制变价措施后，质权人作为享有优先受偿权的债权人，依然可以根据最高人民法院《关于适用〈中华人民共和国民事诉讼法〉的解释》第506条第2款的规定，直接向首封法院申请参与分配，主张优先受偿权。

四、实践中仍需进一步细化和解决的问题

《冻结质押股票意见》的出台对于保障证券市场有序发展、保证当事人合法权益已是一大进步，但在实践中，部分内容仍需进一步明确。结合笔者及团队在股票质权纠纷方面的经验，列举一二抛砖引玉。

（一）未明确质权人申请自行变价的管辖法院

《冻结质押股票意见》未对质权人申请自行变价的管辖相关规定进行明确，因此可依据诉讼案件管辖抑或依据执行案件管辖的相关规定进行明确。

（二）未明确质权人依据何种法律程序提起申请自行变价

因申请自行变价不同于目前法律框架下能够提起执行案件的执行依据（如判决书、仲裁裁决书、具有强制执行效力的公证债权文书等），因此对于未经任何司法机关确权的债权应如何直接提起强制执行程序，这点在后续实操落地过程中，仍需进一步明确。

（三）未明确质权人申请变价时提交的材料要求

在质押股票已经标记的前提下，质权人持有证明其质押债权存在、实现质押债权条件成就等材料可以向法院申请进行自行变价。但《冻结质押股票意见》未明确前述材料要求，那么人民法院审核前述材料的内容时，对判断和认定债权存在、达成债权实现条件的标准在实践中可能存在较大的差异。

（四）未明确债权人、债务人对法院准许质权人自行变价的行为存有异议的，应依据何种程序提起救济

相关部门负责人就该问题答记者问时表示：债权人、债务人对法院准许质权人自行变价的行为存有异议的，可依据《民事诉讼法》第232条、最高人民法院《关于人民法院办理执行异议和复议案件若干问题的规定》提起执行异议。但是如前所述，质权人申请自行变价的程序不同于传统意义上的法院司法强制执行行为。因

此，实践中质权人自行变价的相关异议应如何适用，也需进一步明确。

五、结语

《冻结质押股票意见》的出台对上市公司质押股票的冻结及相关变价方式进行了一系列的规定，但基于相关内容的重大创新，其仍需在后续的实操中进一步细化和落地。但不可否认的是，《冻结质押股票意见》的出台对于维护当事人、质权人合法权益，保障证券市场健康有序发展均具有重要意义。